书山有路勤为径，优质资源伴你行
注册世纪波学院会员，享精品图书增值服务

新编
行政事业单位内部控制
建设原理与操作实务

张庆龙◎主编

电子工业出版社
Publishing House of Electronics Industry
北京·BEIJING

未经许可，不得以任何方式复制或抄袭本书之部分或全部内容。

版权所有，侵权必究。

图书在版编目（CIP）数据

新编行政事业单位内部控制建设原理与操作实务 / 张庆龙主编. —北京：电子工业出版社，2017.1

（北京国家会计学院审计与风险管理研究所系列丛书）

ISBN 978-7-121-30603-7

Ⅰ.①新… Ⅱ.①张… Ⅲ.①行政事业单位－内部审计－研究－中国 Ⅳ.①F239.66

中国版本图书馆 CIP 数据核字(2016)第 303057 号

策划编辑：尉　敏
责任编辑：李慧君　　文字编辑：杨振英
印　　刷：北京盛通数码印刷有限公司
装　　订：北京盛通数码印刷有限公司
出版发行：电子工业出版社
　　　　　北京市海淀区万寿路 173 信箱　邮编 100036
开　　本：720×1000　1/16　印张：33　字数：555 千字
版　　次：2017 年 1 月第 1 版
印　　次：2024 年 11 月第 17 次印刷
定　　价：65.00 元

凡所购买电子工业出版社图书有缺损问题，请向购买书店调换。若书店售缺，请与本社发行部联系，联系及邮购电话：(010) 88254888，88258888。

质量投诉请发邮件至 zlts@phei.com.cn，盗版侵权举报请发邮件至 dbqq@phei.com.cn。

本书咨询联系方式：(010) 88254199，sjb@phei.com.cn。

主要参编人员

胡为民	迪博风险管理技术有限公司董事长
聂兴凯	北京国家会计学院副教授
唐大鹏	东北财经大学会计学院副教授
王　洁	北京医院总会计师
林常青	教育部考试中心财务处处长
韩　菲	北京国家会计学院副教授
何　敬	北京国家会计学院副教授
齐　雁	北京国家会计学院博士
王瑞星	天津天狮学院讲师
李向辉	北京国家会计学院博士
侯　飞	北京国家会计学院博士

前言

推进行政事业单位内部控制建设有利于规范行政事业单位内部经济和业务活动，强化对内部权力运行的制约，防止内部权力滥用，建立健全科学高效的制约和监督体系，促进单位公共服务效能和内部治理水平不断提高，为实现国家治理体系和治理能力现代化奠定坚实基础并提供有力支撑。

2011年，我撰写了首部关于政府部门内部控制的著作《政府部门内部控制：框架设计与有效运行》。应该说，那时的研究还显得十分稚嫩，过多地停留在理论上的梳理与国外研究的回顾。此后5年时间里，在我的学术生涯与咨询实践中，我依然保持了对于行政事业单位内部控制极大的关注热情。期间，为落实中央八项规定要求，财政部于2012年11月下发了《行政事业单位内部控制规范（试行）》（财会〔2012〕21号）文件，行政事业单位内部控制建设在政府层面受到了前所未有的关注。我也于2014年以北京国家会计学院审计与风险管理研究所的名义发布了《中国行政事业单位内部控制白皮书》，并分别于2013年、2014年参与撰写了两本关于行政事业单位内部控制的著作。随着实践的积累，我一直有着自己组织编写一本关于行政事业单位内部控制方面最新实践操作指南著作的冲动。如今，该愿望终于得以实现。

习近平总书记在十八届中央纪委二次全会上指出："要加强对权力运行的制约和监督，把权力关进制度的笼子里，形成不敢腐的惩戒机制、不能腐的防范机制、不易腐的保障机制。"李克强总理在国务院廉洁工作会议上指出："加强制度建设，用制度管权、管钱、管人，给权力涂上防腐剂、戴上'紧箍咒'。真正形成不能贪、不敢贪的反腐机制。"内部控制是我国行政事业单位保障权力规范有序、科学高效运行的有效手段，也是行政事业单位目标得以实现的长效机制。为此，党的十八届四中全会通过的《中共中央关于全面推进依法治国若干重大问题的决定》进一步明确提出"对财政资金分配使用、国有资产监管、政府投资、政府采购、公共资源转让、公共工程建设等权力集中的部门和岗位实行分事行权、分岗设权、分级授权，定期轮岗，强化内部流程控制，防止权力滥用"，这为行政事业单位加强内部控制建设指明了方向。内部控制建设的核心思路是：管理制度化、制度流程化、流程岗位化、岗位职责化、职责表单化、表单信息化。从当前行政事业单位内部控制的现实来看，它不可能一蹴而就，需要循序渐进。因此，我国行政事业单位的内部控制建设选择了以经济业务活动作为切入点，覆盖预算、政府采购、收支、资产、合同、基建工程六大部分。各级行政事业单位应在单位主要负责人的直接领导下，建立适合本单位实际情况的内部控制体系，全面梳理业务流程，明确业务环节，分析风险隐患，完善风险评估机制，制定风险应对策略；有效运用不相容岗位相互分离、内部授权审批控制、归口管理、预算控制、财产保护控制、会计控制、单据控制、信息内部公开等内部控制基本方法，加强对单位层面和业务层面的内部控制，实现内部控制体系全面、有效实施。

内部控制是一把手工程，需要全员参与到内部控制建设中来。但从实际执行情况来看，大多数单位负责人并未对内部控制给予应有的重视，实践中普遍缺少相应的模板和可以参考的书籍。本书可以作为各个单位进行内部控制建设的参考书籍，结合实际情况对本单位业务流程进行梳理；也可作为高校本科生、研究生的教材使用。由于时间和水平有限，书中难免出现诸多不足，针对书中出现的不足，可以回复邮箱 zhangql@mail.nai.edu.cn，以利于我们在下一版进行改正。

2020 年，我国要基本建成与国家治理体系和治理能力现代化相适应的、权责一致、制衡有效、运行顺畅、执行有力、管理科学的内部控制体系，更好地发挥内部控制在提升内部治理水平、规范内部权力运行、促进依法行政、推进廉政建设中的重要作用。相信内部控制建设仅有起点而没有终点，内部控制永远在路上。

张庆龙

2016 年 10 月

目录

第一章 行政事业单位概述 1
 一、行政事业单位概况 1
 二、行政事业单位的未来改革趋势 6
 三、行政事业单位面临的主要风险 17

第二章 行政事业单位内部控制基本理论 24
 一、行政事业单位内部控制的内涵 24
 二、行政事业单位内部控制建设的必要性 30
 三、行政事业单位内部控制的主体和客体范围界定 34
 四、行政事业单位内部控制的目标 35
 五、行政事业单位内部控制的原则 38
 六、行政事业单位内部控制的方法 40

第三章 行政事业单位内部控制建设的全景路线图 45
 一、宣传贯彻行政事业单位内部控制 45
 二、成立内部控制的组织保障体系，落实资源配置 46
 三、主要职能部门在内部控制建设中的角色分析 49
 四、诊断内部控制现状，出具基础性评价报告 50
 五、开展风险评估 66

六、健全和完善单位内部控制体系 71

七、编制和优化内部控制手册 72

八、内部控制信息化落地 76

第四章　单位层面内部控制建设 79

一、组织架构控制建设 79

二、工作机制控制建设 83

三、关键岗位控制建设 90

四、关键人员控制建设 94

五、会计系统控制建设 97

六、信息系统控制建设 102

第五章　预算业务控制建设 115

一、预算业务控制概述 116

二、预算业务控制目标 120

三、预算业务的主要流程与关键环节 123

四、预算业务的主要风险点 139

五、预算业务控制策略与内容 143

第六章　收支业务控制建设 169

一、收支业务概述 169

二、收支业务控制目标 176

三、收支业务主要流程与关键环节 178

四、收支业务主要风险点 181

五、收支业务控制策略与内容 185

第七章 政府采购业务控制建设 210
一、政府采购业务概述 210
二、政府采购业务控制目标 219
三、政府采购业务主要流程与关键环节 222
四、政府采购业务主要风险点 234
五、政府采购业务控制策略与内容 239

第八章 资产控制建设 270
一、资产概述 270
二、资产控制目标 275
三、资产控制主要流程与关键环节 278
四、资产控制主要风险点 293
五、资产控制策略与内容 299

第九章 建设项目控制建设 330
一、建设项目控制概述 330
二、建设项目控制目标 337
三、建设项目控制主要流程与关键环节 340
四、建设项目控制主要风险点 352
五、建设项目控制策略与内容 358

第十章 合同控制建设 385
一、合同控制概述 385
二、合同控制目标 391
三、合同控制主要流程与关键环节 392
四、合同控制主要风险点 402
五、合同控制策略与内容 406

第十一章　行政事业单位内部控制评价与运行维护 420

一、行政事业单位内部控制评价组织 420

二、行政事业单位内部控制评价对象 423

三、行政事业单位内部控制评价流程 444

四、内部控制评价常用方法 446

五、内部控制自我评价 449

六、行政事业单位内部控制评价结果的使用 453

七、行政事业单位内部控制运行维护 456

第十二章　行政事业单位内部控制的审计监督 461

一、内部审计监督 462

二、国家审计监督 471

附录A　行政事业单位内部控制规范（试行） 479

附录B　关于全面推进行政事业单位内部控制建设的指导意见 491

附录C　关于开展行政事业单位内部控制基础性评价工作的通知 496

参考文献 512

第一章

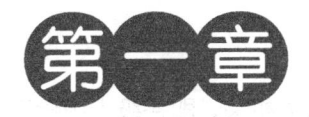

行政事业单位概述

一、行政事业单位概况

（一）行政事业单位概念

行政事业单位是行政单位和事业单位的统称，它包含了行政单位和事业单位。

行政单位是指国家为了行使其职能依法设立的各种机构，是专司国家权力和国家管理职能的组织。通常来说，行政单位的范围比较宽泛，广义的行政单位包括各级行政、党、团机关在内的各种行政类机构，狭义的行政单位仅指政府部门。

事业单位是我国特殊国情下的特殊产物，它在我国计划经济体制下诞生，其概念本身随着经济体制改革不断变革。根据 2004 年 6 月国务院颁布的《事业单位登记管理暂行条例》(国务院令第 411 号)，事业单位是指：为了社会公益目的，由国家机关举办或者其他组织利用国有资产举办的，从事教育、科技、文化、卫生等活动的社会服务组织。《事业单位登记管理暂行条例实施细则》(2014) 则进一步细化了事业单位的概念，该细则所称事业单位，是指国家为了社会公益目的，由国家机关举办或者其他组织利用国有资产举办的，从事教育、科研、文化、卫生、体育、新闻出版、广播电视、社会福利、救助减灾、统计调查、技术推广与实验、公用设施管理、物资仓储、监测、勘探与勘察、测绘、检验检测与鉴定、法律服务、资源管理事务、质量技术监督事务、经济监督事务、知识产权事务、公证与认证、信息与咨询、人才交流、就业服务、机关后勤服务等活动的社会服务组织。

(二) 行政事业单位的构成

行政单位按照构成，主要分为六个部分：① 国家权力机关，即各级人民代表大会及其常务委员会，我国的国家权力机关是人民代表大会，最高的国家权力机关是全国人民代表大会。② 各级行政机关，即中央政府、地方政府、基层政府的各级机关，国家的派出机构。③ 各级审判机关和检察机关，即各级人民法院和各级人民检察院。④ 政党组织，包括中国共产党、各民主党派以及共青团、妇联、公会等。⑤ 接受国家预算拨款的人民团体。按照严格意义上来说，人民团体其实是不属于行政单位的，但是由于团体中的经费来源主要是通过国家财政预算拨款，所以才将人民团体划分在行政单位范围之内。⑥ 国家规定的其他单位或组织。

事业单位的构成可以按照《关于分类推进事业单位改革的指导意见》(中发 [2011] 5号) 规定，事业单位按照社会功能，可以分为行政性事业单位、经营性事业单位和公益性事业单位。其中，行政性事业单位指承担行政决策、行政执行、行政监督等职能的事业单位；经营性事业单位是指所提供的产品或服务可以由市场资源配置、不承担公益服务职责的事业单位；公益性事业单位是指面向社会提供公益服务和为机关行使职能提供支持保障的事业单位。根据此次事业单位分类改革，除了公益性事业单位保留其事业单位序列外，其他两类事业单位将逐渐退出事业单位序列。其中，行政性事业单位将逐渐归于行政机构，或者转为行政机构，经营性事业单位逐步转为企业或者撤销。

在此次改革中，根据职责任务、服务对象和资源配置方式等情况，尚留在事业单位序列的公益性事业单位又细分为公益一类和公益二类。其中，公益一类是指承担义务教育、基础性科研、公共文化、公共卫生及基层的基本医疗服务等基本公益服务，不能或不宜由市场配置资源的事业单位。

划入公益一类，一般需同时具备以下三个条件：一是面向社会提供基本公益服务；二是不能或不宜由市场配置资源；三是宗旨、职能任务和服务规范由国家确定，不从事经营活动。公益二类是指承担高等教育、非营利医疗等公益服务，可部分由市场配置资源的事业单位。

划入公益二类，一般需同时具备以下三个条件：一是面向社会提供公益服务，并可部分由市场配置资源;二是按照国家确定的公益目标和相关标准开展活动;三是确保公益目标的前提下,可依据相关法律法规提供与主业相关的服务,收益的使用按国家有关规定执行。

此外,仅为机关行使职能提供保障的事业单位,划入公益一类;主要为机关行使职能提供支持保障同时面向社会提供与主业相关服务的事业单位,划为公益二类。依据地方性法规、规章等规定完全或主要承担行政职能的事业单位,暂划入公益一类[①]。截止到2015年下半年,事业单位分类改革基本完成。

(三)行政事业单位的特点

1. 追求社会效益最大化

行政事业单位的工作主要是通过行使其行政管理权力来管理社会公共事务、无偿为人民群众提供公共服务、满足社会共同发展的需求,并且行政事业单位的经济来源主要是依靠财政拨款,只需要保持收支平衡而不需要以创造价值为主要目标。因此,其不具有营利性和市场性,而更具有政治性和公益性。

行政事业单位以收付实现制为会计核算基础,通过提供公共产品服务社会大众,其经济利益直接受益者是社会公众。由此可看出,行政事业单位的运营目标是追求社会价值最大化,兼顾公平和效率,保证公共资金使用的安全性和效率性及公共服务的效率和效果性。与企业相比,作为公共部门的行政单位更加关注社会公共服务的效率和效果;而非营利方面,其业务活动主要以实现社会效益最大化为目的,而非经济效益最大化。

2. 经费主要来源于财政拨款

不论是行政单位还是事业单位,尤其是行政单位,其经费主要来源于财政拨款。

依据《行政单位财务规则》(2012)第十五条的规定:行政单位依法取得的非偿还性资金,包括财政拨款收入和其他收入。其中,财政拨款收入即是指行政单位从同级财政部门取得的财政预算资金。

[①] 参见中共中央、国务院颁布的《中共中央国务院关于分类推进事业单位改革的指导意见》(中发〔2011〕5号)。

依据《事业单位财务规则》(2012)的规定,事业单位收入包括:

(1)财政补助收入,即事业单位从同级财政部门取得的各类财政拨款。

(2)事业收入,即事业单位开展专业业务活动及其辅助活动取得的收入。其中:按照国家有关规定应当上缴国库或者财政专户的资金,不计入事业收入;从财政专户核拨给事业单位的资金和经核准不上缴国库或者财政专户的资金,计入事业收入。

(3)上级补助收入,即事业单位从主管部门和上级单位取得的非财政补助收入。

(4)附属单位上缴收入,即事业单位附属独立核算单位按照有关规定上缴的收入。

(5)经营收入,即事业单位在专业业务活动及其辅助活动之外开展非独立核算经营活动取得的收入。

(6)其他收入,即本条上述规定范围以外的各项收入,包括投资收益、利息收入、捐赠收入等。

3. 委托代理双方权利义务不对等

行政事业单位的预算资金来源于人民群众,他们拥有单位的最终权利,是委托代理关系中的委托人,行政事业单位作为代理人,接受人民群众的委托,利用公共资金行使公共管理和提供社会服务职能以实现公共利益。

人民群众和行政事业单位之间的这种委托代理关系是一种特殊的、复杂的多层契约关系。从代理人(行政事业单位)角度来看,单位作为委托代理关系中代理人一方,拥有公共利益唯一代理人的垄断地位,是典型的强势主体,其受托代理地位不可随意变更;从委托人(人民群众)的角度来看,公民作为委托代理关系中委托人一方,其身份具有不确定性、模糊性,是一个抽象的概念。因此,在权利义务关系中委托人一方在权利享受和义务承担中具有极大的不确定性和不对等性;从公共权力特性来看,单位的代理活动具有强制性、自主性以及代理结果(公共产品的提供)的非拒绝性等特点;权力义务不对等、公权力监督程度较弱等容易滋生滥用职权、贪污腐败、浪费财政资金等问题。

4. 受法律约束力大

行政事业单位的资金主要来源于国家财政,经费来源具有无偿性。因此,为约束行政事业单位对"免费午餐"的享受，国家法律必然要对行政事业单位无论是外部职能还是内部权力的行使进行必要的约束。这种约束主要体现在行政事业单位对财务资源的运用具有独特的控制程序，如国家立法机构和行政机构通过《中华人民共和国预算法》和《中华人民共和国政府采购法》等法律法规对行政事业单位的社会职能、管理权限、组织形式、治理结构、业务范围、活动方式和法律责任等方面以条文形式明确予以规定，并要求单位必须在法律规定的程序和范围内严格遵照和执行单位外部和内部权力的分配和行使。

5. 单位运行绩效难以量化评价

由于行政事业单位不以盈利为目的，更多为了实现服务人民的社会效益及福祉最大化，加之许多公共项目的周期很长，难以在短时期内衡量。因此，难以用常规的财务指标来衡量考核工作人员的履职情况，非财务指标又难以确定，这使得行政事业单位的绩效难以用定量化来衡量，而简单的采用德、勤、技、能、廉去考察，显然有失全面性和偏颇。实际评价工作中存在绩效评价方法不科学的现象，没有统一规范化的评价考核指标。即便行政事业单位财政支出的绩效评价具有绩效考核评价指标，评价指标信息数据也缺乏严密性，不能从全局出发，没有对整个评价体系进行充分调查分析。

（四）行政事业单位与企业的区别比较

行政事业单位与企业在目标、资金来源、委托代理关系和法律限制等方面有较大的不同；此外，二者在营利性、绩效评估标准和产权关系明晰程度方面也存在差异，如表 1-1 所示。

表 1-1　　　　　　　　　行政事业单位和企业的区别

方面	行政事业单位	企业
目标	社会价值最大化，同时兼顾效率和公平	企业价值最大化
资金来源	财政预算收入	资本投入和债务资本
委托代理关系	代理方具有强势地位，委托方和代理方权利义务不对等	双方地位平等，委托代理关系明确
法律限制	法律法规限制较多	法律法规限制较少

续表

方面	行政事业单位	企业
营利性	以增加公众利益为目的的非营利机构	以增加企业价值，创造剩余收益为目的的营利组织
绩效评估标准	主要考核工作完成情况、公共资源配置和公共服务的效率和效果、党风廉政建设等，但难以量化评价	盈利能力状况、资产质量状况、债务风险、经营增长状况等财务和非财务指标
产权关系明晰程度	由于公民概念的不确定性和模糊性，产权界定模糊	产权关系明确清晰

二、行政事业单位的未来改革趋势

行政事业单位是我国国家机构中的重要组成部分，在国家运行和经济生活中扮演着重要的角色，自20世纪90年代开始，我国就已经开始着手进行行政事业单位改革。

下面我们通过梳理行政事业单位改革历史及其相关法律法规来展望行政事业单位未来几个方面的改革趋势。

（一）行政管理体制改革

行政管理体制改革是政治体制改革的重要内容，是行政事业单位改革的前提和基础，它解决的是行政事业单位体制问题，每一次行政管理体制改革都会给行政事业单位改革带来巨大的影响。

我国历来重视行政管理体制改革，改革开放以来先后进行了六次较大规模的行政管理体制改革。自1982年启动首次行政体制改革之后，进入五年一轮的改革周期，到2016年，共完成了六次改革，正在进行着第七次大规模的改革。

纵观历次行政管理体制改革的内容，我们可以将其归纳总结为四个方面，包括政府机构的权利配置、职能调整、政府运行机制调整和法律制度保证。其中，政府机构的权力配置主要涉及机构设置、人事制度改革；职能调整主要涉及职能定位、职能转变；政府运行机制调整主要涉及改革协调机制建设，政府与市场、社会关系调整，中央政府和地方政府关系调整[①]。对历次改革具体内容在此就不再一一赘述，仅将主要改革内容和成果列示如下，如表1-2所示。

表1-2　　　　　　　　　　六次行政管理体制改革

年　　份	主要改革内容和成果
1982	撤并机构、裁减人员及各级各部的职数；废除领导干部职务终身制，建立干部离退休制度
1988	转变政府职能；科学地实行"三定"
1993	适应建立社会主义市场经济体制的需要，对宏观管理体制进行改革；对宏观管理部门和专业管理部门的关系进行了调整，撤并了100多个管理部门
1998	在当时亚洲金融危机的背景下，对投资、金融、外贸体制进行了改革；同时撤并了一些部门，大幅度压缩了编制
2003	提出了简政放权和行政审批制度改革的历史任务，下放了60%多的各种审批权
2008	实行大部制改革，将原来分工比较细的部门，合并为大部委，国务院部门调至27个，变动机构15个，减4个正部级机构

自2013年，国务院开展第七次行政体制改革，十八大明确提出"行政体制改革是推动上层建筑适应经济基础的必然要求。要按照建立中国特色社会主义行政体制目标，深入推进政企分开、政资分开、政事分开、政社分开，建设职能科学、结构优化、廉洁高效、人民满意的服务型政府。"改革的具体内容包括：深化行政审批制度改革，继续简政放权，推动政府职能向创造良好发展环境、提供优质公共服务、维护社会公平正义转变；稳步推进大部门制改革，健全部门职责体系；优化行政层级和行政区划设置，有条件的地方可探索省直接管理县（市）改革，深化乡镇行政体制改革；创新行政管理方式，提高政府公信力和执行力；严格控制机构编制，减少领导职数，降低行政成本；推进事业单位分类改革；完善体制改革协调机制，统筹规划和协调重大改革。

此次改革以转变政府职能为中心，将简政放权、放管结合作为深化改革的第一步和转变政府职能的突破口，统筹规划，全力推动，不断深化，取得了明显进展和成效。虽然两年多来"放管服"改革取得明显进展和成效，但长期形成的行政理念和文化、既有利益格局、相对滞后的法律法规等，阻碍着改革措施的落实

---

① 侯静. 改革开放以来中国行政体制改革目标研究［D］. 吉林：东北师范大学，2014.

和深化，这些问题包括简政放权逐级递减、放小不放大、放虚不放实、重数量轻质量等问题；你放我不放、上放下不放、审批要件互为前置等审批问题；各种要件、程序、环节依然复杂，所需时间还很长，企业和群众办事难、办证多、耗时长、成本高的现象仍然突出等[①]。

根据我国30多年行政管理体制改革的经验，在未来几年中，加快转变政府职能将仍然是行政管理机制改革的中心，政府将围绕着这一中心进一步深化行政管理机制改革。

（二）事业单位改革

事业单位是经济社会发展中提供公益服务的主要载体，是我国社会主义现代化建设的重要力量。

早在20世纪90年代，我国政府就已经开始尝试进行事业单位改革，但是在复杂的经济形势下，改革效果并不明显。2011年3月23日，国务院正式下发《关于分类推进事业单位改革的指导意见》（简称《意见》），由此拉开了第二轮事业单位改革的序幕。

《意见》中明确提出了事业单位改革的各个方面，确定了事业单位改革的总目标，即"到2020年，建立起功能明确、治理完善、运行高效、监管有力的管理体制和运行机制，形成基本服务优先、供给水平适度、布局结构合理、服务公平公正的中国特色公益服务体系"。此外，还提出在2015年完成事业单位分类，并基本完成承担行政职能事业单位和从事生产经营活动事业单位的改革，使从事公益服务事业单位在人事管理、收入分配、社会保险、财税政策和机构编制等方面的改革取得明显进展。截止到2015年下半年，事业单位基本完成分类，在此次分类中，将事业单位按照其社会功能分为行政性单位；经营性单位和公益性单位。其中，行政性单位将逐渐归于行政机构，或者转为行政机构；经营性单位逐步转为企业或者撤销；公益性单位留在事业单位序列，公益性单位又细分为公益一类和公益二类（见图1-1）。

---

① 深入推进"放管服"改革全面加强法治政府建设——第六届中国行政改革论坛观点综述[EB/OL]. http://www.csoar.org.cn/html/2016-01/2571.html.

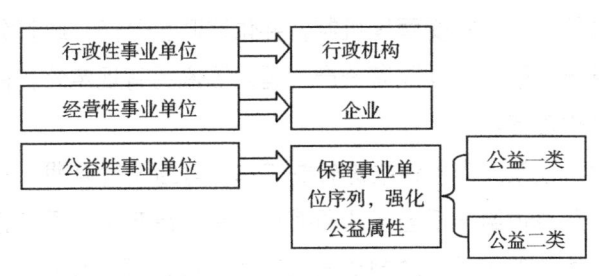

图 1-1　事业单位分类

随着事业单位分类改革基本完成，对不同分类的事业单位提出了新的管理要求，分别如下。

1. 对于行政性事业单位

（1）要严格认定标准和范围。根据国家有关法律法规和中央有关政策规定，按照是否主要履行行政决策、行政执行、行政监督等职能，从严认定承担行政职能的事业单位。

（2）区分不同情况实施改革。结合行政管理体制改革和政府机构改革，特别是探索实行职能有机统一的大部门体制，推进承担行政职能的事业单位改革。涉及机构编制调整的，不得突破政府机构限额和编制总额，主要通过行政管理体制和政府机构改革中调剂出来的空额逐步解决。对部分承担行政职能的事业单位，要认真梳理职能，将属于政府的职能划归相关行政机构。职能调整后，要重新明确事业单位职责、划定类别，工作任务不足的予以撤销或并入其他事业单位。对完全承担行政职能的事业单位，可调整为相关行政机关的内设机构，确需单独设置行政机构的，要按照精简效能原则设置。已认定为承担行政职能、但尚未调整到位的事业单位，在过渡期内继续按照现行法律法规和政策规定履行职责，使用事业编制且只减不增，人事、财务、社会保险等依照国家现行政策规定实施管理。

2. 对于经营性事业单位

（1）推进转企改制。周密制定从事生产经营活动事业单位转企改制工作方案，按照有关规定进行资产清查、财务审计、资产评估，核实债权债务，界定和核实资产，由同级财政部门依法核定国家资本金。转制单位要按规定注销事业单位法人，核销事业编制，进行国有资产产权登记和工商登记，并依法与在职职工签订劳动合同，建立或接续社会保险关系。事业单位转企改制后，要按照现代企业制度要求，深化内部改革，转变管理机制，并依照政企分开、政资分开的原则，逐步与原行政主管部门脱钩，其国有资产管理除国家另有规定外，由履行国有资产出资人职责的机构负责。

（2）完善过渡政策。为平稳推进转制工作，可给予过渡期，一般为5年。在过渡期内，对转制单位给予适当保留原有税收等优惠政策，原有正常事业经费继续拨付。在离退休待遇方面，转制前已离退休人员，原国家规定的离退休费待遇标准不变，支付方式和待遇调整按国家有关规定执行；转制前参加工作、转制后退休的人员，基本养老金的计发和调整按照国家有关规定执行，保证离退休人员待遇水平平稳衔接。在医疗保障方面，离休人员继续执行现行办法，所需资金按原渠道解决；转制前已退休人员，转制后继续按规定享受职工基本医疗保险、补充医疗保障等待遇。有条件的转制单位，可按照有关规定为职工建立补充医疗保险和企业年金。要进一步做好离退休人员的服务管理工作。

3. 对于公益性事业单位

（1）明确改革目的。强化事业单位公益属性，进一步理顺体制、完善机制、健全制度，充分调动广大工作人员的积极性、主动性、创造性，真正激发事业单位的生机与活力，不断提高公益服务水平和效率，促进公益事业大力发展，切实为人民群众提供更加优质高效的公益服务。

（2）改革管理体制。实行政事分开，理顺政府与事业单位的关系。行政主管部门要加快职能转变，创新管理方式，减少对事业单位的微观管理和直接管理，强化制定政策法规、行业规划、标准规范和监督指导等职责，进一步落实事业单位法人自主权。对面向社会提供公益服务的事业单位，积极探索管办分离的有效实现形式，逐步取消行政级别。对不同类型事业单位实行不同的机构编制管理，科学制定机构编制标准，合理控制总量，着力优化结构，建立动态调整机制，强化监督管理。

（3）建立健全法人治理结构。面向社会提供公益服务的事业单位，探索建立理事会、董事会、管委会等多种形式的治理结构，健全决策、执行和监督机制，提高运行效率，确保公益目标实现。不宜建立法人治理结构的事业单位，要继续完善现行管理模式。

（4）深化人事制度改革。以转换用人机制和搞活用人制度为核心，以健全聘用制度和岗位管理制度为重点，建立权责清晰、分类科学、机制灵活、监管有力的事业单位人事管理制度。加快推进职称制度改革。对不同类型事业单位实行分类人事管理，依据编制管理办法分类设岗，实行公开招聘、竞聘上岗、按岗聘用、合同管理。

（5）深化收入分配制度改革。以完善工资分配激励约束机制为核心，健全符合事业单位特点、体现岗位绩效和分级分类管理要求的工作人员收入分配制度。结合规范事业单位津贴补贴和实施绩效工资，进一步做好义务教育学校、公共卫生与基层医疗卫生事业单位实施绩效工资工作；对其他事业单位按照分类指导、分步实施、因地制宜、稳慎推进的原则，实施绩效工资。各地区各部门要根据改革进程，探索对不同类型事业单位实行不同的绩效工资管理办法，分步实施到位。完善事业单位工资正常调整机制。

（6）推进社会保险制度改革。完善事业单位及其工作人员参加基本养老、基本医疗、失业、工伤等社会保险政策，逐步建立起独立于单位之外、资金来源多渠道、保障方式多层次、管理服务社会化的社会保险体系。事业单位工作人员基本养老保险实行社会统筹和个人账户相结合，养老保险费由单位和个人共同负担，个人缴费全部记入个人账户。养老保险基金单独建账，实行省级统筹，基本养老金实行社会化发放。实行"老人老办法、新人新制度、中人逐步过渡"，对改革前参加工作、改革后退休的人员，妥善保证其养老待遇水平平稳过渡、合理衔接，保持国家规定的待遇水平不降低。建立事业单位工作人员职业年金制度。统筹考虑企业、事业单位、机关离退休人员养老待遇水平。

（7）加强对事业单位的监督。建立事业单位绩效考评制度，考评结果作为确定预算、负责人奖惩与收入分配等的重要依据。加强审计监督和舆论监督。面向社会提供公益服务的事业单位要建立信息披露制度，重要事项和年度报告要向社会公开，涉及人民群众切身利益的重大公益服务事项要进行社会公示和听证。

（8）全面加强事业单位党的建设。按照党章和有关规定，及时调整党的组织设置，理顺隶属关系，选好配强党组织领导班子，加强党员教育、管理、服务，做好思想政治工作，推进精神文明建设，领导工会、共青团等群众组织开展工作，充分发挥党组织在促进事业发展、完成本单位中心任务中的领导核心或政治核心作用，保证党的基本路线、方针政策在事业单位的贯彻执行。

（三）行政事业单位工作作风

行政事业单位的职能之一就是行使国家职能，提供公共服务，但在具体操作层面，不可避免要涉及人的因素，容易出现以权谋私、贪污受贿、腐败等突出问题，因此其工作作风问题一直是党和国家进行行政事业单位改革中关注的重点。

2013 年 8 月，中共中央政治局会议审议通过了《建立健全惩治和预防腐败体系 2013—2017 年工作规划》。该规划指出：经过今后 5 年不懈努力，坚决遏制腐败蔓延势头，取得人民群众比较满意的进展和成效。党的作风建设深入推进，"四风"问题得到认真治理，党风、政风和民风、社风有新的好转；惩治腐败力度进一步加大，纪律约束和法律制裁的警戒作用有效发挥；预防腐败工作扎实开展，党员干部廉洁自律意识和拒腐防变能力显著增强。

为了进一步加强惩治和预防体系建设，推进党风廉政建设和反腐败斗争，政府陆续推出了一系列的法律法规，提出了更加细化、规范和具体的要求。例如，2013 年中共中央、国务院印发了《党政机关厉行节约反对浪费条例》，该条例对经费管理、国内差旅和因公临时出国（境）、公务接待、公务用车、会议活动、办公用房做出了相关规定。后期我国又陆续出台了一系列实施办法，进一步将相关规定具体化，促进政策落地。例如，2015 年 12 月，针对在改革中出现的中央企业公务用车管理不够规范、公务用车配备范围过大、管理运行成本偏高、公务出行社会化、市场化水平较低等问题，中央公务用车制度改革领导小组印发了《中央企业公务用车制度改革实施意见》。2016 年 5 月财政部印发了《中央行政单位通用办公家具配置标准》，按照职位对中央行政单位配置的办公桌、办公椅、沙发等办公家具的数量上限、价格上限和最低使用年限等做出了规定。随着改革的不断深入，结合改革现实和经验，政府将不断完善相关规定，推出更多实施意见，进一步规范各方面制度。

除了采用法律法规进一步规范言行外，在外部环境上，政府也加强了监督力度。截止到 2015 年，中央巡视已开展 8 轮，共安排 100 个组次，巡视了 149 个地方、单位，实现了对地方、央企、金融三个板块的巡视全覆盖。2015 年，省区市完成巡视任务 2512 个，发现"四个着力"方面问题 33648 件，发现厅级干部问题线索 3991 件，处级干部问题线索 14760 件，立案查处厅级干部 265 名、处级干部

1386名；53家中央单位巡视组发现领导干部问题线索2125件，涉及局、处级干部1519名。

新形势下，不管是从内部治理还是外部监督的角度，行政事业单位迫切需要提高内部管理水平，进一步规范和转变工作作风。

（四）行政事业单位会计改革

会计管理职能是行政事业单位所具有的一项基本职能，在行政事业单位的管理工作中发挥着重要作用，行政事业单位会计改革是政府会计改革的重要组成部分。

十八届三中全会通过的《中共中央关于全面深化改革若干重大问题的决定》明确提出，"建立跨年度预算平衡机制，建立权责发生制的政府综合财务报告制度，建立规范合理的中央和地方政府债务管理及风险预警机制"，该表述进一步确定了我国政府会计改革的方向。

多年来，我国在政府会计领域实行的是以收付实现制为核算基础的预算会计标准体系，主要包括财政总预算会计制度、行政单位会计制度和事业单位会计准则、事业单位会计制度等。这一体系是适应财政预算管理的要求建立和逐步发展起来的，为财政资金的运行管理和宏观经济决策发挥了重要的基础性作用。随着经济社会的发展，这一标准体系难以适应新形势新情况的需要。近些年，为了加快推进政府会计改革，构建统一、科学、规范的政府会计标准体系和权责发生制政府综合财务报告制度，政府陆续出台相关法律法规，加快政府会计改革。

2010年前后，财政部下发《医院会计制度》和《高等学校会计制度（试行）》补充规定，以权责发生制为基础的会计核算制度首先在医院和高校展开，并取得了不错的效果。2012年年底，财政部制定了新的《行政单位财务规则》《事业单位会计准则》和《事业单位财务规则》，提出了部门预算、国库集中支付、政府采购、绩效管理、票据管理等相关规定，并扩大了适用范围。其中，《事业单位财务规则》首次提出"部分行业根据成本核算和绩效管理的需要，可以在行政事业单位财务管理制度中引入权责发生制"，由此，从事业单位会计改革入手，我国政府会计改革迈出重要步伐。2013年以来，财政部又相继修订了中小学、高等院校、科学事业单位、彩票机构等事业单位会计制度。

2014年8月底，十二届全国人大常委会第十次会议表决通过了修改后的《中华人民共和国预算法》，从2015年1月1日起实施。新《预算法》也对各级政府财政部门按年度编制以权责发生制为基础的政府综合财务报告提出了明确要求。2014年12月，国务院批转了财政部制定的《权责发生制政府综合财务报告制度改革方案》（国发［2014］63号，简称《改革方案》），确立了政府会计改革的指导思想、总体目标、基本原则、主要任务、具体内容、配套措施、实施步骤和组织保障。根据《改革方案》，我国政府会计标准体系由政府会计基本准则、具体准则及其应用指南和政府会计制度组成。其中，基本准则主要对政府会计目标、会计主体、会计信息质量要求、会计核算基础以及会计要素定义、确认和计量原则、列报要求等做出规定；具体准则主要规定政府发生的经济业务或事项的会计处理原则，具体规定经济业务或事项引起的会计要素变动的确认、计量和报告；应用指南主要对具体准则的实际应用作出操作性规定；政府会计制度主要规定政府会计科目及其使用说明、会计报表格式及其编制说明等，便于会计人员进行日常核算。

2015年11月初，财政部发布《政府会计准则——基本准则》，2016年7月6日发布《关于印发〈政府会计准则第1号——存货〉等4项具体准则的通知》，在该通知中，财政部发布了《政府会计准则第1号——存货》、《政府会计准则第2号——投资》、《政府会计准则第3号——固定资产》和《政府会计准则第4号——无形资产》等4项具体准则，这些会计准则均在2017年1月1日正式实施。按照改革方案，政府会继续出台更多的具体准则、应用准则和政府会计制度。

随着政府会计标准体系的不断完善，从以下几个方面对行政事业单位的会计管理水平提出了具体要求：

1. 进一步规范单位会计行为，提高会计信息质量

按收付实现制对预算收入、预算支出和预算结余进行会计核算，按权责发生制对资产、负债、净资产和收入、费用进行会计核算。同时按照会计原则性要求确认、计量和列示各个会计要素，按照已明确的标准保证会计信息质量，对各项经济业务或事项进行全面、规范的会计处理，提升单位会计信息质量。

2. 夯实单位财务管理基础，提升财务管理水平

行政事业单位要通过实施会计法律法规，贯彻落实国家各项预算管理要求，

规范收支行为，夯实预算管理的基础，建立健全预算管理制度；严格落实有关国有资产管理的规定，全面、真实反映增量和存量资产的状况，夯实单位资产管理的基础，完善控制国有资产流失的管理制度，提高单位国有资产管理的绩效；严格落实有关财务管理规定，增强公共管理意识，实现资金、资产和资源的科学合理配置，防范和化解财务风险，促进单位持续健康发展。

3. 准确反映单位运行成本，科学评价单位绩效

按照权责发生制原则核算各项耗费，如计提固定资产折旧费用、无形资产摊销费用等，并要求编制收入费用表，合理归集、反映单位的运行费用和履职成本，科学评价单位耗费公共资源、成本边际等情况，建立并有效实施预算绩效评价制度，提升单位绩效评价的科学性。

4. 全面反映部门整体财务状况

在编制决算报告的同时，还要编制包括资产负债表、收入费用表和现金流量表在内的财务报告，全面反映单位的预算执行情况和财务状况、运行情况和现金流量等。按规定合并所属单位的财务报表，编制部门合并财务报告，全面反映部门整体财务状况，并按照规定进行审计和公开。

（五）行政事业单位内部控制建设

在行政事业单位范围内全面开展内部控制建设工作，是贯彻落实党的十八届四中全会通过的《中共中央关于全面推进依法治国若干重大问题的决定》的一项重要改革举措。行政事业单位内部控制不是可有可无，而是建设的意义深远。一个完整的国家治理体系除了具有必要激励体系之外，还应该具有真正的制衡约束机制与之相伴而生，内部控制就是国家治理机制中制衡约束机制的重要组成部分，二者缺一不可。

作为一个特殊的组织群体，行政事业单位承担着制定政策并组织实施的重要职责，以提供各种社会服务为直接目的，财政拨款是其主要资金来源。与企业、非营利组织等其他社会法人组织相比，行政事业单位的内部管理状况却相对落后，与其肩负的重要社会职责有失匹配，主要表现为职能划分不够明确、管理效率较低、行政成本偏高、贪污腐败现象频出等。这些问题受到社会各界的广泛关注，有些甚至引起了人民群众的不满，引发了社会矛盾。如何提高行政事业单位管理

水平，创新行政事业单位管理方式已经成为一个迫切需要解决的问题。有控则强、无控则弱、失控则乱，建立健全完善的行政单位内部控制则为解决上述问题提供了一条思路。

相对于纪检监察、审计等外部监督，内部控制犹如单位自身的免疫系统，通过不相容职务相互分离、相互制约和授权审批等手段，达到防范风险于未然和自我纠正的目的。实际上，从全球范围来看，目前企业内部控制理论和实践在国内外日趋完善，政府部门内部控制也得到一定范围的普及，如美国、英国、日本和荷兰等。

根据西方国家的政府内部控制建设过程，尤其是较早关注政府内部控制且内部控制相对健全完善的美国，政府内部控制总是以会计体系变革为开端。以美国为例，其政府内部控制建设经历了内部会计控制阶段、从内部会计控制向管理控制阶段的过渡阶段、内部控制框架阶段。在第一个阶段（内部会计控制阶段），美国政府按照《1789年法案》设立了财政部，并建立了政府集中的会计和报告系统，随后在1894年《多克瑞法案》要求转变联邦政府的财务管理办法，同时精简联邦政府机构，1948年美国审计总署成立会计系统局，提出"适当的内部控制是联邦机构会计系统整体的一部分"，建议加强对会计系统及相关控制的内部审计。此时所称的相关控制，就是主要针对会计系统的内部控制。随着行政事业单位改革的进一步深化，会计体系逐渐建立健全，进一步推进行政事业单位内部控制建设的条件逐渐具备，我国政府对行政事业单位内部控制越来越重视。

2012年11月，财政部发布了《行政事业单位内部控制规范（试行）》（简称《单位内控规范》），自2014年1月1日开始实施，这标志着我国行政事业单位内部控制建设进入实质性操作阶段。为了改善执行情况，2015年年底财政部发布了《关于全面推进行政事业单位内部控制建设的指导意见》（财会[2015]24号），要求全国各级各类行政事业单位于2016年年底前完成内部控制的建立和实施工作。为进一步推动单位开展内部控制的建立与实施工作，2016年6月24日，财政部正式发布《关于开展行政事业单位内部控制基础性评价工作的通知》（财会[2016]11号），通过"以评促建"的方式，以量化评价为导向，推动各单位于2016年年底前如期完成内部控制建立与实施工作。

无论是就行政事业单位目前面临的问题而言，还是从其他国家的内部控制实践经验的角度来说，行政事业单位内部控制都是行政事业改革的一大趋势。行政事业单位可以通过构建内部控制建设，提升单位的内部管理水平，实现领导干部的权力制衡，营造出风清气正的单位环境，促进高效廉洁政府的建设。

三、行政事业单位面临的主要风险

风险是指主体因某些因素而遭受损失或者不能实现目标的可能性。行政事业单位风险是指那些使行政事业单位无法实现其目标的各种可能性。

随着事业单位分类改革的基本完成，行政事业单位之间越来越强调其公益属性。作为行使国家权力和提供公共服务的公益性国家机构，它不以利润最大化为最终目标，资金来源以财政拨款为主，追求的是社会效益最大化，并兼顾公平和效率，基本上没有破产倒闭的可能。大多数行政事业单位认为自身很少从事生产经营活动，其工作职能是社会管理和公益服务，而不是为了营利，无所谓生产经营风险，从而忽略了在履行社会管理和公益服务职能的过程中还要面临各种风险。

一般来说，行政事业单位风险可以按照其不同标准进行分类。例如，按照风险来源可分为外部风险和内部风险；按照管理有效性可分为固有风险和剩余风险；按照是否盈利可分为纯粹风险和机会风险；按照风险事件是否可控可分为可控风险和不可控风险。但是，这种风险分类标准也不是绝对的，根据《单位内控规范》规定，行政事业单位风险可按管理层级分为单位层面风险和业务层面风险，其中，单位层面风险主要包括组织架构风险、工作机制风险、关键岗位风险、关键岗位人员风险、会计系统风险和信息系统风险；业务层面风险主要包括预算业务风险、收支业务风险、政府采购风险、资产风险、建设项目风险和合同风险。

在市场经济条件下，市场上的任何主体都面临着来自内部和外部的风险，行政事业单位在经济活动中也会面临着各种各样的内外部风险。但是与大多数市场主体不同，行政事业单位本身又具有独特的特点，所以我们在研究行政事业单位所面临的主要风险时，首先根据其风险来源将行政事业单位所面临的主要风险分为外部风险和内部风险，然后根据行政事业单位内部控制要素分类将内部风险细分为单位层面风险和具体业务层面风险，如图1-2所示。

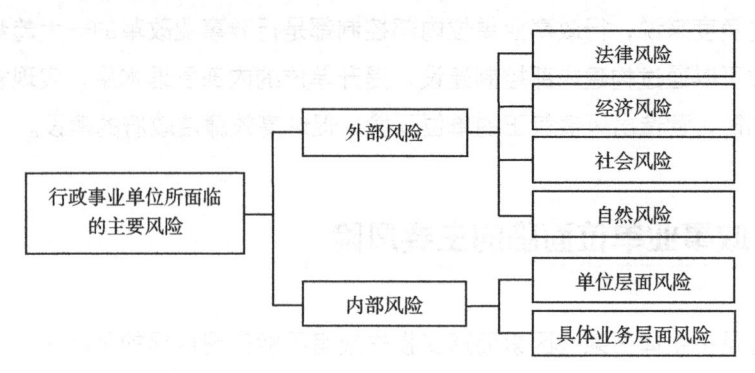

图 1-2　行政事业单位所面临的主要风险

（一）行政事业单位的外部风险

行政事业单位的外部风险是指由行政事业单位的外部因素所导致的风险，其风险来源来自行政事业单位外部。每个行政事业单位都是在一定的社会环境下履行社会管理职能和提供公共服务的，因此不可避免地会面临外部风险，这些外部风险主要包括[①]：

1. 法律风险

行政事业单位和企业相比受到的法律约束更多，无论是在行使外部职能还是内部权力都必须遵守相关法律法规。例如，《中华人民共和国预算法》、《事业单位会计准则》、《党政机关厉行节约反对浪费条例》等。随着我国行政事业单位改革的进一步深化，相关法律法规逐渐完善，政府也加大了监督巡查力度，此外社会公众也更加关注行政事业单位在履行自身职责和提供公共服务的过程中是否合法合规，是否满足各项监管要求。行政事业单位如果知法违法，将面临极大的法律风险。

2. 经济风险

行政事业单位在发挥管理和服务社会的各种职能中，不可避免地要从事各项经济活动。因此，经济形势、产业政策、融资环境、资源供给等经济因素，技术进步、工艺改进等技术因素，市场竞争、信用风险等市场因素都会给行政事业单位带来风险。

---

① 黄国成，张玲. 行政事业单位内部控制 [M]. 北京：新华出版社，2010.

3. 社会风险

行政事业单位是在一定的社会文化中存在,因此受到安全稳定、文化传统、社会信用、教育水平、消费者行为等社会因素的影响。

4. 自然风险

自然风险是指行政事业单位还会受到地震、水灾、火灾等自然灾害的影响。

(二)行政事业单位的内部风险

行政事业单位的内部风险是指由行政事业单位的内部因素所导致的风险,其风险来源来自行政事业单位内部。这里我们按照行政事业单位管理层级将内部风险细分为单位层面的风险和具体业务层面的风险。

1. 单位层面的风险

单位层面风险是指那些由工作机制、组织架构、权责分配和岗位责任等因素导致的风险。

从单位层面来看,大多数行政事业单位享有某种公共资源的配置权利,在法律体系不完善且缺乏监督的情况下,如此巨大的公共权力会滋生权利滥用、徇私舞弊和贪污腐败;作为公共产品的唯一供应方,行政事业单位在买方市场处于垄断地位,公共效率无从保障,一些掌握大量社会公共资源(如土地、矿产等稀缺资源)的行政事业单位,容易出现"寻租现象",影响公共资源的使用效率和资源的合理配置。因此,单位层面的风险是行政事业单位风险中的主要风险[1]。

具体来说,单位层面的风险主要包括组织架构风险、工作机制风险、关键岗位风险、关键岗位人员风险、会计系统风险和信息系统风险等(见表 1-3[2])。鉴于我们在后面章节中会详细介绍行政事业单位单位层面内部控制的主要风险点,表 1-3 仅作简要介绍。

---

[1] 贺敬燕. 行政事业单位内部控制风险评估——基于模糊综合评价法[J]. 全国商情·理论研究,2015(21).

[2] 王斌,张庆龙. 行政事业单位内部控制实务操作指南/迪博内部控制与风险管理系列丛书[M]. 北京:中国电力出版社,2014.

表 1-3　　　　　　　　　行政事业单位单位层面风险分类

风险类别	风险名称	风险内容
单位层面风险	组织架构风险	1．管理层级过多或者集中分散方式选择不当，内设机构设置不当或不符合单位实际情况等。 2．关键职能缺位或者出现职能交叉，没有及时发现机构越权或权限缺位等。 3．单位机构超出编制限额，或者在编制使用上违反政策规定，编制使用和名额分配未经恰当审批，出现混用、挤占或者违规使用编制等。 ……
	工作机制风险	1．单位经济活动的决策、执行和监督未做到有效分离，单位在办理经济活动的业务和事项前未经过适当的授权审批，决策和监督角色缺失。 2．决策人员相关专业知识或素质不高，导致单位经济活动决策水平不高。 3．决策机构职责权限不明确，决策审批权限设置不当，可能导致出现越权决策或未经授权而进行决策，决策效果不佳。 ……
	关键岗位风险	1．未对单位经济活动关键岗位进行识别，或者单位经济活动关键岗位识别不当，可能导致关键岗位不明确。 2．未恰当描述和说明单位经济活动的关键岗位职责，或者单位经济活动的关键岗位职权不匹配，导致关键岗位职能不明确，存在交叉、推诿扯皮和运行效率低下等问题。 3．未对单位关键岗位中存在的不相容岗位进行分离，或者在单位关键岗位管理中未实行轮岗，可能导致关键岗位出现舞弊和腐败现象。 ……
	关键岗位人员风险	1．选择了不具有岗位胜任能力的人员承担单位关键岗位工作，可能导致单位经济活动实施效率低下，甚至出现由于人员能力不足而产生违法违规现象。 2．未针对关键岗位人员开展培训，关键岗位人员的相关工作技能不能得到提升。 3．未针对关键岗位人员工作设定具体的奖惩措施，或者相关奖励政策设定不当、不符合单位实际，无法提高关键岗位人员工作的积极性和纪律性。 ……

续表

风险类别	风险名称	风险内容
单位层面风险	会计系统风险	1．单位会计机构和岗位设置不健全，未配备专门的会计人员或者会计人员专业技能和素质不高，可能导致单位财务管理不规范，容易发生舞弊行为，影响单位资产的安全。 2．单位会计制度不健全，会计科目设置不规范，会计核算规则不明确，可能无法有效规范单位会计行为，影响财务信息的真实性和完整性。 3．单位会计业务处理过程中未有效审核会计凭证，或者相关审核程序设置不当，可能导致单位会计处理不符合政策法规，产生违规风险。 ……
	信息系统风险	1．信息系统部门的组织模式不合理，无法有效调动各方面积极性、及时响应信息系统运行需求。 2．信息系统组织层级过多，汇报关系过于复杂，可能导致各层管理者之间沟通不畅，影响信息系统建设和维护效率。 3．输入系统数据不准确、不完整、不及时，导致输出结果错误，甚至造成财产损失。 ……

2. 具体业务层面的风险

具体业务层面风险是指行政事业单位的业务流程和业务活动中存在的风险。

从业务层面看，行政事业单位的经济活动需按照预算及相关规定执行，因此其风险主要体现在预算业务、收支业务、政府采购、资产管理、建设项目和合同管理等业务中，因此我们将行政事业单位业务层面风险主要分为预算风险、收支风险、政府采购风险、资产风险、建设项目风险和合同风险，如表1-4所示。鉴于我们在后面章节中会详细介绍行政事业单位具体业务层面内部控制的主要风险点，表1-4仅作简要介绍。

表1-4 行政事业单位的业务层面风险分类

风险类别	风险名称	主要风险点
业务层面风险	预算风险	1．单位预算编制流程不清晰、预算编制依据不合理、方法不科学、内容不全面、审核程序不规范，导致单位账外资产或小金库游离于财政预算之外。

续表

风险类别	风险名称	主要风险点
业务层面风险	预算风险	2．预算执行缺乏严肃性和约束力，支出控制不严、超支浪费严重，影响单位声誉。 3．预算考核、评价和监督流于形式，无法有效地发挥预算对资金的管控作用。 ……
	收支风险	1．单位违规发放奖金福利或请客送礼等其他费用支出，导致腐败滋生。 2．单位截留未纳入预算的其他收入，如利息收入、房租收入，形成小金库。 3．单位虚列开支、项目支出和基本支出界定不清，出现用项目支出弥补基本支出的现象，未实现专款专用，导致单位支出管理混乱。 ……
	政府采购风险	1．采购前期工作准备不充分，导致招标失败。 2．采购供应商暗中操纵竞标，采用不正当低价夺标，导致采购物品质量低、服务差、延期交货、无法满足使用要求。 3．缺乏对采购代理机构的资格审查、事先内定代理商，暗箱操作，出现贪污腐败行为。 ……
	资产风险	1．货币资金管理不严，可能导致会计处理重大差错、舞弊、资金挪用、贪污公款。 2．往来资金核算不规范，往来账目杂乱，违规调节资金、借贷投资等形成大量坏账。 3．实物资产盲目购建、闲置、更新改造不够、使用效能低下，维护不当，导致单位资产价值贬损、资源浪费。 ……
	建设项目风险	1．建设项目立项缺乏可行性研究或者可行性研究流于形式，决策不当，盲目上马，导致难以实现预期效益或者项目失败。 2．项目招标过程中暗箱操作，存在商业贿赂；会计核算不规范，工程造价不真实。 3．工程建设项目论证脱离实际、勘察设计不科学，使得概预算脱离实际、概算超估算、预算超概算、决算超预算；竣工手续办理不及时，交付使用手续办理不到位。 ……

续表

风险类别	风险名称	主要风险点
业务层面风险	合同风险	1．合同管理手段落后，机制不健全，没有构建适当的交流和沟通平台。 2．经济合同签订过程不透明，缺乏民主的决策过程，合同管理混乱，未统一提交归口部门存档。 3．合同变更或转让过程未按规定程序执行、合同终止办理不规范、纠纷处理不当。 ……

现阶段，我国行政事业单位面临着公信力丧失、权利失控、行政行为不当、贪污舞弊、效率低下等风险。为此，行政事业单位应构建一个以风险为导向、流程为核心的行政事业单位内部控制体系，并对影响组织目标实现的风险进行识别、评估和管控，合理保证单位目标实现，以促使行政事业单位更好地履行公共服务的责任。

第二章

行政事业单位内部控制基本理论

一、行政事业单位内部控制的内涵

（一）行政事业单位内部控制的概念

随着内部控制理论的不断成熟，内部控制的概念也在不断拓展，关于政府内部控制比较有代表性的定义是美国审计总署（GAO）在《联邦政府内部控制准则》中对内部控制的定义："政府为了实现运行的有效性和效率、财务报告的可靠性和符合适用的法律和法规而进行管理的组成部分。"

在我国，财政部于 2012 年 11 月颁布的《单位内控规范》第三条规定："本规范所称内部控制，是指单位为实现控制目标，通过制定制度、实施措施和执行程序，对经济活动的风险进行防范和管控。"具体来说，这一定义包括了静态和动态两个方面。从静态上讲，内部控制是行政事业单位为了防范和管控经济活动风险而建立的内部管理系统，该系统由内部控制环境、风险评估、控制活动、信息与沟通和监督等内容组成，具体体现为各项内部管理制度以及落实制度所需的控制措施和程序。从动态上说，内部控制是通过制定制度、实施措施和执行程序，为实现控制目标的自我约束和规范的过程。而且，内部控制还是一个循环往复、不断优化完善的过程，行政事业单位应当针对内部监督检查和自我评价发现的问题，对相关的制度、措施和程序进行持续调整、改进，使各项制度、措施和程序能够适应新情况、新问题，在经济活动风险管控中持续发挥积极的作用。

与较为代表性的内部控制定义相比，《单位内控规范》中对内部控制的定义既包括了静态方面，也包括了动态方面，而且从行政事业单位的经济活动入手，更符合中国行政事业单位的组织特色[①]。为此，本书采用了《单位内控规范》中对行政事业单位内部控制的定义，认为行政事业单位内部控制是指单位为实现控制目标，通过制定制度、实施措施和执行程序，对经济活动的风险进行防范和管控。

（二）行政事业单位内部控制的要素

内部控制要素是指单位建立和实施内部控制的具体内容。目前，较为普遍的内部控制要素是COSO内部控制框架下的五要素，即控制环境、风险评估、控制活动、信息与沟通、内部监督。该五要素最初针对的是企业部门，但是很多国家和机构在制定内部控制准则时也沿用了该要素分类，例如美国审计总署（GAO）发布的《联邦政府内部控制准则》，最高审计机关国际组织（INTOSAI）发布的《公共内部控制准则指南》。在我国，财政部于2008年颁布的《企业内部控制基本规范》也沿用了该五要素分类，虽然根据我国的具体情况对五要素作了补充和完善，但是还是没有脱离五要素分类的范畴。

在上述提及的行政事业单位内部控制静态定义中，内部管理系统由五要素组成。但是《单位内控规范》并没有如《企业内部控制基本规范》一样明确规定行政事业单位内部控制的要素，而是创新性地提出了构建单位层面内部控制和业务层面内部控制，将各个要素进行重新梳理和整合，灵活融入到行政事业单位内部控制中。这样不仅能够避免五要素之间不能很好实现功能有机耦合、要素联系不够紧密的问题，而且对行政事业单位内部控制的建立和实施进行了更加本土化的设计，更加符合我国行政事业单位的组织特点和业务特点，更具有针对性、适应性和实操性[②]。

可见，行政事业单位内部控制要素可以具体分为单位层面内部控制要素和业务层面内部控制要素（见图2-1）。

[①] 田祥宇，王鹏，唐大鹏.我国行政事业单位内部控制制度特征研究[J].会计研究，2013（9）.
[②] 唐大鹏.我国行政事业单位内部控制要素分类的创新[N].中国会计报，2013-11-01（003）.

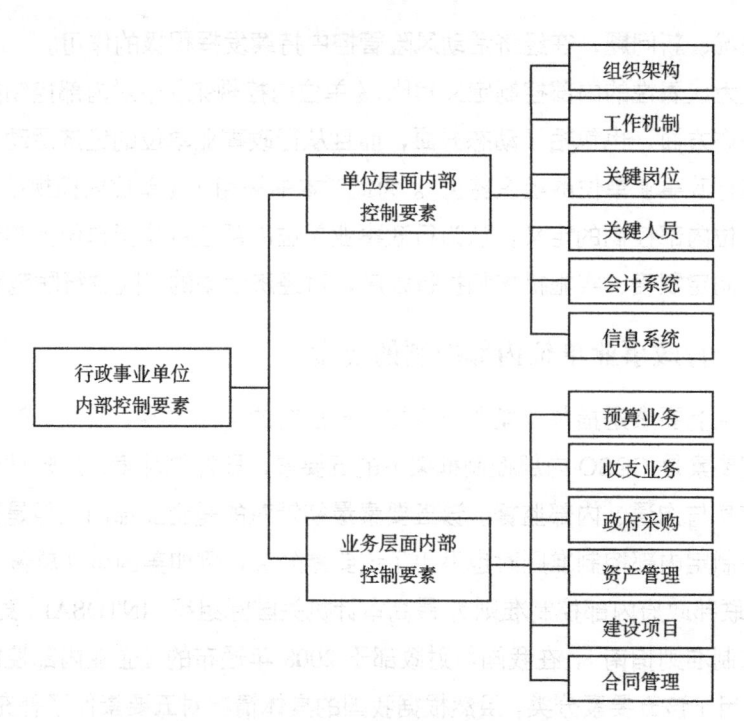

```
                                          ┌─ 组织架构
                                          ├─ 工作机制
                          ┌─ 单位层面内部 ─┼─ 关键岗位
                          │   控制要素     ├─ 关键人员
                          │                ├─ 会计系统
                          │                └─ 信息系统
        行政事业单位 ─────┤
        内部控制要素      │                ┌─ 预算业务
                          │                ├─ 收支业务
                          │                ├─ 政府采购
                          └─ 业务层面内部 ─┼─ 资产管理
                              控制要素     ├─ 建设项目
                                           └─ 合同管理
```

图 2-1 行政事业单位内部控制要素分类

1. 单位层面内部控制要素

单位层面内部控制是从整体层面上对行政事业单位内部控制加以规范，为内控运行构建良好的环境，是整个内部控制体系的基础。

根据《单位内控规范》单位层面内部控制的具体内容，单位层面内部控制要素具体包括组织架构、工作机制、关键岗位、关键人员、会计系统和信息系统等。

（1）组织架构。行政事业单位的组织架构是指单位内部机构的设置、职责权限、岗位编制、工作流程及相关要求的制度安排，其中机构设置应从决策、执行、监督三个方面进行，并明确三者之间的权责分配。组织架构作为单位内部环境的有机组成部分，在单位内部控制体系中处于重要地位，是促使单位内部控制有效运行，保证内部控制功能发挥的前提和基础。

（2）工作机制。所谓机制，是指以所设机构为载体，建立科学的执行程序和完善的制度规范，并通过监督和评价来激励程序和规范的有效执行，以此实现规则制衡。从单位整体层面看，行政事业单位应该实现内部决策、执行和监督相互分离的工作机制，设置议事决策工作机制、岗位责任制、关键岗位轮岗机制等制衡机制，使得权利受到制衡和约束，保障权利在规定的范围内行使。

（3）关键岗位。关键岗位是指在行政事业单位经济业务活动中起重要作用，与单位目标的实现密切相关，承担起重要工作责任，掌握单位发展所需关键技能的一系列重要岗位的总和。这些岗位既是单位经济活动有效开展的重要保障，也是单位经济活动中最容易发生舞弊和腐败的关键职位。一般来说，行政事业单位的关键岗位主要包括预算业务管理、收支业务管理、政府采购业务管理、资产管理、建设项目管理、合同管理以及内部监督等岗位。

（4）关键人员。关键人员是指在行政事业单位中承担关键岗位工作的人员。有效的内部控制体系是以关键人员的专业胜任能力和职业道德水平为基础的，如果没有专业人才，再科学、再合理的制度设计都难以得到落实。一般而言，行政事业单位关键人员包括预算业务管理、收支业务管理、政府采购业务管理、资产管理、建设项目管理、合同管理以及内部监督等关键岗位的人员。

（5）会计系统。会计系统是为确认、汇总、分析、分类、记录和报告单位发生的经济业务，并保持相关资产和负债的受托责任而建立的各种会计记账方法、会计政策、会计核算程序、会计报告制度和会计档案管理制度等的总称。会计系统控制是指对会计系统实施的，以确保财务报告可靠性为主要目标的控制活动。会计系统控制在行政事业单位内部控制中居于核心地位，多数单位的内部控制建设工作由财务部门来牵头，而单位内部控制也主要针对经济活动展开。

（6）信息系统。从广义上来说，信息系统是物流、资金流、事务流和信息流为服务于同类的控制和管理而形成的信息流网络。狭义上来说，信息系统是一个以人为主导，利用计算机硬件、计算机软件和数据资源，及时、正确地收集、加工、存储和提供信息，以实现组织中各项活动的管理、调节和控制的人造系统。随着信息技术在单位管理方面的广泛应用，行政事业单位内部控制的信息化必将成为一种趋势。信息系统控制主要涉及一般控制和应用控制，其中一般控制包括信息系统开发控制、信息系统运维控制、信息系统安全控制等，应用控制包括输入控制、处理控制和输出控制。

2. 业务层面内部控制要素

行政事业单位业务层面内部控制是"以预算为主线，资金管控为核心"，在具体业务层面详细介绍内部控制的构建和实施。根据行政事业单位的具体业务范围，业务层面内部控制要素包括预算业务、收支业务、政府采购业务、资产管理、建设项目业务、合同管理等。

（1）预算业务。预算是指单位根据工作目标和计划编制的年度财务收支计划，反映了预算年度内单位的资金收支规模和资金使用方向，是单位财务工作的基本依据。根据《中华人民共和国预算法》(2014年修正)，行政事业单位预算由预算收入和预算支出组成，政府的全部收入和支出都应当纳入预算。

行政事业单位预算业务是指预算管理的整个过程，包括预算编制、预算批复、预算下达、预算执行、预算追加调整、决算、绩效评价等环节。这些业务环节相互关联、相互作用、相互衔接，周而复始地循环，构成了单位预算管理系统化体系过程。

（2）收支业务。行政事业单位收支业务又分为收入业务和支出业务。行政单位和事业单位的收入和支出各有不同，一般而言，收入是指单位依法取得的非偿还性资金，支出是指单位开展业务及其他活动发生的资金耗费和损失。

行政事业单位收支业务的基本流程一般包括收支计划、收支执行和收支监督三个阶段。其中，收入业务主要涉及收入项目与标准确定、票据开具与管理、收入收缴、收入退付、收入登记与确认、会计核算以及编制收入管理报告等具体环节；支出业务主要涉及用款计划制定与审批、支出申请与审批、业务借款、费用报销、资金支付、会计核算及编制支出管理报告等具体环节。

（3）政府采购。政府采购是指各级国家机关、事业单位和团体组织，使用财政性资金采购依法指定的集中采购目录以内的或者采购限额标准以上的货物、工程和服务的行为。

一般而言，行政事业单位政府采购业务包括采购计划、采购实施和采购监督三个阶段。主要涉及采购预算编报与下达、采购计划编制与审核、采购需求申报、代理机构选择、采购方式选择、供应商确定、采购合同签订、管理供应过程、采购项目验收、采购结算付款、会计控制、采购资料归档、采购信息公开、质疑与投诉处理以及采购后评估等具体环节。

（4）资产管理。根据财政部2015年10月发布的《政府会计基本准则》(财政部令78号)，行政事业单位资产是指行政事业单位过去的经济业务或者事项形成的、由行政事业单位控制的、预期能够产生服务潜力或者带来经济利益流入的经济资源。

一般而言，行政事业单位资产控制主要涉及资产内部管理体系、货币资产、实物资产、无形资产、对外投资。其中，资产内部管理体系主要涉及资产内部管理制度体系、资产信息管理系统、资产配置、资产使用、资产处置、资产收益等；货币资产管理涉及资金支付申请、审核、审批、支付、记账和对账等环节；实物资产管理涉及实物资产预算、实物资产请购、实物资产取得验收、实物资产领用与登记、实物资产使用与维护、实物资产清查盘点、实物资产更新改造、实物资产统计报告以及实物资产处置等环节；无形资产管理涉及无形资产预算、取得验收、使用保全、定期评估、升级更新以及无形资产处置等业务环节；对外投资管理涉及提出投资意向、投资可行性研究、单位集体论证、投资审批、投资计划编制与审批、投资计划执行、投资使用与管理、投资收益与核算、投资处置与收回以及投资活动评价等业务环节。

（5）建设项目。建设项目是指行政事业单位自行或者委托其他单位进行的建造、安装活动。建造活动主要是指各种建筑的新建、改建、扩建及修缮活动，安装主要是指设备的安装工程。大多数行政事业单位建设项目涉及公共建筑、交通运输、铁路、水利、市政等基础设施建设，往往与人民生产、生活息息相关。

行政事业单位的建设项目管理一般包含组织管理体系和各个环节构成的整个管理过程。建设项目主要包括项目立项、工程设计与概预算、工程招标、工程建设以及竣工决算，具体环节包括：项目建议书编制与审核、工程可行性研究报告的编制与审核、初步设计评审及概算的审批、项目招标、工程施工、工程变更、工程验收、工程结算、竣工验收、竣工决算、竣工审计、项目档案移交、项目完工评价等。

（6）合同管理。行政事业单位合同是指为实现一定经济目的，与平等民事主体的法人、自然人以及其他经济单位之间订立的明确相互权利义务关系的协议。合同是行政事业单位经济活动的重要组成部分，行政事业单位进行政府采购、开展工程建设都会涉及合同管理。

一般而言，合同管理包括合同前期准备阶段、合同订立阶段、合同执行阶段和合同后续管理等四个阶段。主要涉及合同策划、合同调查、合同谈判、合同文本拟定、合同审核、合同签署、合同履行、合同结算、合同纠纷处理等流程。

以上单位层面和业务层面各要素的具体内部控制建设详见本书第四章至第十章内容，此处不再赘述。

二、行政事业单位内部控制建设的必要性

作为行使国家职能和提供社会公共服务的主体，行政事业单位在我国政治经济生活中发挥着重要的作用。随着经济的不断发展，社会环境愈加复杂，行政事业单位面临更多挑战。严控则强，失控则弱，无控则乱，不控则败，行政事业单位加强内部控制建设具有重要的理论意义和实践价值。

（一）行政事业单位内部控制建设的理论必要性

行政事业单位内部控制建设的理论必要性主要体现在委托代理理论。委托代理理论是由美国经济学家伯利和米恩斯提出的，主要研究信息不对称委托代理关系及相关问题。

委托代理理论认为：随着社会生产力的发展、社会分工不断细化，一种基于非对称信息博弈论下的经济关系——委托代理关系随之产生。但是基于信息不对称、不完全契约和利益冲突等原因，委托代理关系往往会带来委托代理问题。

1. 信息不对称

信息不对称是指在经济和管理活动中，某些参与者比另外一些参与者拥有更多的信息，那些拥有更多信息的参与者可以凭借信息的优势获利。信息不对称可能来源于参与者信息获得渠道不同，或者获得的能力不同等。一般而言，代理人会掌握更多的信息，并且处于强势地位，在委托人无法完全观测并监督代理人的行为或监督成本太高的情况下，代理人就能利用信息优势和公共权力进行权力寻租，即以权力为筹码谋求个人利益。

2. 不完全契约

不完全契约是指缔约双方不能完全预见契约履行期内可能出现的各种情况，从而无法达成内容完备、设计周详的契约条款。契约不完全主要来源于两个：有限理性和交易成本。其中，有限理性是指人的理性、思维是有限的，对未来事件、

外在环境无法完全预期；交易成本是指对未来进行预测，对预测及措施达成协议并写入契约，确保可以执行等，均存在交易成本，在此情况下，缔约各方愿意遗漏许多内容，或有意留待以后出现事件时再行协商。不完全契约会使机会主义滋生，使得意图追求自身利益而损害委托人利益的代理人有机可乘。

3. 利益冲突

利益冲突是指代理人和委托人的目标效用函数不一致的情况。在公共资源有限的情况下，代理人作为理性经纪人会追求其自身利益最大化，而委托人（公众）的目标效用在于公共产品或者服务的效率、效能最大化，二者目标效用的不一致会导致利益冲突，代理人处于信息优势的一方，往往会利用自身优势损害另一方的利益，因此产生委托代理问题。

就行政事业单位而言，在外部，社会公众作为公共权力的所有者、公共产品或服务的消费者，与行政事业单位存在委托代理关系；在内部，因其机构内部纵横交错，存在管理者与被管理者的关系，处于信息劣势的一方属于委托人，而信息优势一方为代理人，故上级部门或单位委托下级部门或单位处理地方事务；部门或单位委托负责人领导部门或单位事务；上级领导委托下级官员行使相应职权，如图2-2所示。

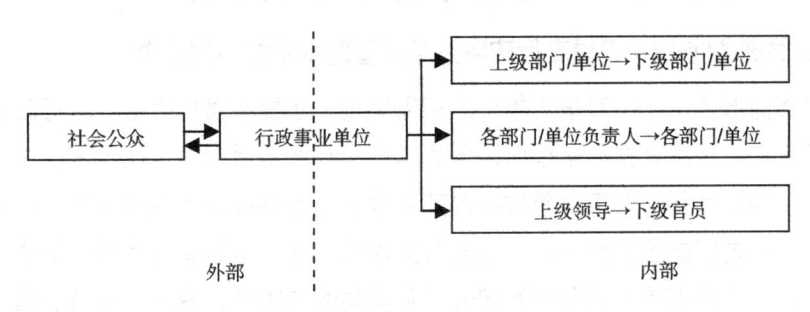

图 2-2 行政事业单位委托代理关系

与经济活动中的委托代理问题类似，张亮（2011）认为在公共权力行使以及公共服务提供的过程中，由于双方目标不一致、信息不对称、有限理性和机会主义、契约的不完备性等因素会使行政事业单位有可能违背公众的意志及利益，滥用权力实现自身利益最大化，从而滋生滥用职权、财政资金运用不当、公共服务效率低下等问题。

就解决方法而言，企业可以通过激励和约束机制有效减少委托代理问题，但这对行政事业单位并不十分有效。首先，由于行政事业单位属于强势主体，而社会公众不是具体、确定的个体，在部分社会公众行使监督权时，其他社会公众出于"搭便车"的心理往往会怠于行使监督权，导致委托代理问题得不到有效解决；其次，复杂多层次的委托代理关系使行政事业单位的公共活动过程更具有不可观测性，公众与行政事业单位之间信息严重不对称，要获得全部的信息成本极大且不现实，其获得的收益远小于搜集全部信息的成本。此外，以司法部门的反贪污腐败行动打击各类违法行为也不是一种长效手段，因为它是事后惩戒，且有些损失已经形成，无法挽回，最好还是防微杜渐，将贪污腐败扼杀在萌芽之前，而内部控制制度就为解决这一问题提供了有效的长效机制。对此，张庆龙、聂兴凯（2011）认为良好的制度设计规定了政府履行公共受托责任的规则，而政府部门内部控制在制度落实的过程中发挥重要作用，这是因为有效的内部控制降低了公共受托责任契约的不完备性，弱化了政府部门治理过程失效所引发的问题。

随着我国行政事业单位体制改革的深化，将不断要求行政事业单位行使公共权力更加公正、透明，而行政事业单位内部控制建设和实施则有助于行政事业单位真正履行公共受托责任。

（二）行政事业单位内部控制建设的实践必要性

1. 内部控制建设是提高行政事业单位管理水平的必然要求

在当前形势下，行政事业单位迫切需要进一步提高管理水平。从行政事业单位内部来讲，虽然近些年来单位财务管理水平和经济活动的合规合法性总体上不断提升，但是我国行政事业单位在内部管理上仍然存在以下突出问题：内控意识相对薄弱；内控制度实用性差，缺乏可操作性；会计核算基础薄弱；岗位分工控制不到位，不合理兼岗现象较为普遍；财务与业务脱节，资产管理有缺陷；费用支出方面缺乏有效控制；预算控制相对弱化；监督考核机制不到位等。随着社会主义市场经济的不断发展，行政事业单位职能的充分高效发挥面临着前所未有的挑战，加强内部控制建设也就显得尤为重要。

从行政事业单位外部来看，行政事业单位改革一直是我国政府体制改革的重点，自20世纪90年代开始，我国就开始进行行政事业单位改革，党的十八大提出："行政体制改革是推动上层建筑适应经济基础的必然要求。要按照建立中国特色社会主义行政体制目标，深入推进政企分开、政资分开、政事分开、政社分开，建设职能科学、结构优化、廉洁高效、人民满意的服务型政府"的总体目标，围绕着这一目标，政府陆续推出一系列改革方案，如事业单位分类改革、行政事业单位会计改革等，相关法律法规也陆续出台，如《中共中央关于全面深化改革若干重大问题的决定》、《关于分类推进事业单位改革的指导意见》、《党政机关厉行节约反对浪费条例》等。除了法律法规建设，政府也加强了巡查监督力度，截止到 2015 年为止，中央巡视已开展 8 轮，巡视了 149 个地方，查处干部总计上千名。无论是从单位内部治理还是外部环境的角度，行政事业单位都需要进一步提高内部管理水平。

行政事业单位内部控制建设能够全面提高单位的内部管理水平。单位有效的内部控制是通过构建完善的组织架构、合理的岗位职责、建立执行监督制度，保证了单位能够认真履行职责、合理使用公共权力、更好地维护公众利益。同时，单位为履行其社会管理职能，在行使职权过程中需要针对拟解决的问题进行设计和抉择，即作出决策。有效的内部控制可以在单位决策执行过程中及时进行风险评估和信息反馈，发现、纠正决策执行中存在的问题，从而保证决策执行的可行性和科学性，提高单位的管理水平。因此，不管是从单位内部还是单位外部，内部控制建设都是提高行政事业单位管理水平的必然要求。

2. 内部控制建设是加强廉政风险防控机制建设的必然要求

无数历史经验教训告诉我们，一个政党的灭亡很多时候不是来源于外部，而是来自于内部。在行政事业单位中，许多干部违法违纪现象频发，屡禁不止，例如，有些领导干部利用资源配置的权力贪污受贿，有些身处资产保管或采购岗位的干部监守自盗，造成大量国有资产流失，还有一些干部对资产闲置、资源浪费等不合理现象视而不见。这些不仅折射出干部的个人作风问题，也反映出某些行政事业单位制衡机制上的缺失，正是这种缺失为极个别违法违纪人员提供了便利，使他们的权力运行失去了监督，偏离了方向。

将清廉和贪腐寄予个人道德修养，本身是不可靠的。趋利避害是人之本性，如果收益极大、成本很低，那么大多数人都会趋之若鹜；如果处罚很严、成本很高，那么大部分人都会远远避之。正如中共中央总书记习近平同志所说："如果任凭腐败问题愈演愈烈，最终必然亡党亡国。"为此，他进一步指出：要加强对权力运行的制约与监督，把权力关进制度的笼子中，形成不敢腐惩戒机制，不能腐防范机制，不易腐保障机制。有效的内部控制能够起到制度笼子的作用，通过对事物的事前、事中、事后全程控制，健全完善权力运用监督体系，加大贪污舞弊成本，约束自由裁量权，形成不能腐的防范机制和不易腐的保障机制，有效防范贪污腐败。

因此，内部控制建设是加强廉政风险防控机制建设的必然要求。实际上，内部控制在方向、思路、内容、方法上与中纪委积极推动的廉政风险防控机制建设是基本一致的，只不过，内部控制管的是事，而廉政风险防控管的是人，其思路都是从风险出发，只不过，内部控制是从单位内部经济活动风险管控这一角度出发落实廉政风险防控的具体要求。

三、行政事业单位内部控制的主体和客体范围界定

（一）行政事业单位内部控制的主体范围

行政事业单位内部控制的主体范围是行政单位和事业单位。其中，行政单位包括国家权力机关、各级行政机关、各级审判机关和检察机关、政党组织、享受国家预算拨款的人民团体、国家规定的其他单位或组织等。在事业单位分类改革完成之前，我国所有的事业单位都是内部控制的主体范围，已纳入企业财务管理体系的事业单位和事业单位附属独立核算的生产经营单位不再隶属内部控制主体范围。事业单位分类改革完成后，原则上事业单位内控主体范围仅包含公益性事业单位，即公益一类和公益二类事业单位，行政事业单位的概念参见第一章第一部分，在此不再赘述。

（二）行政事业单位内部控制的客体范围

目前，行政事业单位内部控制的客体范围主要是行政事业单位的经济活动。

我国行政事业单位类型众多，业务活动纷繁复杂。一般而言，行政事业单位的业务活动可以分为经济活动和非经济活动，比如单位发生的资金收支业务和政府采购业务涉及公共经济资源在单位内部的运转，属于单位自身的经济活动，而公安机关维护交通安全和交通秩序的活动、医疗机构的医疗活动等则是单位的专业业务活动，相对而言属于单位的非经济活动。

从理论上来说，内部控制的原理和方式可以适用于行政事业单位所有的业务活动。但是从实践角度来说，将内部控制的客体范围定义为单位的全部业务活动并不现实。一方面，从全球范围来看，即使内部控制走在前列的美国，其政府内部控制的主线也并不是包括政府全部活动，主线是财务报告的内部控制，着重于政府行为的合法合规和资产的安全完整[①]；另一方面，现阶段而言，从事内部控制工作的一般是财务人员，将内部控制的客体范围指定为单位的全部经营活动可能会超出财务人员的职责范围。况且，过于宽泛的客体范围尽管可以囊括行政事业单位各类活动，但会使内部控制失去普遍适用性。

由于行政事业单位不仅是公共服务的提供者和社会事务的监管者，同时也是公共资源的使用者，所以不论何种类型的行政事业单位，其正常运转都离不开公共资金，都需要对其自身所掌握的公共资源进行配置和使用。因此，经济活动是行政事业单位所共有的业务活动。正是基于经济活动是行政事业单位所共有的业务活动的考虑，并且根据我国行政事业单位的实际情况，我们将内部控制的客体范围限定为行政事业单位的经济活动。具体来说就是以财政预算资金为核心的业务活动，主要包括预算业务、收支业务、政府采购、资产管理、建设项目、合同管理等六项业务。由于这些经济活动都与资金相关，并且行政事业单位的资金主要来源于国家财政，并且通过预算的形式加以管理，所以行政事业单位内部控制的客体范围可以概括为"以预算为主线，以资金为核心"的经济活动。

四、行政事业单位内部控制的目标

行政事业单位内部控制的目标是指行政事业单位建设和实施内部控制所要达到的效果和目的。一般而言，行政事业单位内部控制的目标要和行政事业单位的总体目标一致，但是由于行政事业单位内部控制的控制客体是单位的经济活动，所以内部控制目标需要进一步细化，着重体现内部控制目标的经济属性。

单位内部控制目标主要包括：合理保证单位经济活动合法合规、单位资产安全和使用有效、财务信息真实完整，有效防范舞弊和预防腐败，提高公共服务的

---

① 刘玉廷，王宏．美国政府部门内部控制建设的情况和启示［J］．会计研究，2008（3）．

效率和效果(见图2-3)。

```
                          ┌─ 合理保证经济活动合法合规
                          ├─ 合理保证资产安全和使用有效
行政事业单位内部控制的目标 ─┼─ 合理保证财务信息真实有效
                          ├─ 有效预防舞弊和预防腐败
                          └─ 提高公共服务的效率和效果
```

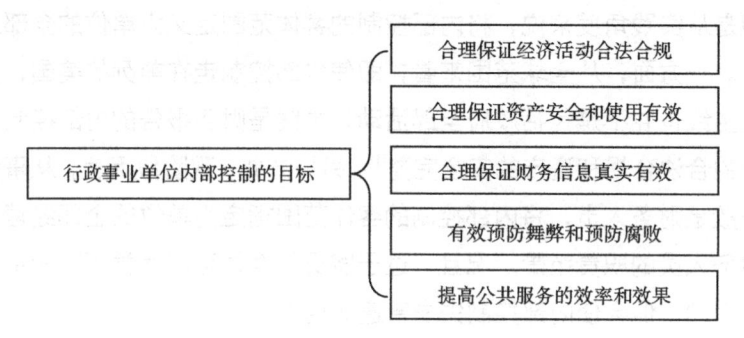

图2-3 行政事业单位内部控制的目标

(一)合理保证单位经济活动合法合规

行政事业单位的经济活动必须在法律法规允许的范围内进行,严禁违法违规行为的发生,这是行政事业单位内部控制最基本的目标,是其他四个目标存在的前提和基础。行政事业单位受到的法律约束性较强,无论是外在职能还是内部权力的行使,单位都必须遵循相关法律法规,包括国家法律、行政法规和相关政策文件等,这些法律法规确定了行政事业单位最低的行为准则,行政事业单位必须将合法合规纳入到内部控制的目标之中。违反法律法规,不但影响行政事业单位的长远发展,还会影响其社会形象,进而影响行政事业单位的执行能力和社会公信力。因此,合理保证单位经济活动合法合规是行政事业单位内部控制最基本的目标。

行政事业单位应该通过制定、实施措施和执行程序,合理保证行政事业单位的经济活动在法律法规允许的范围内进行,符合有关预算管理、财政国库管理、资产管理、建设项目管理、会计管理等方面的法律法规和相关规定,避免违法违规行为的发生。

(二)合理保证单位资产安全和使用有效

资产是行政事业单位正常运转的物质基础和财力保障,资产不安全、使用效率低下都将对行政事业单位各项工作的正常开展产生不利影响。

从现实来看,行政事业单位的资产存在被挪用、贪污、盗窃、违规处置、重购轻管等突出问题,甚至有的单位还存在大量的账外资产,行政事业单位必须落实资产管理责任,加强资产的日常管理和定期清查盘点,合理保证资产安全完整。在合理保证资产安全的同时,还应确保资产得到有效使用。目前,资产配置不合理、资产损失浪费、使用效率低下也是行政事业单位资产管理中的突出问题,行政事业单位有必要加强内部控制,将资产管理与预算管理、政府采购管理等相结合,优化资源配置,充分发挥资产效能,提高财政资金使用效率。

(三)合理保证单位财务信息真实有效

财务信息是对单位经济活动效率和效果的客观、综合的反映。行政事业单位的财务信息是一个广义的概念,既包括财务报告,又包括预算草案、决算草案和预算执行情况报告,还包括以其他形式报告的与单位经济活动相关的、能以货币计量的信息。

按照国家有关规定,编制和提供真实完整的财务信息是行政事业单位的法定义务。例如,《中华人民共和国会计法》(主席令[1999]第24号)第二十一条规定:"单位负责人应当保证财务会计报告真实、完整。"行政事业单位的决算报表的编报口径应与单位预算衔接一致,反映单位的全部收支情况。《中华人民共和国预算法》(2014年修正)第七十五条规定:"编制决算草案,必须符合法律、行政法规,做到收支真实、数额准确、内容完整、报送及时。"此外,真实有效的财务信息可以为管理层提供可靠的决策依据,同时,在客观上财务信息也是一种有效的约束机制,有利于行政事业单位遵守财会相关法规,正确履行职责,提升内部管理水平。

随着经济活动的日趋复杂,行政事业单位频繁出现单位领导授意编造虚假财务信息、财务制度滞后于外部环境的变化、行政事业单位会计人员的专业素质低下等普遍问题。行政事业单位应该通过适当的内部控制,加强会计核算和预算、决算管理,确保财务信息真实完整。

(四)有效防范舞弊和预防腐败

防范舞弊和预防腐败是现阶段行政事业单位内部控制建设尤为重要的一个目标,这一目标的设定具有很强的现实针对性,是我国行政事业单位内部控制相对于企业内部控制规范和国外的内部控制标准的一大特色。

我国行政事业单位本身掌控着大量的国家公共资源。在分配资金资源过程中,各个单位应廉洁奉公,按照公开和公正的原则,通过程序化的办公业务流程,达到资源的优化合理配置。但是,由于部分行政事业单位依然存在管理制度不完善、实际执行不到位、监督走过场等突出问题,造成舞弊和贪污腐败行为时有发生,造成社会资源的极大浪费和分配不均,不但降低了人民群众对党和政府的信任度,甚至会影响到党的执政地位的稳固性。而内部控制制度是预防腐败制度的重要组成部分,它的基本原则就是制衡原则,能够进一步完善决策权、执行权和监督权三权分离的机制,并建立由事先防范、事中监督和事后惩治相结合的反腐倡廉机制,发挥流程控制作用,有效地预防舞弊和腐败行为。

(五)提高公共服务的效率和效果

行政事业单位不以营利为目的,主要是履行职能为社会提供公益服务,也就是说,无论是行政单位还是事业单位都肩负着实施法律法规、贯彻国家政策、提供公共服务的使命。为了保障单位公共服务职能的发挥,单位要对各公共服务所需资金和单位内部正常工作开展所需经费进行预算管理。通过加强单位内部控制,降低公共服务的成本,避免片面追求经济效益,忽视社会效益,从而不断地提高单位公共服务的能力和水平。因此,提供公共服务的效率和效果是行政事业单位业务活动的总体目标,也是行政事业单位内部控制的最高目标。

这一目标的实现是以前四个目标为基础的。通过建立和实施内部控制,加强对单位经济活动的风险防范与管控,有利于行政事业单位有效履行职能、夯实物质基础,实现单位提高公共服务的效率和效果的目标。

五、行政事业单位内部控制的原则

行政事业单位内部控制的原则是指行政事业单位在建立和实施内部控制过程中所必须遵循的基本要求。行政事业单位应当在内部控制原则的指导下,根据单位自身的实际情况,建立并实施内部控制。

行政事业单位内部控制原则具体包括全面性原则、重要性原则、制衡性原则、适应性原则(见图 2-4)。

```
行政事业单位        全面性原则
内部控制的原则      重要性原则
                    制衡性原则
                    适应性原则
```

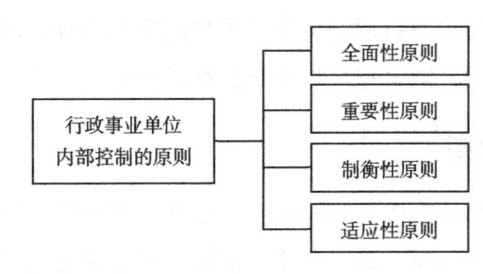

图 2-4　行政事业单位内部控制的原则

（一）全面性原则

全面性原则是指内部控制应当贯穿单位经济活动的决策、执行和监督全过程，实现对经济活动的全面控制。

作为一个全方位的整体，行政事业单位内部控制应渗透到单位管理和服务活动整个过程并贯穿于活动的始终。在人员层次上，行政事业单位内部控制应当涵盖行政事业单位各个层级的人员，包括所有相关工作人员和单位负责人；在范围上，应当覆盖单位及其所属单位的各种业务和事项，包括预算业务、收支业务、政府采购业务等；在流程上，应该渗透到决策、执行、监督（包括评价和反馈）等各个环节，避免内部控制出现空白和漏洞；在设计内容上，内部控制设计不能只关注会计控制的内容，还应兼顾宏观和微观层面，使之覆盖所有的风险控制点。此外，还要考虑各个控制要素、控制过程之间的相互联系，使各业务循环或者部门的子控制系统有机构成单位整体科学、合理的管理系统，保证单位日常活动在预定的轨道上进行。

（二）重要性原则

重要性原则要求内部控制在兼顾全面性的基础上，要重点关注单位的重要经济活动和经济活动的重大风险，确保单位内部控制不存在重大缺陷。

这一原则要求行政事业单位在进行内部控制时要突出重点，着力防范可能产生的重大风险。重视重要的交易、事项和风险领域，尤其注意防范业务处理过程中的主要风险点，并对关键岗位进行重点监控。主要风险点是指在业务处理过程中出现漏洞且一旦出现差错就会给单位带来重大损失的高风险领域；关键岗位是指单位经济活动中最容易发生舞弊和腐败的关键职位。在竞争日益激烈的现代社会，经济环境越来越复杂多变，行政事业单位应在兼顾全面的基础上突出重点，对主要风险点和关键岗位有针对性地采取严格的控制措施，确保内部控制的设计和运行不存在重大缺陷，能够将风险降低到可以接受的水平。

（三）制衡性原则

相互制衡是建立和实施内部控制的核心理念。制衡性原则要求单位的岗位设置、权责分配、业务流程等方面形成相互制约、相互监督的机制设计。这种制衡可以从行政事业单位横向关系和纵向关系中体现出来，从横向关系来说，完成某个环节的工作需要有来自彼此独立的两个部门或人员协议运作、相互监督、相互制约、相互证明；从纵向关系来说，完成某个工作需要经过互不隶属的两个或两个以上的岗位和环节，以形成上级监督下级、下级牵制上级的监督制约机制。此外，履行内部控制监督检查职责的部门应当具有良好的独立性，任何人不得拥有凌驾于内部控制之上的特殊权力。

（四）适应性原则

内部控制应当符合国家有关规定和单位的实际情况，并能够随着情况的变化及时调整。具体体现在，一是建立和实施内部控制要从与本单位的组织层级和业务层级相匹配、从单位实际情况出发，根据国家的有关规定，比如预算业务管理、收支业务管理等方面的法律法规和有关规定以及各单位"三定"规定，按照《单位内部控制》的要求建立和实施内部控制，即内部控制应当与单位性质、业务范围、经济活动的特点、风险水平以及所处的内外环境等相匹配，并且符合成本效益原则的要求；二是内部控制建设是一个不断完善的动态过程，外部环境的变化、单位经济活动的调整和管理要求的提高，内部控制制度随之得到修订和完善，随着当前行政事业单位改革进一步深化，政府不断推出各项法律法规，对行政事业单位的各个方面提出了更加详细具体的要求，行政事业单位更应当根据新的变化和要求及时完善制度、改进措施和调整程序，不断完善内部控制体系。

六、行政事业单位内部控制的方法

行政事业单位内部控制的方法是指单位为实现内部控制目标，针对内部控制的各个方面制定的控制措施和程序。健全的内部控制体系离不开有效的控制活动，设计和落实有效的控制活动一直是完善行政事业单位内部控制的重点，而这与行政事业单位内部控制的方法密切相关，只有采取了恰当的内部控制方法，才能有效保证内部控制活动顺利有效开展。

一般而言，行政事业单位内部控制的方法包括不相容岗位相互分离、内部授权审批控制、归口管理、预算控制、财产保护控制、会计控制、单据控制和信息内部公开[①]。

1. 不相容岗位相互分离

岗位是组织要求个体完成的一项或多项责任以及为此赋予个体的权力的总和。不相容岗位是指从相互牵制的角度出发，不能由一人兼任的岗位。一般来说，不相容岗位相互分离包括：提出事项申请与审核审批该事项申请的岗位相分离、业务审核审批岗位与业务执行岗位相分离、业务执行岗位与信息记录岗位相分离、业务执行和审批岗位与内部监督岗位相分离等。

不相容岗位相互分离控制是内部控制体系中最基本的控制手段，集中体现了相互制衡的基本原则。不相容岗位相互分离的原理是相互牵制，其设计原理在于两个或者两个以上的人员无意识地犯同样错误的可能性很小，有意识地合伙舞弊的可能性也低于一人舞弊的可能性。

不相容岗位相互分离控制要求行政事业单位要全面系统分析、梳理业务活动中所涉及的不相容职务，合理设置内部控制关键岗位，明确划分职责权限，实施相应的分离措施，从而形成相互监督、相互制衡的工作机制。

2. 内部授权审批控制

内部授权审批控制是指行政事业单位根据常规授权和特别授权的规定，明确单位内部各部门、下属单位、各岗位日常管理和业务办理的所授予权限范围、审批程序和相应责任。内部授权审批控制关系到单位内部的资源配置和资产使用效益，是行政事业单位内部控制的重要方法。完善的内部授权审批制度将有助于明确岗位权力和责任，层层落实责任，层层把关，有助于单位最大限度地规避风险。

内部授权审批控制要求明确各岗位办理业务和事项的权限范围、审批程序和

---

① 财政部会计司. 行政事业单位内部控制规范讲座 [M]. 北京：经济科学出版社，2013.

相关责任，建立重大事项集体决策和会签制度，相关工作人员应当在授权范围内行使职权、办理业务。

行政事业单位的任何授权都应以法律、行政法规和单位的规章制度为依据，并予以书面化，通知到经济活动业务流程中的相关工作人员。授权一经确定，相关工作人员应当在授权范围内行使职权、办理业务，对于审批人超越授权范围的审批业务，经办人有权拒绝办理，并向上级授权部门报告。对与单位经济活动相关的重大问题决策、重要干部任免、重要项目安排及大额资金使用，即"三重一大"业务，还应当通过集体决策和会签制度，合理保证决策科学性，确保任何人不得单独进行决策或擅自改变集体决策意见。

3. 归口管理

归口管理是指行政事业单位按照管控事项的性质与管理要求，结合单位实际情况，在不相容岗位相互分离和内部授权审批控制的前提下，明确单位内部各个业务的归口管理责任单位的控制方法。

行政事业单位的有些经济活动分散在各个业务部门具体开展，如果没有统一的管理和监控，就容易导致经济资源流失的风险和财务信息失真的风险。还有一些经济活动涉及的内部部门较多，需要各部门协调完成，如果不进行统一管理，明确权力和相应的责任，一旦发生问题，各部门就可能互相推诿，影响经济活动的顺利开展。单位可以根据经济活动的业务性质，将同类的业务或事项由一个部门或者岗位进行统一管理，如收入归口管理、资产归口管理、合同归口管理等。

4. 预算控制

预算是指单位根据工作目标和计划编制的年度财务收支计划，由收入预算和支出预算组成，反映了预算年度内单位的资金收支规模和资金使用方向，是单位财务工作的基本依据，为单位开展各项业务活动、实现工作目标提供财力支持。

预算控制要求单位要强化对经济活动的预算约束，使预算贯穿于经济活动的全过程。需要注意的是，预算控制不同于本书第五章的预算业务控制，预算业务控制是对预算业务的控制，包括预算编制、预算审批、预算执行等环节实施的有效控制，在该业务控制中可以选择不相容岗位相互分离等各种控制方法。而预算控制，本身是一种方法，在行政事业单位的经济活动中发挥着事前计划、事中控制、事后反馈的作用。所以对收支业务、政府采购、建设项目等各项经济活动，都需要强化预算约束，以规范和制约行政事业单位的经济行为。

5. 财产保护控制

财产保护控制是指行政事业单位在资产购置、配置、使用和处置过程中对资产予以保护，以确保资产安全和使用有效。

单位应该根据相关法律法规和本单位实际情况对资产进行分类管理，建立健全资产日常管理制度、定期清查机制、资产控制制度和岗位责任制，强化检查和绩效考评，采取资产购置、资产登记、实物保管、定期盘点、账实核对、处置报批等措施，确保单位资产安全和使用有效。

6. 会计控制

会计控制是指利用记账、对账、岗位职责落实和职责分离、档案管理等会计控制方法，确保单位会计信息真实、准确、完整。该控制方法是实现合理保证信息真实完整这一内控目标的重要方法，为行政事业单位预算管理和财务管理工作提供基础保障。

行政事业单位加强会计控制主要包括：建立健全本单位财会管理制度；加强会计机构建设，配备具有相应资格和能力的会计人员，从事会计工作的人员必须取得会计从业资格证书；合理设置会计岗位，确保各岗位权责明确，不相容岗位相互分离，强化会计人员岗位责任制；着力提高单位会计人员职业道德、业务水平，确保会计人员正确行使责权；规范会计基础工作，加强会计档案的管理，明确会计凭证、会计账簿和财务会计报告处理程序，确保会计基础管理、会计核算和财务会计报告编报有章可循，有据可依等。

7. 单据控制

单据控制是指对单位经济活动中外部来源的报销凭证和单位内部形成的表单予以控制的方法，该方法是根据我国行政事业单位的实际情况提出的创新性的控制方法。

单据控制从种类上或来源上可分为表单控制和票据控制。其中，表单通常是指行政事业单位开展经济活动所形成的内部凭证，票据通常是指行政事业单位开展经济活动过程中在报销环节使用的外部凭证，用以证实业务活动的真实性及具体发生金额。

行政事业单位加强单据控制主要包括单据制度化和使用、管理单据规范化两个方面。单据制度化是指行政事业单位应当根据国家有关规定和单位的经济活动业务流程，在内部管理制度中明确各项经济活动所涉及的表单和票据；使用和管理单据规范化是指相关工作人员必须按照规定使用和管理表单和票据，具体包括填制、审核、归档、保管单据的全环节和全过程，避免单据使用不当、管理不善等情形的发生。

8. 信息内部公开

信息内部公开是指对某些与经济活动相关的信息，在单位内部的一定范围内，按照既定的方法和程序进行公开，从而达到加强内部监督，促进部门间沟通协调以及督促相关部门自觉提升工作效率的有效方法。"阳光是最好的防腐剂"，公开透明是监督的最好方式，因此，信息公开也是一种内部控制的方法。

行政事业单位应当建立健全经济活动相关信息内部公开制度。根据国家有关规定和单位的实际情况，明确信息内部公开的内容、范围、方式和程序，行政事业单位还可以在搭建信息公开平台、建立健全工作机制、规范信息公开流程、深化信息公开内容、完善信息公开基础等方面进行努力，建立信息公开责任机制，完善信息公开制度，规范和细化信息公开内容，拓宽信息公开渠道，创新信息公开方式，扩大信息公开覆盖面。以信息化为平台，及时收集各方的反馈意见，构筑行政事业单位与其工作人员的互动机制。此外，行政事业单位要进一步提高信息公开的主动性、自觉性和规范性，使信息公开工作做到主体明确、程序规范、方式灵活、反馈顺畅、回应及时。

第三章

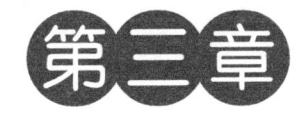

行政事业单位内部控制建设的全景路线图

一、宣传贯彻行政事业单位内部控制

（一）单位内部控制建设的外部需求与现状

2015年12月21日，财政部印发《关于全面推进行政事业单位内部控制建设的指导意见》，要求全国各级各类行政事业单位于2016年年底前完成内部控制的建立和实施工作。为了进一步推动单位内部控制工作的开展，财政部于2016年6月24日发布《关于开展行政事业单位内部控制基础性评价工作的通知》（财会[2016]11号），通过"以评促建"方式，明确下一步单位内部控制建设的重点和改进方向，指导和推动行政事业单位积极开展内部控制，确保在2016年年底前如期完成内部控制建立与实施工作。从外部监管部门的需求来看，对行政事业单位内部控制的建设需求极其强烈。

但从目前的现实来看，行政事业单位内部控制规范整体宣传贯彻还不到位，参与性不够，许多单位的领导干部，甚至还不知道内部控制是什么，更别提建设工作。部分行政事业单位人员对内部控制的认识仅局限于要建立内部制度，实现制度管理、规范管理，但至于为什么要建设内控、建设成什么、如何建设、建设效果评价等问题存在认识盲区，导致不知道如何着手开展建设，从领导干部到基层员工没有认识到内部控制本身对于行政事业单位管理水平提升的意义，内部控制还没有引发领导干部的高度重视。

（二）从宣传着手，全面启动内部控制建设

单位应召开内部控制建设启动大会，通过专题培训对于广大领导干部进行正确的宣传和引导，使得培训工作做到"全覆盖"和"无盲区"。

启动大会可以保证工作动员的受众范围，必要时还可以利用信息化手段召开电话会议、视频会议，便于无法参加现场会议的单位和个人参与会议。在会议上，项目领导小组可集中宣传贯彻项目实施的背景、意义、主要工作阶段、归口部门的权责及其他人员的义务等，增强各级人员对开展内部控制建设的认同感。单位可以采用会议传达、版报、知识竞赛、办公自动化系统及网络媒体等形式宣传内控知识，提供全员依照内部控制制度管职能履行、管后勤保障、管社会服务的思想意识。

具体来说，对单位层面人员的宣传培训，应要求本单位各部门一把手必须参加，侧重于使他们了解国家全面推行建设内部控制的必要性和紧迫性，掌握内部控制的基本理念，明白为什么要开展内部控制建设，并使单位主要负责人明白自身承担内部控制建立与实施的重大责任，尤其要从思想上重视内部控制的建设。

对于业务层面的培训，可侧重于技术培训，同时加强继续教育的培训学习。包括内部控制知识、内部控制能力培训，对新准则、新制度及规范的培训等，使业务层面的成员对内部控制有清晰的认识和预期，并具备了推行内控的意识和主动性，从而形成了自上而下的整体氛围。

二、成立内部控制的组织保障体系，落实资源配置

内部控制的工作组织是内部控制建设与实施的重要组织保障，有效的工作组织有利于内部控制建设最终顺利完成。为此，行政事业单位的工作组织建设应围绕以下几个方面开展工作。

（一）成立内部控制项目小组，明确责任分工

内部控制建设是"一把手"工程。根据《单位内控规范》第一章第六条规定："单位负责人对本单位内部控制的建立健全和有效实施负责"，财政部印发的《关于开展行政事业单位内部控制基础性评价工作的通知》中也明确把单位主要负责人承担内部控制建立与实施责任列入单位层面的重要考核指标。因此，为落实内部控制建设各项具体工作，单位内部控制建设应成立项目领导小组、项目工作小组、内部控制项目配合部门三个层面的工作组织，如表 3-1 所示。

表 3-1　　　　　　　　　内部控制项目工作组织

内部控制项目组织	成　员
内部控制项目领导小组	由单位负责人、分管领导及部门负责人组成
内部控制项目工作小组	单位内部控制牵头部门（主要是财务部）人员、外部专家、中介机构人员
内部控制项目配合部门	内部控制项目涵盖单位层面及业务层面的各部门

其中，项目领导小组应由单位负责人担任组长，分管领导担任副组长，其他领导人员和部门负责人担任小组成员。项目工作小组由单位内控牵头部门人员、外部专家和中介机构人员联合组成，各小组职责如表 3-2 所示。

表 3-2　　　　　　　行政事业单位内部控制项目小组职责

组　别	成　员	负责人	职　责
领导小组	单位负责人、分管领导、各部门负责人	×××	总体负责内部控制项目：审定内部控制建设方案；组织、指导、监督和检查内部控制建设工作；开展单位的风险评估工作；协调组织项目资源、保证项目顺利实施；任命工作小组成员及负责人；审定内部控制建设成果；其他有关项目全局性、方向性工作的事宜
工作小组	财务部门、外部专家、中介机构	×××	制定内部控制的工作规范和标准报领导小组审批；组织、协调内部控制建设与实施工作；协调内部控制建设中发现的问题，重大问题向领导小组汇报；收集整理各部门工作成果，组织风险评估，设计并完成内控手册报领导小组审批

续表

组　别	成　员	负责人	职　责
配合部门	单位各部门	×××	支持和配合内部控制建设工作。具体包括本部门主管业务的流程梳理和整改；及时提供本部门经济活动业务制度、流程文件并进行风险评估；根据工作小组基础性评价意见进行流程、制度和控制文档的整改，形成内控文件报工作小组

对业务规模较大、内控人才匮乏的单位还应组建技术支持团队，由来自行业内的专家组成，为单位内部控制建设提供技术支持。专家主要在两个节点发挥关键作用：第一个节点是单位层面的风险评估，不当的风险评估直接影响后续内控建设的质量和内控体系的有效性，专家的介入可以协助单位探讨当前的组织架构、岗位设置、职责权限等是否存在问题，如果存在问题，如何解决等；第二个节点是业务层面的风险识别、风险评估、关键风险点的确定和适当的应对措施的确定。

（二）建立联席工作机制

单位主要负责人应主持召开专题会议讨论内部控制的建立与实施、主持制定内部控制工作方案、健全内部控制联席工作机制，包括协调联络机制、会议协调机制以及核实反馈机制。

协调联络机制是指单位各部门负责人指定部门分管领导和部门联络员各一名，部门分管领导负责协调本部门各科室配合内部控制建设工作。如对本部门业务活动进行风险评估和流程梳理、认真落实单位的内部控制制度、对于本部门存在的问题积极进行改进和完善等；部门联络员根据内部控制建设需要，配合工作小组做好部门访谈，及时反馈本部门经济活动事项、核实确认等，参加与各部门联络员的协调会议，定期向部门分管领导汇报本部门工作安排等。

会议协调机制是指单位为及时反映内控工作进展情况，定期召开单位领导小组内部控制建设工作例会，总结前期工作开展遇到的问题和安排下期工作内容；内控工作小组按期组织项目协调小组成员会议，公布工作成效及发现的问题。

核实反馈机制是指各部门积极配合内部控制建设工作，及时对项目工作小组梳理完成的标准化业务流程、识别的风险点、关键控制措施提出反馈意见，并向项目小组提供部门经济活动事项的具体信息。

此外，单位在内部控制建设过程中还应定期编制项目工作简报，制定项目建设期间工作计划，合理配备并安排项目人员，作好项目预算和规划，保证单位内部控制建设工作正常开展，提高内部控制建设质量。

（三）全面落实内部控制建设的资源配置

单位内部控制建设作为一项系统工程，必须在建设准备阶段作好充分规划，落实项目的资源配置，主要包括以下三个方面：

1. 项目人员配置

单位除按照内部控制项目工作组织要求指派人员外，还应保证指派的人员有足够的时间和精力参与内部控制建设和维护。有些行政事业单位内部控制建设人才匮乏，还要考虑在内控建设初期引入"外脑"，借助外部专家的力量完成内部控制建设，同时制定人才培养规划，为以后内部控制建设和完善提供储备人才。

2. 项目硬件配置

硬件配置通常指项目小组办公场所、必要办公设施。

3. 项目建设经费

单位进行内部控制建设应提前规划项目经费预算，确保预算应该在有效成本控制的基础上适度保持弹性，确保项目建设目标的实现。

三、主要职能部门在内部控制建设中的角色分析

单位内部控制覆盖单位的各个业务领域，涉及单位的各个部门，是一项与单位运行息息相关的工作。确定内部控制的职能部门，使得这一部门全面负责内部控制工作，带动其他部门内部控制工作的开展，确保内部控制工作在单位内部得以落实。

《单位内控规范》第三章第十三条第一款规定："单位应当单独设置内部控制职能部门或者确定内部控制牵头部门，负责组织协调内部控制工作。"由于财政部发布的基本规范文件，加之许多单位编制有限，一般可指定财务部门为本单位内部控制牵头部门来负责单位内部控制的建设和日常管理，并在部门职责中明确财

务部门的内部控制建设职责。

《单位内控规范》第三章第十三条第二款规定，单位"应当充分发挥财会、内部审计、纪检监察、政府采购、基建、资产管理等部门或岗位在内部控制中的作用"。其中，财会部门是单位内部控制的牵头部门，负责内部控制的组织、建设和实施；内部审计部门负责参与内部控制建设，并对建设完成后的内部控制进行评价、监督检查；纪检监察部门负责对党员干部在内部控制业务流程环节中的岗位职责进行明确；采购部门负责政府采购方面的内部控制建设工作及优化完善；基建部门负责建设项目的内部控制建设与优化；资产管理部门负责资产管理的内部控制建设与优化。

四、诊断内部控制现状，出具基础性评价报告

单位在开展内部控制建设之前，或在内部控制建设的初期阶段，应先对单位内部控制基础情况进行"摸底"评价，可以通过内部控制基础性评价，了解单位内部控制现状，找到重要风险及问题，然后有重点、有针对性地开展内部控制建设。

（一）单位经济活动现状调研

根据《单位内控规范》规定，单位经济活动主要包括预算业务、收支业务、政府采购业务、资产管理、建设项目、合同管理等六大业务。行政事业单位一般可使用检查、询问、调查问卷、分析程序、观察等方法，从总体上和具体细节上根据评价指标的要求，罗列出可能需要的文件、报告、会议纪要等证明材料，为内部控制基础性诊断做好准备工作。

1. 检查

检查是指通过获取单位的组织结构图、部门职责说明、会议纪要、培训通知、培训材料、风险评估报告、业务管理制度文件、业务流程图以及业务操作过程中的相关表单等文件，特别是通过检查单位网页上发布的一些政务公开文件、政策发布等信息，初步了解单位的组织设置、工作职责以及主要经济活动的运行情况，形成对单位经济活动现状的基本认识。

2. 询问

询问指对涉及单位经济活动的相关部门负责人及关键员工直接询问，了解诸如采购业务、收支业务、建设项目等业务过程及可能存在的问题。询问一般按问题准备、询问和回答结果记录等程序进行。在问题准备阶段，单位应编写询问提纲，明确受访人员名单和预备提问的问题；询问中，应重点了解业务的实际开展状况、业务过程的每个关键环节以及相应的主要控制措施，意图发现业务流程中存在的问题；询问结束后，应将回答结果整理形成访谈纪要，并对访谈纪要进行分析，整理形成发现问题列表，与被询问者分享，确保问题结果记录的真实可靠。对单位相关部门责任人直接询问，有助于更准确地了解单位经济活动现状，印证文件检查过程中所发现的问题，与各部门负责人沟通分析业务流程可能存在的问题。

需要注意的是，在询问过程中，需要选择恰当的询问对象，尽量选择直接接触业务流程且有经验的职工，可以按职级确定人员比例，避免选择刚刚参加工作的人员，以保证询问的质量。

3. 调查问卷

调查问卷即间接的书面询问，该方法最大的优点是能突破时空的限制，在广阔的范围内，对众多的调查对象同时进行调查，适用于对现时问题、较大样本、较短时期、相对简单的调查，被调查对象应有一定文字理解能力和表达能力。

单位可以根据单位经济活动设计调查问卷，邀请相关责任部门人员匿名进行打分填写，然后对问卷结果进行统计分析，以获得对单位经济业务活动的深入了解。调查问卷的设计应按照《单位内控规范》规定，分别从单位层面和业务层面设计具体的调查问题。同时，在问卷调查中应注意以下三点：一是问卷设计应针对计划了解的业务活动，范围能涵盖单位所涉及的全部经济活动；二是问卷发放对象应做适当筛选，确保被调查人员了解单位经济活动，能准确作答，为确保调查结果的可信度，调查问题填写完成回收可以考虑让部门负责人审核确认结果；三是问题作答结果设计应简单，便于回答，一般用"是/否"作答或者能用简单语言进行描述。

单位对主要经济活动进行问卷调查应重点关注业务活动是否建立相应的管理制度、不相容职务是否有效分离、有无规范业务流程图、各业务关键环节是否得到有效执行等方面设计调查问卷。

4. 数据分析

通过获取单位财务报表、业务指标（计划指标和实际完成指标）、资产台账及各类收支报表等数据，对单位各项数据进行分析，包括对不同年份的数据、指标进行对比分析；对单位收支结构的分析；对单位资产流动情况的分析等。通过以上分析，找到单位资金、资产、业务管理可能存在的问题，提出针对性建议。

5. 业务流程分析

业务流程分析是指通过梳理单位业务流程，分析单位现有的业务流程图，对业务流程运行的过程、关键节点以及部门分工等进行分析，识别业务流程中存在的问题和控制薄弱环节，为业务流程的合理化改造提供建议。

（二）诊断内部控制现状

各行政事业单位应在主要负责人的直接领导下，按照《行政事业单位内部控制基础性评价指标评分表》及其填表说明，组织开展内部控制基础性评价工作，诊断内部控制现状。行政事业单位内部控制基础性评价采用量化评价的方式，设置了单位层面评价指标和业务层面评价指标，分别为 60 分和 40 分，合计 100 分。单位层面评价指标分为 6 类 21 项指标，业务层面评价指标分为 6 类 15 项指标。为了增加指标评价的可操作性，以下本书根据通知将评价指标细化丰富到四级，并单独列示了具体内控建设情况的佐证材料，具体如表 3-3 所示。

除行政事业单位内部控制基础性评价指标体系外，各地区、各部门、各单位也可根据自身性质及业务特点，在评价过程中增加其他与单位内部控制目标相关的评价指标，作为补充评价指标纳入评价范围。补充指标的所属类别、名称、评价要点及评价结果等内容作为特别说明项在《行政事业单位内部控制基础性评价报告》中单独说明。

表3-3 单位内部控制基础性评价指标及佐证材料

类别	一级指标	二级指标	三级指标	四级指标	佐证材料
单位层面（60分）	1. 内部控制建设启动情况（本指标14分）	1.1 成立内部控制领导小组，制定、启动相关的工作机制（4分）	1.1.1 本单位应启动内部控制建设，成立内部控制领导小组（1分）	1.1.1.1 机构成立有正式文件说明	通过查看会议纪要或部署文件确认
				1.1.1.2 机构成员组成	
			1.1.2 由单位主要负责人担任组长（1分）	1.1.2.1 是否有正式文件说明（如果1.1.1.1已经覆盖，该指标不适用）	
				1.1.2.2 担任组长人员	
			1.1.3 建立内部控制联席工作机制并开展工作（1分）	1.1.3.1 是否有正式文件说明（如果1.1.1.1已经覆盖，该指标不适用）	
				1.1.3.2 联席工作机制参与人员范围	
				1.1.3.3 联席工作机制参与人员级别	
			1.1.4 明确内部控制牵头部门（或岗位）（1分）	1.1.4.1 是否有正式文件说明（如果1.1.1.1已经覆盖，该指标不适用）	
				1.1.4.2 内部牵头部门（或岗位）范围	
				1.1.4.3 内部牵头部门（或岗位）级别	

续表

类别	一级指标	二级指标	三级指标	四级指标	佐证材料
单位层面（60分）	1. 内部控制建设启动情况（本指标14分）	1.2 开展内部控制专题培训（3分）	1.2.1 本单位应针对国家相关政策、单位内部控制制度，以及本单位内部控制拟实现的目标和采取的措施，各部门及其人员在内部控制实施过程中的责任等内容进行专题培训，本项得3分	1.2.1.1 参会人员级别	通过查看培训通知、培训材料等确认
			1.2.2 仅针对国家政策和单位制定制度进行培训的，本项只得2分	1.2.2.1 参会人员级别	
			1.2.3 仅针对国家政策进行培训的，本项只得1分	1.2.3.1 参会人员级别	
		1.3 开展内部控制风险评估（3分）	1.3.1 基于本单位的内部控制目标并结合本单位的业务特点开展内部控制风险评估	1.3.1.1 目标导向（五个目标）	通过查看风险评估报告确认
			1.3.2 并建立定期进行风险评估的机制	1.3.2.1 业务适用性（内部控制风险评估形成流程图是否覆盖全业务）	
		1.4 开展组织及业务流程再造（4分）	1.4.1 根据本单位"三定"方案，进行组织业务流程梳理、再造，编制流程图。通过对职能部门或岗位的增减或调整、相关制度修订的前后比较确认	1.4.1.1 从定职（责）进行流程梳理优化	通过对职能部门或岗位的增减或调整、相关制度修订的前后比较确认
				1.4.1.2 从定岗进行流程梳理优化	
				1.4.1.3 从定编进行流程梳理优化	
				1.4.1.4 前后优化是否体现于流程图	

续表

类别	一级指标	二级指标	三级指标	四级指标	佐证材料
单位层面（60分）	2. 单位主要负责人承担内部控制建立实施责任情况（本指标6分）	2.1 单位主要负责人主持讨论内部控制议建立与实施的议题（2分）	2.1.1 主持人情况（单位主要负责人应主持召开会议讨论内部控制建立与实施的议题。单位主要负责人主持召开会议，但仅将内部控制列入会议议题之一进行讨论的）		通过查看会议纪要或部署文件确认
			2.1.2 对内控议题重视程度（单位主要负责人主持内部控制工作专题会议对内部控制建立实施进行讨论的，通过查看会议纪要或部署文件确认）		
		2.2 单位主要负责人主持制定内部控制工作方案，健全内部工作机制（2分）	2.2.1 单位主要负责人应主持本单位内部控制工作方案的制定、修改、审批工作（1分）		通过查看会议纪要或内部控制相关文件方案的确认
			2.2.2 负责建立健全内部控制工作机制（1分）		
		2.3 单位主要负责人主持开展内部控制工作分工及人员配备等工作（2分）	2.3.1 单位主要负责人应对内控涉及的相关部门和人员进行统一领导和统筹协调，主持开展工作		通过查看会议纪要或内部控制相关文件方案的确认
			2.3.2 单位主要负责人主持领导责任，承担领导责任。通过查看会议纪要或部署方案的相关文件确认		
	3. 对权力运行的制约情况（本指标8分）	3.1 权力运行机制的构建（4分）	3.1.1 应完成对本单位权力结构的梳理	3.1.1.1 列出权力清单	通过查看会议纪要或相关文件确认
				3.1.1.2 画出权力运行流程图	
			3.1.2 构建决策科学，执行坚决，监督有力的权力运行机制，确保决策权、执行权、监督权既相互制约又相互协调	3.1.2.1 三权分离覆盖范围	

续表

类别	一级指标	二级指标	三级指标	四级指标	佐证材料
单位层面（60分）	3. 对权力运行的制约情况（本指标8分）	3.2 对权力运行的监督（4分）	3.2.1 本单位应建立审计、纪检监察等职能部门或岗位联动的权力运行监督机制	3.2.1.1 监督过程机制	通过查看会议纪要、权力清单及相关制度确认
			3.2.2 建立审计、纪检监察等职能部门或岗位联动的权力运行考评机制，以定期督查权力行使的情况，及时发现权力运行过程中的问题，予以校正和改进	3.2.2.1 监督结果应用	通过查看本单位已印发并执行的预算管理制度、有关报告及财政部门批复文件确认
	4. 内部控制制度完备情况（本指标16分）	4.1 建立预算管理制度（2分）	4.1.1 本单位预算管理制度应涵盖预算编制与批复方面		
			4.1.2 本单位预算管理制度应涵盖预算下达和追调方面		
			4.1.3 本单位预算管理制度应涵盖预算执行方面		
			4.1.4 本单位预算管理制度应涵盖预算年度与绩效评价方面		
		4.2 建立收入管理制度（2分）	4.2.1 本单位收入（包括非税收入）管理制度应涵盖价格确定方面		通过查看本单位已印发并执行的收入管理制度确认
			4.2.2 本单位收入（包括非税收入）管理制度应涵盖票据管理方面		
			4.2.3 本单位收入（包括非税收入）管理制度应涵盖收缴方面		
			4.2.4 本单位收入（包括非税收入）管理制度应涵盖收入核算方面		
		4.3 建立支出管理制度（2分）	4.3.1 本单位支出管理制度应涵盖预算与计划方面		通过查看本单位已印发并执行的支出管理制度确认

续表

类别	一级指标	二级指标	三级指标	四级指标	佐证材料
单位层面（60分）	4. 内部控制制度完备情况（本指标16分）	4.3 建立支出管理制度（2分）	4.3.2 本单位支出管理制度应涵盖支出范围与标准确定方面		
			4.3.3 本单位支出管理制度应涵盖审批权限与审批流程方面		
			4.3.4 本单位支出管理制度应涵盖支出核算方面		
		4.4 建立政府采购管理制度（2分）	4.4.1 本单位政府采购管理制度应涵盖预算与计划方面		通过查看本单位已印发并执行的政府采购管理制度确认
			4.4.2 本单位政府采购管理制度应涵盖需求申请与审批方面		
			4.4.3 本单位政府采购管理制度应涵盖过程管理方面		
			4.4.4 本单位政府采购管理制度应涵盖验收入库方面		
		4.5 建立资产管理制度（2分）	4.5.1 本单位资产管理制度应涵盖资产购置方面		通过查看本单位已印发并执行的资产管理制度确认
			4.5.2 本单位资产管理制度应涵盖资产保管方面		
			4.5.3 本单位资产管理制度应涵盖资产使用方面		
			4.5.4 本单位资产管理制度应涵盖资产核算与处置方面		
		4.6 建立建设项目管理制度（2分）	4.6.1 本单位建设项目管理制度应涵盖项目立项与审核方面		通过查看本单位已印发并执行的建设项目管理制度确认

续表

类别	一级指标	二级指标	三级指标	四级指标	佐证材料
单位层面（60分）	4. 内部控制制度完备情况（本指标16分）	4.6 建立建设项目管理制度（2分）	4.6.2 本单位建设项目管理制度应涵盖项目概算预算方面		
			4.6.3 本单位建设项目管理制度应涵盖项目招标投标方面		
			4.6.4 本单位建设项目管理制度应涵盖项目工程变更方面		
			4.6.5 本单位建设项目管理制度应涵盖项目资金控制方面		
			4.6.6 本单位建设项目管理制度应涵盖项目风险收与决算方面		
		4.7 建立合同管理制度（2分）	4.7.1 本单位合同管理制度应涵盖合同前期准备和订立方面		通过查看本单位已印发并执行的合同管理制度确认
			4.7.2 本单位合同管理制度应涵盖合同履行方面		
			4.7.3 本单位合同管理制度应涵盖合同归档方面		
			4.7.4 本单位合同管理制度应涵盖合同纠纷处理方面		
		4.8 建立决策机制制度（2分）	4.8.1 本单位决策机制制度应涵盖"三重一大"集体决策方面		通过查看本单位已印发并执行的决策机制制度确认
			4.8.2 本单位决策机制制度应涵盖分级授权两个方面		

续表

类别	一级指标	二级指标	三级指标	四级指标	佐证材料
单位层面（60分）	5. 不相容岗位与职责分离控制情况（本指标6分）	5.1 对不相容岗位与职责进行了有效设计（3分）	5.1.1 本单位不相容岗位与职责包括但不限于申请与审核审批，审核审批与执行，执行与信息记录，审核审批与监督，执行与监督等		通过查看本单位已印发的岗位规章制度及岗位职责手册确认
		5.2 不相容岗位与职责得到有效的分离和实施（3分）	5.2.1 针对本单位的各项经济活动，应实现设计的各类不相容岗位与职责，形成相互制约、相互监督的工作机制		通过按类别随机抽查相关单据确认以及查看本单位接收内外部检查情况
	6. 内部控制管理信息系统功能覆盖情况（本指标10分）	6.1 建立内部控制管理信息系统，功能主要业务控制流程（6分）	6.1.1 内部控制管理信息系统功能（简称系统功能）应完整反映本单位制定的各项经济业务控制流程，至少应包括预算管理、收支管理、政府采购管理、资产管理、建设项目管理、合同管理等方面业务事项		通过查看系统功能说明书，实际操作系统，将系统功能与内部控制制度要求对比确认
		6.2 系统设置不相容岗位与账户并体现其职权（4分）	6.2.1 应针对所覆盖的业务流程内部控制不相容岗位与职责在系统中分别设立独立的账户名称和密码，明确的操作权限等级		通过查看系统功能说明书，实际操作系统，将系统用户账户设置与内部控制制度要求对比确认
业务层面（40分）	7. 预算业务控制情况（本指标7分）	7.1 对预算分解并审批下达（3分）	7.1.1 本单位财会部门应根据同级财政部门批复的预算和单位内部各业务部门提出的支出需求	7.1.1.1 由业务部门提出支出需求	通过查看预算批复文件、部门职责工作计划文件确认
			7.1.2 将预算指标按照内部进行分解	7.1.2.1 将预算分解到各业务处室，包括功能科目和经济科目	预算批复文件下达内部、部门职责

续表

类别	一级指标	二级指标	三级指标	四级指标	佐证材料
业务层面（40分）	7. 预算业务管理控制情况7（本指标7分）	7.1 对预算进行内部分解并审批下达（3分）	7.1.3 并经预算管理委员会审批后下达至业务部门	7.1.3.1 经过预算管理委员会审批	预算批复内部下达文件
		7.2 预算执行差异率（4分）	7.2.1 计算本单位近3年年度预算执行差异率的平均值，如差异率绝对值高于5%，应对产生差异率的原因进行指查。[计算公式：年度预算执行差异率=（年度决算支出额-年初预算支出额）/年初预算支出额×100%]		通过查看经同级财政部门批复的单位预算额度及单位决算报表等确认
	8. 收支业务管理控制情况6（本指标6分）	8.1 收入实行归口管理和票据控制，做到应收尽收（2分）	8.1.1 本单位各项收入（包括非税收入）应由财会部门归口管理并进行会计核算	8.1.1.1 查看收入预算管理和会计核算全覆盖	
			8.1.2 涉及收入的合同，财会部门应定期检查收入金额与合同约定是否相符；	8.1.2.1 查看收入与合同匹配	通过查看本单位相关制度，查看财会部门核对合同的记录，票据对合同确认
			8.1.3 按照规定设置票据专管员，建立票据台账；	8.1.3.1 查看收入与票据、岗位、账簿匹配	
			8.1.4 对各类票据的申领、启用、核销、销毁进行序时登记	8.1.4.1 查看票据过程管理，进行穿行测试	
		8.2 支出事项归口管理和分类控制（2分）	8.2.1 本单位支出业务事项的归口管理部门及职责，并对支出实行分类管理	8.2.1.1 查看支出预算管理和会计核算全覆盖	通过查看本单位支出管理制度、内部审批单、相关支出凭证确认
			8.2.2 支出事项应实行分类管理的制度，不同类别事项实行不同的审批程序和审批权限	8.2.2.1 实行分事行权，按功能科目与经济科目进行分类管理	
			8.2.3 明确各类支出业务事项的外部原始票据要求，明确内部审批单表要求及单据审核重点	8.2.3.1 票据要素（科目、金额等）是否齐全（有支出执行事项等）	

续表

类别	一级指标	二级指标	三级指标	四级指标	佐证材料
业务层面（40分）	8. 收支业务管理控制情况（本指标6分）	8.2 支出事项实行归口管理和分类控制（2分）	8.2.4 通过对各类支出业务事项的分析控制，发现支出异常情况及其原因，并采取有效措施予以解决	8.2.4.1 管理报表（按功能科目与经济科目）	
		8.3 举债事项决策、定期对账（2分）	8.3.1 按规定可以举借债务的单位，应建立债务管理制度	8.3.1.1 存在制度与否	通过查看制度文件、会议纪要、对账单、债务合同等确定
			8.3.2 实行事前论证和集体决策	8.3.2.1 债务决策，根据项目，举债合理正当与否	
			8.3.3 定期与债权人核对债务余额	8.3.3.1 银行对账单、定期查项目余额	
			8.3.4 债务规模应控制在规定范围以内	8.3.4.1 资产负债率	
	9. 政府采购业务管理控制情况（本指标7分）	9.1 政府采购合规（4分）	9.1.1 本单位采购货物、服务和工程应当严格按照年度政府集中采购目录及采购标准的规定执行	9.1.1.1 应采未采（金额超过在目录集中采购但未采购）；执行采购标准	通过查看一定期间的单位政府采购事项确认
		9.2 落实政府采购政策（2分）	9.2.1 政府采购货物、服务和工程采购中采购目录政策落实情况，促进中小微企业发展政策	9.2.1.1 实现节能环保、促进工业发展、促进小微企业等政策目标	通过查看一定期间的单位政府采购事项确认
		9.3 政府采购方式变更和采购进口产品报批（1分）	9.3.1 采用非公开招标方式采购公开招标数额标准以上的货物或服务，以及政府采购进口产品，应当按照规定报批	9.3.1.1 针对改变采购方式及进口采购进行报批	通过查看一定期间的单位政府采购事项确认
	10. 资产管理控制情况（本指标6分）	10.1 对资产定期核查盘点、跟踪管理（4分）	10.1.1 应定期对本单位的货币资金、存货、固定资产、无形资产、债权和对外投资等资产进行定期核查盘点，做到账实相符		通过查看近1年内本单位的各类资产台账、会计账簿、盘点记录，各类投资决策审批文件、会议纪要等确认
			10.1.2 对债权和对外投资项目实行跟踪管理。每存在一类资产未定期跟踪盘点或跟踪管理的扣1分，直至扣完		

续表

类别	一级指标	二级指标	三级指标	四级指标	佐证材料
业务层面（40分）	10.资产管理控制情况（本指标8分）	10.2 严格按照法定程序和权限配置、使用和处置资产（2分）	10.2.1 本单位配置国有资产，应严格按照审批权限履行审批程序，未经批准不得自行配置资产，利用资产对外投资、出租出借，也不得自行处置资产		通过查看资产的配置审批情况，对外投资、出租出借、无偿调拨（划拨）、对外捐赠、出售、出让、转让、置换、报废报损、货币性资产损失核销等文件确认
			10.2.2 本单位使用国有资产，应严格按照审批权限履行审批程序		
			10.2.3 本单位处置国有资产，应严格按照审批权限履行审批程序		
	11.建设项目管理控制情况（本指标40分）	11.1 履行建设项目内容变更审批程序（2分）	11.1.1 本单位应按照批复的初步设计方案组织实施项目，确需进行工程洽商和设计变更的，建设项目归口管理部门、项目监理机构应当进行严格审核，并且按照有关规定及制度要求履行相应的审批程序	11.1.1.1 执行层面变更	通过查看本单位近5年内已完工的建设项目在建设期间发生的各项变更确认
			11.1.2 重大项目变更还应要求重新履行审批手续	11.1.2.1 重大项目变更	
		11.2 及时编制竣工决算和交付使用资产（2分）	11.2.1 本单位应在建设项目竣工后及时编制项目竣工财务决算		通过查看本单位近5年内已完工的建设项目的竣工验收资料和决算编制计资料确认
			11.2.2 并在项目竣工验收合格后及时办理资产交付使用手续		
		11.3 建设项目超概算率（4分）	11.3.1 计算近5年内本单位已完工的建设项目超概算率，如超概算率高于5%，应对产生超概算率的原因进行追查。如经查证产生超概算率的情况与内部控制有关，则根据产生超概算率的情况进行评分		通过查看建设项目投资概算、经批复的竣工决算报告等确认

续表

类别	一级指标	二级指标	三级指标	四级指标	佐证材料
业务层面（40分）	11. 建设项目管理控制情况（本指标8分）	11.3 建设项目超概算率（4分）	[计算公式：建设项目超概算率=（建设项目超概算投资额－批准的概算投资额）/批准的概算投资额×100%（建设项目决算投资额以经批复的项目竣工财务决算为准；在建设期间，调整概算初步设计概算的，以最后一次的批准调整概算计算）]		
	12. 合同管理控制情况（本指标6分）	12.1 加强合同订立及归口管理（3分）	12.1.1 本单位应对合同文本进行严格审核		通过查看相关制度、随机抽查合同审批记录、会议纪要等确认
			12.1.2 并由合同管理部门进行统一分类和连续编号		
			12.1.3 对影响重大或法律关系复杂的合同文本，应组织业务部门、法律部门、财会部门等相关部门进行联合审核		
		12.2 加强对合同执行的控制（3分）	12.2.1 本单位应当对合同执行有效监控，明确合同执行相关责任人，及时对履行情况进行检查、分析和验收，如发现无法按时履约的情况，应及时采取应对措施		通过查看合同执行情况检查记录、合同验收文件、合同补充、变更或解除合同执行等审查记录等确认
			12.2.2 对于需要补充、变更或解除合同的情况，应按照国家有关规定进行严格的监督审查		
合计（100分）	评价总分				

（三）出具内部控制基础性评价报告

根据以上对单位内部控制情况的调研和指标打分结果出具内部控制基础性评价报告。报告范例如下：

行政事业单位内部控制基础性评价报告
（参考格式）
×× 单位内部控制基础性评价报告

为贯彻落实《财政部关于全面推进行政事业单位内部控制建设的指导意见》的有关精神，按照《财政部关于开展行政事业单位内部控制基础性评价工作的通知》要求，依据《单位内控规范》的有关规定，我们对本单位（部门）的内部控制基础情况进行了评价。

一、内部控制基础性评价结果

根据《行政事业单位内部控制基础性评价指标评分表》中列明的评价指标和评价要点，本单位（部门）单位层面内部控制基础性评价得分为＿＿＿分，业务层面内部控制基础性评价得分为＿＿＿分，共计＿＿＿分。因存在不适用指标，换算后的得分为＿＿＿分。

本部门在部门本级及所属单位各评价指标得分的基础上，计算各评价指标的平均分，加总得出以上综合性评价得分。本部门纳入本次内部控制基础性评价工作范围的单位共计＿＿＿家。（本段仅适用于各中央部门）

本单位（部门）各指标具体得分情况如下表：

类别	评价指标	评价得分
单位层面（60分）	1．内部控制建设启动情况（14分）	
	2．单位主要负责人承担内部控制建立与实施责任情况（6分）	
	3．对权力运行的制约情况（8分）	
	4．内部控制制度完备情况（16分）	
	5．不相容岗位与职责分离控制情况（6分）	
	6．内部控制管理信息系统功能覆盖情况（10分）	

续表

类　　别	评价指标	评价得分
业务层面（40分）	7．预算业务管理控制情况（7分）	
	8．收支业务管理控制情况（6分）	
	9．政府采购业务管理控制情况（7分）	
	10．资产管理控制情况（6分）	
	11．建设项目管理控制情况（8分）	
	12．合同管理控制情况（6分）	
（100分）	评价总分	

在本单位（部门）内部控制基础性评价过程中，存在扣分情况的指标汇总如下：

［逐项列示存在扣分情况的评价指标、评价要点、扣分分值及扣分原因］

二、特别说明项

（一）特别说明情况

本单位（部门/部门所属单位）内部控制出现问题，导致单位在经济活动中［发生重大经济损失/引起社会重大反响/出现经济犯罪］，特将相关情况说明如下：

［具体描述发生的相关事件、影响及处理结果］

［如本单位（部门）未发生相关事件，填写"未发生相关情况"］

（二）补充评价指标及其评价结果

本单位（部门/部门所属单位）根据自身评价需求，自愿将［填写补充评价指标名称］等补充评价指标纳入本次内部控制基础性评价范围。现将补充评价指标及评价结果说明如下：

［具体描述各个补充评价指标的所属类别、名称、评价要点及评价结果等内容］

三、内部控制基础性评价的下一步工作

基于以上评价结果，本单位（部门）将［描述与存在扣分情况的评价指标及评价要点相关的管理领域］等管理领域作为2016年内部控制建立与实施的重点工作和改进方向，并采取以下措施进一步提高内部控制水平和效果：

［逐项描述拟采取的进一步建立健全内部控制体系的工作内容、具体措施、工作责任人、牵头部门、预计完成时间等］

　　　　　　　　　　　　　　　　　　　单位主要负责人：［签名］
　　　　　　　　　　　　　　　　　　　　　　　　　　　［单位签章］
　　　　　　　　　　　　　　　　　　　　　　　　　　　××单位
　　　　　　　　　　　　　　　　　　　　　　　　　　　2016年××月××日

　　通过开展内部控制基础性评价工作，一方面，引起领导的高度重视，通过量化打分，发现单位工作的缺陷，明确建设的重点和关键环节，给未来单位内部控制建设指明方向；另一方面，该评价结果会在2016年年底作为决算报告的重要组成部分向财政部报告，这对于各单位领导层来说会形成一种无形的压力，倒逼其对于内部控制建设工作的重视。

五、开展风险评估

　　虽然内部控制基础性评价贯穿于单位的各个层级，对单位层面和业务层面各类经济业务活动实施全面覆盖，以综合反映单位的内部控制基础水平。但是，全面并不是没有重点，它应当在全面基础性评价的基础上，重点关注重要业务事项和高风险领域，特别是涉及内部权力集中的重点领域和关键岗位，着力防范可能产生的重大风险。例如，涉及内部权力集中的财政资金分配使用、国有资产监管、政府投资、政府采购、公共资源转让、公共工程建设等重点领域和关键岗位。这项工作主要通过单位开展风险评估来完成。

　　一般来说，单位层面开展风险评估工作可能面临的主要风险包括：没有明确的经济活动目标以及工作计划，无法通过管理控制措施保证目标的实现；未建立风险识别机制，无法准确识别风险因素；未形成合理的风险分析方法，风险分析不到位，无法真正掌握风险发生的原因和影响；未建立有效的经济活动风险防范机制，不能及时对识别的风险采取适当应对措施。为防范这些风险点，行政事业单位应从目标设定、风险识别、风险分析及风险应对等方面，明确风险评估的控制目标，设计关键控制措施，确保单位风险评估工作有效开展。

（一）目标设定

目标设定旨在明确单位各项经济活动的控制重点和原则，也是业务风险识别和控制措施设计的主要依据。在目标设定阶段，单位应通过收集单位层面和具体业务流程层面的各类初始信息，包括预算业务、收支业务、政府采购业务、资产管理、建设项目、合同管理等主要业务，涉及从计划编制、业务执行过程以及总结评估等方面的资料信息。在初始信息收集的基础上，单位应根据业务实际需要设定经济活动相关目标，明确单位各项业务的控制目标。

（二）风险识别

在风险识别阶段，单位应根据前期内部控制基础性评价与现状调研获得的业务信息建立风险分类框架，通过风险识别矩阵（见图3-1）识别每一经济活动风险对应的风险事件，对风险事件的类别、成因、影响以及责任部门等进行描述，形成单位风险事件库。在此基础上，根据单位当前经济活动现状编制风险评估问卷，对单位面临的各类风险进行问卷调查，确定单位重大风险排序。

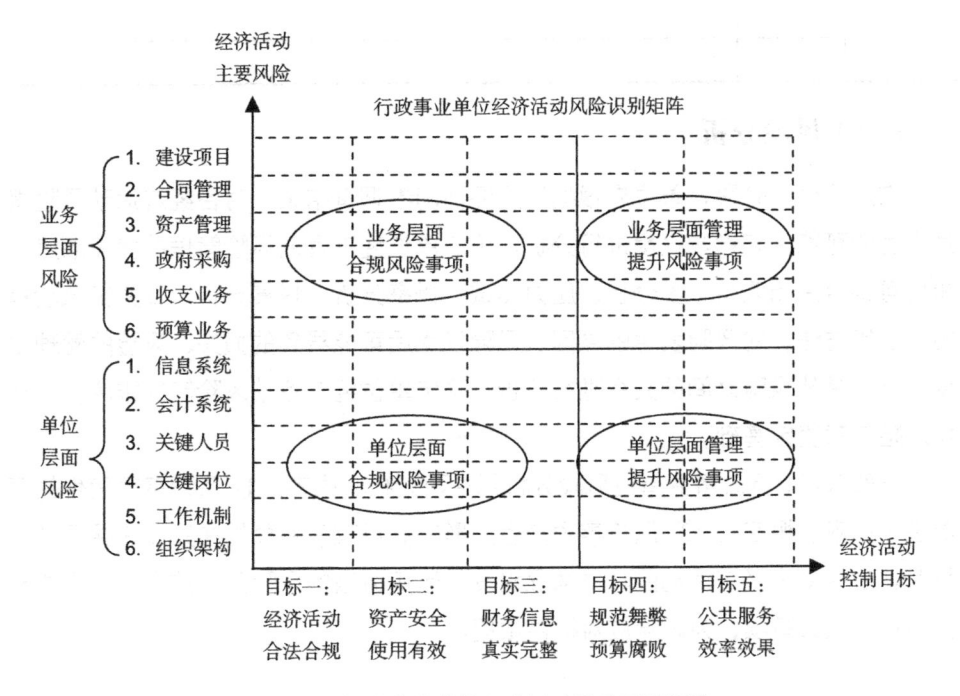

图 3-1 行政事业单位经济活动风险识别矩阵

具体示例如表 3-4 所示：

表 3-4　　　　　行政事业单位经济活动风险识别矩阵

风险类别	风险名称	主要风险事件 （分别从经济活动合法合规、资产安全使用有效、财务信息真实完整、防范舞弊预防腐败、公共服务效率效果五个目标维度来识别）
单位层面风险	组织架构风险	1．单位机构设置不符合机构编制管理法律法规。 2．会计机构职责和岗位不够清晰，会计系统不健全。 3．不相容职位未有效分离。 ……
	……	……
业务层面风险	预算业务风险	1．单位预算编制流程不清晰、预算编制依据不合理、方法不科学、内容不全面、审核程序不规范，导致单位账外资产或小金库游离于财政预算之外。 2．预算执行缺乏严肃性和约束力，支出控制不严、超支浪费严重，影响单位声誉。 ……
	……	……

（三）风险分析

在风险分析阶段，单位应根据风险评估问卷调查结果，对各经济活动风险事件发生的可能性和影响程度进行分析，确定单位经济活动风险管理的优先顺序。单位可综合采用蒙特卡罗分析、压力测试、概率分析、情景分析以及关键风险指标分析等方法，对风险发生的原因、风险发生后可能导致的损失、风险的管理难度以及与其他风险之间的关系进行分析，确定单位经济活动风险等级排序，为单位风险应对奠定基础。

一般来说，行政事业单位风险分析包括两大核心内容：① 风险事项发生的可能性（频率、概率）；② 风险事项产生的影响。行政事业单位在具体开展风险分析时，应从单位经济活动的具体情况出发，运用适当的风险分析技术，定量或定性地评估相关事项，为风险应对提供依据。

1. 风险发生的可能性分析

对风险发生的可能性进行分析可以根据风险的具体情况，采用定性及定量评估方法。定性方法主要从日常管理中可能发生的潜在风险、大型灾难或事故的风险两个层面进行分析并确定不同的可能性尺度；定量方法主要是以通过历史数据统计出一定时期内风险发生的概率作为标准进行评估。按照定性与定量的分析方法将风险发生的可能性划分为五个级别，分别是极低、低、中等、高、极高，依次对应 1～5 分。具体的划分标准如表 3-5 所示。

表 3-5　　　　　　　　　风险发生的可能性评估标准

评估方法	评估标准	极低 1	低 2	中等 3	高 4	极高 5
定性方法	针对日常运营中可能发生的潜在风险	一般情况下不会发生	极少情况下才发生	某些情况下发生	较多情况下发生	经常发生
	适用于大型灾难或事故	今后10年内发生的可能少于1次	今后5～10年内可能发生1次	今后2～5年内可能发生1次	今后1年内可能发生1次	今后1年内至少发生1次
定量方法	适用于可以通过历史数据统计出一定时期内风险发生概率的风险	发生概率为10%以下	发生概率为10%～30%	发生概率为30%～70%	发生概率为70%～90%	发生概率为90%以上

2. 风险的影响程度分析

风险影响程度是指风险事件的发生对单位所造成的影响的广度与深度。对于风险影响程度也可划分为五个级次，分别为极低、低、中等、高、极高，依次对应 1～5 分。对风险事件所造成的影响主要从财务收支、日常管理、法律法规的遵循三个方面考虑。考虑财务损失时采用定量的方法，以造成的损失金额大小为参照指标，确定风险影响程度的级别；考虑日常管理与法律法规的遵循时采用定性的方法，确定风险影响程度的级别。具体的划分标准如表 3-6 所示。

表 3-6　　　　　　　　　　　风险影响程度评估标准

评估方法	评估标准	极低 1	低 2	中等 3	高 4	极高 5
定量方法	财务方面的损失金额	轻微的财务损失，小于 1 万元	较低的财务损失，1 万～5 万元	中等的财务损失，损失在 5 万～10 万元	重大的财务损失，损失在 10 万～100 万元	极大的财务损失，大于 100 万元
定性方法	日常管理方面	对单位日常管理或单位的控制目标有轻微影响，情况立刻得到控制	对单位日常管理或单位的控制目标有轻度影响，情况经过内部协调后得到控制	对单位日常管理或单位的控制目标有中度影响，情况需要外部支持才能得到控制	对单位日常管理或单位的控制目标有严重影响，情况失控，但对单位无致命影响	对单位日常管理或单位的控制目标有重大影响，情况失控，给单位带来致命影响
	法律法规的遵循方面	可能存在轻微的违反法规的问题	违反法规，伴随着少量的罚款或诉讼的损失	违反法规，导致监管部门、司法机构的调查或诉讼；伴随着一定的罚款或诉讼的损失	严重违反法规，导致监管部门、司法机构的调查和重大诉讼；伴随着较大的罚款或诉讼的损失	严重违反法规，导致监管部门、司法机构的调查和重大诉讼、行政、经济处罚，或非常严重的集体诉讼

3. 风险坐标图

风险坐标图是指把风险发生可能性的高低、风险发生后对控制目标的影响程度作为两个维度绘制在同一个平面上（绘制成直角坐标系），如图 3-2 所示。

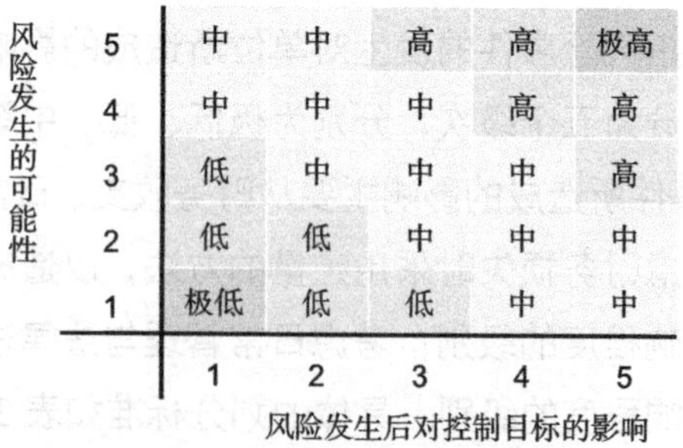

图 3-2　风险的影响程度

绘制风险坐标图的目的在于对多项风险进行直观的比较，从而确定风险管理的优先顺序和策略。

风险发生的可能性与风险的影响程度两个维度，在风险坐标图可将识别的风险划分为极低、低、中、高、极高五个区域。针对相关风险在风险坐标图中的坐标，选择相应的风险应对策略。

（四）风险应对

在风险应对阶段，单位应根据自身条件和外部环境，围绕经济活动目标、风险偏好和风险可接受程度、风险发生的原因和风险重要性水平，制定风险应对策略和风险解决方案。风险应对的目的在于将剩余风险控制在风险承受度以内。单位可以综合运用风险规避、风险降低、风险转移和风险承受等策略应对经济活动风险。具体来看，针对风险评估后的大小，采取不同的策略。例如，① 针对极低及低风险区域：承担该区域中的各项风险且不再增加控制措施；② 针对中风险区域：严格控制该区域中的各项风险且专门补充制定各项控制措施；③ 针对高风险区域：确保规避和转移该区域中的各项风险且优先安排实施各项防范措施；④ 针对极高风险区域：积极规避和转移该风险区域中的各项风险且首要安排实施各项防范措施。

风险评估工作完成后，应根据风险评估结果编制风险评估报告，并及时提交单位领导班子，以提请单位领导关注重要风险，及时采取针对性的应对策略和控制措施。

六、健全和完善单位内部控制体系

风险评估工作完成后，即可进入实质性的内部控制体系建设阶段。行政事业单位内部控制体系建设具体可分为单位层面和具体业务流程层面。

首先，单位层面内部控制是业务层面内部控制的基础，为业务层面内部控制提供一个良好的"生存土壤"，直接决定了业务层面内部控制的有效实施和运行。行政事业单位在单位层面开展内部控制建设时，应该致力于形成一个科学高效、分工制衡的组织机构，建立健全科学民主的工作机制，对关键岗位和关键岗位人员进行科学有效的管理，关键岗位设置合理，关键岗位人员德才兼备，并且能够提供真实、完整的财务信息，借助于信息系统实现内部控制体系的信息化和常态化。

其次，要对具体业务流程层面的内部控制进行制度的梳理和流程的优化，以此来带动具体业务层面内部控制建设工作。当然，该项工作不同于我们过去因为某个问题的出现制定的规章制度，而是制度和流程的梳理，让制度变为流程真正的有效运行，而这正是内部控制建设的意义所在。

长期以来，各行政事业单位在长期发展过程中，均已建立了很多符合自身实际的内部管理制度、业务流程及控制措施。可以说，每个单位都有自己的内部控制，只是各单位内部控制的完善程度不一，缺乏统一的规范标准，有些甚至只是不成文的规则。具体业务层面的内部控制建设工作就是按照《单位内控规范》的要求梳理现有的制度体系、流程体系与控制措施，通过风险评估后的结果，根据应对策略建立相应制度与流程的过程。其对于制度的核心对标工作应重点关注以下几点：

（1）各经济活动内部管理制度是否满足国家法律法规及相关政策规定，制度文件之间是否存在内容重复、相互冲突的现象；

（2）各经济活动内部管理制度内容是否完整，经济业务各环节是否均有相应规定，是否满足《单位内控规范》的要求；

（3）各经济活动内部管理制度是否有相关配套制度，制度文件内容是否明确了具体执行要求且具有可操作性；

（4）各经济活动内部管理制度是否定期修订更新，授权审批及发布程序是否符合规定。

七、编制和优化内部控制手册

（一）内部控制手册的编制

《内部控制手册》是行政事业单位实施内部控制的指导性文件，是实施内部控制建设的最终成果，其质量直接影响到内部控制的落地，体现内部控制的实施效果。

一部高质量的《内部控制手册》应具备两个条件：一是手册框架要符合《单位内控规范》的要求，内部控制要素要完整，框架设计要体现科学性及系统性；二是手册内容要符合单位的实际情况，体现管理的先进性和适用性。只有这样，

《内部控制手册》才有生命力，才能发挥其应有的功能，否则只能是个"摆设"，达不到设置内控建设的目的。

内部控制手册编制目录范例

```
×××单位内部控制手册
         目录
第一部分  总则
一、单位简介
包括单位名称、单位地址、单位职责、组织结构、上下级隶属部门等。
二、内部控制目标
三、内部控制原则
四、内部控制体系
第二部分  内部控制体系
一、单位层面内部控制
1．组织架构
2．工作机制
3．关键岗位
4．关键岗位人员
5．会计系统
6．信息系统
二、业务层面内部控制
（一）预算业务内部控制
1．业务范围
2．控制目标
3．部门及岗位职责
4．相关流程
5．主要风险节点
6．控制矩阵
7．支持制度与备查文件
（二）收支业务内部控制
```

1．业务范围
2．控制目标
3．部门及岗位职责
4．相关流程
5．主要风险节点
6．控制矩阵
7．支持制度与备查文件
（三）政府采购内部控制
1．业务范围
2．控制目标
3．部门及岗位职责
4．相关流程
5．主要风险节点
6．控制矩阵
7．支持制度与备查文件
（四）资产内部控制
1．业务范围
2．控制目标
3．部门及岗位职责
4．相关流程
5．主要风险节点
6．控制矩阵
7．支持制度与备查文件
（五）建设项目内部控制
1．业务范围
2．控制目标
3．部门及岗位职责
4．相关流程
5．主要风险节点
6．控制矩阵

> 7．支持制度与备查文件
> （六）合同内部控制
> 1．业务范围
> 2．控制目标
> 3．部门及岗位职责
> 4．相关流程
> 5．主要风险节点
> 6．控制矩阵
> 7．支持制度与备查文件
> 第三部分　内部控制的评价与运行维护
> 一、内部控制评价
> 二、内部控制运行维护

（二）内部控制手册的优化

应该认识到，《内部控制手册》编制完成仅仅是内部控制体系建设的开端，落实才是关键。有些内容有待通过实践验证，有些内容随经济形势变化及管理要求的提升，也需不断修订完善。这就涉及内部控制编制完成后的优化工作。内部控制手册的优化往往通过穿行测试和执行测试来完成。其目的在于识别单位经济活动控制缺陷，完善内控、优化单位内部控制体系。

1．穿行测试

穿行测试也叫全程测试，是指在对单位内部控制进行研究、复核时，在每一业务流程中选择一笔或者多笔具有典型代表性业务的控制文件，按照规定的业务处理程序，通过采用检查、询问、观察等方法，来了解并追踪整个业务流程中有关控制点是否符合规定并得到认真执行的一种评价方法。其目的在于：第一，通过业务流程处理的轨迹文件追查某笔业务处理过程，确认对单位业务流程（包括相关书面记录）的了解是否准确和完整；第二，评价业务流程的控制设计是否能够及时预防或发现并纠正业务开展过程中可能存在的重大错误，通过将运行结果与控制目标进行对比，发现控制设计缺陷；第三，评价业务流程中控制设计是否得到有效执行，通过获取样本业务数据，了解单位业务的运行情况。

2. 执行测试

执行测试是一种验证内部控制得到有效执行的方法，它强调内部控制能否在评价期间按照既定设计得到一贯执行，一般选择若干时期相同业务进行检查，测试某一控制点是否一贯或持续发挥作用。执行测试的目的在于：检测业务流程中，关键岗位人员是否执行了控制（谁来执行），控制是否按照既定设计贯穿于整个评价期间（是否一贯执行），控制是否按时执行且涵盖了所有适用的业务（不同时点如何运行），是否按设计目标正常运行（以何种方式运行），确保发现的错误能够被及时发现和纠正，将已识别的风险降低到可接受的水平。

通过执行测试发现的缺陷主要为执行缺陷，即设计有效（健全且合理）的内部控制由于执行（包括执行人、执行方式、执行时点）不当而形成的缺陷。

行政事业单位应在穿行测试和执行测试的基础上识别单位经济活动内部控制缺陷，包括设计缺陷和执行缺陷，并针对内控缺陷提出管理建议。对于识别出的内控缺陷，应从问题描述、问题分析、问题影响三个方面进行分析，并与责任部门进行充分的沟通，确保缺陷编写符合实际、重点突出。同时，还应说明发现问题的渠道（如询问或穿行测试、检查等）、问题的实质等。

针对内控诊断识别出的缺陷，提出解决方案优化内部控制手册。针对缺陷的管理建议可从健全内控制度、明确岗位责任、有效的激励措施、强化监督力度等方面来撰写。在编写内部控制管理建议书时，应首先说明问题、解决的思路，其次逐条列示具体措施，如何做，怎么做，注重办法的可操作性，问题和建议要做到——对应。

八、内部控制信息化落地

内部控制实现了单位的业务管理与财务管理的有机结合，需要信息系统的支撑。将内部控制嵌入信息系统之中，可以实现内部控制的程序化和常态化，可以改变单位各项经济活动分块管理、信息分割、信息"孤岛"的局面，可以使单位领导的管理方式由传统的日常管理向例外管理转变，集中精力处理重大问题，进一步提高管理效率。

（一）内部控制信息化的必要性

内部控制信息化是将内控理念、控制流程、控制方法等要素通过信息化的手段固化到信息系统中，从而实现内部控制体系的系统化与常态化。

1. 内部控制信息化固化了业务流程，减少了人为因素的影响

信息化固化了经济活动业务流程，信息系统自动记录和跟踪业务流程的运行状态，并将不相容岗位相互分离和内部授权审批控制嵌入到信息系统中，使业务流程和管理制度实现自动流转和主动提示。"自动"实现了内部控制对各项经济业务的约束，任何违背内部控制管理规定的行为都能够得到制止，减少了人为因素对管理制度执行的影响。

2. 内部控制信息化提高了经济活动信息的准确性

单位经济活动通过信息系统流转，提高了系统信息的准确性，降低了日常工作出错的概率，而且可以使管理人员有更多的精力应对重要的或者突发性事项，提高风险管理的针对性和内部控制的有效性。

3. 内部控制信息化提高了经济活动信息的及时性和相关性

信息系统能够及时生成日常管理所需的相关信息，各级管理人员在各自权限范围内，通过可视化界面，得到有关预算执行的各类指标，并动态掌握管理职责范围内的预算安排、可用财力、指标执行等方面的信息，以便做出科学、合理的经济活动决策。

4. 内部控制信息化创造了单位信息交互与共享的平台

内部控制信息化为单位创造了信息交互与共享的平台，实现内控信息的程序化、标准化，提高了信息沟通的效率，并减少信息传递过程中人为因素的影响，提高了信息沟通的效果。

（二）完善信息系统管理，加强单位信息化建设

1. 通过归口管理，完善单位信息系统

行政事业单位至少应从信息系统开发、运行维护和安全管理三个方面来完善单位信息系统管理，同时加强信息系统建设的统筹规划，将信息系统建设作为"一把手"工程来抓，设置信息系统管理岗位，明确信息系统管理责任，对信息系

实行归口管理，统筹管理信息系统开发、运行和维护等工作。

行政事业单位应重视信息系统在单位内部控制中的作用，根据内部控制相关要求，结合组织架构、业务流程、技术能力等因素，制定信息系统建设总体规划，健全单位信息系统管理程序，有序组织信息系统开发、运行维护，优化单位升级活动流程，防范经济活动中的人为风险，提高单位内部管理水平。

2. 信息化建设路径选择

行政事业单位要实现内部控制的信息化，可以通过信息系统的自制和外包两种建设方式。[①]

信息系统自制指的是单位利用自身的人力、财力、物力，建设适合单位自身特点的信息系统。信息系统外包指的是在单位的内部信息资源（信息技术基础设施、信息技术人员等）有限的情况下，以契约的方式将全部或者部分信息系统业务外包给信息技术供应商，从而完成单位信息化建设的一种措施。

在这两种建设方式中，信息系统自制对单位自身的技术实力要求较高，后者较低。一般而言，如果市场有较为成熟且能够满足单位特殊需求的系统或者软件，单位应首选外包；如果市场没有符合单位特殊需求的系统或者软件，单位可以选择自行开发和业务外包；如果自身技术力量薄弱或者出于成本效益考虑，不愿意维持庞大的开发队伍，可以采取业务外包，它能够最大限度地利用信息技术供应商的资金、规模优势、创新能力以及特殊技能，有助于降低单位对于信息系统的建设费用，优化业务流程，提高信息系统的应用水平和质量。需要注意的是，如果涉及某些需要有保密性质的业务，单位要依据相关法律法规，确保系统的保密性、安全性。

此外，外部信息技术供应商可以是专业机构或专业人员。比如，行政事业单位内部控制专业咨询机构、行政事业单位内部控制应用软件开发商、高校专门研究行政事业单位内部控制的教授、研究人员等。

---

① 邓杰. H公司项目管理信息化建设方案研究［D］. 长春：吉林大学，2014.

第四章

单位层面内部控制建设

单位层面内部控制和业务层面内部控制两者共同构成了单位整个内部控制体系。其中,单位层面内部控制是业务层面内部控制的基础,直接决定了业务层面内部控制的有效实施和运行。从内部控制实践来看,凡是内部控制建立和实施效果较好的单位,都离不开单位领导的重视、组织结构的合理配置、完备的制度、完善的决策机制等。由此看出,建立和完善单位内部控制,不仅要考虑业务层面的控制问题,更应关注单位层面的内部控制,加强单位层面内部控制建设。从其具体内容来看,包括以下几个方面的建设内容。

一、组织架构控制建设

(一)组织架构控制概述

行政事业单位的组织架构是行政事业单位要明确单位内部各层级机构设置、职责权限、人员编制、工作程序和相关要求的制度安排。它是单位层面内部控制设计的重中之重,也是内部控制的顶层设计因素。

组织架构的主要内容包括单位机构设置、制度建设和权责配置,即单位决策机构、执行机构、监督机构的设置以及这三者之间的权责分配。一般来说,决策机构是单位的权力中心,设计是否合理直接决定内部控制的运行效果;执行机构是决策的具体承办部门,设计是否合理直接影响内部控制的执行情况;监督机构是约束决策机构和执行机构的关键，是单位内部控制得以有效实施的重要保障。在单位内部，三种机构设置缺一不可，三者之间的权责分配要合理，并且保证监督机构的相对独立性。

下面我们从单位机构设置和权责配置的角度来介绍行政事业单位组织架构控制（见图 4-1）。

```
                              ┌── 单位机构设置控制
行政事业单位组织架构内部控制 ──┤
                              └── 单位权责配置控制
```

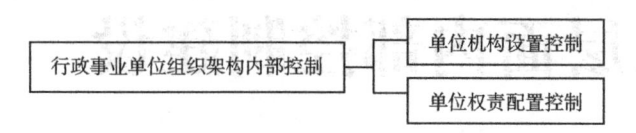

图 4-1　行政事业单位组织架构内部控制体系

就单位机构设置控制而言，单位的内部机构设置要充分体现决策、执行、监督三权分离的原则，实现组织架构的科学分工和有效制衡，单位应当单独设置内部控制的牵头部门或者具体职能机构，负责组织协调单位内部控制建设。

就单位权责配置控制而言，单位应该合理配置各机构的具体职责，明确其管理权限。特别是要明确财会、审计、纪检监察、政府采购、基建、资产管理等机构的内部控制职责权限，建立起财会、政府采购、基建、资产管理、合同管理等部门的沟通协调机制，充分发挥各部门的作用。

（二）组织架构控制目标

第一，设计和建立合理的组织架构，优化内部控制环境。单位应严格按照三权分离的原则进行组织机构的设置和职责权限的划分，构建一个科学高效、分工制衡的组织架构。

第二，严格按照"三定（定职能、定机构、定编制）"规定设置部门岗位，确保岗位权责一致，不相容岗位相互分离。

第三，确定内部控制牵头部门，充分发挥各职能部门在内部控制建设中的作用，组织协调单位内部控制建设。

第四，内部控制制度得到有效的贯彻和执行。

（三）组织架构控制主要风险点

第一，单位组织架构没有体现决策、执行、监督相互分离的原则，组织架构模型部分机构缺失，导致单位内部的部门管理、职责分工、业务流程等方面缺乏有效制衡和监督。

第二，行政事业单位人员调动比较复杂，一些岗位安排不尽合理，存在一人多岗、不相容岗位兼职的现象，导致权责不一致、权责没有得到很好的履行。

第三，单位大多是定编定员，由政府编制部门核定人员编制，不能专门增加内设机构或人员编制，所以目前单位大多没有建立或者明确负责内部控制建设的职能部门或者牵头部门。

第四，内部控制制度建设滞后，制度流失或形同虚设，没有被认真贯彻执行。

（四）单位组织架构内部控制建设

1. 单位机构设置控制

（1）构建组织架构模型。一般来说，决策机构是单位的权力中心，设计是否合理直接决定内部控制效果；执行机构是决策的具体承办部门，设计是否合理直接影响内部控制的效果；监督机构是约束决策机构和执行机构的关键，设计合理与否间接影响内部控制的效果。若有出资人或赞助人出资形成的行政事业单位，其组织架构如图 4-2 所示，这种组织架构最为理想。

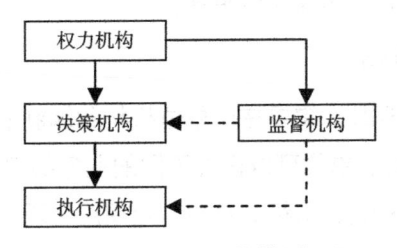

图 4-2 组织架构模型 1

通常，行政事业单位是由政府出资设立的，代表政府履行相关职能。所以，除了个别由出资人、赞助人等组成的权力机构外，一般的行政事业单位并不存在权力机构，自然不可能产生与决策机构同级的监督机构。实际工作中，行政事业单位内部的监督机构通常是单位的一个部门，与执行机构处于同一级别，无法监督不同级的决策机构，所以，决策机构的监督主要靠外部监督，如图 4-3 所示。

（2）单位机构设置。行政事业单位应当根据职能目标，结合单位各项具体工作的内容、性质及其之间的关系，在横向上设置机构部门，在纵向上划分管理层次，确定各部门间的分工协作关系，从而构建一套完整合理的组织架构。

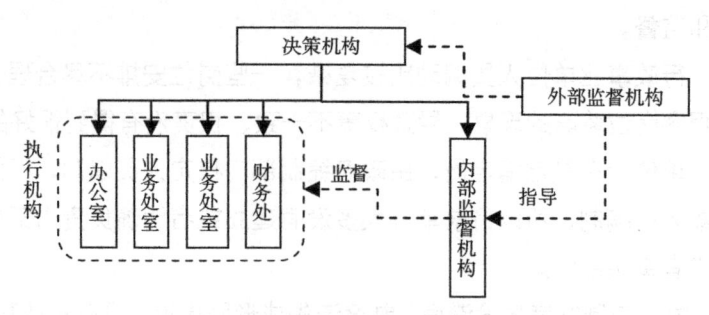

图 4-3 组织架构模型 2

机构设置除了在行政编制的基础上进行构建外，还可以根据单位决策、执行和监督工作的需要设置内部管理机构或专设岗位，一般来说包括单位领导班子会议、预算委员会、采购领导小组和（专项）监督小组等。其中，预算委员会通常由单位主要领导、财务负责人和各职能部门的负责人构成，负责对预算和资金使用方面重要事项的决策；采购领导小组由单位分管领导、采购管理部门领导和财务负责人构成，负责采购重要事项的决策等，各个会议或工作小组在单位内部管理中发挥的作用不同，其成员构成也不一样，这一方面突出了专业分工的差异性，另一方面也提高了决策的科学性和透明度。

2. 单位权责配置控制

单位在履行行政职能时，需要按照单位机构和编制的要求，设置单位机构部门。按照不同的行政职能，单位可以设置不同的业务部门，提供专业的社会服务。职责分工分为组织层级和业务层级。其中，组织层级职业分工是按照不相容职务的制衡原则，确定单位领导和分管领导对内设部门和下属单位的管理职权划分。业务层级则是根据单位内设部门和二级单位职能进行划分，或者按照单位业务分类和支出事项的不同特点自主设计职责分工和归口部门。如日常办公用品采购归办公室，而固定资产采购可归属资产管理部门或者财务资产合并的部门。

行政事业单位应注意明确权力和责任的分配方法，增强组织的控制意识，明确划分各岗位、各环节的权力和责任，确保各职责权限在严格控制下履行。在权力和责任的分配上应考虑单位的员工是否充足，员工能否推动不相容职务的分离政策等。权力和责任的分配应有书面说明，单位将权力和责任分配给有关部门和人员的方式如果存在缺陷，则可能影响内部控制的效果。

3. 设立内部控制职能部门或者明确牵头部门

单位的内部控制覆盖单位的各个业务领域，涉及单位的各个部门，是一项与单位运行息息相关的工作。没有内部控制的专门机构，仅凭借内部控制的一纸发文进行建设，实效性会比较差。设立内部控制的职能部门或明确牵头部门，使得这一部门全面负责内部控制工作，带动其他部门内部控制工作的开展，确保内部控制工作在单位内部得以落实。

4. 完善和落实单位内部控制制度

完善行政事业单位内部控制制度，使得单位活动能够在制度的框架内进行。内部控制制度应贯穿单位经济活动的决策、执行和监督全过程，实现对经济活动的全面控制。内部控制建设又是一个动态的过程，应当结合国家有关规定和单位的实际情况而制定并随着内部经济活动的调整和各项管理要求的提高而不断予以修订和完善。

单位内部控制制度是否得到有效执行，还需要接受监督评价，要充分发挥内部审计、纪检监察部门的作用，定期对单位进行各项经济活动的审计、监督，对内部控制的有效性作出评价，及时发现问题并提出改进建议。当遇到内部控制制度得不到执行的情况时，要查清原委，仔细分析，还要向单位权力机构汇报，从而促进单位内控制度的有效执行。

二、工作机制控制建设

（一）工作机制控制概述

所谓机制，是指以所设机构为载体，建立科学的执行程序和完善的制度规范，并通过监督和评价来激励程序和规范的有效执行，以此实现规则制衡。行政事业单位应当设置符合单位实际情况的工作机制，实现单位的权力制衡。从单位整体层面看，行政事业单位应该设置"三权"分离、风险评估、议事决策、议事决策问责、相关部门沟通协调等工作机制。

"三权"分离的工作机制即单位的决策权、监督权、执行权相互分离，决策、监督、执行的过程和岗位分离。

风险评估机制指单位领导应该定期对单位经济活动进行风险评估，明确业务活动的风险点，采取必要措施控制风险，防患于未然。

议事决策机制指单位应该制定议事决策的工作流程，针对不同级别的决策事项明确审批权限，规定具体的决策原则。

议事决策问责机制指单位应该适当公布议事决策结果，对议事决策过程进行详细记录，按照"谁决策、谁负责"的原则，实行责任追究机制。

相关部门沟通协调机制指单位内设部门及下属单位间的衔接和联系，部门间应加强沟通协作，保证内部控制在分权的基础上充分高效的协作。

（二）工作机制控制目标

第一，单位经济活动的决策、执行和监督应相互分离，使得权力受到制衡和约束，保障权力在规定的范围内行使。

第二，单位应当建立经济活动风险定期评估机制，对经济活动存在的风险进行全面、系统和客观评估，经济活动风险评估结果应当形成书面报告并及时提交单位领导班子，作为完善内部控制的依据。

第三，单位应当建立健全集体研究、专家论证和技术咨询相结合的议事决策机制，提高议事过程的科学性。单位议事决策的权责划分应科学合理，形成"副职分管、正职监管、集体领导、民主决策"的权力运行机制，确保重大经济活动都经集体决策。

第四，做好议事决策的记录工作，保持记录的客观性和真实性，建立健全议事决策问责机制，将决策责任具体落实到个人，让决策效果与相关责任人的升迁降免和经济奖惩相挂钩，使决策得到严格落实与执行。

第五，单位应建立各部门和岗位之间的沟通协调机制，明确各部门和岗位在内部控制中的作用，全员参与，从思想上重视，从行动上积极配合内部控制职能部门对单位内部控制的建设工作。

（三）工作机制控制主要风险点

第一，单位经济活动的决策、执行和监督未做到有效分离，单位在办理经济活动的业务和事项前未经过适当的授权审批，决策和监督角色缺失。

第二，开展风险评估时没有明确的经济活动目标以及工作计划，无法通过管理控制措施保证目标的实现；未建立风险识别机制，无法准确识别风险因素；未形成合理的风险分析方法，风险分析不到位，无法真正掌握风险发生的原因和影响；未建立有效的经济活动风险防范机制，不能及时对识别的风险采取适当应对措施。

第三，决策机构职责权限不明确，议事决策缺乏科学性，单位出现"一言堂"、"一支笔"等现象，重大经济活动事项缺乏集体决策；议事决策事项范围划分不清，没有根据单位实际情况明确划分"三重一大"业务，即使确定了，但是单位随意更改，导致出现管理混乱；单位决策审批权限设置不当，可能导致出现越权决策或未经授权而进行决策，影响经济活动决策的效果。

第四，单位议事决策过程缺乏客观记录，没有如实记录决策过程中每个人的意见，影响单位决策问责，使决策过程流于形式，缺乏权威性；单位没有及时进行决策信息公开，缺乏社会监督；在决策后缺乏对单位决策的追踪问责，影响决策的落实和执行。

第五，单位各部门、各岗位信息沟通不顺畅，各个业务流程衔接不好，导致内部控制执行过程中效率低下，不利于内部控制制度的有效运行。

（四）工作机制控制建设

1. 决策、监督、执行分离机制

单位除了根据国家有关法律法规和单位规章制度，结合内外部环境，对单位组织架构进行设置外，还应该形成部门间的制衡机制，处理好组织架构中决策权、执行权和监督权的分配，形成三权分立、相互制衡的机制。

要实现三权分离，需要在单位内部的部门管理、职责分工、业务流程等方面形成相互制约、相互监督的机制。从横向关系来讲，完成某个环节的工作须由来自彼此独立的两个部门或人员协调运作、相互监督、相互制约、相互证明；从纵向关系来讲，完成某项工作须经过互补隶属的两个或两个以上的岗位和环节，以使下级受上级监督、上级受下级牵制。同时，履行内部控制监督检查职责部门的独立性有利于减少凌驾于内部控制之上的特殊权利的可能性。从而依据分事行权、分岗设权、分级授权的原则，建立权责一致、有效制衡的组织架构体系，使决策、执行、监督既相互协调又相互制约。

2. 风险评估机制

风险评估是识别及分析影响单位控制目标实现的因素的过程，是风险管理的基础。在风险评估中，既要识别和分析对实现控制目标具有阻碍作用的风险，也要发现对实现目标具有积极影响的机遇。单位风险评估流程所涉及的主要工作包括风险识别、风险评估与风险应对，具体内容详见第三章第五部分内容。

3. 议事决策机制

行政事业单位议事决策通常由单位领导班子成员决定，单位领导班子成员由行政、党委和纪检的主要领导组成。议事决策的方式方法、决策权的集中度以及是否具有可操作性的决策是影响单位内部控制效果的关键环节，如果单位主要领导的个人权威很高，领导班子的小范围决策容易造成个人说了算、一支笔现象。《单位内控规范》第十四条第二款规定："单位应当建立健全集体研究、专家论证和技术咨询相结合的议事决策机制。重大经济事项的内部决策，应当由单位领导班子集体研究决定。重大经济事项的认定标准应当根据有关规定和本单位实际情况确定，一经确定，不得随意变更。"单位应当建立健全集体研究、专家论证和技术咨询相结合的议事决策机制，重大经济事项的内部决策，应当由单位领导班子集体研究决定，提高决策的科学性、降低决策风险。

（1）议事决策的权责划分。

科学的议事决策机制需要避免"一支笔"现象，限制党政一把手的个人权力，健全"副职分管、正职监管、集体领导、民主决策"的权力运行机制；议事决策过程中应当让单位领导班子成员都能够充分行使职权，通过组织单位党委会、领导班子会议、办公联席会、专项讨论会等形式的决策会议，决定单位重大经济活动事项。同时要正确处理好集体决策和个人负责的关系，集体决策不意味着要集体负责，因为集体担责的结果往往会是无人担责。

（2）议事决策的事项范围和审批权限。

议事决策主要是针对行政事业单位的"三重一大"业务（重大决策、重大事项、重要人士任免及大额资金支付业务）。这些业务应由单位领导班子集体研究决定，但由于各单位实际情况不同，是否属于"三重一大"业务，单位要根据有关规定和实际情况确定，明确单位议事决策的事项范围，一经确定，不得随意变更。同时，应当按照经济活动类别对经济活动决策事项进行分类，针对不同类别的决策事项明确具体的决策机构和决策方式。

此外,行政事业单位应当根据经济活动决策事项的类别和标准,建立和完善授权审批制度,原则是建立分级授权审批制度,对于资金划转、结算(支付)事项应明确责任、划分权限实行分档审批。对于重大经济活动决策事项建立审批机制和会签制度。授权审批是对审批权限和级别进行限制,包括分级审批、分额度审批和逐项审批三种方式。分级审批是下级单位发生的经济事项需要按照授权级别不同依级次向上报批的控制方式。通常单位根据责权匹配原则设立授权审批权限,权限较低的部门领导具有较低的授权额度,权限较高的部门具有较高的授权额度,依据单位具体情况和权限层级设置阶梯型授权审批权限(见图4-4)。

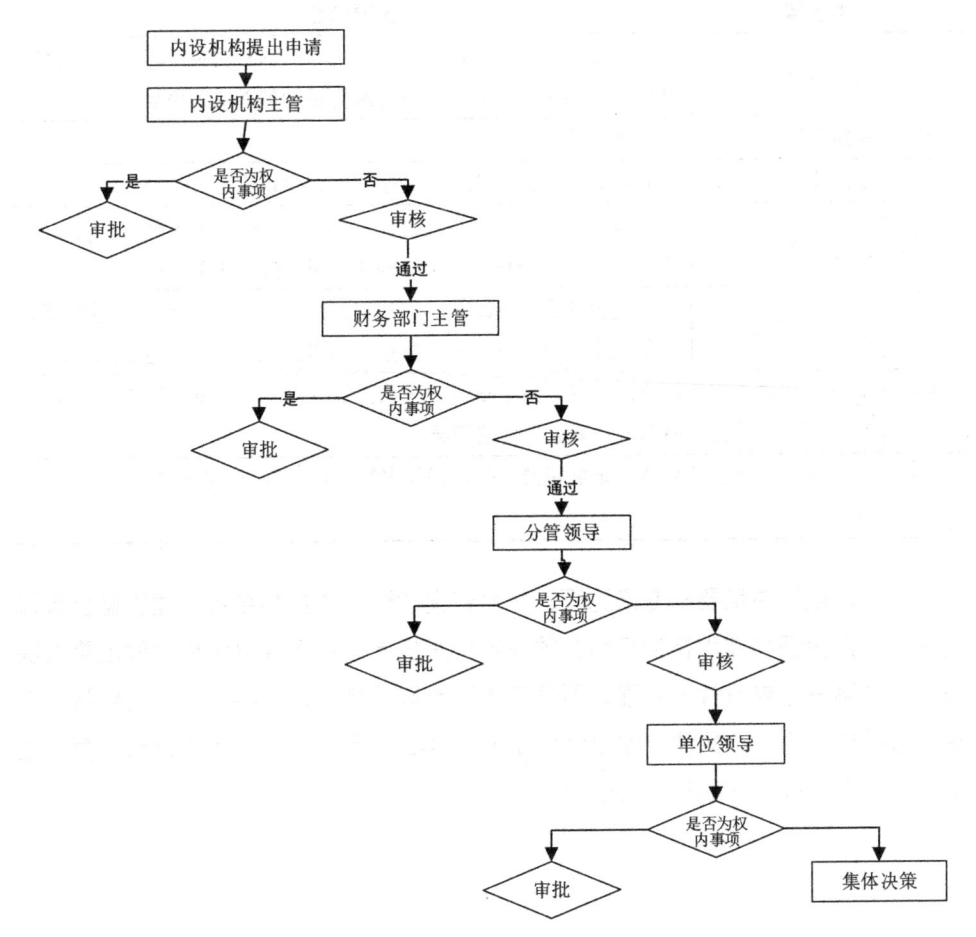

图4-4 行政事业单位审核审批权限示例

授权审批的终极权限在于集体决策，目的是对重大事项防止"一支笔"或"一言堂"的决策风险，防范错误决策到执行过程的潜在重大损失。

（3）议事过程的科学决策。

为防止"拍脑袋"的决策缺陷，议事决策过程要建立在调研、论证、咨询、调整、协调、决定的基础上，严格遵守单位议事决策的工作程序，遵循议事决策原则，确保单位议事决策过程符合国家政策法规，行政事业单位议事决策工作程序和基本原则如表 4-1 所示。

表 4-1　　　　　　　　　　行政事业单位议事决策原则

基本步骤		主要内容
决策成员		一般由单位领导小组成员组成；针对不同的决策事项，与具体决策事项相关的分管领导或专家可机动加入决策小组
决策范围		三重一大
决策原则	民主集中制原则	集体领导、民主集中、个别提案、会议决定
	科学高效原则	在集体决策之前必须经过民主程序，加强调查研究，广泛听取意见，充分进行论证，实行科学决策，提高决策效率
	责任追究原则	坚持谁决策、谁负责，责任和过错相适应，确保权力正确行使、决策正确执行，防止权力失控、决策失误，行为失范
决策程序		提出集体决策申请→整理决策方案→召开决策会议→作出决策→整理决策会议记录和相关决策资料→形成备案或者会议纪要
表决程序		口头、举手、记名或无记名投票；少数服从多数原则；经出席会议成员半数以上同意等

此外，领导决策要与专家论证、技术咨询和群众意见相结合，建立健全集体研究、专家论证和技术咨询相结合的议事决策机制。在行政事业单位做出重大决策时，碰到一些专业性比较强，要注意听取专家的意见，必要时可以组织技术咨询，进行专家论证，具体专家论证机制如表 4-2 所示；对于关系到群众切身利益的，要认真听取群众的意见和建议。

表 4-2　　　　　　　　　　　专家论证机制

步骤		主要内容
确定专家成员	来源	1．根据具体情况选择从单位自行调配有关人员组成专家组。 2．单位设立专职机构。 3．委托单位外专业机构。
	结构	1．考虑不同专家的知识结构背景。 2．考虑不同专家的利益立场。 3．尽可能使受决策影响的各方都能有专家参与，从而通过相互制约而获得平衡。
专家论证的原则	独立性	1．专家本人应保持独立、客观的立场，在对某业务或项目进行论证时不受其他因素的干扰。 2．专家组成员应独立于决策者和执行者，弱化专家意见的主观倾向性，增强论证结果的科学性。
	有效性	1．应当通过程序的规范来抑制专家结果被吸收的随意性，即要求决策机构慎重处理论证专家的意见，除非特别且合理的理由，否则不得违反专家论证结果。 2．决策机构在最后决策过程中，不采纳专家的论证意见，必须说明理由，并允许论证专家的陈述申辩。 3．决策发生争议的，该争议也必须向公众公开，以征求更广泛的群众意见。
	责任性	专家应当对论证结果的合理性承担责任，避免敷衍了事现象。

4．议事决策的问责机制

为体现决策过程的严肃性和科学性，要详尽记录整个议事过程的参与人员与相关意见。为保证记录的客观性和真实性，如实反映每位成员的决策过程和意见，在认真做好记录的基础之上，要向每位成员核实记录并签字，并及时归档。

单位应该在决策前实现信息公开，不涉及保密事项的决策要做到决策结果的公开性，将决策结果置于社会的监督之下，保证决策结果的公正和公平。

为保证决策效果，在决策后也要实行对效率和效果的跟踪，要建立相关的问责追责机制，让决策效果与相关人的升迁免和经济奖惩相挂钩，促进决策严格落实与执行。

5. 相关部门沟通协调机制

内部控制的建立与实施，单位应当建立各部门或岗位之间的沟通协调机制。为此，应做好以下工作：强化单位负责人在内部控制体系建设中的"第一责任人"意识，只有高层领导充分认识到内部控制的重要性，才能有效调动全员参与建立完善的内部控制体系；各部门积极配合内部控制职能部门对单位业务活动进行的风险评估和流程梳理，主动开展本部门的内部控制建设工作，开展风险评估、接受检查监督、提供必要材料、认真落实单位的内部控制制度、对发现的问题积极进行整改并主动上报；各部门间做到信息流畅、沟通顺利，部门接口人积极履行职责，及时向上级汇报本部门建设情况并及时传达单位内部控制建设信息到本部门，促进内部控制建设工作开展的效率和效果。

三、关键岗位控制建设

（一）关键岗位控制概述

关键岗位是指在行政事业单位经济业务活动中起重要作用，与单位目标的实现密切相关，承担起重要工作责任，掌握单位发展所需的关键技能的一系列重要岗位的总和。一般来说，行政事业单位的关键岗位主要包括预算业务管理、收支业务管理、政府采购业务管理、资产管理、建设项目管理、合同管理以及内部监督等岗位。

行政事业单位关键岗位既是单位经济活动有效开展的重要保障，也是单位经济活动中最容易发生舞弊和腐败的关键职位，单位应当加强关键岗位控制，防范出现职务舞弊和腐败现象，提高单位公共服务的效率和效果。

（二）关键岗位控制目标

第一，根据单位的业务特点和实际情况，确定本单位的关键岗位，并建立关键岗位责任制，明确关键岗位的职责权限。

第二，按照权责对等的原则科学设置关键岗位，制定相关制度和文件，明晰关键岗位职责，并且根据岗位职责配备恰当的工作人员，保证才能与岗位相适应，此外，还要对关键岗位进行不相容岗位分离，保证岗位之间相互制约、相互监督。

第三，将绩效考核与岗位责任制相结合，形成关键岗位考核结果与奖惩挂钩的考核机制，确保奖惩措施落到实处，使关键岗位责任制起到鼓励先进、激励后进、提高工作效率的作用。

第四，建立健全关键岗位轮岗制度，尽早发现内部管理中存在的问题和隐患，克服人员管理中的"疲劳效应"，保持关键岗位人员的工作干劲。

（三）关键岗位控制主要风险点

第一，单位没有明确划分关键岗位，或者即使明确了本单位的关键岗位，但是关键岗位职责权限划分不清，未严格分离不相容岗位，出现混岗现象，导致岗位之间缺乏制约和监督。同时，对关键岗位的职责认识不足，关键岗位人员配置缺乏相应资质，综合素质不过关。

第二，对关键岗位缺乏有效考核，单位各个部门不明确各自的工作任务，绩效考核松散，绩效考核人员缺乏专业性，管理松散，考核过程对不同人采用双重标准，使考核缺乏客观公正，进而导致关键岗位奖惩不合理，无法起到监督、激励和约束的作用。

第三，关键岗位未建立轮岗制度，个别岗位长期由一个人担任，导致单位无法及时发现内部管理中存在的隐患，同时关键岗位人员出现职业倦怠，缺乏干劲，影响其工作效果和效率。

（四）关键岗位控制建设

行政事业单位应当结合本单位性质、预算类型、收支管理特点，对内部控制目标实现有重要影响的一些关键性岗位，明确内部控制关键岗位的职责权限、人员分配，按照规定的工作标准进行考核及奖惩，建立单位关键岗位责任制，关键岗位责任制的建设如表 4-3 所示。

表 4-3　　　　　　　　　行政事业单位关键岗位责任制

基本步骤	主要内容
确定内部控制关键岗位	预决算编制和绩效评价、资金收支管理、票据管理、印章管理、物资和固定资产的采购和管理、建设项目管理、债务管理、合同管理和内部监督等

续表

基本步骤		主要内容
设置内部控制关键岗位	职责与权限统一	制定组织结构图、岗（职）位说明书和权限指引等内部管理制度或相关文件，使权责明晰，同时应确保不相容岗位相互分离、相互制约和相互监督
	才能与岗位统一	综合考虑经济活动的规模、复杂程度和管理模式等因素，确保人员具有与其工作岗位相适应的资质和能力；切实加强工作人员业务培训和职业道德教育，不断提升工作人员的知识技能和综合素质
管理内部控制关键岗位	考核与奖惩统一	将考核作为奖惩的基本依据，论功行赏，依过处罚，实行关键岗位责任制
	轮岗制度	实行内部控制关键岗位业务人员和部门负责人的轮岗制度；不具备轮岗条件的单位应该采取专项审计、部门互审等替代控制措施

1. 确定内部控制关键岗位

一般而言，行政事业单位经济活动中的关键岗位主要包括预算业务管理、收支业务管理、政府采购业务管理、资产管理、建设项目管理、合同管理、内部监督等经济活动的关键岗位。但是，行政事业单位的业务各不相同，内部控制的侧重点可能也各不相同，单位要合理确定内部控制的关键岗位。

具体来说，行政事业单位可以根据单位目标贡献度、岗位责任的重要性、岗位工作复杂性、任职条件独特性等四个方面来衡量各个岗位的关键程度。其中，目标贡献度是指岗位工作对单位标实现具有的重大贡献；岗位责任的重要性是指该岗位所承担的工作责任对组织生存和发展具有的重大影响；岗位工作的复杂性是指岗位工作具有较大的不确定性；任职条件独特性是指岗位工作所需要的关键技能、实践经验和综合文化素质等方面要求很高。

2. 设置内部控制关键岗位

（1）职责与权限统一。单位要按照权责对等的原则，根据本单位的实际情况和经济活动特点，科学设置内部控制关键岗位，通过制定组织结构图、岗（职）位责任书和权限指引等内部管理制度或相关文件，使相关工作人员了解和掌握业务流程、岗位责任和权责分配情况，指导相关工作人员正确履行职责。关键岗位责任书示例如表4-4所示。

表 4-4　　　　　　　　　　关键岗位责任书样式

单位名称(盖章)：　　　　　　　　　　　　　　编写日期：　　年　月　日

单位名称		所在部门	
岗位名称		岗位代码	
岗位类别		岗位等级	
岗位使命				
工作职责				
工作标准				
任职要求				
岗位考核				
备　注				

此外，行政事业单位在设置内部控制关键岗位时还应同时确保不相容岗位相互分离、制约和监督。一般而言，行政事业单位不相容岗位分离的控制事项包括单位经济业务的决策审批与执行分离，执行、记录与监督分离，物资财产的保管、使用与记录分离。不相容岗位有：授权批准岗位、业务经办岗位、财产保管岗位、会计记录岗位和稽核检查岗位，单位不能将不相容岗位混岗，应进行严格分离。

（2）才能与岗位统一。行政事业单位应当综合考虑经济活动的规模、复杂程度和管理模式等因素，确保人员具有与其工作岗位相适应的资质和能力。一方面，应当按照岗位任职条件把好人员入口关，为内部控制关键岗位配备能力和资质合格的人员；另一方面，应切实加强工作人员业务培训和职业道德教育，不断提升工作人员的知识技能和综合素质。

3. 管理内部控制关键岗位

（1）考核与奖惩统一。行政事业单位的绩效考评是指单位运用特定的标准，采取科学的方法，对承担职责的各级管理人员工作成绩做出价值评价的过程。单位绩效考核要与岗位责任制相结合，加强对单位职员的管理与监督、激励与约束。

首先，行政事业单位要细化单位绩效考核方案，以完成单位中心工作为立足点，将年度工作任务分解到各个部门和岗位，明确每个部门和每个岗位的工作任务。其次，要严格执行绩效考核制度，单位应当组织由作风正派、综合素质高的干部职工组成考核小组；对单位内部控制建设和财务管理情况，尤其是内部控制薄弱环节进行跟踪检查；考核过程中要秉持客观公正的精神，严格考核；要确保考核不存在双重标准，无论是领导还是普通职工，都要一视同仁、同等对待。最后，要将绩效考核结果与物质奖励、职务晋升等结合起来，既要包括表彰奖励、通报批评等精神奖惩，也应包括物质奖励、职务晋升或者罚款、降级等物质奖惩，从而形成关键岗位考核结果与奖惩挂钩的考核机制，确保奖惩措施落到实处，使关键岗位责任制起到鼓励先进、激励后进、提高工作效率的作用。

（2）轮岗制度。实践证明，关键岗位不轮岗，经济活动风险是比较大的。关键岗位定期轮岗，有利于尽早发现内部管理中存在的问题和隐患，也有利于克服人员管理的"疲劳效应"，保持关键岗位工作人员的工作干劲，并促使其牢固树立风险防范意识和拒腐防变的思想道德防线，自觉依法履行职责。

行政事业单位首先应当在关键岗位管理制度中明确轮岗的方式、周期、条件和要求等内容，使单位关键岗位轮岗制度化、规范化；其次，单位应通过定期开展关键岗位评估工作，监督检查各关键岗位轮岗具体执行情况，确保单位关键岗位轮岗工作执行到位。对于规模小、人员少的行政事业单位，可能不具备人员轮岗条件，在这种情况下，单位应当采取专项审计、部门互审等替代控制措施，确保关键岗位得到有效监控。

四、关键人员控制建设

（一）关键人员控制概述

关键人员是指在行政事业单位中承担关键岗位工作的人员。同关键岗位一样，关键人员包括预算业务管理、收支业务管理、政府采购业务管理、资产管理、建设项目管理、合同管理以及内部监督等关键岗位的人员。

有效的内部控制体系是以关键人员的专业胜任能力和职业道德水平为基础的，如果没有专业人才，再科学、再合理的制度设计都难以得到落实。

（二）关键人员目标

第一，把好关键人员的入口关，选择恰当的方式和程序，遵循"公开、平等、竞争、择优"的原则，确保选拔任用的人员具备与其工作岗位相适应的资格和能力。

第二，加强关键人员的业务培训，更新和提升专业技能和业务水平，同时也要强化职业道德教育和监督，整肃道德风气，提高关键人员的职业道德素质，使关键人员做到德才兼备。

第三，根据相关法律法规对关键人员进行奖惩，在合适的时机和合适的方式，以合理的强度，公平公正地对单位关键人员进行奖惩，发挥其对关键人员的监督、激励和约束作用。

（三）关键人员主要风险点

第一，未根据关键岗位的任职要求选择关键人员，或者关键人员选择过程中存在舞弊或腐败，可能导致关键人员不具有岗位专业胜任能力，耽误单位正常工作，或者导致单位活动效率低下，甚至出现由于人员能力不足而产生违法违规行为。

第二，未对关键人员及时开展培训，导致关键人员不能及时、全面、准确地掌握相关法律法规，导致单位经济活动不合法不合规、资产不安全、财产信息不真实不完整，甚至出现舞弊和腐败现象，最终影响公共服务的效率和效果。

第三，忽略了对关键人员的职业道德教育，导致关键人员职业道德感薄弱，疏忽了对个人道德的要求，较容易发生违法违规行为，甚至可能存在屡教不改的情况。

第四，关键人员的奖惩标准和方式不合理，落实不到位，可能导致关键人员工作积极性受损，纪律性下降，不能有效提升关键人员工作效率，无法有效监督、激励和约束单位关键人员的工作。

（四）关键人员控制建设

《单位内控规范》第十六条规定："内部控制关键岗位工作人员应当具备与其工作岗位相适应的资格和能力。单位应当加强内部控制关键岗位工作人员业务培训和职业道德教育，不断提升其业务水平和综合素质。"为此，行政事业单位应当从以下几个方面来加强关键人员的内部控制。

1. 把好关键人员入口关

预算业务、收支业务、政府采购业务、资产管理、建设项目管理和合同管理、内部审计都需要专业人才，行政事业单位在选拔任用内部控制关键人员时将职业道德修养和专业胜任能力作为选拔任用的重要标准，确保选拔任用的人员具备与其工作岗位相适应的资格和能力，包括专业知识、技能、专业背景和从业资格等，切实把好关键人员的入口关。

一般来说，关键人员的选拔任用包括社会公开招录、其他单位调配、内部民主推荐等方式，大多采用专业化考试和综合面试的选用程序，单位要结合关键岗位的业务特点合理选取选用方式，将人员选用程序和标准规范化，客观评价面试人员，保证关键人员的选拔任用遵循"公开、平等、竞争、择优"的原则，确保选择出符合任职条件的关键人员。此外，为了方便单位内部选拔，行政事业单位应当建立单位人员信息卡或者人员信息档案，统计分析单位人员的基本状况、教育背景、专业技术能力、工作经验等信息，为单位在内部选拔任用人才提供充足的信息。

2. 加强关键人员培训

（1）加强业务培训。与行政事业单位经济活动相关的法律法规包括有关预算管理、政府采购、基建管理、国库集中支付、财务管理和会计管理等方面的法律法规，具有规定多、更新快、要求高的特点。因此，行政事业单位应当保证单位内部控制关键人员能够及时、全面、准确地掌握国家有关法律法规政策，进而确保单位公共服务的效率和效果。具体来说，行政事业单位应当根据单位的培训需求，有针对性地制定具体的培训计划，使其及时了解和认真执行国家有关法律法规政策，督促相关工作人员自觉更新和提升专业技能的业务水平，单位还可以结合职务交流、参观考察以及人员帮带等多种方式来加强单位关键人员的教育辅导，不断提升关键人员的技能水平。

（2）强化职业道德教育。除了重视业务水平和专业技能，行政事业单位还要重视职业道德教育。单位应通过制定内部控制关键岗位职业道德准则等多种方式，明确什么行为是可接受的，什么行为是不可接受的，当遇到不当行为或存在利益冲突时应采取什么措施。一方面，单位要加强职业道德教育，使工作人员了解和掌握职业道德要求；另一方面，单位要定期检查关键人员对职业道德要求的遵循情况，及时惩戒违反职业道德的行为，整肃道德风气，提高关键人员的职业道德素质。

3. 加强关键人员的奖惩控制

作为国家机构的重要组成部分，行政事业单位的人员奖惩都有相关规定，如《行政机关公务员处分条例》、《事业单位工作人员处分暂行规定》等，单位应根据各岗位的工作特点，设定合理的关键人员奖惩标准和惩戒方式。一般来说，奖励方式包括职务晋升、物质奖励、精神表扬等，惩戒方式包括批评教育、职务降低、物质处罚等。在奖惩实施落实方面，关键人员奖惩实施一定要确保合法合规且能及时兑现，在奖惩实施时应选择合适的时机和合适的方式，保证单位关键人员奖惩合理恰当、公平公正。

此外，行政事业单位在对关键岗位工作人员进行奖惩时要适度。在奖励强度方面，要符合其考核结果和法律法规，防止由过度奖励导致其他人员产生不满情绪，进而影响单位内部环境氛围，产生恶性竞争；在惩戒强度方面，除非出现违法违纪且给单位带来损失的关键人员，否则一般应以批评教育为主、处罚为辅，既要给违法违纪人员以相应警示，又不打击关键人员的积极性，使其能够更高效地开展工作。

五、会计系统控制建设

（一）会计系统控制概述

会计系统是为确认、汇总、分析、分类、记录和报告单位发生的经济业务，并保持相关资产和负债的受托责任而建立的各种会计记录手段、会计政策、会计核算程序、会计报告制度和会计档案管理制度等的总称。会计系统控制是指对会计系统实施的，以确保财务报告的真实性和可靠性为主要目标的控制活动。

会计系统控制在行政事业单位内部控制中居于核心地位，源于两个原因：一是从内部控制建设工作机制来看，多数单位会指定财务部门来牵头组织内部控制建设并负责日常管理；二是由于我们将内部控制的客体范围界定为经济活动，"以预算为主线、以资金为核心"，会计系统在内部控制建设中必然起到核心作用。此外，如果单位领导不太支持全单位范围的内部控制建设，按照循序渐进的原则，可以先在会计系统实施。

（二）会计系统控制目标

会计系统内部控制的总目标是提高会计信息质量，保护财产安全完整，保证法律法规及规章制度的贯彻执行等。具体来说，会计系统内部控制的目标包括：

（1）按照相关法律法规设置会计机构，为会计管理工作有序运转提供组织保障，同时配备符合岗位要求的工作人员，建设一支思想素质高、业务水平过硬的财务会计工作队伍，确保行政事业单位会计系统高效运转。

（2）单位应按照不相容职务分离的原则，合理设计会计及相关工作岗位，并实行关键岗位定期轮岗制度，建立层次分明、职责明确的会计人员岗位责任制体系，形成相互分离、相互制约的工作机制。

（3）规范会计行为，对单位的所有经济业务都要及时、准确、系统、完整地予以反映并进行监督，从而保证财务信息的质量。

（4）根据本单位实际，形成一整套单位会计档案规章制度，使其能够综合反映单位经济活动的会计核算，促进单位管理合理化、现代化。

（5）建立财会部门与其他业务部门的沟通协调机制，各相关业务部门形成内部控制合力，充分发挥会计对单位经济活动和财务收支的反应和监督职能，进一步提高单位内部控制效能。

（三）会计系统控制主要风险点

与企业相比，行政事业单位会计系统力量比较弱小，这一方面是因为行政事业单位业务比较单一，会计核算比较简单；另一方面也和单位领导对会计工作的重视程度有关。当前行政事业单位会计系统存在的问题有以下几方面。

1. 会计部门地位不高

在我国行政事业单位，会计部门和会计人员地位不高、会计工作不受重视是普遍问题。中央单位的机关会计部门不少是设置在办公厅里（有些是在机关事务管理局）里，会计部门不是一级组成机构，虽然不少地方单位的会计部门是一级组成机构，但经常被列为后勤部门而不受重视。内部控制建设和实施是一项关系全局的综合性工作，以会计部门目前的地位，很难胜任这个角色。

2. 会计部门人手不足

行政事业单位会计部门普遍人手不足，不少单位只有一个会计、一个出纳，个别单位甚至由不具备会计从业资格的人员出任会计、出纳，或者聘用外单位、临时工担任会计、出纳。之所以出现这个问题，往往和会计工作不受重视、财务部门地位不高有关。这样的人员配备状况，会产生两个后果：一是财务部门自身都很难建立内部控制，"一个萝卜一个坑"，部分不相容岗位无法分离，更无法进行轮岗；二是会计人员普遍日常工作繁忙，无法额外再承担内部控制建设和日常管理的任务，使得单位的内控建设无人可用、无人负责。

3. 会计人员的整体业务素质不高

同企业相比，行政事业单位会计人员在学历、职称、专业等方面处于明显劣势。会计人员整体学历偏低，不少是初中、高中学历，全日制本科相当少；拥有中级以上职称的会计人员比例偏低；"科班出身"的很少，不少会计人员属于"半路出家"，没有经过专业化的教育培训；年龄偏大，对新知识、新技术（如电脑信息技术）的学习掌握能力较差。这些问题会导致财务部门难以胜任推动内部控制建设的使命。

4. 会计信息质量不佳

行政事业单位会计信息不能如实反映单位的经济活动，问题的根源体现在：内部会计管理制度不明晰，填制会计凭证未按规定取得有效的原始凭证，登记会计账簿随意性大，编制财务报告不合法、不真实等，会计工作的交接不规范，会计工作信息化程度低。

5. 财会部门和其他业务部门缺乏沟通协调

一方面，业务部门认为内部控制是财会部门的职责，与自身没有关系；另一方面，财会部门不甚注重和其他业务部门的沟通，长期单打独斗，缺乏对业务流程的了解。

（四）会计系统控制建设

1. 依法设置会计机构，配备会计从业人员

会计工作是由会计人员执行的，为了保证会计系统的有效性，国家法律法规对会计工作机构和会计人员的设置与配备作了相应的规定。《中华人民共和国会计法》第三十六条规定："各单位应当根据会计业务的需要，设置会计机构，或者在有关机构中设置会计人员并指定会计主管人员；不具备设置条件的，应当委托经批准设立从事会计代理记账业务的中介机构代理记账。国有的和国有资产占控股地位或主导地位的大、中型企业必须设置总会计师。总会计师的任职资格、任免程序、职责权限由国务院规定。"第三十八条规定："从事会计工作的人员，必须取得会计从业资格证书。担任单位会计机构负责人（会计主管人员）的，除取得会计从业资格证书外，还应当具备会计师以上专业技术职务资格或者从事会计工作三年以上经历。会计人员从业资格管理办法由国务院财务部门规定。"

《单位内控规范》第十七条规定："单位应当根据《中华人民共和国会计法》的规定建立会计机构，配备具有相应资格和能力的会计人员。"行政事业单位应当严格按照法律规定建立健全会计机构，为会计管理工作有序运转提供组织和人员保障。

根据行政事业单位的机构建制和经费领拨关系，行政事业单位的会计组织系统分为主管会计单位、二级会计单位和基层会计单位三级。其中，主管会计单位是指向财政部门领报经费，并发生预算管理关系，有所属会计单位的会计单位。二级会计单位是指向主管会计单位或上一级会计单位领报经费，并发生预算管理关系，有下一级会计单位的会计单位。三级会计单位是指向上一级会计单位领报经费，并发生预算管理关系，没有下级会计单位的会计单位。向同级财政部门领报经费，没有下级会计单位的，视同基层会计单位。不具备独立核算条件的，实行单据报账制度，作为"报账单位"管理。

此外，行政事业单位应根据单位财务工作需要，配备具有会计从业资格、业务水平过关以及道德素质高的人员。同时在日常业务中应加强会计人员专业技能的培训，强化会计人员的岗位意识，确保单位会计人员具备相应的岗位胜任能力，真正建设一支思想素质高、业务水平过硬的财务会计工作队伍。会计人员相关控制详见关键人员控制，在此不再赘述。

2. 落实岗位责任制，确保不相容岗位相互分离

单位应按照不相容职务分离的原则，合理设计会计及相关工作岗位，明确职责权限，形成相互制衡机制。一般来说，会计工作岗位可以一人一岗、一人多岗或一岗多人，但《中华人民共和国会计法》和《会计基础工作规范》都明确规定出纳人员不得兼任稽核、会计档案保管和收入、支出、费用、债权债务账目的登记工作，所以行政事业单位应当依法合理设置会计工作岗位，为每个岗位编写岗位责任书，明确每个岗位的权利义务，并由相应会计人员签字确认，以责定权，责权分明，严格考核，有奖有惩，切实做到事事有人管、人人有专责、办事有要求、工作有检查，建立层次分明、职责明确的会计人员岗位责任制体系。

此外，单位应当实行会计部门关键岗位定期轮岗制度，有些单位确实无法采取不相容岗位分离和轮岗等制度的，上级部门将年度报表汇编互审、不定期审计等方式作为替代控制措施，有效防范财务部门人员流动不畅可能引起的舞弊案件。

3. 加强对会计信息质量的控制

《单位内控规范》第十七条第二款规定："单位应当根据实际发生的经济业务事项按照国家统一的会计制度及时进行账务处理、编制财务会计报告，确保财务信息真实、完整"。《中华人民共和国会计法》第九条明确规定："各单位应当根据实际发生的经济业务事项进行会计核算，填制会计凭证，登记会计账簿，编制财务会计报告。任何单位不得以虚假的经济业务事项或资料进行会计核算"，加强会计信息质量控制是行政事业单位财务信息真实完整的重要保证。

根据国际标准化组织 1994 年颁布的 ISO 8402—94《质量管理和质量保证——术语》中有关质量的定义，会计信息质量是会计信息满足明确和隐含需要能力的特征总和。会计信息质量控制要求对单位的所有经济业务都要及时、准确、系统、完整地予以反映并进行监督，从而保证会计信息的质量。会计信息质量控制的内容包括通过收付记账控制、标准会计处理控制、会计凭证控制、会计账户和会计账簿控制、财务会计报告控制等手段，确认、汇总、分析、分类、记录和报告单位发生的经济业务，保证会计资料的真实和完整。

4. 建立健全会计档案保管制度

会计档案是单位经济活动在会计核算中的综合反映，是促进单位管理合理化、

现代化的重要手段。单位财务部门要结合本单位实际，对单位会计档案的收集、整理、鉴定、编目、查阅、交接、销毁和有效利用等形成一整套的规章制度。单位还要建立严格的凭证制度；建立严格的簿记制度；建立严格的定期核对、复核与盘点制度。凭证是证明业务发生的证据，也是执行业务和记录业务的依据，单位应设计和使用适当的凭证和记录，以确保所有的资产均能得到恰当的控制，以及所有的经济业务均能得以全面、完整和准确的记录。

5. 建立部门沟通协调机制

行政事业单位的各项经济活动均与会计工作密切相关，会计部门应当与其他业务部门之间加强信息沟通，定期开展必要的信息核对，实现重要经济活动信息共享。例如，财会部门与资产管理部门定期对账，以确保资产账实相符；会计部门与各业务部门定期核对预算执行情况，提高预算执行的有效性等。只有加强沟通协调，才能使各相关业务部门形成内部控制合力，充分发挥会计对单位经济活动和财务收支的反映和监督职能，进一步提高单位内部控制效能。

六、信息系统控制建设

（一）信息系统控制概述

从广义上来说，信息系统是物流、资金流、事务流和信息流为服务于同类的控制和管理而形成的信息流网络。它可以是企业的产、供、销、库存、计划、管理、预测、控制的综合系统，也可以是经营管理、战略规划、管理决策、信息服务等的综合系统。信息系统包括信息处理系统和信息传输系统两个方面，其中，信息处理系统对数据进行处理，使它获得新的结构与形态或者产生新的数据；信息传输系统不改变信息本身的内容，作用是把信息从一处传到另一处。从狭义上来说，信息系统是一个以人为主导，利用计算机硬件、计算机软件和数据资源，及时、正确地收集、加工、存储和提供信息，以实现组织中各项活动的管理、调节和控制的人造系统。其中，计算机信息系统硬件是指有形的物理设备，它是计算机信息系统各种装置的总称，主要由中央处理器、存储器、输入/输出设备等组成；软件是用户和硬件之间的接口界面，一般是指计算机系统中的程序及有关文档，可分为系统软件和应用软件两大类。

随着信息技术在单位管理方面的广泛应用，行政事业单位内部控制的信息化必将成为一种趋势。根据《"十二五"国家政务信息化工程建设规划》《关于进一步加强政务部门信息共享建设管理的指导意见》等政策法规，行政事业单位应按照国家政务信息化工程建设规划，结合单位自身信息化需求建设单位信息化管理平台，如《单位内控规范》第十八条规定："单位应当充分运用现代科学技术加强内部控制。对信息系统建设实施归口管理，将经济活动及其内部控制流程嵌入到单位信息系统中，减少或消除人为操纵因素，保护信息安全。"因此，行政事业单位应当加强内部控制信息化，即内控理念、控制流程、控制方法等要素通过信息化的手段固化到信息系统中，从而实现内部控制体系的系统化与常态化。

一般来说，与信息技术有关的控制可以分为两种类型：一般控制和应用控制。其中，一般控制是确保组织信息正常运行的制度和工作程序，其主要目标是保护数据和应用程序的安全，并且确保在异常中断情况下计算机信息系统能持续运行，一般控制分为信息系统开发、信息系统运营和维护、信息系统安全控制。应用控制是针对信息系统某个具体业务系统的敏感环境和特殊要求，为保证数据处理的完整性、准确性而建立的控制，该控制可以是人工控制，也可以是程序化控制，不过多以程序化控制为主，由于数据处理过程一般由输入、处理和输出三个阶段构成，应用控制又分为输入控制、处理控制和输出控制。

（二）信息系统控制目标

1. 信息系统一般控制目标

就信息系统一般控制而言，其总目标是保护数据和应用程序的安全，并且确保在异常中断情况下计算机信息系统能持续运行。具体来说，一般控制的目标包括：

（1）单位合理设计系统开发流程，确保系统规划具有科学性、前瞻性和适应性，系统开发符合单位的资源和条件，系统要求清晰准确，软件获取方式符合单位实际情况，设计和编码科学合理，并对完成的系统进行了科学的测试，确保系统能够符合单位需求，系统安装时初始数据转换准确完整，系统能够正常运转，持续地提高单位经济活动效率。

（2）确保系统硬件和软件能够正常运行，确保软件产品源代码和可执行代码的完整性，进而保证单位信息系统能够正常、可靠、安全运行，充分发挥信息系统的作用。

（3）综合考虑技术、法律、制度和人员等方面，构建信息系统安全体系，加强信息安全教育，对信息系统安全进行科学规划，确保信息系统的物理安全、网络安全、数据安全、信息内容安全、信息基础设备安全和公共信息安全。

2. 信息系统应用控制目标

就信息系统应用控制而言，其总目标是针对信息系统某个具体业务系统的敏感环境和特殊要求，保证数据处理的完整性、准确性。具体来说，应用控制的目标包括：

（1）确保输入数据在合理授权的基础上合法、正确地编制，完整地收集，安全地传送，避免数据输入出现遗漏和重复，数据不存在错误，最终保证输入到应用中数据的完整性、准确性、授权性和有效性。

（2）运用恰当的措施来保证应用中的数据处理准确，不存在数据丢失、增加和修改。

（3）确保输出的信息满足各级人员的要求，保证输出资料的准确、可靠，并能按要求及时送到指定的人手中。

（三）信息系统控制的主要风险点

1. 信息系统一般控制的主要风险点

（1）信息系统开发规划不合理，未能结合单位的工作计划，缺乏和单位经济活动的协调性；单位高估或低估自身的状况，盲目进行系统开发，导致开发半途而非，给单位带来损失；系统设计和编码缺乏专业性和科学性，设计完成的系统不能满足单位的实际需求，未经测试和验收即投入使用，系统在运行中频繁出错，影响单位经济活动效率，甚至使单位决策不当，给单位带来巨大损失。

（2）单位缺乏系统的日常运行管理和维护，使信息系统不能正常运行。如未定期备份，可能导致系统损坏后信息无法恢复，或者恢复时间过长，给单位带来损失；缺乏对资源利用的有效监管，导致设备生命周期缩短；未执行信息系统例行检查，导致一些人为恶意攻击长期隐藏在系统中，可能造成严重损失等。

（3）单位对信息系统安全的认识不足，未建立相应的安全管理体系，缺乏信息安全教育，对信息系统的安全缺乏科学合理的规划，进而导致单位无法保证信息系统的物理安全和技术安全，缺乏管理或者管理失序，人员缺乏相关知识，导致单位花了大价钱获取的信息系统不能充分发挥其作用。

2. 信息系统应用控制的主要风险点

（1）输入系统数据不准确、不完整、不及时，导致输出结果错误，甚至造成财产损失。

（2）未经授权非法处理业务，信息系统处理不正确，导致业务无法正常运行，或者在处理过程中未留下详细轨迹，导致出现错误时无法追踪。

（3）系统输出的信息在内容的正确性、完整性、形式的规范性等方面存在质量问题，无法满足用户的需求。

（4）系统输出的信息被非授权用户获取、或者被篡改，导致重要信息泄露，或者降低信息输出质量，给单位带来巨大损失。

（四）信息系统控制建设

1. 信息系统的一般控制建设

（1）信息系统开发。

根据软件开发生命周期，信息系统开发包括系统规划、可行性研究、需求分析、软件获取、设计和编码、测试和安装等阶段。

在系统规划阶段，单位应该在系统开发之前结合单位年度工作计划制定恰当的系统规划说明书，使单位经济活动与信息系统协调统一。同时，要充分调动和发挥信息系统归口管理部门和业务部门的积极性，促进各部门之间的沟通，以提高战略规划的科学性、前瞻性和适应性。

在可行性研究阶段，单位应分析系统开发工作必须具备的资源和条件，看其是否能够满足系统目标，避免盲目投资，减少不必要的损失。

在需求分析阶段，信息系统归口管理部门应组织单位内部各有关部门提出开发需求，编写业务需求说明书，确保需求文档表述清晰、准确。同时，应建立需求评审和需求变更控制流程，依据需求文档评审其设计可行性，并由需求提出人和编制人签字确认，报经业务部门和信息系统归口管理部门负责人审批。

在软件获取阶段，单位要根据自身实际情况选择合适的信息系统开发方式，包括自行开发、外购调试、业务外包。自行开发是指单位自身力量完成整个开发过程；外购调试是指单位购买成熟的商品化软件，通过参数配置和二次开发满足单位需求，如可修改型成品软件（MOTS）、开源软件等；业务外包是指单位委托其他单位开发信息系统，由专业公司或科研机构负责开发、安装实施，单位直接使用，例如定制软件、政府成品软件（GOTS）、软件组合等。在这三种方式中，自行开发对单位自身的技术实力要求较高，外购调试其次，业务外包对单位自身的技术实力要求最低，一般而言，如果市场有较为成熟且能够满足单位特殊需求的系统或者软件，单位应该首选外购调试，如果市场没有符合单位特殊需求的系统或者软件，单位可以选择自行开发和业务外包，如果自身技术力量薄弱或者出于成本效益考虑，不愿意维持庞大的开发队伍，可以采取业务外包。需要注意的是，如果涉及某些需要有保密性质的业务，单位要依据相关法律法规，确保系统的保密性、安全性。以下我们以自行开发内部控制建设为例说明信息系统的一般控制建设，外购调试、业务外包控制与自行开发在部分环节有重叠，而且外购调试、业务外包涉及政府采购等业务，在此不再赘述。

在设计和编码阶段，单位应把业务需求说明书转换为用适当手段表示的软件设计文档，把需求转化为软件系统。信息系统设计应参照《计算机软件产品开发文件编制指南》（GB/T 8567—1988）等国家标准和行业标准，确保系统设计说明书的编写质量；在系统编程环节，应建立并执行严格的代码复查评审制度，建立执行统一的编程规范，在标识符命名、程序注释等方面统一风格，使用版本控制软件系统，保证所有开发人员基于相同的组建环境开展项目工作。

在测试阶段，尽管在系统开发各个阶段都采用过了严格的技术审查，但是依旧难免出现差错，因此单位应该建立系统测试工作流程，加强系统测试控制。单位要区分单位测试、组装测试、系统测试、验收测试等不同类型，加强测试分析，将测试的实际结果与预期结果进行对比说明，分析并解决测试中发现的系统问题。

在系统安装阶段，单位应当取得适当的移交文件，检查所有的系统文档，判断其完整性及所有最近测试阶段所作的更新能否反映在文档中，在系统投入正常作业前确认所有数据的转换，保证其准确性和完整性。

（2）信息系统运营和维护。

信息系统运营是指信息系统硬件和软件的日常工作，各组织的组织系统处理环境依计算机规模和负载量而有所不同，因此，信息系统运营的内容也不尽相同。一般而言，信息系统运营具有计算机操作、技术支持/帮助台、数据输入/输出控制、程序变更控制、质量保证、问题管理程序、监控资源有效运用的程序、实体和逻辑安全的管理、应急管理和业务持续计划等基本功能（见表4-5）。

表4-5　　　　　　　　　信息系统运营功能介绍

功　　能	详细介绍
计算机操作	计算机操作包括控制台操作、系统命令和参数、系统备份、数据文件备份方法、磁带处理、磁带清洁和消磁、预防性维护、系统日志和服务台等活动
服务水平管理	IT部门是对最终用户的业务需求。组织需要对服务的正确性、完整性、及时性和对应用程序结果分发的适当性等进行度量。目前，用于监督IT部门人员提供服务的效率和效果的工具主要包括系统异常报告；操作员问题报告；输出、分发报告；控制台日志；操作员安全等
监控资源的有效利用	像组织的其他资产一样，组织也应对计算机资产进行控制。这些计算机资产包括硬件、软件、远程通信和数据等。对这些资源的控制有时也称为一般控制
问题处理程序	由于硬件和软件及其相互关系的复杂性，组织在处理异常情况的检查、记录、控制、解决和报告时，应当设计一套检查和记录任何异常现象的机制，既可以通过自动日志，也可以是自动日志
程序变更控制	程序变更控制程序是内部更广的变更管理的组成部分，单位建立程序变更控制程序来控制应用，从用于开发和维护的测试环境，转移到全面测试的中试环境，并最终转移至生产环境
质量保证	质量保证用于确认此变更是在进入生产环境前已经在受控方式下得到授权、测试和实施。同时，借助于库管软件，对程序版本、源目标代码一致性的适当维护进行监督
支持/服务台	技术支持主要用于提供运营系统的技术支持并协助解决系统问题。技术支持人员有责任评估整体操作的现行技术的管理。服务台的主要目的是服务用户，服务台人员必须将所发生的硬件或软件问题全部记录下来，并依照优先顺序规定向上汇报

信息系统维护是管理应用系统变更的过程，其目的是保证软件产品源代码和可执行代码的完整性[1]。

---

[1] 黄作明. 信息系统审计[M]. 大连：东北财经大学出版社，2012.

变更管理是对在最短时间内完成基础架构的任一部分或服务的任一方面的变更进行规划和监督的过程。这种变更有可能是来自外部的变更要求，如客户要求修改工作范围、功能需求、性能需求等；也有可能来源于服务过程内部的变更要求。无论是组织自行开发的软件，还是购买的商品化软件，在使用的过程中都可能对其进行变更，组织必须建立一套可行的方法来评估变更的风险、产生的风险、资源的需求以及变更标准，在变更和变更产生的影响之间权衡。一般而言，变更管理的过程主要包括确定变更计划、实施变更计划和评估变更等三个过程。

在确定变更计划阶段，组织或者客户记录变更请求，并对其进行编号，变更管理人员对其进行初步评价，以此来确定是否有不清楚、不合法、不切实际或不必要的变更请求。然后依据变更的必要性及其对业务的影响来决定接受或拒绝变更请求，一旦接受了某个变更要求，接下来就是根据服务台、事故管理和问题管理等对变更进行初步分类，考虑变更的影响和可用资源等方面的情况，最终确定变更的类别，在明确了变更请求的类别和优先级别后，接下来需要根据变更进度安排表来制定变更计划，重要变更需要提交相关部门批准。

在确定了变更计划后，变更管理就可以开始具体实施变更计划，这个过程主要包括构建、测试和实施等三个步骤。为了防止变更之后IT组件对服务质量造成不良影响，所有变更在实施之前应该进行全面测试，其目的是确定IT组件的安全性、可维护性、可支持性、可靠性和可用性等方面的性能。在这一过程中，变更管理的任务是确保这些变更的实施按照变更计划进度表的安排进行，并保证变更对IT服务的影响降低到最低程度。

变更实施完毕后，需要对变更情况进行评估，以便确定此次变更是否达到预期效果，如果没有，应当采取行动进行补救。

（3）信息系统安全控制。

信息系统安全管理是一个复杂的系统工程，它的实现不仅需要技术方面的支持，还需要法律、制度和人的素质因素的配合。行政事业单位可以从信息系统安全体系、信息安全教育、信息系统安全规划等三个方面加强信息单位安全控制。

首先，单位应该构建信息系统安全体系，该体系主要由技术体系、组织机构体系和管理体制共同构成。其中，技术体系是全面提供信息系统安全保护的技术保障系统，主要分为物理安全技术和系统安全体系；组织机构体系是信息系统的组织保障系统,由机构、岗位和人事三个部分构成;管理体系是信息安全的灵魂,由法律管理、制度管理和培训管理组成。具体内控措施如表4-6所示。

表4-6　　　　　　　　　　信息系统安全体系

安全体系构成	具体内控措施
技术体系	物理安全技术方面: 1．通过物理机械强度标准的控制使信息系统的建筑物、机房条件及硬件设备等条件,满足信息系统的机械防护安全。 2．通过对电力供应设备以及信息系统组件的抗电磁干扰和电磁泄漏性能的选择性措施以便维持系统正常运行,符合国家相应的安全等级要求。 3．通过对信息技术安全组件的选择,使信息系统安全组件的软件工作平台达到相应的安全等级,进而避免操作平台自身的脆弱性和漏洞引发的风险,阻塞任何形式的非授权行为对信息系统安全组件的入侵或者接管系统管理权。
组织机构体系	1．单位应该成立专门的信息系统安全管理机构,由单位主要领导负总责,对单位的信息安全作出总体规划和全方位严格管理,由单位的信息主管部门负责具体实施工作。 2．在系统安全管理机构中设置一个或几个安全事务职位,负责系统安全管理,一个人可以负责一个或几个安全岗位,但是一个人不能同时兼任安全岗位所对应的系统管理或具体业务岗位。 3．根据管理机构设定的岗位,人事机构要按照国家相关法律法规对岗位上的在职、待职和离职的员工进行素质教育、业绩考核和安全监管
管理体系	1．单位应当根据相关的法律法规对信息系统安全主体及其与外界相关联的行为进行规范和约束,将与安全有关的法律法规作为信息系统安全的最高行为准则。 2．单位要根据必要的安全需求制定一系列的内部规章制度,将相关法律法规形式化、具体化,这些规章制度包括:岗位设置及其操作规范、岗位人员素质要求及行为规范等。 3．培训管理是确保系统安全的前提,单位要加强对培训的管理,培训内容对象要包括信息系统有关的所有人员,培训内容包括法律法规、内部制度、岗位操作、安全意识、业务素质和技能技巧等

其次,单位应该采用多重形式加强对那些与信息系统安全有关的所有人员的安全教育。教育形式包括普法教育、短期培训、基础教育和网上教育等形式。教

育对象主要包括领导与管理人员、计算机工程人员、计算机厂商、一般用户、计算机安全部门的工作人员、法律工作人员和其他有关人员等。教育内容包括法律教育、安全基础知识教育和职业道德教育。其中，法规教育是信息系统安全教育的核心，与信息系统相关的工作人员都要接受信息系统安全法规教育并熟知有关章节的要点，确保单位信息安全管理合法合规；安全基础知识是计算机工作人员应该掌握的基本知识，确保信息系统正常运行，具体包括安全技术教育、安全网络教育、运行安全教育、实体安全教育等（具体内容见表4-7）；职业道德教育是对法律教育的有力补充，对于一些计算机违法违规行为，法律不是唯一的解决方法，单位应该进一步加强职业道德教育，培养认真、负责的职业作风。

表 4-7　　　　　　　　　　　　信息系统基础知识教育

基础知识教育内容	教育具体内容
安全技术教育	熟悉、掌握使用一般的安全工具；了解计算机的硬件参数与软件参数；一般信息系统的薄弱点和风险
安全网络教育	熟练掌握计算机网络安全方法学；可信网络指导标准；网络安全模型；计算机网络安全设计方法
运行安全教育	了解信息系统的安全运行与管理；计算机系统的维护；机房环境的监测及维护；随机故障的维修；风险分析、应急、恢复与备份
实体安全教育	了解计算机机房的安全技术要求、实体访问控制、计算机系统的静电防护等

最后，单位要从人员安全管理、物理和环境保护、输入/输出控制、制定突发事件的应急计划、应用软件维护控制、数据完整性与有效性控制、文档管理等方面来规划本单位的信息系统安全，具体控制措施如表4-8所示。

表 4-8　　　　　　　　　　　　信息系统规划

规划方面	具体控制措施
人员安全管理	除了对重要岗位的工作人员进行审查之外，单位要建立严密的管理制度，在制度建立过程中应该遵循授权最小化、授权分散化、授权规范化等原则
物理与环境保护	单位要从以下方面来加强物理与环境保护： 1. 物理访问控制：在机房、能够接触到内部网络的区域、供电系统、备份介质存放的地点等重要区域限制人员的进出。

续表

规划方面	具体控制措施
物理与环境保护	2．建筑物安全：单位要充分考虑建筑物防火、地震，结构坍塌、漏水等造成的风险。 3．公用设施的保证：单位要定期对供电、供水、空调等设施的可用性进行评价，并提出相应的措施。 4．数据安全：充分评估数据泄露风险，特别注意对便携式计算机建立安全保管制度，对其中保存的敏感数据进行加密，避免丢失或被盗时造成的数据泄露
输入/输出控制	对系统的输入/输出信息或介质必须建立管理制度，只有经过授权的人员方可提供或获得系统的输入/输出信息
突发事件的应急计划	必须针对不同的系统故障或灾难制订应急计划，编写紧急故障恢复操作指南，并对每个岗位的工作人员按照其角色和责任进行培训和演练
应用软件维护控制	在应用软件维护过程中，单位需要对所使用的商业软件的版权、来源，应用软件的文档在维护过程中是否修改，测试数据的产生与测试结果，是否留有软件测试所建立的后门或热键等问题的规划和评估
数据完整性与有效性控制	单位要规划和评估：系统的备份与恢复措施；计算机病毒的防范和监测制度；是否有实施监控系统日志文件，记录与系统可用性相关的问题，如对系统的主动攻击，处理速度下降和异常停机等
文档管理	单位要加强系统文档管理，确保系统文档包括软件、硬件、政策、标准、过程等的描述，以及相关的应用系统和支持系统的描述；同时文档还应包括备份措施、突发事件对策，以及用户和操作员的操作说明等内容；重要应用系统的文档应当与公共支持系统和网络管理的文档进行协调，以保证运行管理与操作的一致性
安全教育与培训	单位必须建立定期进行信息系统的安全教育与培训的制度，对于与重要应用系统相关的工作人员还应以多种方式，针对特定系统进行安全教育与培训

2．信息系统应用控制

（1）输入控制。输入控制是指与数据输入相关的控制，其目的主要是保证输入到应用中数据的完整性、准确性、授权性和有效性。根据影响数据的主要原因，我们将进一步将输入控制分为数据采集控制和数据输入控制。

数据采集是指原始业务文档的手工准备过程。数据采集控制的目的，在于确保输入数据在合理授权的基础上合法、正确地编制、完整地收集、安全地传送。数据采集控制需要采取下列控制手段和措施：建立明确的凭证编制程序；规定需要使用的凭证、编制凭证的时间、凭证的编制检查和授权输入的负责人员；制定工作手册，详细说明凭证编制时间，各种编码的使用，凭证传送的手续和时间，凭证审核的内容和负责人，凭证的保管制度与职责分工等；合理设置使用控制总数，对成批处理的经济业务凭证，以某种特征为基础（如凭证张数、金额）计算总数并核对每批的总数。

数据采集的下一项工作，是将数据输入计算机信息系统。这一过程中的控制，一是防止输入时的遗漏或重复，二是检查数据中是否仍然存在错误。采用的控制手段有些可由人工完成，有些可由计算机程序实施。

在数据输入控制中应事先设计规定数据格式，实现格式化操作，有利于减少数据输入过程的错误。在设计输入格式时，要尽量减少填写项目，输入画面的设计尽可能与实际凭证相似。建立数据收发记录，计算控制总数。

数据输入后要进行数据核对，核对控制可由操作员与复核员分别进行。常用的核对方法是目视核对，也称静态校验，是指用目测的方法透过屏幕或打印输出的凭证对录入的数据进行校对，一般应对照录入的原始单据进行。操作员与复核员都可采用这种方法对录入的资料加以核对。另一个经常使用的方法是逻辑检验方式，逻辑检验是指将实际准备的数据与某些事先编入程序的规定或标准比较，以逻辑判断的形式确定数据的正确性、合理性。由于计算机运行速度快，且有极高的处理一贯性，因此其检验效率远比人工检验高。在有可能的情况下，应尽量通过应用程序对数据处理的全过程进行检验。实际应用中的逻辑检验方法包括编码有效性校验、符号校验、数据类型校验、字度长度校验等。

（2）处理控制。处理控制是指通过计算机程序的控制方法对数据处理过程进行控制，保证应用中的数据处理准确，并且没有数据丢失、增加和修改。处理控制的具体措施主要包括以下几种。

① 审核处理输出：数据处理是计算机信息系统的内部功能，人眼不能直接看到。但处理的数据及处理数据有关的程序可以输出，从而为人眼所见。审核输出能发现一些处理和输入数据的错误。

② 进行数据有效性检验：可靠和合适的处理要求应用程序所处理的数据是正

确的，而处理正确的数据意味着要读出正确的文件和文件中的记录，而且所处理的业务与主文件所包含的业务相配。有效性检验是为了发现用错文件、记录和业务数据的情形，其措施包括文件标签检验、记录标识检测、业务代码检测、业务顺序检验等。

③ 进行处理有效性检测：处理错误的产生根源与应用程序的逻辑错误，或硬件和系统软件的错误。

④ 错误纠正控制：处理错误有两类，一类错误是由处理有效性检测发现的错误，可以把这类错误数据写入未决文件，等到更正后，再与同批数据一起进行下步处理。这类错误也可以这样来加以处置，即将错误数据从同批数据中分出来，待更正后同下一批数据一起进行处理。另一类错误是在处理过程结束后通过人工审核输出数据才发现的，这类错误数据已经影响到主文件的结果，应对它们逐笔加以记录，并且将一笔能抵销错误影响的分录或其他数据过入文件，以得出正确的余额。

⑤ 保留审计线索：适当的审计线索是对处理过程中发生的事情的反映。因此有必要把反映处理活动、程序逻辑和机器可读文件活动的数据书面化。包括处理活动输出、程序资料和文件活动数据。

⑥ 断点技术：断点是由一条指令或其他条件所规定的程序中的一个点。在这个点上，程序运行能被外部干预或为监督程序所中断。程序运行中断后，可以进行直观检查：打印输出或其他分析。利用断点技术，在断点可以计算控制数据（主文件金额数、记录计数、前一程序指令的序号）。如果发现处理错误，就能发现错误出在程序运行的哪一个环节。

（3）输出控制。系统不但要定期或不定期地把各种信息输出到存储介质上，而且还要打印输出各种报告、报表或其他有关资料。输出控制的目的就是要保证输出资料的准确、可靠，并能按要求及时送到指定的人手中，而未经批准的人不能接触系统的输出资料。常用的输出控制措施有以下几种。

① 控制总数核对：输出控制总数应与输入控制总数、处理控制总数相核对，以保证处理后数据没有丢失，也没有重复和遗漏，而是正确地输出。如果输入、处理和输出的控制总数平衡了，就能有效地保证输出的准确、完整。此控制主要用于批处理信息系统，当然，对实时处理系统也可以累计一个单位时间（如一天）的控制总数进行核对。控制总数的核对工作可以由计算机完成，也可以由计算机

累计输出控制总数,而由人工进行核对。

② 钩稽关系检验:报表是计算机信息系统的重要输出资料。各报表的项目之间存在着一定的钩稽关系。为提高报表输出的准确性,在报表输出前,可由计算机检查报表间应有的钩稽关系是否满足。若关系没有满足,计算机将给出错误信息,由操作员进行检查。此措施是报表输出的有效控制。

③ 对输出资料的核对检查与合理性检验:所谓核对检查就是对打印输出的文件由人工用肉眼进行检查,以发现由于机器的故障或操作的疏忽带来的打印输出的错漏。对于重要的、敏感的输出,要逐一审视,与原始输入文件核对,保证输出的正确。逐一审视核对只能用于特别重要的输出资料。对一般的账页输出,可只作粗略的浏览。对计算机信息系统较敏感的输出,则可通过人工的合理性检验给予控制。人工的合理性检验是指在打印资料使用前,由人工检查输出结果有无不合理的现象,即有无超出正常的范围。合理性检验可发现由于不正确的处理或由于有人篡改了系统的应用程序或数据文件,使系统打印输出了不合理的结果。对一些在处理过程中缺乏合理性检验的系统,此控制更为重要,它是较为有效的输出控制。

④ 输出文件的保管与分发:单位的许多资料是机密的,重要资料的泄露往往会带来巨大的损失。因此,计算机信息系统的输出,无论是磁性文件还是打印资料,输出后应立即受到严格的控制,未经批准的人不能接触到这些输出文件,以防有人窃取或篡改输出资料。系统输出的磁性文件应由系统的资料保管员负责保管,没有专职资料保管员的,可由兼职的资料保管员或操作员保管。打印输出的资料应在系统的操作日志上有所记录,包括记录输出的日期、文件、页数及负责的操作员姓名。打印输出的资料应及时送到指定的人手中。

第五章

预算业务控制建设

当前来看,国家对于预算体制的改革尤为重视,凡事预则立不预则废就体现了这个道理。

为此,中共十八届三中全会指出:"财政是国家治理的基础和重要支柱,科学的财税体制是优化资源配置、维护市场统一、促进社会公平、实现国家长治久安的制度保障。"并且指出:"改进预算管理制度、完善税收制度、建立事权和支出责任相适应的制度"三大任务,有序有力有效推进。

为此,中共中央政治局2014年6月30日进一步召开会议,审议通过的《深化财税体制改革总体方案》指出,改进预算管理制度,强化预算约束、规范政府行为、实现有效监督,加快建立全面规范、公开透明的现代预算制度,并且要在2020年基本建立现代财政制度。随着分税制财政管理体制的逐步确立,财税体制改革的重点在2000年前后转向预算管理制度,预算管理机制不断改革完善,预算在政府管理中的作用明显强化。2014年8月31日,十二届全国人大常委会第十次会议表决通过了修正后的《中华人民共和国预算法》,该法自2015年1月1日起实施,新预算法反映了现代预算管理的基本要求,是深化预算制度改革,建立现代财政制度的必然要求,是推进国家治理体系现代化的重要保障。随后,国务院于2014年9月26日印发了《关于深化预算管理制度改革的决定》,强调了预算管理制度改革的重要性和紧迫性,并具体指出了改革总体方向和推进改革的具体措施。

预算本身涉及大量的财政资金的运作,涉及大量的经济资源和权力资源,如果不能实施对预算的有效控制，就难以保证财政资金的合理有效使用。从审计署历年对预算执行和财政收支审计工作报告的情况看，我国的预算管理中还存在着较多的问题。《国务院关于 2015 年度中央预算执行和其他财政收支的审计工作报告》中指出："从今年审计情况看，有关部门、单位和地方财经法纪观念、深化改革意识进一步增强，能够贯彻落实党中央、国务院决策部署，推进改革创新，财政管理水平和资金使用绩效明显提高，但一些领域仍存在违纪违法和管理不规范问题，特别是有些方面体制机制尚不完善、法规制度和运行规则未及时调整，出现信息传导不畅、措施配合不够、监管不适应等问题，影响相关政策措施落地落实和充分发挥作用"。这主要表现在决算草案不够规范、预算安排统筹协调不到位、违规套取和使用现金、事业单位预算保障办法不明确、部门和单位执行"三公"经费和会议费等管理制度未完全到位等突出问题。

从当前行政事业单位的外部环境来看，财政预算的重要性和现存的突出管理问题使得预算业务的内部控制势在必行。从行政事业单位本身来看，部门预算管理工作承担着各部门资金的来源、使用、核算、决算等具体工作，可以说部门预算是每一个行政事业单位各项工作的起点，预算业务控制在整个内部控制体系中发挥着举足轻重的作用，预算完善与否直接影响到内部控制的效率和效果。

一、预算业务控制概述

（一）预算概念

预算是指单位根据工作目标和计划编制的年度财务收支计划。行政事业单位一般由收入预算和支出预算组成，它反映了预算年度内单位的资金收支规模和资金使用方向，是单位财务工作的基本依据，为单位开展各项业务活动、实现工作目标提供财力支持。

根据《行政单位财务规则》和《事业单位财务规则》，我国财政部门对行政单位实行收支统一管理，定额、定项拨款，超支不补，结转和结余按规定使用的预算管理办法；对事业单位实行核定收支，定额或者定项补助，超支不补，结转和结余按规定使用的预算管理办法。

按照预算管理权限，行政事业单位预算管理分为 3 个级次：

（1）一级预算单位。一级预算单位是直接从同级财政部门领取预算资金和对所属单位分配、转拨预算资金的单位预算，也称主管部门预算。

（2）二级预算单位。二级预算单位是从一级单位预算领取预算资金，又向所属单位分配转拨预算资金的单位预算。

（3）基层预算单位。基层预算单位是仅与上级单位或财政部门发生领取预算资金关系的单位预算。有些主管部门虽然直接从财政部门领取预算资金，但下面无所属单位预算的，也视同基层预算单位。

（二）预算构成和收支范围

根据《中华人民共和国预算法》（2014），预算由预算收入和预算支出组成，政府的全部收入和支出都应当纳入预算。一般来说，预算包括一般公共预算、政府性基金预算、国有资本经营预算、社会保险基金预算。一般公共预算是对以税收为主体的财政收入，安排用于保障和改善民生、推动经济社会发展、维护国家安全、维持国家机构正常运转等方面的收支预算。政府性基金预算是对依照法律、行政法规的规定在一定期限内向特定对象征收、收取或者以其他方式筹集的资金，专项用于特定公共事业发展的收支预算。国有资本经营预算是对国有资本收益作出支出安排的收支预算。社会保险基金预算是对社会保险缴款、一般公共预算安排和其他方式筹集的资金，专项用于社会保险的收支预算。

在上述这些预算中，一般公共预算、政府性基金预算、国有资本经营预算、社会保险基金预算应当保持完整、独立。政府性基金预算、国有资本经营预算、社会保险基金预算应当与一般公共预算相衔接。

一般公共预算、政府性基金预算、国有资本经营预算、社会保险基金预算的收支范围如表5-1所示。

表5-1　　　　　　　　　预算构成及收支范围

预算构成		预算收支范围
一般公共预算	收入	各项税收收入、行政事业性收费收入、国有资源（资产）有偿使用收入、转移性收入和其他收入
	支出	按照其功能分类，包括一般公共服务支出，外交、公共安全、国防支出，农业、环境保护支出，教育、科技、文化、卫生、体育支出，社会保障及就业支出和其他支出

续表

预算构成		预算收支范围
一般公共预算	支出	按照其经济性质分类，包括工资福利支出、商品和服务支出、资本性支出和其他支出
政府性基金预算	收入	政府性基金各项收入和转移性收入
	支出	与政府性基金预算收入相对应的各项支出和向一般公共预算调出资金等转移性支出
国有资本经营预算	收入	国有独资企业、国有独资公司按照规定上缴国家的利润收入，国有资本控股和参股公司获得的股息红利收入、国有产权转让收入、清算收入以及其他国有资本经营收入，但依照国务院规定应当缴入一般公共预算的收入除外
	支出	资本性支出和其他支出，以及向一般公共预算调出资金等转移性支出
社会保险基金预算	收入	各项社会保险基金保险费收入、一般公共预算安排补助及其他收入
	支出	各项社会保险待遇支出及其他支出

在上表中，一般公共预算中行政事业性收费收入是指国家机关、事业单位、依法行使政府职能的社会团体及其他组织根据法律、法规规定，依照国务院及本省、自治区、直辖市政府规定程序批准，在实施社会公共管理，以及在向自然人、法人和其他组织提供特定公共服务过程中，向规定对象按规定标准收取费用形成的收入。国有资源（资产）有偿使用收入包括矿藏、水流、海域、无居民海岛以及法律规定属于国家所有的森林、草原等国有资源有偿使用收入，专用储备物资等国有资产处置收入，保障性住房配租配售收入等非经营性国有资产收入，纳入一般公共预算管理的经营性国有资产收入等。其他收入包括罚没收入等。

（三）预算业务控制框架

预算业务控制就是对预算业务的控制，指单位通过建立健全预算业务内部管理制度、合理设置预算业务管理机构或岗位、建立部门间沟通协调机制和预算执行分析机制、加强内部审核审批等控制方法，对预算编制、批复、预算下达、追调、预算执行、决算和绩效评价几个环节实施有效的控制。需要注意预算业务控制和预算控制的区分。预算控制本身是一种内部控制方法（参见第二章第六部分），是对行政事业单位各类经济活动的收支起到约束作用，而预算业务控制是对预算业务本身的控制，即对预算整体业务各个环节进行的控制。

行政事业单位预算业务是指预算管理的整个过程，一般包括预算编报、预算批复、预算下达、预算追加调整、预算执行、决算和考评等环节。这些业务环节相互关联、相互作用、相互衔接，周而复始地循环，构成了预算管理系统化体系过程。根据单位预算管理基本业务流程，结合《单位内控规范》（财会［2012］21号）相关规定，我们可以把行政事业单位预算业务控制分为组织管理体系控制、预算编报控制、预算批复控制、预算下达控制、预算追加调整控制、预算执行控制、决算控制、考评控制等（见图5-1）。

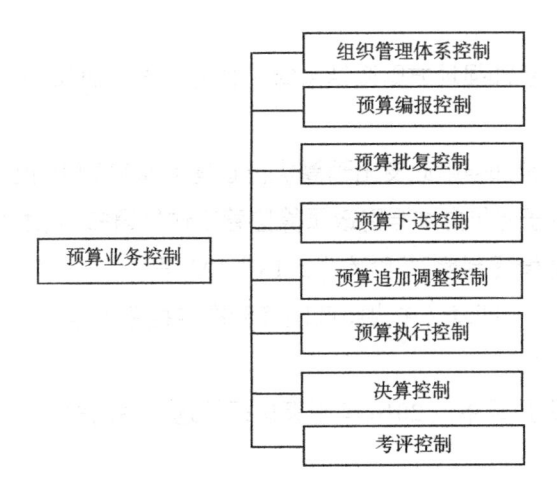

图5-1 行政事业单位预算业务控制框架

（四）预算业务控制的法律法规依据

经过长期的改革实践，我国已经建立起了一套较为完整的预算管理法律法规制度体系。1991年10月国务院发布了《国家预算管理条例》，1994年又颁布了《中华人民共和国预算法》（主席令［1994］21号），随后颁布了《中华人民共和国预算法实施条例》（国务院令［1995］第186号），初步建立了与社会主义市场经济体制相适应的公共财政制度体系，为促进经济社会持续健康发展发挥了重要作用。随着经济社会发展，现行预算管理制度也暴露出一些不符合公共财政制度和现代国家治理要求的问题。2014年8月31日，十二届全国人大常委会第十次会议表决通过了修正后的《中华人民共和国预算法》；2015年6月24日，国务院法制办公室决定将财政部起草的《中华人民共和国预算法实施条例（修订草案征求意见稿）》（以下简称征求意见稿）及说明全文公布，征求社会各界意见。随着新预算法的颁布和实施，政府陆续不断推出相应的法律法规。

具体来说，行政事业单位在预算业务控制上主要依据以下制度规定：

1.《中华人民共和国预算法》（主席令第12号，2014年修正）

2.《行政单位财务规则》（财政部令71号）

3.《事业单位财务规则》（财政部令68号）

4.《国务院关于深化预算管理制度改革的决定》（国发［2014］45号）

5.《国务院关于编制2016年中央预算和地方预算的通知》（国发［2015］65号）

6.《关于进一步加强地方财政结余结转资金管理的通知》（财预［2013］372号）

7.《关于进一步加强财政支出预算执行管理的通知》（财预［2014］85号）

8.《财政部关于专员办加强财政预算监管工作的通知》（财预［2014］352号）

9.《部门决算管理制度》（财库［2013］209号）

10.《财政部关于印发〈中央财政国库动态监控管理暂行办法〉的通知》（财库［2013］217号）

11.《关于中央预算单位2016年预算执行管理有关问题的通知》（财库［2015］220号）

12.《关于2016年地方财政库款管理有关工作的通知》（财库［2016］81号）

13.《中共中央办公厅、国务院办公厅印发〈关于进一步推进预算公开工作的意见〉的通知》（中办发［2016］13号）

二、预算业务控制目标

按照预算管理业务流程，预算业务的具体控制目标如下。

（一）预算业务组织管理体系建设控制目标

（1）建立符合单位实际且具有可操作性的预算管理制度和流程，确保单位预算管理各个环节有章可循、规范有序。

（2）设置合理的预算管理组织体系，明确预算业务各个环节的工作流程、时间要求、审批权限和责任划分。

（3）科学设置预算业务管理机构和岗位，明确预算管理授权审批权限和岗位职责，确保岗位人员配备合理。

（4）建立合理的组织领导和工作协调机制，确保预算管理运行机制健全有效，保障预算管理工作有效开展。

（二）预算编报控制目标

（1）明确预算编制的要求、内容、程序，做到预算编制合法、合规、及时、完整、详细、准确。

（2）预算编制过程中单位内部各部门间沟通协调充分，确保预算符合单位年度目标和工作计划，确保方案符合单位实际。

（3）实现预算与资产配置相结合、与具体工作相对应，根据工作计划细化预算编制，合理设计预算目标及指标体系，提高预算编报的科学性，确保预算方案的审批合规、合法。

（4）严格按时间进度编制预算，确保预算草案编制工作在预算年度开始前如期完成。

（三）预算批复控制目标

（1）预算批复依据科学。根据以前年度的业务支出金额和本年度的业务工作计划为依据批复单位内部预算。

（2）预算批复的责任主体明确，预算管理机构对单位业务计划组织评审。

（3）选用恰当的预算批复方法，按照法定程序批复预算，保证单位预算批复合法合规。

（四）预算下达控制目标

（1）使用科学的预算指标分解方法，将按照法定程序批复的预算在单位内部进行指标的层层分解，确保预算指标落实到单位各内设机构、各项经济活动和各个岗位。

（2）细化落实未分配到部门和下级财政的预算，尽快完成预算下达，确保预算下达及时，以便确保单位工作正常进行。

（五）预算追加调整控制目标

（1）预算调整符合法律法规规定的条件，调整程序合法合规，不存在未经批准的预算调整。

（2）强化预算草案编制的科学性、合理性和准确性，尽可能减少预算追加调整。

（六）预算执行控制目标

（1）预算执行主体明确，责任划分清晰，业务活动开展前经过适当授权审批、在预算范围内落实到位。

（2）预算执行过程可控，实施全程监控，全面掌握预算执行的进展和结果，建立预算执行情况预警机制，确保单位根据批复的预算安排各项收支，杜绝资金挪用现象。

（3）财政借垫款得到全面清理，加强暂付款和权责发生制核算管理。

（4）资金拨款和支付顺序、原则、审批程序符合国家相关规定，资金支付及时、充足，不存在"以拨代支"等违规现象，能够及时分配资金以供使用。

（5）优化预算考核机制，通过重点督察、随机检查等方式，加强预算绩效管理工作，从而为预算源头不出错、执行过程无漏洞、预算结果公开透明提供保障。

（七）决算控制目标

（1）确保决算真实、完整、准确、及时，决算分析工作全面有效，决算分析结果体现单位预算编制与执行情况。

（2）决算报告的审核方式、形式科学，上报数据资料真实、完整、准确。

（3）加强决算分析和结果运用，建立健全预决算协调机制，使决算和预算有效衔接、相互映衬，从而进一步提升单位的内部管理水平，提高财务资金使用效益。

（八）考评控制目标

（1）加强预算绩效管理，建立起"预算编制有目标、预算执行有监控、预算完成有评价、评价结果有反馈、反馈结果有应用"的全过程预算绩效管理机制。

（2）确保绩效考核覆盖到所有关键部位，确保过程公开透明、考核结果客观公正、奖惩措施公平合理，并能依据考评结果做出反馈且确保反馈的有效性。

三、预算业务的主要流程与关键环节

流程梳理是科学管理的重要手段，流程梳理的过程是对单位运作的各个环节、路径、节点、涉及的资料文档以及它们之间的逻辑关系等进行概括与表达的过程，是洞悉单位运作过程，是从中发现风险并对风险进行控制的起点和基础。

根据行政事业单位预算业务内容，以下将从预算编报、预算批复、预算下达、预算追加调整、预算执行、预算决算、预算考评这几个方面对预算业务的主要流程进行梳理。

（一）预算编报流程

1. 预算编报流程图（见图 5-2）

阶段	部门或机构			
	预算业务管理执行机构（业务部门）A	预算业务管理工作机构（财务部门）B	预算业务决策机构（预算管理委员会）C	财政部门 D
1.预算编制	落实预算编报工作 → 预算建议数 → 部门负责人审核	组织预算编报工作	开始 → 部署预算编报工作	
2.预算上报审核		汇总、调整各部门预算 → 预算建议数	初审 → 审核（不通过/通过）	审核 → 预算批复流程 → 结束

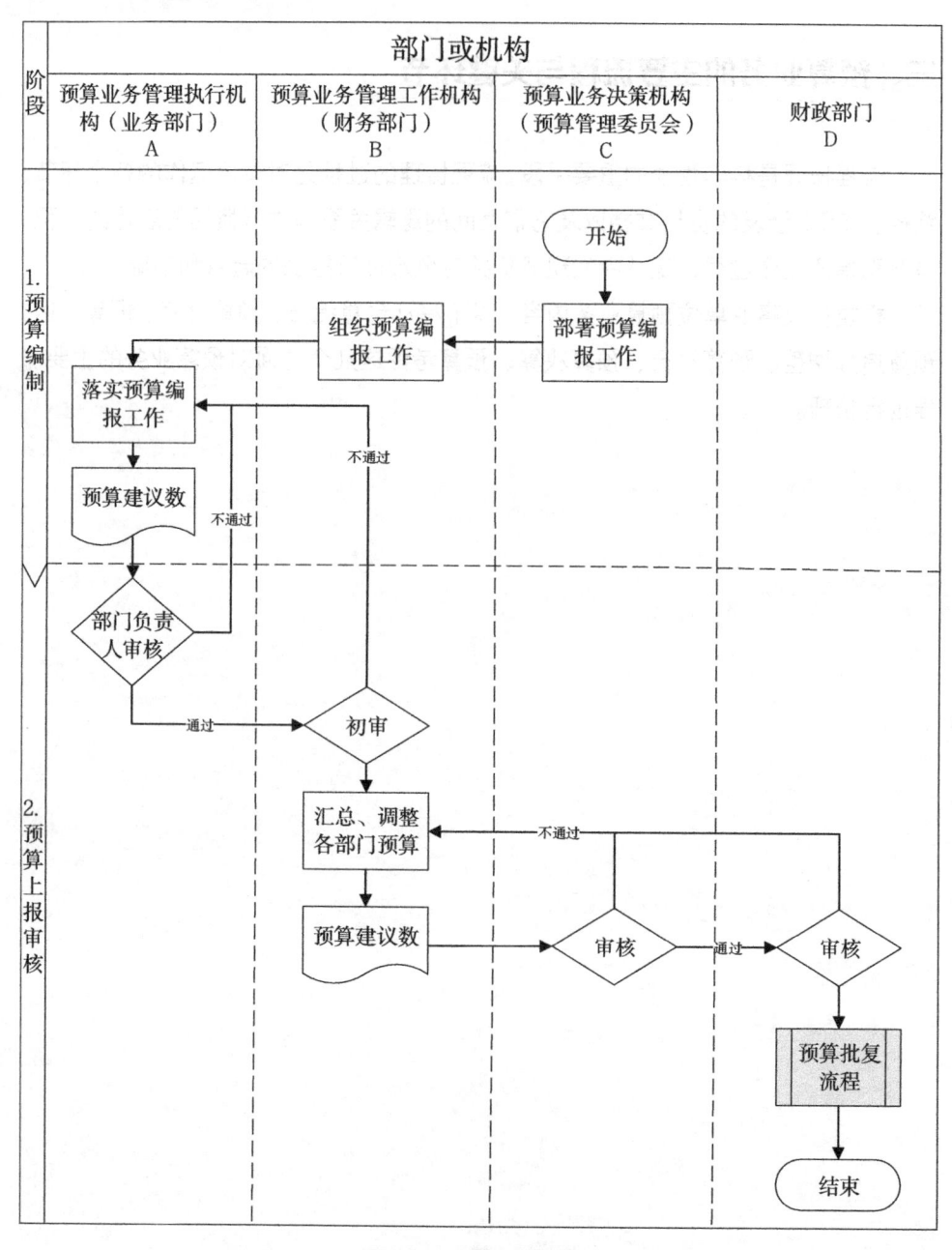

图 5-2 预算编报流程

2. 预算编报流程关键节点简要说明（见表 5-2）

表 5-2　　预算编报流程关键节点简要说明

关键节点	简要说明
C1	预算业务管理决策机构（预算管理委员会）根据财政部门下发的编制预算的通知，召开会议部署本单位预算编制工作
B1	预算业务管理工作机构（财务部门）将财政部门下发的项目清理数据分解，并下发给预算业务管理执行机构（业务部门）
A1	各预算业务管理执行机构（业务部门）按照预算编报要求，根据下一年度的工作计划和资产配置情况，提出预算建议数，报部门负责人审批
A2	部门负责人审阅本部门提交申报的基础数据等材料，审核通过后报送预算业务管理工作机构（财务部门）
B2	预算业务管理工作机构（财务部门）对各业务部门提交的预算建议数及申报材料进行初审，汇总、调整各部门预算，形成单位预算建议数
B2	部门负责人对预算建议数进行审核，确认无误后上报预算管理委员会审议
C2	单位预算管理委员会审定预算建议数
D2	财政部门审核提交的预算建议数，依据财政资金安排，及时下达预算控制数

（二）预算批复流程

1. 预算批复流程图（见图 5-3）

阶段	部门或机构			
	预算业务管理执行机构（业务部门）A	预算业务管理工作机构（财务部门）B	预算业务决策机构（预算管理委员会）C	财政部门 D
1. 财政控制数下达				开始 → 下达预算控制数
2. 内部控制数下达		控制数初步分解	审批（不通过→返回；通过→下一步）	
3. 内部细化再报批	调整细化	汇总平衡形成单位预算草案	审定 → 通过	审批（不通过→返回；通过→预算下达流程→结束）

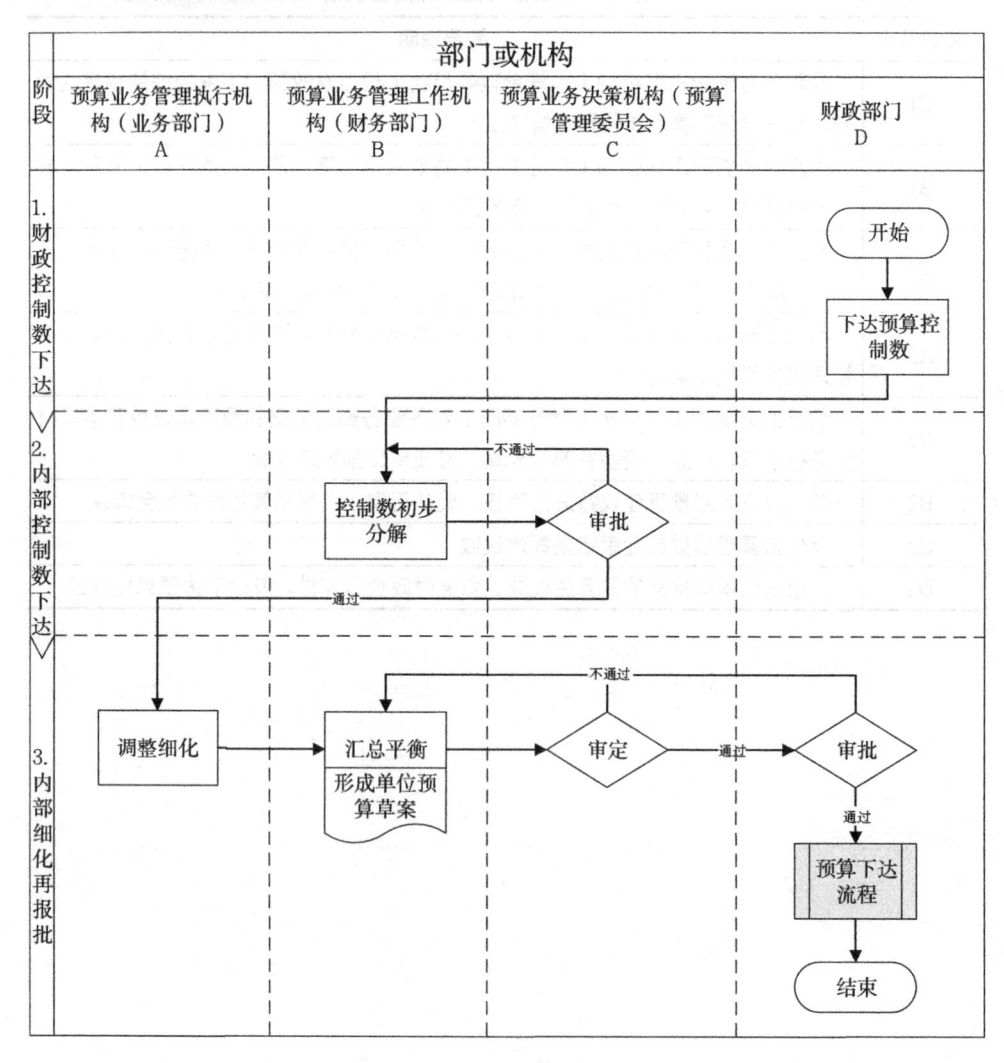

图 5-3　预算批复流程

2. 预算批复流程关键节点简要说明（见表5-3）

表 5-3　　　　　　　　　　预算批复流程关键节点简要说明

关键节点	简要说明
D1	财政部门下达预算控制数
B2	预算业务管理工作机构（财务部门）在控制数基础上，初步分解细化预算控制数，形成对各预算业务管理执行机构（业务部门）的预算控制数
C2	预算业务管理决策机构（预算管理委员会）对下达各业务单位的控制数方案进行审批
A3	预算业务管理执行机构（业务部门）在预算控制数范围内，进行细化整理，形成本部门预算草案
B3	预算业务管理工作机构（财务部门）收到各执行机构（业务部门）预算草案后，进行综合平衡，形成本单位预算草案，提交预算决策机构（预算管理委员会）审定
C3	预算决策机构（预算管理委员会）审定预算单位预算草案，然后报财政部门审批
D3	财政部门依据规定程序审批各单位上报的预算草案后，将年度预算下达

（三）预算下达流程

1. 预算下达流程图（见图 5-4）

阶段	部门或机构			
	预算业务管理执行机构（业务部门）A	预算业务管理工作机构（财务部门）B	预算业务管理决策机构（预算管理委员会）C	财政部门 D
1.指标细化分解		预算指标分解细化	审定	开始 → 年度预算下达
2.预算指标下达	预算指标下达通知 → 预算执行流程 / 预算追加流程 → 结束	年度预算指标下达		

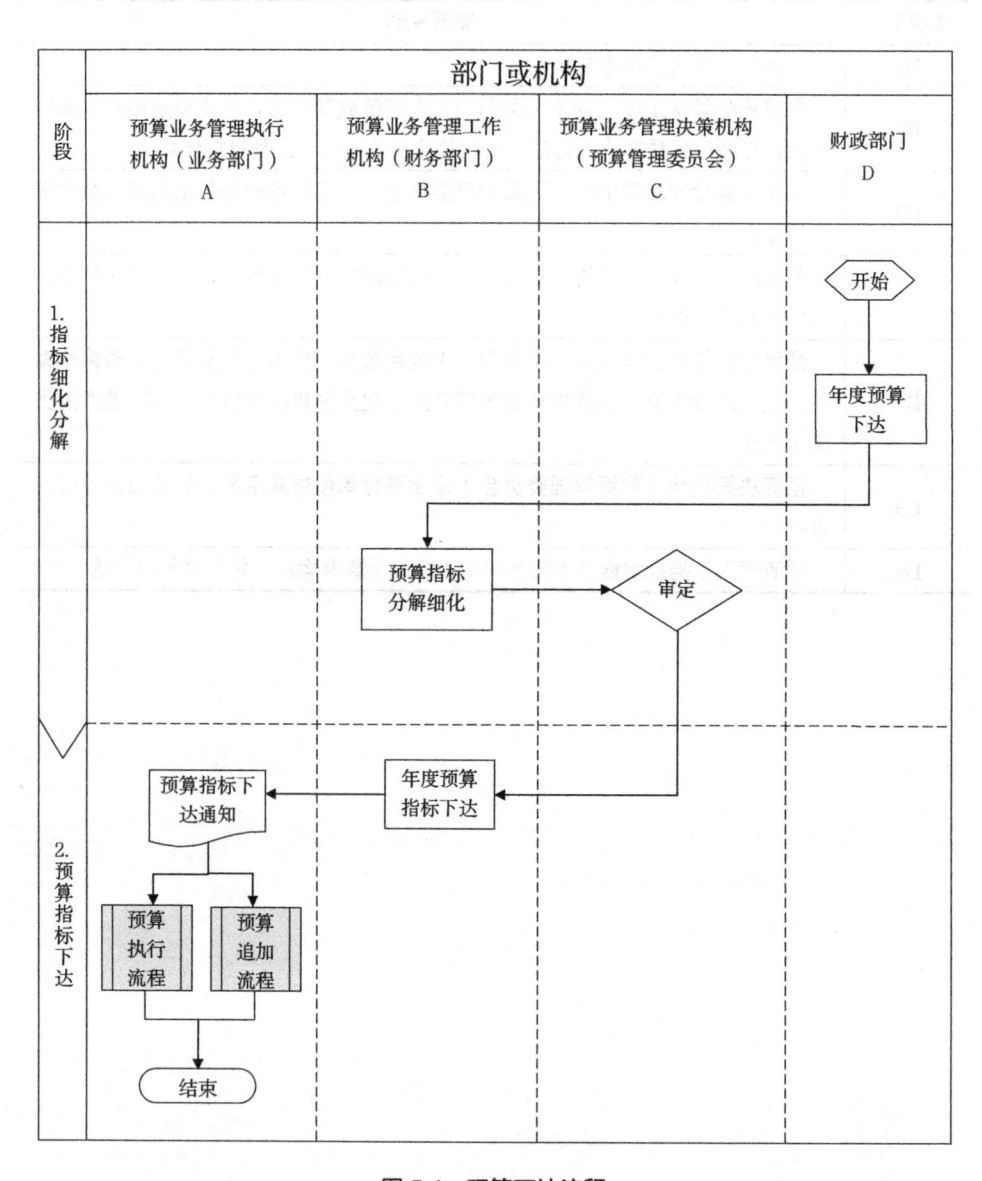

图 5-4　预算下达流程

2. 预算下达流程关键节点简要说明（见表5-4）

表 5-4　　　　　　　　　　预算下达流程关键节点简要说明

关键节点	简要说明
D1	财政部门将审批后的年度预算下达
B1	预算业务管理工作机构（财务部门）将财政部门下达的预算指标分解、细化，形成各业务单位的预算指标。将预算指标报预算业务管理决策机构（预算管理委员会）审议
C1	预算业务管理决策机构（预算管理委员会）审定预算方案
B2	预算业务管理工作机构（财务部门）根据单位预算业务管理决策机构（预算管理委员会）决议，下达各预算业务管理执行机构（业务部门）年度预算指标
A2	预算业务管理执行机构（业务部门）收到正式预算指标通知，进行资金使用计划的编报，进入预算执行环节

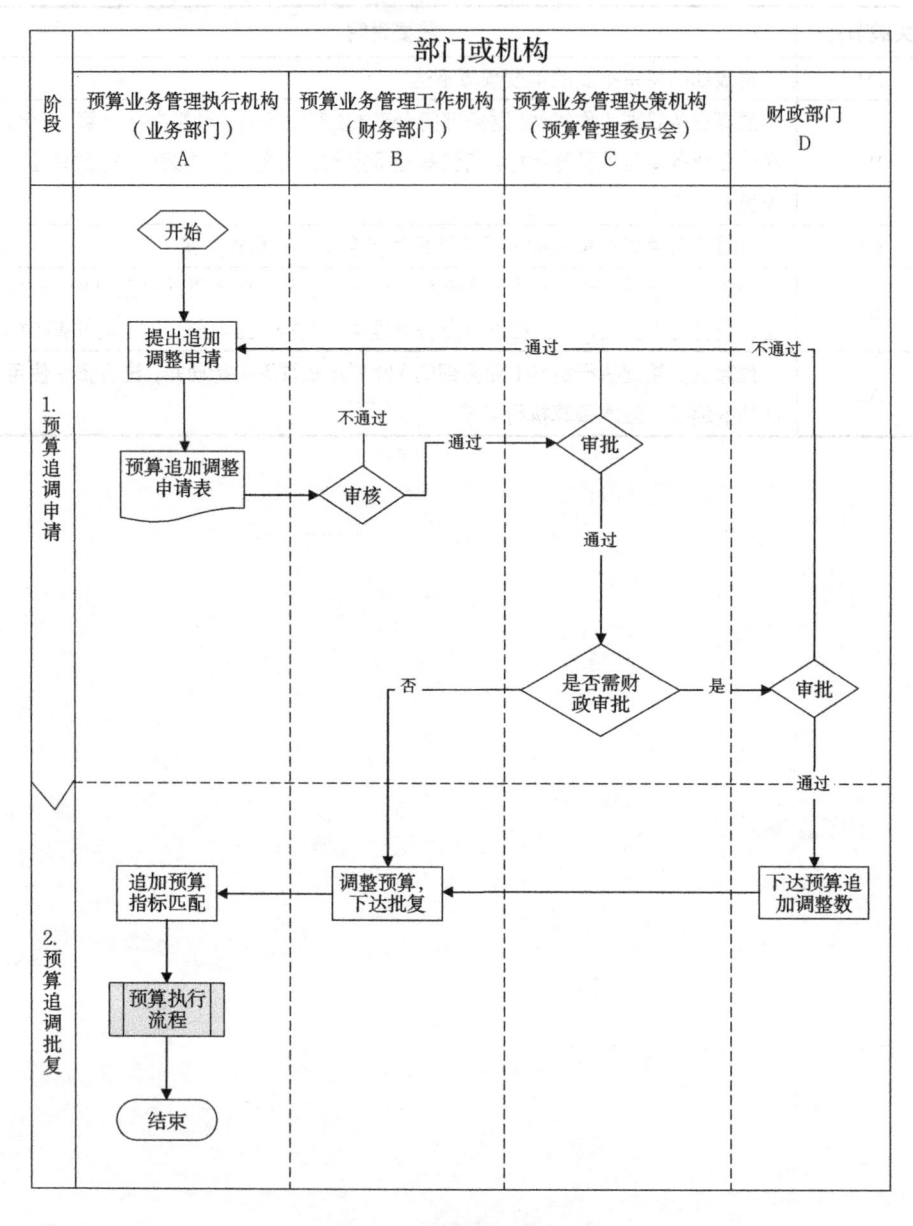

（四）预算追加调整流程

1. 预算追加调整流程图（见图 5-5）

阶段	部门或机构			
	预算业务管理执行机构（业务部门）A	预算业务管理工作机构（财务部门）B	预算业务管理决策机构（预算管理委员会）C	财政部门 D
1. 预算追调申请	开始 → 提出追加调整申请 → 预算追加调整申请表	审核（不通过返回；通过→）	审批（不通过返回A；通过→）是否需财政审批（否→调整预算；是→）	审批（通过→下达预算追加调整数）
2. 预算追调批复	追加预算指标匹配 → 预算执行流程 → 结束	调整预算，下达批复		下达预算追加调整数

图 5-5　预算追加调整流程

2. 预算追加调整流程关键节点简要说明（见表5-5）

表5-5　　　　　　　预算追加调整流程关键节点简要说明

关键节点	简要说明
A1	预算业务管理执行机构（业务部门）根据实际情况提出预算追加调整的申请，递交追加调整申请表
B1	预算业务管理工作机构（财务部门）收到预算业务管理执行机构（业务部门）的预算追加调整申请后，对预算追加调整申请进行金额审核，出具审核意见，交预算业务管理决策机构（预算管理委员会）审批
C1	预算业务管理决策机构（预算管理委员会）依据预算业务管理工作机构（财务部门）出具的审核意见，在财政批复范围内，审批预算追加调整申请，并根据相关规定决定是否递交财政部门审批
D1	财政部门根据单位预算业务管理决策机构（预算管理委员会）递交的申请和意见，决定是否予以审批通过
D2	财政部门审批通过了预算追加申请后，下达预算追加调整数
B2	预算业务管理工作机构（财务部门）在收到对预算业务管理执行机构（业务部门）预算追加调整申请的批复后，依据批复办理业务部门或归口部门相应预算的追加工作，同时将批复下达预算业务管理执行机构（业务部门）
A2	追加调整预算匹配指标，进入预算执行流程

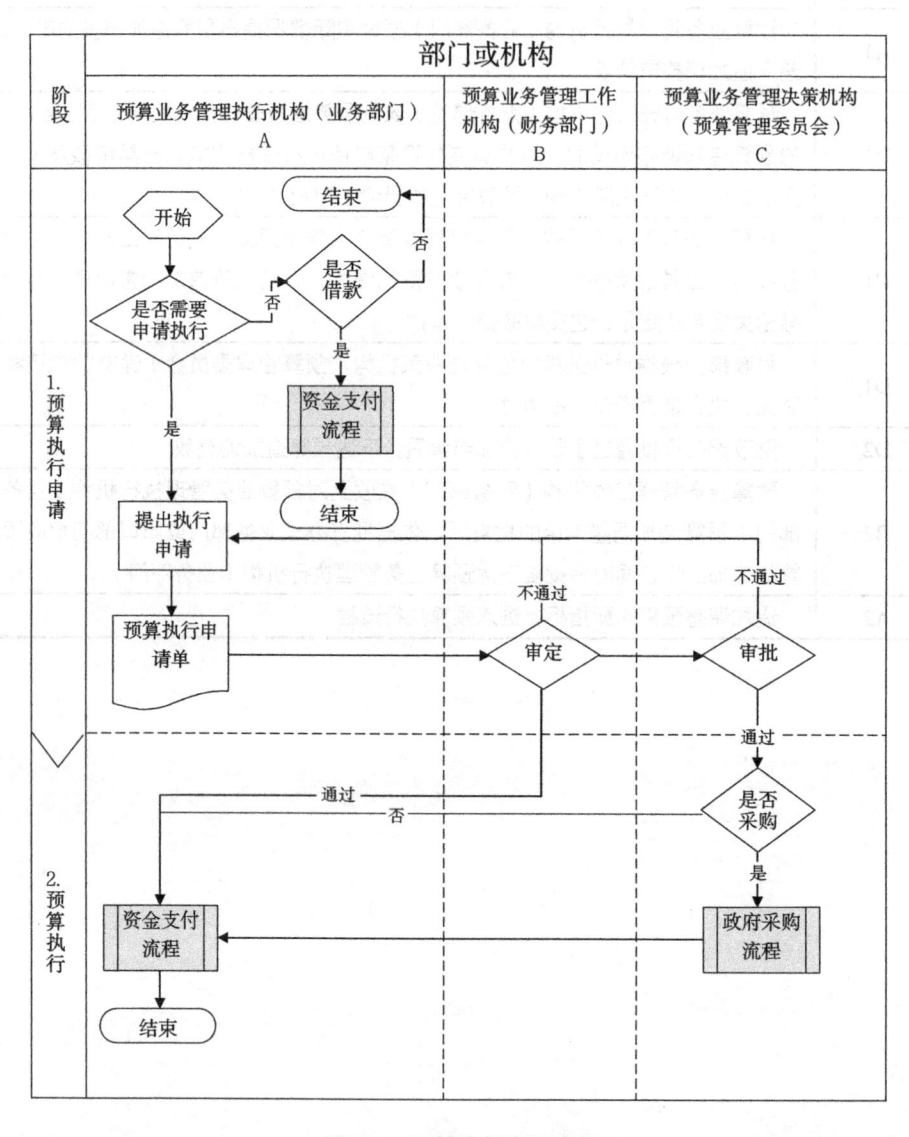

（五）预算执行申请流程

1. 预算执行申请流程

（1）预算执行申请流程图（见图5-6）。

图 5-6 预算执行申请流程

（2）预算执行申请流程关键节点简要说明（见表5-6）。

表5-6　　　　　　　预算执行申请流程关键节点简要说明

关键节点	简要说明
A1	当预算业务管理执行机构（业务部门）的实际业务需要申请执行预算时，提出预算执行的申请，递交申请单。需要借款时，进入资金支付流程
B1	预算业务管理工作机构（财务部门）对预算可行性、合规性等进行审核，做出是否同意预算执行的决定，超过决定权限的需要提交预算业务管理决策机构（预算管理委员会）进行审批
C1	预算业务管理决策机构（预算管理委员会）依据实际情况对预算申请进行审批
C2	审批通过的预算中按规定需要履行政府采购程序的进入政府采购流程
A2	完成单位内部预算执行审批程序的事项，依据预算批复和相关经费支出规则，进入资金支付流程

2. 资金支付流程

（1）资金支付流程图（见图 5-7）。

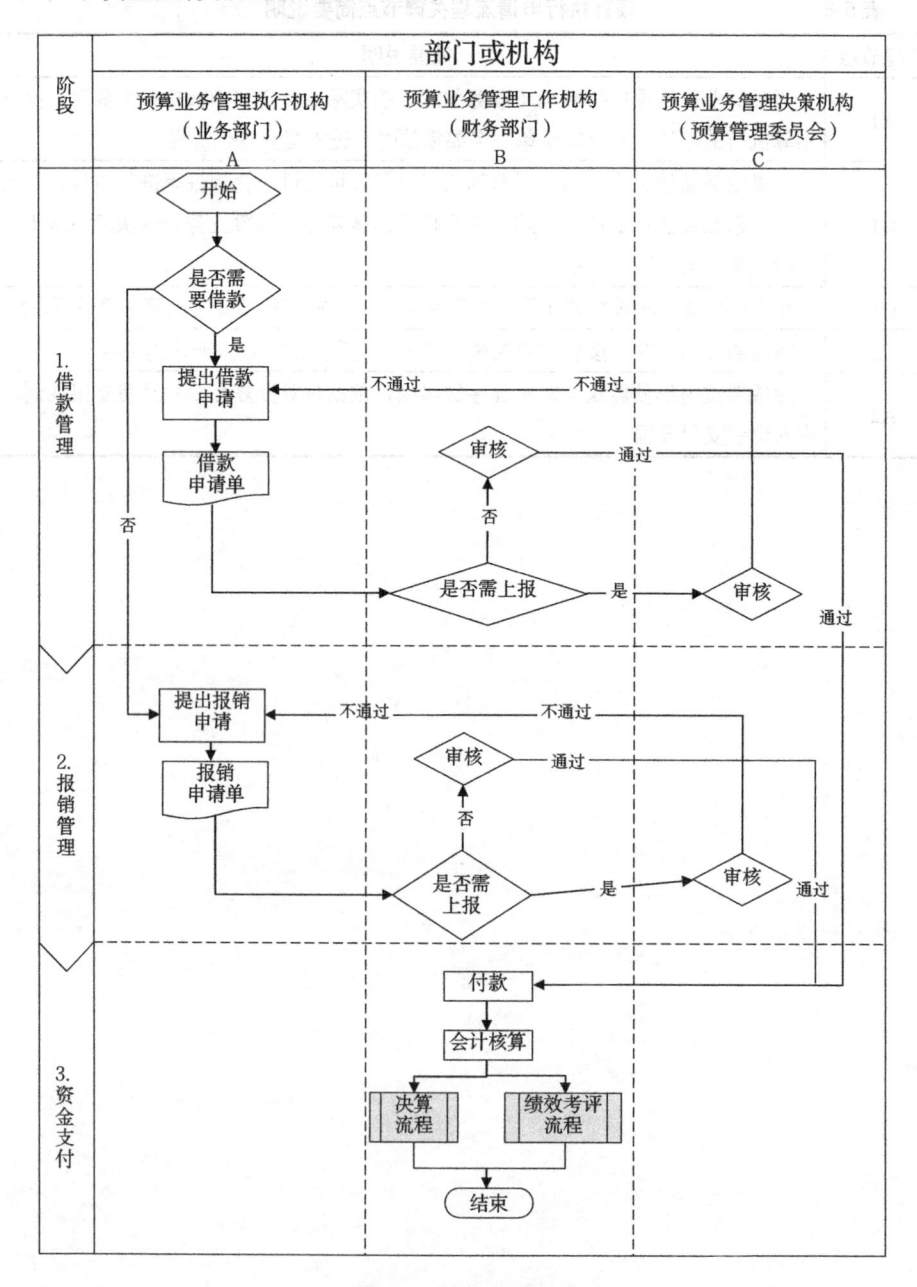

图 5-7　资金支付流程

（2）资金支付流程关键节点简要说明（见表5-7）。

表5-7　　　　　　　　　资金支付流程关键节点简要说明

关键节点	简要说明
A1	预算业务管理执行机构（业务部门）在预算执行中，根据实际资金支付需要提出借款申请
B1	预算业务管理工作机构（财务部门）根据借款实际情况决定是否需报经预算业务管理决策机构（预算管理委员会）审批，对于不需上报的，依据相关规定决定是否借款
C1	预算业务管理决策机构（预算管理委员会）针对上报的重大事项做出是否借款的决策
A2	预算业务管理执行机构（业务部门）在预算执行过程中，根据实际资金支付需要提出报销申请
B2	预算业务管理工作机构（财务部门）根据业务报销实际情况决定是否需报经预算业务管理决策机构（预算管理委员会）审批，对于不需上报的，依据相关规定决定是否报销
C2	预算业务管理决策机构（预算管理委员会）针对上报的重大事项做出是否报销的决策
B3	预算业务管理工作机构（财务部门）根据审核通过的单据进行资金支付。并对预算执行情况进行监控，汇总到预算和绩效考评流程

（六）决算流程

1. 决算流程图（见图 5-8）

阶段	部门或机构			
	预算业务管理执行机构（业务部门）A	预算业务管理工作机构（财务部门）B	预算业务管理决策机构（预算管理委员会）C	财政部门 D
1. 决算编制	统计预算的执行情况	开始 → 数据准备 → 决算编制 ← 不通过		
2. 决算审批		决算报告草案	审定 —通过→	审批 —通过→ 决算报告
3. 决算报告	接受反馈	接受反馈	接受反馈 → 绩效评价流程 → 结束	

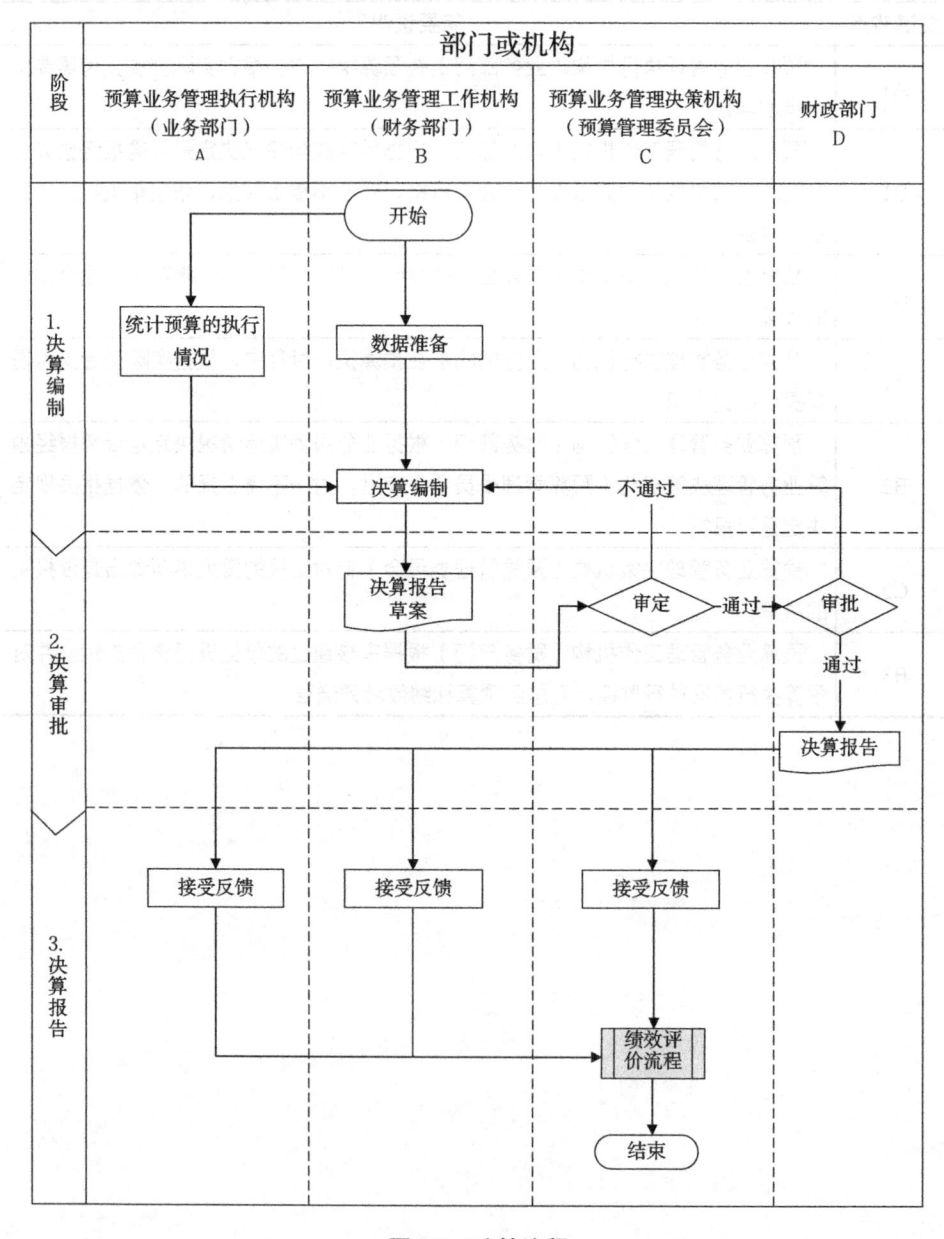

图 5-8 决算流程

2. 决算流程关键节点简要说明（见表5-8）

表5-8　　　　　　　　决算流程关键节点简要说明

关键节点	简要说明
A1	各个预算业务管理执行机构（业务部门）协助预算业务管理工作机构（财务部门）统计预算的执行情况
B1	预算业务管理工作机构（财务部门）对年度会计核算数据和预算批复数据进行准备，并编制预算决算情况
B2	形成决算报告草案提交预算业务管理决策机构（预算管理委员会）
C2	预算业务管理决策机构（预算管理委员会）对决算报告草案进行审定，并向财政部门报批
D2	财政部门审批决算报告草案，形成决算报告
A3	公布决算报告反馈给预算业务管理执行机构（业务部门），作为绩效评价和执行下年度预算编制的基础
B3	公布决算报告反馈给预算业务管理工作机构（财务部门），作为绩效评价和执行下年度预算编制的基础
C3	公布决算报告反馈给预算业务管理决策机构（预算管理委员会），作为绩效评价和执行下年度预算编制的基础

（七）考评控制流程

1. 考评控制流程图（见图 5-9）

阶段	部门或机构			
	预算业务管理执行机构（业务部门）A	预算业务管理工作机构（财务部门）B	预算业务管理决策机构（预算管理委员会）C	财政部门 D
1. 绩效考评表报审批	预算执行监控	开始 → 跟踪、监控预算执行情况 → 汇总、分析预算执行情况 → 预算执行分析报告、绩效评价报告	审定（通过/不通过）	审批（通过）
2. 绩效考评结果反馈	应用报告结果	应用报告结果	应用报告结果 → 预算编制流程 → 结束	绩效考评结果报告

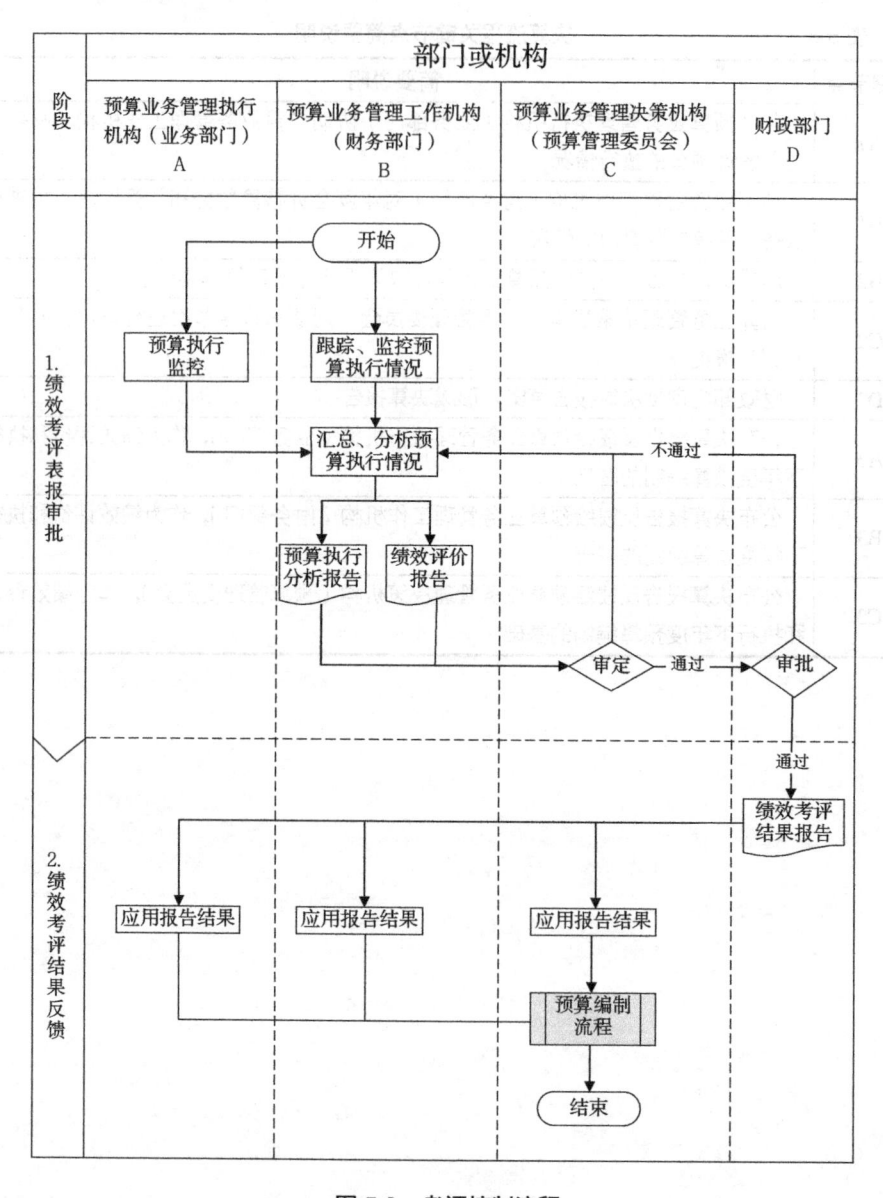

图 5-9 考评控制流程

2. 考评控制流程关键节点简要说明（见表5-9）

表5-9 考评控制流程关键节点简要说明

关键节点	简要说明
A1	对预算执行情况进行监控
B1	预算业务管理工作机构（财务部门）跟踪、监控预算执行情况，并对预算执行情况进行汇总、分析，形成预算执行报告分析，并形成年度绩效评价报告
C1	将相关报告提交单位预算业务管理决策机构（预算管理委员会）审定
D1	预算业务管理决策机构（预算管理委员会）将相关报告提交财政部门审批，形成最终绩效考评结果报告下发到单位
A2	将绩效考评结果报告反馈给预算业务管理执行机构（预算管理委员会），并应用反馈结果提升绩效
B2	将绩效考评结果报告反馈给预算业务管理工作机构（财务部门），并应用反馈结果提升绩效
C2	将绩效考评结果报告反馈给预算业务管理决策机构（预算管理委员会），并应用反馈结果提升绩效

四、预算业务的主要风险点

（一）预算业务组织管理体系的主要风险点

（1）预算管理意识薄弱，组织体系不健全，全员参与度不够，未建立一套完整的预算管理体系，包括预算组织、预算制度、预算执行及考核具体办法等，导致预算管理工作松散，预算执行随意性较大。

（2）预算管理组织机构、预算岗位未设置或者设置不合理、职责分工不明确，可能导致工作人员不具备预算的专业知识和技能，制定的预算方案达不到合理有效的目的，对于预算问题很难找到相关责任人。

（3）预算相关部门和岗位缺乏有效沟通，可能导致单位内部各机构之间在预算管理上工作不协调、相互推诿责任，整体降低预算管理效率。

（4）单位支出定额标准体系不完善，单位预算管理无据可依，可能导致预算违法违规。

（5）单位预算不公开透明，没有根据国家相关法律法规拓展和细化公开内容，不能增强单位公信力，不利于促进社会监督。

（二）预算编制的主要风险点

（1）预算编制不符合原则，预算编制方法不科学，可能导致预算数据缺乏科学性、合理性，影响预算管理效果。

（2）预算编制依据不充分，没有及时跟进国家相关法律法规变动，预算和组织的年度目标和任务相脱离，不符合单位的收支实际情况，影响预算编制准确率导致预算编制与实际存在较大偏差。

（3）单位资金预算的编制较局限，没有根据政府收支分类科目编制预算，编制内容缺失，使得预算资金缺乏统筹管理，预算编制不全面。

（4）预算编报各个程序衔接不紧密，预算建议数制定不合理，预算控制数下达不及时，资金分配不合理。

（5）预算目标设置不符合单位发展规划，和年度工作目标不匹配，预算指标体系设计缺乏全面性，没有侧重点，不能对单位经济活动起到有效约束作用。

（6）预算编制整体时间紧、任务量大、方法简单、内容不准确等问题突出，编制预算时没有进行足够的调查、研究和论证工作，限制预算编制质量。

（三）预算批复的主要风险点

（1）预算批复责任主体不清晰，没设置专人专岗对预算批复进行管理，审批责任不清晰，没有专门的预算管理工作机构，导致预算批复环节管理疏松，可能存在违纪、舞弊行为。

（2）预算控制数的分解平衡不合理，批复下达程序不规范，可能导致预算权威性缺失，不能得到有效执行。

（3）预算未经审核批准或超越授权审批以及批复下达方式不当，可能无法保证预算目标与单位发展规划、年度工作计划的协调性。

（4）预算的细化调整风险，由于预算控制数的不合理，会给预算的细化调整带来压力，进而产生调整不合理的风险。

（四）预算下达的主要风险点

（1）单位内部对预算指标的分解不合理可能导致内部各部门财权与事权不匹

配，影响了部门职责的履行和财政资金使用效率。

（2）对于未分配的预算没有及时回收，未能重新安排，导致资源配置不合理，甚至可能出现贪污腐败现象。

（3）预算下达比例不合理，预算批复下达和资金支付不及时，影响部门的正常经营活动。

（4）截留预算指标的风险。财政部门下达预算指标后，单位可能将各个部门一部分的预算指标截留，作为单位收支的调节库，增加自己的非法权限，影响其职责的履行。

（五）预算追加调整的主要风险点

（1）预算追加调整发起不受约束，频繁发生、项目评估不完善，造成预算追加调整随意，存在逆向激励的现象，可能导致预算失去严肃性和约束力。

（2）预算调整程序不合理，为预算的调整带来巨大障碍，影响预算调整的及时性；若预算调整行为约束不足，又导致预算资金的控制难度加大。

（3）预算审批权限不明晰，对于预算追加调整审批的额度、重要性等界定标准不明确导致审批权限配置不合理，易导致追加调整的随意性。

（六）预算执行的主要风险点

1. 预算执行申请风险

（1）责任人对于是否需要申请执行判定标准不明确。由于业务执行过程的持续性和业务本身所涉及资金活动的复杂性，导致责任人对执行申请的时机判断不明确。

（2）申请执行的审批权限不明晰，对于预算执行审批的额度、重要性等界定标准不明确导致审批权限不明晰，易导致预算执行的随意性。

（3）预算执行的方式不合理，不符合各个执行方式的适用条件，导致预算审批程序复杂化，影响单位业务开展进度。

（4）预算执行过程中缺乏有效监控，在执行中随意调整预算、无预算随意支出，基本预算支出和项目预算混用，造成批复的预算没有按预期用途有效实施。

（5）预算执行没有进行分析，没有建立有效沟通，可能导致预算执行进度偏快或偏慢，进而可能削弱预算执行控制的效果，无法及时发现预算执行中存在的问题，导致预算执行出现较大偏差。

（6）预算的执行过程中没有严格按照批复的预算安排各项收支，影响预算的严肃性。可能出现资金收支随意性较大，或者没有按照规定履行相应的申请审批程序，导致预算执行与预算指标不符。

（7）未将单位支出纳入预算执行考核范围，缺乏对执行进度的把握，导致预算执行缺乏可控性。

（8）预算执行中各自为政，部门间沟通欠缺导致在预算执行方面，财务人员不了解项目的进度，技术管理人员不了解预算执行情况，导致预算执行缓慢。

（9）缺乏预算预警，无法及时发现预算执行出的问题，导致预算执行偏差越来越大，事后监督滞后。

2. 资金支付风险

（1）违反资金拨款和支付原则，资金支出顺序随意，在预算未经批准前，违规对某些项目进行资金支付。

（2）资金支付前准备不充分，特别是对于重大项目，资金数额巨大，资金下达后，准备不充分将会严重阻碍项目正常开始。

（3）审批权限不明，对于不同重要性、额度、性质的自己支付的审批层级，和不同层级对应的审批权限规定不清楚，导致审批行为约束的软化，危害审批制度的威严。

（4）单位存在大量的借垫款，没有及时收回核销，或者列入预算支出，使用权责不清晰，无法有效回收款项。

（5）借款和报销审核不合理。对资金报销或者借款的拨付的审核标准、制度、办法缺失、不明确或者不执行导致自己的支付审核随意性大，容易滋生贪污腐败，危害单位资产安全，甚至导致资金流失。

（七）决算的主要风险点

（1）决算与预算脱节。决算与预算口径不一致，不能及时反映预算执行情况，行政事业单位日常会计核算科目设置与预算收支科目不完全一样，导致日常核算不能及时反映预算执行情况；年终经过调整，仍可能存在决算与预算不符，影响预算的严肃性。

（2）决算审核方式单一、审核形式不合理、审核内容不全面，导致决算审核流于形式，决算不符合规定，存在漏报、重报、虚报、瞒报、错报以及相关数据不衔接等错误和问题。

（3）缺乏对决算数据的分析和应用。可能出现将决算作为年度预算管理的终点，而没有对决算数据的反馈和分析应用，浪费了决算的潜在价值。

（4）缺乏与业务部门的沟通。决算工作绝不是财务部门的闭门造车，必须要及时就相关预算执行工作与业务部门及时沟通，确保决算信息的可靠性。

（八）考评控制的主要风险点

（1）预算考评机制不健全，单位仅仅将绩效评价应用于年终决算之后，而不能在预算管理的整个过程中充分利用绩效评价来促进预算管理工作的改进，尤其是缺乏对预算执行过程的监控，导致对预算执行情况的评价存在不规范、不科学的地方。

（2）单位没有对预算外资金的使用情况、财政资金的使用效益等进行考核，预算考评内容不完整、考核过程不透明，可能导致奖惩不到位，严重降低了单位预算约束力，预算管理效率不足。

（3）预算的绩效评价结果往往被束之高阁，没有反馈到相应的人员和部门，导致绩效评价资源的浪费。

（4）绩效评价的反馈没有回应，绩效评价的真实作用难以发挥，难以真正达到对预算管理中一些顽固问题的促进解决。

五、预算业务控制策略与内容

（一）预算业务组织管理体系控制

1. 统一思想、全员参与，健全单位预算管理制度，规范预算管理工作流程

预算管理是一个系统工程，不仅仅是财务部门的工作，需要单位全体员工的共同参与，可以通过适当的激励机制，树立强化预算管理的理念，最大限度调动全员参与的积极性，认识到预算能优化资源配置、提高使用效率、加强单位管理、促进廉政建设，对行政事业单位的发展具有战略意义。

《单位内控规范》第十九条规定:"单位应当建立健全预算编制、审批、执行、决算与评价等预算内部管理制度。"单位应全面梳理预算管理工作流程,根据业务实际需要制定内部预算管理制度,重视预算执行监督制度的完善、加强对预算执行的检查和监督,实现以规章制度规范单位预算管理全过程,保证财政资金安全有效使用。

2. 设置预算管理组织机构,明确预算管理职责分工

(1)设置预算业务管理机构。不同的行政事业单位所处的环境不同,内部的运行机制不一,业务活动与收支规模等也存在差异,不同单位预算管理组织体系的具体设置也有所不同,所以各个单位预算管理组织体系的具体设置也有所不同。但一般情况下,预算业务管理机构都应包括预算业务管理决策机构、预算业务管理工作机构、预算业务管理执行机构这三个层次的机构构成。

① 预算业务管理决策机构。行政事业单位可以根据情况设立预算管理委员会作为预算业务管理决策机构。由其承担该单位预算业务的决策工作。预算管理委员会成员应该由单位的主要领导班子成员、财会部门负责人以及其他相关部门的负责人组成。预算管理委员会一般为非常设机构,主要通过定期或不定期召开预算工作会议开展工作,预算管理委员会作为在单位的预算业务上居于领导核心的机构。

② 预算业务管理工作机构。预算业务管理工作机构一般设置在财务部门,单位财务部门是单位内设具有财务管理职能的部门,是单位预算管理工作的专业机构,履行日常的预算管理职能。预算业务管理工作机构作为预算业务的直接管理机构,其在预算业务的管理序列中处于承上启下的位置,对预算业务的科学管理起着重要的作用,对于预算决策机构的决策分解下达,以及预算执行情况的监控与上报起着关键作用。

③ 预算业务管理执行机构。预算业务管理执行机构是单位内部的各个预算部门,其利用所分配到的财政资金开展业务工作,执行预算并完成工作任务达到预算执行的目标。预算业务管理执行机构是预算的一线执行者,应当严格按照预算最终方案执行。

除了上述三个机构外,对于一些行政事业单位来说,归口管理部门可能也需要在预算业务管理中承担重要角色。所谓归口管理部门,指的就是对于单位内部

跨部门的经济业务以及相应的预经费支出，行政事业单位可以指定归口管理部门承担指导、审核的职能。归口管理部门相当于处在预算业务管理执行机构和预算业务管理工作机构之间的一个过渡部门，也就是说业务部门的预算建议数在预算业务管理工作机构进行统一汇总平衡前，先由归口管理部门把关以增加预算编制的整体协调性和科学性。比如，单位内所有的三公经费都由其归口部门办公室、所有的培训经费都由其归口部门人事部进行汇总权衡调整之后再上报。

预算业务管理机构各部门的主要职能如表 5-10 所示。

表 5-10　　　　　　预算业务管理机构各部门的主要职能[①]

预算业务管理机构	主要职能
预算业务管理决策机构	审定预算业务内部管理制度； 确定单位预算管理的政策、办法和要求； 审定年度预算编制总体目标和总体要求； 研究审定单位预算草案，特别是重大项目立项和经费分配使用计划； 协调解决预算编制和执行中的重大问题； 听取预决算执行情况分析报告，组织召开预算执行分析会议，督促各执行机构按照进度执行预算并改进预算执行中存在的问题； 审批预算追加调整方案； 审定单位决算和绩效评价报告； 其他相关决策事项
预算业务管理工作机构	草拟预算业务内部管理制度，报预算管理委员会审定后，督促各相关单位和岗位落实预算业务内部管理制度； 拟定年度预算编制程序、方法和要求，报预算管理委员会审定； 组织和指导各预算业务管理执行机构开展预算编制情况； 汇总审核各预算业务执行机构提交的预算建议数，经过综合平衡，形成预算草案报经预算管理委员会审定后对外报送同级财政部门审批； 组织各预算业务管理执行机构根据职能分工和工作计划对同级财政部门下达的预算控制数进行指标分解、细化调整； 将单位按照法定程序批复的预算分解细化后的预算指标报经预算管理委员会审批后，下达至各预算业务管理执行机构；

---

① 财政部会计司. 行政事业单位内部控制规范讲座 [M]. 北京：经济科学出版社，2013.

续表

预算业务管理机构	主要职能
预算业务管理工作机构	跟踪、监控、定期汇总分析预算执行情况，向预算管理委员会提交预算执行分析报告； 　　汇总审核各预算业务管理执行机构提交的预算追加调整申请、行政预算调整方案，报预算管理委员会审议； 　　协调解决预算编制和执行中的有关问题； 　　编制单位决算报告和相关绩效评价报告，开展决算分析工作，报经预算管理委员会审定后对外报送同级财政部门审批； 　　做好其他相关工作
预算业务管理执行机构	提供编制预算的各项基本资料，根据本部门或本岗位的工作计划提出预算建议数； 　　按照预算业务管理工作机构的要求及本部门或本岗位的工作计划对预算控制数进行分解、细化，落实到本部门的具体工作及相关岗位； 　　严格按照审批下达的预算及其相关规定执行预算； 　　根据内外部环境变化、工作计划的调整及单位的预算业务内部管理制度，提出预算追加调整申请； 　　配合预算业务管理工作机构做好预算的综合平衡和执行监控，及时按要求解决本部门或本岗位预算执行中存在的问题； 　　执行其他相关任务
归口管理部门	负责汇总审核其归口管理业务事项的预算基础资料、相关业务部门提交的预算建议数和细化调整数； 　　负责归口审核相关业务部门提交的预算执行申请和预算追加调整申请； 　　对归口管理业务事项的预算执行情况进行跟踪和分析； 　　开展其他相关工作

　　（2）设置预算业务管理岗位，提高工作人员专业素质。《单位内控规范》第十九条第二款规定："单位应当合理设置岗位，明确相关岗位的职责权限，确保预算编制、审批、执行、评价等不相容岗位相互分离。"按照此规定，行政事业单位应当在建立健全预算业务管理机构的基础上，进一步细化各岗位在预算管理中的职责、分工和权限，确保预算编制与预算审批、预算审批和预算执行、预算执行与分析评价等不相容岗位相互分离。

　　伴随着深化预算管理制度改革的一系列举措，国务院、财政部等部委先后出台了一系列的政策法规，需要预算业务岗位人员认真学习，深刻领会、理解消化，贯彻落实中央文件精神，关心国家宏观经济政策，用前瞻性的经济思维方式结合单位事业发展规划，做好年度预算工作。

3. 健全预算管理协调机制

《单位内控规范》第二十条第三款规定："单位应当建立内部预算编制、预算执行、资产管理、基建管理、人事管理等部门或岗位的沟通协调机制，按照规定进行项目评审，确保预算编制部门及时取得和有效运用与预算编制相关的信息，根据工作计划细化预算编制，提高预算编制的科学性。"

按照文件精神，单位应当健全预算管理的协调机制。预算业务涉及面广，作用重大，预算管理从编制开始的整个循环过程不是一成不变的过程，是一个动态平衡的过程，在这个过程中单位的不同部门之间，部门和单位整体之间需要不断进行沟通协调才能保证整个预算管理过程的健康运行。要健全单位预算管理的协调机制，保证预算管理过程的健康运行。

4. 健全预算标准体系

进一步完善基本支出定额标准体系，加快推进项目支出定额标准体系建设，充分发挥支出标准在预算编制和管理中的基础支撑作用。严格机关运行经费管理，加快制定机关运行经费实物定额和服务标准。加强人员编制管理和资产管理，完善人员编制、资产管理与预算管理相结合的机制。进一步完善政府收支分类体系，按经济分类编制部门预决算和政府预决算。

5. 积极推进预算公开

目前为止，我国已经初步形成了以预算法、政府信息公开条例为统领，以《国务院关于深化预算管理制度改革的决定》和中办、国办《关于进一步推进预算公开工作的意见》为指南，涵盖政府预算、部门预算和转移支付预算多层次、多方位、具有中国特色的预算公开法制模式。同时形成了由财政部门公开政府预算、转移支付预算，各部门公开部门预算的预算公开体系。在此基础上，各级财政部门、各部门按照谁制作、谁公开的要求，主动公开预算管理法规和政策、预算编制办法及流程等，进一步充实了预算公开信息。

为此，行政事业单位应当加强预算公开，进一步细化公开内容，由一般预算拓展到政府性基金预算、国有资本经营预算，由单独公开部门收支预算拓展到公开部门职责、机构设置、机关运行经费安排、政府采购、国有资产占用、预算绩效等情况，公开"三公"经费预算。此外，单位也要逐渐完善预算公开方式，形成以表格、文字、视频等为主要公开内容，以政府网站为主体，政府公报、报刊、广播、电视、实体政务服务中心为补充，政府网站与新闻网站、商业网站等合作协同的多平台、多渠道公开格局，公开和获取预算信息更加快捷、便利。

（二）预算编制控制

预算编制是行政事业单位实施预算管理的起点，《单位内控规范》第二十条第一款和第二款规定："单位的预算编制应当做到程序规范、方法科学、编制及时、内容完整、项目细化、数据准确。单位应当正确把握预算编制的有关政策，确保预算编制相关人员及时全面掌握相关规定。"为此，行政事业单位应当根据相关法律法规不断加强对预算编制环节的控制，对编制依据、编制程序、编制方法等作出明确规定，确保预算编制依据合理、程序规范、方法科学、编制及时、内容完整、项目细化、数据准确。

1. 明确规定预算编制原则和方法

应根据本单位的责任、目标、使命、愿景等战略规划来确定本单位本年度的运营目标，并以该目标为导向部署预算编制工作，合理编制预算。保证预算编制的科学性和合理性。

单位预算编制应依据年度工作计划、法律、法规，本级政府的指示和要求以及本级政府财政部门的部署等，编制单位年度预算草案。应根据本单位的职责、任务和事业发展计划，结合业务实际，对部门预算中的收入、支出和政府采购等预算，实行不同的编制方法。

单位预算编制应当始终坚持科学发展观，确保既符合国家发展与改革的方针政策，又能关注社会效益和经济效益。在预算编制过程中，应坚持以下原则：

（1）遵循"稳妥可靠、量入为出、收支平衡"的原则，不编制赤字预算；各项财务收支均应纳入预算进行管理，不得打埋伏或预算之外另留收支项目。

（2）坚持积极稳妥的原则，既考虑收入渠道的增减变化，又尽量测算可实现收入的情况。

（3）坚持统筹兼顾、保证重点和勤俭节约的原则，在足额保证人员经费和单位正常运转的前提下，尽量做到优化支出结构、合理安排单位发展支出。

改革预算编制方法，推行零基预算。预算编制的方法选择得当，编制的预算将会取得事半功倍的效果。零基预算是目前比较科学并切合实际的编制方法，它取消了往年基数，一切从零开始，按照预算单位和部门的职责、任务目标等，区分轻重缓急，重新测算每一科目和款项的支出需求，不仅能压缩经费开支，而且能切实做到将有限的资金用在最需要的地方。

单位预算应当全面反映本单位各项收入和支出，实行综合预算，并对部门预算中的收入、支出和政府采购等预算，实行不同的编制方法。具体在预算编制过程中，应当本着遵循经济活动规律，充分考虑符合单位自身经济业务活动特点、基础数据管理水平、公共服务周期和管理需要的原则，选择或综合运用固定预算、弹性预算、滚动预算等方法编制单位内部预算。

2. 明确预算编制依据，夯实预算编制基础

单位应该根据单位级别明确预算编制依据（见表5-11），夯实预算编制基础。

表5-11　　　　政府及各部门、各单位编制年度预算草案的依据

级　　别	编制依据
各级政府	（1）预算法。 （2）年度经济社会发展目标、国家宏观调控总体要求。 （3）上级政府对编制年度预算草案的要求。 （4）中期财政规划、有关的财政经济政策以及跨年度预算平衡的需要。 （5）本级政府的预算管理职权和财政管理体制确定的预算收入范围和支出责任。 （6）上一年度预算收入情况、对本年度经济形势的预测、收入政策调整以及上级政府提前下达的转移支付预计数等。 （7）最近年度决算和有关绩效评价结果、上一年度支出预算执行情况和本年度支出政策调整等。
各部门、各单位	（1）预算法。 （2）本级政府的要求以及本级政府财政部门的部署。 （3）本部门、本单位的法定职责、工作任务、事业发展计划、中期项目规划。 （4）本级政府财政部门依照财政部规定制定的预算支出标准、资产配置标准。 （5）本部门、本单位最近年度决算和有关绩效评价结果、上一年度预算执行情

续表

级别	编制依据
各部门、各单位	况、结转和结余资金情况以及本年度预算收支变化因素。 （6）编制预算涉及人员情况、存量资产情况

在表5-11中，预算支出标准是指对预算事项合理分类并分别规定的支出限额，主要包括基本支出标准和项目支出标准。地方各级政府财政部门应当根据财政部制定的预算支出标准，结合本地区经济社会发展水平、财力可能和实际工作任务的合理需要，制定本地区或者本级的预算支出标准。绩效目标是指预算资金在一定期限内计划达到的产出和效果。绩效目标应当指向明确、细化量化、合理可行，并同预算资金相匹配，是预算编制的重要内容和依据。各级政府财政部门应当建立健全与预算管理相关的资产管理制度。各部门、各单位在编制预算草案时，应当结合存量资产情况，根据资产配置标准等要求编制新增资产配置计划，报本级政府财政部门审核。

3. 严格界定预算编制内容

行政事业单位在预算编制过程中，应该明确收支分类科目，按照其级别，根据相关规定严格编制预算，做到内容完备，合法合规。

（1）政府收支分类科目。政府收支分类科目是编制预算、决算，组织预算执行以及相关会计核算的基本工具。财政部印发的《政府收支分类改革方案》（财预[2006]13号）于2007年全面实施，改革后的政府收支分类体系由"收入分类"、"支出功能分类"、"支出经济分类"三部分构成。

收入分类主要反映政府收入的来源和性质。根据目前我国政府收入构成情况，结合国际通行的分类方法，将政府收入分为类、款、项、目四级。其中，类、款两级科目设置情况如表5-12所示。

表5-12　　　　　　　　政府收入科目分类表

类级科目	款级科目
税收收入	分设20款：增值税、消费税、营业税、企业所得税、企业所得税退税、个人所得税、资源税、固定资产投资方向调节税、城市维护建设税、房产税、印花税、城镇土地使用税、土地增值税、车船使用和牌照税、船舶吨税、车辆购置税、关税、耕地占用税、契税、其他税收收入

续表

类级科目	款级科目
社会保险基金收入	分设 6 款：基本养老保险基金收入、失业保险基金收入、基本医疗保险基金收入、工伤保险基金收入、生育保险基金收入、其他社会保险基金收入
非税收入	分设 8 款：政府性基金收入、专项收入、彩票资金收入、行政事业性收费收入、罚没收入、国有资本经营收入、国有资源（资产）有偿使用收入、其他收入
贷款转贷回收本金收入	分设 4 款：国内贷款回收本金收入、国外贷款回收本金收入、国内转贷回收本金收入、国外转贷回收本金收入
债务收入	分设 2 款：国内债务收入、国外债务收入
转移性收入	分设 9 款：返还性收入、财力性转移支付收入、专项转移支付收入、政府性基金转移收入、彩票公益金转移收入、预算外转移收入、单位间转移收入、上年结余收入、调入资金

支出功能分类主要反映政府活动的不同功能和政策目标。根据社会主义市场经济条件下政府职能活动情况及国际通行做法，将政府支出分为类、款、项三级。其中，类、款两级科目设置情况如表 5-13 所示。

表 5-13　　　　　　　　政府收入科目分类表

类级科目	款级科目
一般公共服务	分设 32 款：人大事务、政协事务、政府办公厅（室）及相关机构事务、发展与改革事务、统计信息事务、财政事务、税收事务、审计事务、海关事务、人事事务、纪检监察事务、人口与计划生育事务、商贸事务、知识产权事务、工商行政管理事务、食品和药品监督管理事务、质量技术监督与检验检疫事务、国土资源事务、海洋管理事务、测绘事务、地震事务、气象事务、民族事务、宗教事务、港澳台侨事务、档案事务、共产党事务、民主党派及工商联事务、群众团体事务、彩票事务、国债事务、其他一般公共服务支出
外交	分设 8 款：外交管理事务、驻外机构、对外援助、国际组织、对外合作与交流、对外宣传、边界勘界联检、其他外交支出
国防	分设 3 款：现役部队及国防后备力量、国防动员、其他国防支出
公共安全	分设 10 款：武装警察、公安、国家安全、检察、法院、司法、监狱、劳教、国家保密、其他公共安全支出
教育	分设 10 款：教育管理事务、普通教育、职业教育、成人教育、广播电视教育、留学教育、特殊教育、教师进修及干部继续教育、教育附加及基金支出、

续表

类级科目	款级科目
教育	其他教育支出
科学技术	分设 9 款：科学技术管理事务、基础研究、应用研究、技术研究与开发、科技条件与服务、社会科学、科学技术普及、科技交流与合作、其他科学技术支出
文化体育与传媒	分设 6 款：文化、文物、体育、广播影视、新闻出版、其他文化体育与传媒支出
社会保障和就业	分设 17 款：社会保障和就业管理事务、民政管理事务、财政对社会保险基金的补助、补充全国社会保障基金、行政事业单位离退休、企业关闭破产补助、就业补助、抚恤、退役安置、社会福利、残疾人事业、城市居民最低生活保障、其他城镇社会救济、农村社会救济、自然灾害生活救助、红十字事业、其他社会保障和就业支出
社会保险基金支出	分设 6 款：基本养老保险基金支出、失业保险基金支出、基本医疗保险基金支出、工伤保险基金支出、生育保险基金支出、其他社会保险基金支出
医疗卫生	分设 10 款：医疗卫生管理事务、医疗服务、社区卫生服务、医疗保障、疾病预防控制、卫生监督、妇幼保健、农村卫生、中医药、其他医疗卫生支出
环境保护	分设 10 款：环境保护管理事务、环境监测与监察、污染防治、自然生态保护、天然林保护、退耕还林、风沙荒漠治理、退牧还草、已垦草原退耕还草、其他环境保护支出
城乡社区事务	分设 10 款：城乡社区管理事务、城乡社区规划与管理、城乡社区公共设施、城乡社区住宅、城乡社区环境卫生、建设市场管理与监督、政府住房基金支出、国有土地使用权出让金支出、城镇公用事业附加支出、其他城乡社区事务支出
农林水事务	分设 7 款：农业、林业、水利、南水北调、扶贫、农业综合开发、其他农林水事务支出
交通运输	分设 4 款：公路水路运输、铁路运输、民用航空运输、其他交通运输支出
工业商业金融等事务	分设 18 款：采掘业、制造业、建筑业、电力、信息产业、旅游业、涉外发展、粮油事务、商业流通事务、物资储备、金融业、烟草事务、安全生产、国有资产监管、中小企业事务、可再生能源、能源节约利用、其他工业商业金融等事务
其他支出	分设 3 款：预备费、年初预留、其他支出
转移性支出	分设 9 款：返还性支出、财力性转移支付、专项转移支付、政府性基金转移支付、彩票公益金转移支付、预算外转移支出、预算单位间转移支出、调出资金、年终结余

支出经济分类主要反映政府支出的经济性质和具体用途。支出经济分类设类、款两级，科目设置情况如表 5-14 所示。

表 5-14　　　　　　　　　　政府支出经济分类表

类级科目	款级科目
工资福利支出	分设 10 款：基本工资、津贴补贴、奖金、住房公积金、提租补贴、购房补贴、社会保障缴费、伙食费、伙食补助费、其他工资福利支出
商品和服务支出	分设 30 款：办公费、印刷费、咨询费、手续费、水费、电费、邮电费、取暖费、物业管理费、交通费、差旅费、出国费、维修（护）费、租赁费、会议费、培训费、招待费、专用材料费、装备购置费、工程建设费、作战费、军用油料费、军队其他运行维护费、被装购置费、专用燃料费、劳务费、委托业务费、工会经费、福利费、其他商品和服务支出
对个人和家庭的补助	分设 11 款：离休费、退休费、退职（役）费、抚恤金、生活补助、救济费、医疗费、助学金、奖励金、生产补贴、其他对个人和家庭的补助支出
对企事业单位的补贴	分设 4 款：企业政策性补贴、事业单位补贴、财政贴息、其他对企事业单位的补贴支出
转移性支出	分设 4 款：不同级政府间转移性支出、同级政府间转移性支出、不同级预算单位间转移性支出、同级预算单位间转移性支出
赠与	分设 2 款：对国内的赠与、对国外的赠与
债务利息支出	分设 6 款：国库券付息、向国家银行借款付息、其他国内借款付息、向国外政府借款付息、向国际组织借款付息、其他国外借款付息
债务还本支出	分设 2 款：国内债务还本、国外债务还本
基本建设支出	分设 9 款：房屋建筑物购建、办公设备购置、专用设备购置、交通工具购置、基础设施建设、大型修缮、信息网络购建、物资储备、其他基本建设支出
其他资本性支出	分设 9 款：房屋建筑物购建、办公设备购置、专用设备购置、交通工具购置、基础设施建设、大型修缮、信息网络购建、物资储备、其他资本性支出
贷款转贷及产权参股	分设 6 款：国内贷款、国外贷款、国内转贷、国外转贷、产权参股、其他贷款转贷及产权参股支出
其他支出	设 5 款：预备费、预留、补充全国社会保障基金、未划分的项目支出、其他支出

随着政府收支分类改革的不断深入，财政部根据预算管理需要，可以对政府收支分类科目作出调整并予以公布，中国人民银行基本上每年都会出台当年的政

府收支分类科目，不断对收支分类科目进行细化。行政事业单位在编制预算时候要及时根据最新规定更新其分类科目。

（2）各级政府、单位预算编制内容。虽然在前文中，我们介绍了预算范围，但是编制预算的政府或者单位的级别不同，预算草案的内容也就不尽相同。单位预算具体编制内容如表 5-15、表 5-16、表 5-17 所示。

表 5-15　　　　　中央和地方一般公共预算编制内容

级别		编制内容
中央	收入	本级一般公共预算收入、从政府性基金预算和国有资本经营预算调入资金、地方上解收入、从预算稳定调节基金调入资金
	支出	本级一般公共预算支出、偿还政府债务本金支出、对地方的税收返还和转移支付、补充预算稳定调节基金
地方	收入	本级一般公共预算收入、从政府性基金预算和国有资本经营预算调入资金、上级税收返还和转移支付、下级上解收入、从预算稳定调节基金调入资金、其他调入资金
	支出	本级一般公共预算支出、偿还政府债务本金支出、上解上级的支出、对下级的税收返还和转移支付、补充预算稳定调节基金

备注：中央财政本年度举借的国内外债务和还本数额应当在本级预算中单独列示。

表 5-16　　　　　中央和地方政府性基金预算编制内容

级别		编制内容
中央	收入	本级收入、上一年度结余、地方上解收入
	支出	本级支出、对地方的转移支付、向一般公共预算调出资金
地方	收入	本级收入、上一年度结余、下级上解收入、上级转移支付
	支出	本级支出、上解上级支出、对下级的转移支付、向一般公共预算调出资金

表 5-17　　　国有资本经营预算和社会保险基金预算具体编制内容

级别		编制内容
国有资本经营预算	收入	本级收入、上一年度结余、上级转移支付
	支出	本级支出、向一般公共预算调出资金、对下级的转移支付
社会保险基金预算	收入	社会保险费收入、利息收入、投资收益、一般公共预算安排补助收入及其他收入
	支出	社会保险待遇支出及其他支出

此外，各部门、各单位预算编制的内容应当包括收入和支出。其中，收入包括本级预算拨款收入、预算拨款结转结余、其他各项收入；支出包括基本支出、项目支出。各部门、各单位的预算支出，按其功能分类应当编列到项，按其经济性质分类应当编列到款。按功能分类编列到项的支出应当与按经济性质分类编列到款的支出相互衔接。

4. 规范单位预算编报程序和要求

单位应根据《预算法》《预算法实施条例》《行政单位财务规则》《事业单位财务规则》等相关规定，按照"两上两下、上下结合、分级编制、归口审核"的要求规范单位预算编制程序，明确预算编制要求。一般来说，单位预算可按照以下程序编制。

（1）单位财务部门根据同级财政部门下达的预算编制规定和要求，制定本单位预算编制时间安排和要求，对单位内设机构预算编制人员进行预算编制培训，准备预算编制模板，部署预算编制工作。

（2）单位各内设机构按照预算编制规则和要求，依据自身职能履行和工作计划需要，并结合上期预算执行情况编制本机构预算计划，使其与实际工作相对应。

（3）归口部门对单位各内设机构提出的三公预算、采购预算、资产预算、信息预算和工程修缮预算等支出需求，进行汇总初审并在内部平衡实际需要，同类事项统一标准，政策流程统一把关，避免多头重复申报。

（4）单位财务部门进行汇总审核和综合平衡收支预算，确定单位收支总盘子，测算、提出单位预算建议数，提交单位领导审批。

（5）单位领导班子对预算建议数进行审批，内部审批通过后由单位财务部门在上级相关部门规定的时间内报同级财政部门审核，财政部门对预算建议数审核无误后，下达预算控制数。

（6）单位财务部门根据财政部门下达的预算控制数，组织单位内设机构进行预算指标的分解细化，明确各内设机构、各业务的具体预算额度。

（7）预算控制数分解完成后由单位领导审批，并经上级主管部门审批通过后报送同级财政部门审核，经财政部门批复的预算方案，单位正式下达各内设机构。

同时，单位应按照基本支出预算编制实行定员定额管理，项目支出预算实行项目库管理，项目支出预算滚动管理，细化基本支出和项目支出预算编制要求，切实做好项目考察论证、筛选和最终确定，按照轻重缓急将有限的资金优先安排到最急需的项目，把预算编细、编实、编准。

5. 合理设计预算目标及指标体系

各单位应当按照"财务指标为主体、非财务指标为补充"的原则设计预算指标体系，根据单位职能发展规划、年度工作目标任务设定预算目标，将单位各项经济活动的各个环节、各个方面的内容都纳入预算指标体系当中，并确保与绩效评价指标协调一致，按照各责任主体在工作性质、权责范围、业务活动特点等方面的不同，设计不同或各有侧重的预算指标体系。

6. 强化预算编制的时间要求

地方各级政府、各部门、各单位应当于每年 6 月 30 日前启动下一年度预算草案编制工作。各单位应当根据自身规模大小、组织结构和经济活动的复杂性、预算编制工具和熟练程度、预算开展的深度和广度等因素，确定合适的预算编制时间，并严格按时间进度编制预算，确保预算草案编制工作在预算年度开始前如期完成。

县级以上地方各级政府各部门应当根据本级政府要求和本级政府财政部门的部署，结合本部门的具体情况，组织编制本部门及其所属各单位的预算草案，按照规定期限报本级政府财政部门审核；县级以上地方各级政府财政部门审核本级各部门的预算草案，编制本级政府预算草案，汇编本级总预算草案，经本级政府审定后，按照规定期限报上一级政府财政部门；省、自治区、直辖市政府财政部门汇总的本级总预算草案，应当于下一年 1 月 10 日前报财政部。

（三）预算批复控制

1. 明确预算批复的责任主体

各单位应当设立预算业务归口管理机构，明确其对单位内部的预算批复工作统一管理的责任；设置预算管理岗完成单位内部预算批复工作，对财政预算进行分解细化，并对内部预算指标的名称、额度、开支范围和执行方式进行逐一界定；设立预算领导小组（或通过单位最高决策机构会议）对预算指标的内部分配实施统一决策。

2. 规范预算批复的程序和要求

预算批复是单位按照财政/上级部门预算批复结果，在单位内部根据部门/下属单位的业务职能和分工，以预算指标的方式进行逐级分解，批复下达。具体来说，单位应按照以下程序开展内部预算批复下达。

（1）单位收到上级单位下达的年度预算后，由财务部门根据单位内部管理需要进行内部预算分解，并提交单位预算决策机构审定。

（2）财务部门根据单位预算决策机构审定的内部预算分解方案，将预算批复至各业务部门，归口预算批复至归口统筹部门，同时明确内部预算的收入指标任务和支出指标的开支范围和执行方式。

（3）归口统筹部门根据单位内部实际情况一次性统筹批复或逐步调度批复其归口管理事项的预算指标，达到归口统筹的管理目标。

单位应根据批复的年度预算，围绕工作计划和任务对单位各业务部门提出管理目标、要求和责任，分解预算指标，落实管理责任，保证年度预算完成。单位财务部门应将内部预算批复至具体的指标名称和具体内容，并严格按照预算批复用途，在允许开支范围内明确具体经济科目，按收支管理办法明确各事项的预算执行方式和支出类型。

3. 合理选用预算批复的方式

内部预算指标的批复，可以根据实际情况综合运用总额控制、逐项批复、分期批复、上级单位统筹管理、归口部门统一管理等下达方式。内部预算批复下达时，应结合实际预留机动财力，对于在预算批复时尚无法确定事项具体内容的业务，可先批复下达该类事项的总额，在预算执行过程中履行执行申请与审批管理；由上级单位统筹管理的预算，可一次性或分次分批下达预算指标，以保留适当的灵活性，从而避免内部预算频繁调整。

4. 分解平衡、细化调整预算控制数

增加对预算控制数的分解与细化调整的论证，寻求专业人士的支持和帮助，避免由于专业性的不足和沟通的缺乏，而导致最终的预算控制数的分解平衡、细化调整不合理。

（四）预算下达控制

根据《单位内控规范》第二十一条规定："单位应当根据内设部门的职责和分工，对按照法定程序批复的预算在单位内部进行指标分解、审批下达，规范内部预算追加调整程序，发挥预算对经济活动的管控作用。"

1. 合理运用预算指标分解的原则和方法

预算指标分解是按照单位各部门/下属单位业务工作计划对预算资金进行的资源匹配，既包括对单位业务工作计划的资金支撑，将预算批复落实到具体业务部门，完成单位内部财权和事权的科学匹配，也要对业务工作计划的金额、标准和具体支出方向进行限定。

指标分解落实应当遵循定量化、全局性、可控性原则。预算指标的分解要明确、具体，便于执行和考核；预算指标的分解要有利于单位总体目标的实现；赋予责任部门和责任人的预算指标应当是通过该责任部门或责任人的努力可以达到的，责任部门或责任人以其责权范围为限，对预算指标负责。

单位财务部门收到上级财政部门的年度预算批复后，应当在本单位年度预算总额控制范围内，统筹考虑自有资金和结余资金，将内部预算指标层层分解细化，从横向、纵向、时间三个方面细化落实到单位各内设机构、各业务环节和各岗位，形成全方位的预算指标体系。其中，横向分解是指预算指标构成要素的细化，是将预算指标分解为若干相互关联的因素，寻找影响预算目标的关键因素并加以控制；纵向分解是指将各项预算指标层层落实到最终的岗位和个人，明确责任部门和责任人；时间分解是指将年度预算指标分解细化为季度、月度预算，通过实施分期预算控制，实现年度预算目标。

2. 细化落实未分配到部门和下级财政的预算

对于年初没有落实到具体单位的本级代编预算、执行中上级下达的转移支付等财政资金，各级财政部门要会同有关部门结合经济和社会事业发展情况，抓紧落实到具体单位。本级代编预算要尽量在 6 月 30 日前分配下达；超过 9 月 30 日仍未落实到部门和单位且无正当理由的，除据实结算项目外，全部收回总预算。上级转移支付要在收到后 30 日内分解下达到本级有关部门和下级财政。对于执行中情况发生变化而无法执行的项目，以及无须再支出的据实结算项目，要及时收回总预算，重新安排用于经济社会发展亟须资金支持的领域。各地区、各部门要在依法合规、确保工程质量安全的前提下，加快基建工程及其支出进度，尽早形成实物工作量[①]。

3. 严格控制预算批复下达的比例和进度

单位要及时批复部门预算，严格按照预算、用款计划、项目进度、有关合同和规定程序及时办理资金支付，涉及政府采购的应严格执行政府采购有关规定。进一步提高提前下达转移支付预计数的比例，按因素法分配且金额相对固定的转移支付提前下达的比例要达到 90%。加快转移支付预算正式下达进度，除据实结算等特殊项目外，中央对地方一般性转移支付在全国人大批准预算后 30 日内正式下达，专项转移支付在 90 日内正式下达。省级政府接到中央一般性转移支付或专项转移支付后，应在 30 日内正式下达到县级以上地方各级政府[②]。

4. 杜绝预算指标截留行为

单位应采取严厉措施杜绝预算下达过程中截留预算指标的行为，一经发现严惩不贷。

（五）预算追加调整控制

预算调整是预算管理中一个必不可少的环节，是确保预算顺利执行的必要措施。一方面，在预算执行过程中，由于机构调整和职能转变，尤其是当国家政策发生重大变化时，如果片面强调预算的刚性，预算就会变得呆板僵化，妨碍单位的有效运作，此时预算调整就必不可少；另一方面，预算调整又是一个十分规范的过程，必须建立严格规范的调整审批制度和程序，必须按照规定的程序进行调整，在变化中求不变。鉴于预算调整的重要性，且根据《单位内控规范》第二十一条的规定，单位应当规范预算追加调整的程序，加强预算追加调整环节的控制，保证预算追加调整依据充分、项目方案合理、程序合规。

1. 明确预算追加调整发起的条件

单位应当在有关预算管理制度中明确预算追加调整的因素、条件，当单位各

---

① 中华人民共和国财政部．关于进一步加强财政支出预算执行管理的通知［Z］．2014-5-21．
② 中华人民共和国财政部、国务院关于深化预算管理制度改革的决定［Z］．2014-9-26．

部门出现实际特殊问题或者国家有关政策法规发生重大变化，导致预算执行发生重大差异确需调整预算的，应当履行严格的审批程序。

（1）根据《中华人民共和国预算法》（2014年修正）规定，经全国人民代表大会批准的中央预算和经地方各级人民代表大会批准的地方各级预算，在执行中出现下列情况之一的，应当进行预算调整：

① 需要增加或者减少预算总支出的；
② 需要调入预算稳定调节基金的；
③ 需要调减预算安排的重点支出数额的；
④ 需要增加举借债务数额的。

（2）在预算执行中，各级政府一般不制定新的增加财政收入或者支出的政策和措施，也不制定减少财政收入的政策和措施；必须作出并需要进行预算调整的，应当编制预算调整方案，预算调整方案应当说明预算调整的理由、项目和数额。由于发生自然灾害等突发事件，必须及时增加预算支出的，应当先动支预备费；预备费不足支出的，各级政府可以先安排支出，属于预算调整的，列入预算调整方案。此外，地方各级政府因上级政府增加不需要本级政府提供配套资金的专项转移支付而引起的预算支出变化，不属于预算调整。

2. 强化预算调整的原则

单位预算调整首先要严格依照国家宪法、预算法的精神和要求进行，符合单位职能目标和年度工作规划；其次对于预算调整要进行严格限制，非特定原因不能进行预算调整；再次对于必要的预算调整应进行必要的审查，对预算调整实现的经济和社会效益的情况进行评估。

3. 规范预算调整程序

单位预算调整应当由各预算业务管理执行部门提出书面申请，阐述部门预算执行的具体情况，客观因素变化情况及其对预算执行造成的影响程度，并提出相应的预算调整的具体申请项目和金额，再由预算业务管理工作机构、预算业务管理决策机构逐级审批。

（六）预算执行控制

行政事业单位应严格按照预算实施各项经济活动，合理安排各项资金，不得超预算安排支出。《单位内控规范》第二十二条规定："单位应当根据批复的预算安排各项收支，确保预算严格有效执行。单位应当建立预算执行分析机制。定期通报各部门预算执行情况，召开预算执行分析会议，研究解决预算执行中存在的问题，提出改进措施，提高预算执行的有效性。"

1. 预算执行申请控制

（1）明确提出执行申请的标准。预算业务管理执行部门必须在明确的预算指标下提出执行申请，凡预算批复时确定为一事一议方式的，在未经过指标申请和审批前，不能提出执行申请。执行申请受预算指标当前可用额度控制，不能超可用额度提出申请。执行申请时，必须将指标、支出事项和执行申请——对应，必须符合指标批复时的业务范围以及经费支出管理办法和细则的相关规定。

（2）合理安排预算执行申请的审批。执行申请提出后，交业务执行部门负责人批示，单位设置预算归口部门的提交归口部门进行归口审核。归口审核时，按经费支出管理办法中的审批权限规定，不同类型费用由相应归口部门进行审核，之后由预算业务管理工作机构审核，执行申请经工作机构审核后，按规定的审批权限进行审批。单位还应根据业务部门的情况，根据不同类型业务分类设定多层级的预算指标申请审批权限。对业务涉及的金额、性质、种类制定不同的审批流程。

（3）明确预算执行的方式。预算执行一般包括三种方式：直接执行、执行申请、政府采购执行。业务部门应根据经费支出事项的分类，选择预算执行方式，财务部门应当给予指导和审核。其中，直接执行适用于在预算内部审批下达阶段就已明确预算指标、支出标准和指出防线的业务，如支付物业费、水电费等，直接执行的审批程序相对简化，相关业务部门应当严格按照预算指标、支出标准和支出方向办理；执行申请适用于支出总额明确但具体内容需随着工作开展才能进一步明确的业务事项，如课题研究等专项经费等，对于这类事项一般采取一事一议的方式，在总额度之内提出预算指标申请和预算执行申请，经过审核和审批之后，才能办理相关业务事项和支付款项；政府采购执行是指按照政府采购有关政策规定和政府采购预算及计划，办理政府业务采购。

（4）建立预算执行监控机制。单位应实施对预算执行过程的有效监控，随时了解预算执行的实际情况，并反馈给相关部门，防止预算执行进度偏快或偏慢，能及时发现问题并予以纠正。对于预算执行过程中形成的文档资料进行妥善保管，定期或者不定期对单位预算执行情况进行检查，及时通报预算执行的相关信息，发现和纠正预算执行中存在的问题。

（5）建立预算执行分析机制。《单位内控规范》第二十二条第二款规定："单位应当建立预算执行分析机制。定期通报各部门预算执行情况，召开预算执行分析会议，研究解决预算执行中存在的问题，提出改进措施，提高预算执行的有效性。"为此，行政事业单位应当建立完善预算执行情况分析制度，如定期召开预算执行分析会议，研究分析预算执行中存在的问题，对财政拨款规模较大的重点单位、重点项目进行重点分析，加强对垂直管理下级单位的指导。各级财政部门要及时掌握预算执行动态，深入分析预算执行中反映出的各类问题，特别是要加强对预算收支执行、国库存款、结转结余、暂付暂存款和财政专户资金的分析，研究采取切实可行的操作管理办法，并要结合各地区、各部门预算执行和排名情况，提出具体工作目标和改进措施。

为确保预算分析结果客观公正、准确到位，单位应当规范预算分析流程、方法，选择那些对单位目标实现有重要影响的预算项目，根据不同情况采用定量分析和定性分析相结合的方法，充分反映预算执行单位的现状、发展趋势及潜力，分析预算执行中存在的问题及其产生原因，落实预算责任，并及时提出改进措施与建议纠正偏差。预算分析流程一般包括确定分析对象、收集资料、确定差异及分析原因、提出措施及反馈报告等环节。

（6）健全预算执行情况反馈与报告机制。为全面掌握预算执行的动态和结果，单位应当建立健全预算执行情况反馈与报告工作机制，确保预算执行信息及时、畅通和有效的传输。预算归口管理机构应当加强与本级内设机构及下属各预算执行单位的沟通，运用财务信息和其他相关资料监控预算执行情况，采用恰当方式及时向单位领导、预算最高决策机构、本级内设机构及下属各预算执行单位报告、反馈预算执行进度、执行差异及其对预算目标的影响。

单位可通过采取定期召开预算例会、定期编报预算差异分析报表或预算反馈报告等主要形式反馈预算执行情况。预算信息反馈和报告应简洁、明晰，注重信息内容的真实性、及时性、系统性和有用性。针对预算执行中存在的问题，单位预算归口管理机构应在报告中提出改进措施和建议，经单位领导批准后协调各内设机构、下属各预算执行单位解决，确保年度预算目标的全面实现。

（7）建立健全预算支出考核机制。单位要建立健全预算支出考核制度，明确考核指标。同一部门通过不同预算分别安排的支出，都要纳入执行进度考核范围。对于所属单位当年预算执行进度低于平均进度且无正当理由的，核减下一年该单位项目经费；对某一预算年度安排的项目支出连续两年未使用、或者连续三年仍未使用完形成的剩余资金，视同结余资金管理。各级财政部门要建立预算执行与预算编制挂钩制度，对本级部门和下一级地区的预算执行进度进行考核，建立以减少存量资金、提高资金使用效率为核心的预算执行考核评价体系，对于支出进度较低、存量资金数额较大的部门或地区，在安排下年预算和分配转移支付资金时，也要予以适当核减。

（8）通过有效沟通协调，保障单位预算执行进度。各级财政部门对于预算执行不力的本级部门和下一级地区，应采取通报、调研或约谈等方式，提出加快预算执行的建议，推动有关部门或地区查找原因并改进工作。上级财政部门要继续完善地方支出进度月度通报机制，对排名靠后的下一级财政部门，将支出进度情况通报同级政府分管财政工作的领导，下一级财政部门要撰写情况说明报送上级财政部门。

（9）建立预算执行情况动态预警机制。单位应当结合自身特点，根据预算执行过程中记录的数据资料，科学选择预警指标，合理确定预警范围及标准，通过观察指标变化及时发出预警信号，单位根据指标数据对业务活动进行预测和诊断，积极采取应对策略，避免潜在的风险和问题，起到防患于未然的作用。

2. 资金支付控制

（1）明确预算资金拨款和支付顺序、原则。预算年度开始后，各级预算草案在本级人民代表大会批准前，可以提前安排的支出包括：

① 上一年度结转的支出；

② 参照上一年同期的预算支出数额安排必须支付的本年度部门基本支出、项目支出，以及对下级政府的转移性支出；

③ 法律规定必须履行支付义务的支出，以及用于自然灾害等突发事件处理的支出。

各级政府财政部门应当加强对预算资金拨款和支付的管理，并遵循下列原则：

① 按照预算拨付，即按照批准的年度预算和用款计划拨付资金。除预算法第

五十四条规定的情形外，不得办理无预算、无用款计划、超预算、超计划的资金拨付，不得擅自改变支出用途；

②按照规定的预算级次和程序拨付，即根据用款单位的申请，按照用款单位的预算级次和审定的用款计划，按照财政部门规定的预算资金拨付程序办理拨付，不得办理违反规定程序的资金拨付；

③按照进度拨付，即根据各用款单位的实际用款进度拨付资金。

（2）做好支取的前期准备工作。各部门和单位应根据工作和项目发展计划，做好预算执行的前期准备，特别是重大项目的准备工作。要根据年度预算安排和项目实施进度等情况，认真编制分月用款计划，及时提出支付申请。地方各级财政部门要会同有关部门做好转移支付资金拨付的前期准备，力争做到资金一旦下达，及时分配使用。

（3）严格资金支付审批控制。资金支付之前，必须履行审批程序，并在报销时附上相应的事前审批文件。单位应对各项经费支出的审批权限进行金额上的详细规定，按照经费支出性质，分别由业务部门负责人、财务部门负责人审批，超过限额则由更高级单位负责领导审批。二级单位也要对各项经费支出的审批权限进行相应的限定。

各级财政部门要加快资金审核和支付，内设相关机构要各司其职、各负其责。要认真审核各部门和单位的用款申请，对重点和大额支出项目，审核后要跟踪后续进展；要及时下达用款额度并办理资金支付，对基本支出按照年度均衡性原则支付，对项目支出按照项目实施进度和合同约定支付，对据实结算项目根据实际需要引入预拨和清算制度。

（4）加强借垫款和权责发生制核算管理。规范会计核算，全面清理已发生的财政借垫款。对符合制度规定的临时性借垫款，应及时收回核销；对符合制度规定应当在支出预算中安排的款项，按规定列入预算支出；对不符合制度规定的财政借垫款要限期收回。严格权责发生制核算范围，地方各级财政应按规定使用权责发生制，不得超范围列支。

（5）借款和报销控制。报销必须履行报销手续，并经合理审批方能付款。对单位提交的借款申请或报销申请审核时，重点审核经费支出事前审批程序是否完整；借款额度或报销额度是否超过部门预算指标；借款额度或报销额度是否超过可执行预算额度；借款或报销的支出范围和方向是否符合预算指标使用范围及方向；是否据实提供了合法、有效的报销票据，报销票据是否与支出方向保持一致等问题。借款申请或报销申请审核完毕后，单位财务部门会计岗应明确部门借款或直接报销的国库指标以及对应的账户类型。

（七）决算控制

《单位内控规范》第二十三条规定："单位应当加强决算管理，确保决算真实、完整、准确、及时，加强决算分析工作，强化决算分析结果运用，建立健全单位预算与决算相互反映、相互促进的机制。"具体说来，单位应从以下几个方面做好决算编制工作控制。

1. 根据年度预算加强决算报告编制

每年年终，行政事业单位要按照财政部门的工作部署，制定所属各单位决算草案的具体编制办法，明确决算报告的编制范围、编制内容、工作组织、填报审核、汇总上报、质量核查及数据资料管理等方面的工作规范，在规定的时间内编制和报送决算。

行政事业单位应当在全面清理核实收入、支出、资产、负债，并办理年终结账的基础上编制决算：

（1）应当按照行政、事业单位财务会计制度规定及财政部门对部门预算的批复文件，及时清理收支账目、往来款项，核对年度预算收支和各项缴拨款项。各项收支应当按规定要求进行年终结账。

（2）应当按照综合预算管理规定，如实反映年度内全部收支，不得隐匿收入或虚列支出。凡属本年的各项收入应当及时入账，本年的各项应缴国库款和应缴财政专户款应当在年终前全部上缴。属于本年的各项支出，应当按规定的支出渠道如实列报。

（3）应当根据登记完整、核对无误的账簿记录和其他有关会计核算资料编制决算，做到数据真实正确、内容完整、账证相符、账实相符、账表相符、表表相符。

各单位应当按照主管部门的布置，认真编制本单位决算草案，决算必须符合法律、行政法规，做到收支真实、数额准确、内容完整、报送及时。决算草案应当与预算相对应，按预算数、调整预算数、决算数分别列出。一般公共预算支出应当按其功能分类编列到项，按其经济性质分类编列到款。

2. 明确审核方式和形式，认真做好决算审核

各单位应当认真做好会计决算报告的审核工作，根据实际情况采取自行审核、集中会审、委托审核等多种形式，综合运用人工审核与计算机审核相结合的方法，确保上报数据资料真实、完整、准确。

（1）决算审核方式。部门决算审核应当采取人工审核和计算机审核相结合方式进行，审核方法主要包括政策性审核、规范性审核等。政策性审核主要依据部门预算、现行财务会计制度和有关政策规定，对部门决算进行审核；规范性审核侧重于决算编制的正确性和真实性及勾稽关系等方面的审核。

（2）决算审核形式。部门决算的审核可根据实际情况采用自行审核、集中会审、委托审核等多种形式。

① 自行审核：各部门在报送部门决算前自行将本部门纸质报表、电子介质数据以及相关资料，按规定的审核内容进行逐项审核。

② 集中会审：各地区、各部门组织专门力量对本地区、本部门行政事业单位编制的决算纸质报表、电子介质数据以及相关资料，按照财政部门的标准及要求集中进行审核。

③ 委托审核：各地区、各部门在遵循有关法律法规的前提下，可委托中介机构对本地区、本部门行政事业单位编制的决算纸质报表、电子介质数据以及相关资料进行审核。

（3）决算报告审核内容。决算报告审核的主要内容包括：

① 审核编制范围是否完整，是否有漏报和重复编报现象。

② 审核编制方法是否符合国家统一的财务会计制度，是否符合行政事业单位会计决算报告的编制要求。

③ 审核编制内容是否真实、完整、准确，审核单位账簿与报表是否相符、金额单位是否正确，有无漏报、重报以及虚报和瞒报项目等现象部门，决算纸介质数据与电子介质数据、分户数据与汇总数据是否保持一致。

④ 审核决算数据年度间变动是否合理，变动较大事项是否附有相关文件依据

⑤ 对报表与上年数据资料进行核对，审核数据变动是否合理。

单位应当认真做好部门决算审核工作，凡发现决算编制不符合规定，存在漏报、重报、虚报、瞒报、错报以及相关数据不衔接等错误和问题，应当要求有关部门立即纠正，并限期重新报送。

3. 突出对决算数据的分析和结果运用

行政事业单位编制决算的目的不仅在于反映单位的预算执行情况，更重要的是提供可供分析的数据，以此来考核内部各部门的预算执行情况、资金和实物资产的使用情况、为履行职能所占用和耗费资源的情况，针对存在的问题提出改进建议，从而进一步提升单位的内部管理水平，提高财务资金使用效益。

单位决算分析的主要内容包括：预算与决算差异分析；收入、支出、结余年度间变动原因分析；财政资金使用效益分析；部门资产、负债规模与结构分析；机构、人员及人均情况对比分析；以及满足财政财务管理与宏观经济决策需要的各项专题分析等。

单位应当综合运用多种方法进行分析，主要包括：分类比较法、趋势分析法、比率分析法、因素分析法等。

决算数据分析流程一般包括：收集数据资料、确定差异、分析原因、提出措施、反馈报告等环节。其中，数据资料包括财务数据和非财务数据，分析方法包括定量分析法和定性分析法。行政事业单位通过比较分析法确定当年的预算执行结果和预算目标的差异后，应采用比率分析法、因素分析法等方法分析预算指标的完成程序和偏离预算的原因，通过定性分析法对差异原因进行深入分析，找出造成预决算差异的关键问题和原因，落实责任部门的责任人，并将分析结果报告给预算管理委员会、反馈给各业务部门（预算业务管理执行机构），以便于督促各业务部门自觉提高预算执行的规范性、有效性，维护预算的权威性和约束力。此外，还可以运用趋势分析法进行历史数据比对，找出单位财务收支的变化规律和趋势，重点分析各项支出安排是否合理、项目支持是否达到了法定的效果，为以后年度的预算编制提供重要参考依据。

此外，单位要充分利用计算机、网络等方式，推动部门决算数据共享工作，提高决算数据的利用效率。

4. 建立健全预决算协调机制

单位应建立健全决算和预算有效衔接、相互反映、相互促进的协调机制。决算编制人员要对预算执行情况进行如实反映和总结,作为单位预算执行情况考评的依据,本年决算数据是下一年度预算编制的参考。

(八)考评控制

《单位内控规范》第二十四条规定:"单位应当加强预算绩效管理,建立'预算编制有目标、预算执行有监控、预算完成有评价、评价结果有反馈、反馈结果有应用'的全过程预算绩效管理机制。"

要树立绩效管理不仅仅是在预算执行完成后所进行的事后评价,而是一个贯穿于预算管理全过程的,旨在提高预算管理效率效果的一项管理活动理念。绩效评价,就是对绩效管理的全过程进行评价,为此,考评控制应从以下几个方面着手:

1. 建立完善预算绩效评价的管理制度

单位应当依据《财政支出绩效评价管理暂行办法》(财预〔2011〕285号),制定本单位的具体预算绩效管理办法,指导本单位的预算绩效管理工作,促进绩效管理的提升,这是进行预算绩效评价控制的基础。

2. 对预算展开全面、综合的考评

单位要在预算执行过程中进行全过程的动态考核,针对财政资金的使用情况,利用预算资金的使用效益、资金利用率等多种财务指标进行考核,及时对财政资金的使用情况进行反馈和处理,保证财政资金的使用和预算目标一致。

3. 要注重绩效评价结果的运用

要充分发挥绩效评价报告的作用,依据评价报告的内容,针对其中的好的地方要积极推广经验,不足的地方要及时改进。以此来提升绩效管理的水平,发现和解决预算管理中存在的问题和不足。同时要通过制度性的措施保障对绩效评价结果的运用,防止一些顽固问题的反复发作,绩效评价结果被束之高阁。

4. 加强评价结果的反馈

要及时高效地把预算绩效评价结果反馈给相关的业务单位、财务部门、预算管理委员会等机构,让他们及时了解绩效评价的结果,并据此制定奖惩措施。

第六章

收支业务控制建设

一、收支业务概述

行政事业单位的收支业务与资金流转密切相关,是单位运行中的核心业务之一,也是内部控制的管控重点。近些年来,"阳光财政"、"透明政府"等一系列新的理念逐渐为民众所认同,公民要求"知情权"的意愿越来越强烈,"三公"经费的公开已成为社会热点。无论是行政事业单位自身的要求,还是社会公众对行政事业单位经费支出的关注,行政事业单位都应该加强收支业务控制建设。

在上一章中我们介绍了预算业务控制,预算业务主要从计划的角度来控制,主要用于控制行政事业单位实际收支偏离计划的幅度,而收支业务控制主要是保证收支业务本身的合法合规和即时缴库、及时入账。

(一)行政事业单位收支定义

1. 行政单位收支定义

根据财政部于 2012 年 12 月 6 日发布的《行政单位财务规则》(财政部令 71 号)的规定,行政单位收入是指行政单位依法取得的非偿还性资金,包括财政拨款收入和其他收入。其中,财政拨款收入是指行政单位从同级财政部门取得的财政预算资金;其他收入是指行政单位依法取得的除财政拨款收入以外的各项收入。

需要注意的是,行政单位依法取得的应当上缴财政的罚没收入、行政事业性收费、政府性基金、国有资产处置和出租出借收入等具有代收性质的资金虽然根据《行政单位财务规则》不属于行政单位的收入，按照"收支两条线"的原则，行政单位应该将这些上缴国库或者财政专户，但是在实际业务中，某些行政单位出现截留、挪用应缴财政的代收资金、私设"小金库"等违规问题，已经成为单位收入管理中风险较高的业务。因此，对行政事业单位内部控制而言，我们将此类收入也包括在收入业务控制之列。

行政单位支出是指行政单位为保障机构正常运转和完成工作任务所发生的资金耗费和损失，包括基本支出和项目支出。其中，基本支出是指行政单位为保障机构正常运转和完成日常工作任务发生的支出，包括人员支出和公用支出；项目支出是指行政单位为完成特定的工作任务，在基本支出之外发生的支出。

2. 事业单位收支定义

根据财政部于2012年2月7日发布的《事业单位财务规则》（财政部令第68号）和2012年12月5日发布的《事业单位会计准则》（财政部令第72号）的规定，事业单位收入是指事业单位为开展业务及其他活动依法取得的非偿还性资金，包括财政补助收入、事业收入、上级补助收入、附属单位上缴收入、经营收入、其他收入等。财政补助收入是指事业单位从同级财政部门取得的各类财政拨款。事业收入是指事业单位开展专业业务活动及其辅助活动取得的收入，其中：按照国家有关规定应当上缴国库或者财政专户的资金，不计入事业收入；从财政专户核拨给事业单位的资金和经核准不上缴国库或者财政专户的资金，计入事业收入。上级补助收入是指事业单位从主管部门和上级单位取得的非财政补助收入。附属单位上缴收入是指事业单位附属独立核算单位按照有关规定上缴的收入。经营收入是指事业单位在专业业务活动及其辅助活动之外开展非独立核算经营活动取得的收入。其他收入是指上述规定范围以外的各项收入，包括投资收益、利息收入、捐赠收入等。

事业单位支出是指事业单位开展业务及其他活动发生的资金耗费和损失，包括事业支出、经营支出、对附属单位补助支出、上缴上级支出、其他支出等。事业支出是指事业单位开展专业业务活动及其辅助活动发生的基本支出和项目支出，其中：基本支出是指事业单位为了保障其正常运转、完成日常工作任务而发生的人员支出和公用支出；项目支出是指事业单位为了完成特定工作任务和事业发展目标，在基本支出之外所发生的支出。经营支出是指事业单位在专业业务活动及其辅助活动之外开展非独立核算经营活动发生的支出。对附属单位补助支出是指事业单位用财政补助收入之外的收入对附属单位补助发生的支出。上缴上级支出是指事业单位按照财政部门和主管部门的规定上缴上级单位的支出。其他支出是指上述规定范围以外的各项支出，包括利息支出、捐赠支出等。

（二）收支管理

1. 政府收支分类改革

为了进一步深化财政改革、提高预算透明度、为强化预算监督创造有利条件，财政部发布《政府收支分类改革方案》（财预〔2006〕13号），并于2007年1月1日全面实施。根据此项改革，政府收支分类体系由"收入分类"、"支出功能分类"、"支出经济分类"三部分构成。其中，收入分类主要反映政府收入的来源和性质，该分类设类、款、项、目四级，类级科目主要包括税收收入、社会保险基金收入、非税收入、贷款回收本金收入、债务收入、转移性收入六类，实行国有资本经营预算的地方，政府收入还应包括国有资本经营预算相关收入类别。支出功能分类主要反映政府活动的不同功能和政府目标，该分类设类、款、项三级，其中，类级科目主要包括一般公共服务、外交、国防、公共安全、教育、科学技术、文化体育与传媒、社会保障和就业、社会保险基金支出、医疗卫生、环境保护、城乡社区事务、农林水事务、交通运输、工业商业金融等事务、其他支出和转移性支出等十七类。支出经济分类主要反映政府支出的经济性质和具体用途，该分类设类、款两级，类级科目主要包括工资福利支出、商品和服务支出、对个人和家庭的补助、对企事业单位的补贴、转移性支出、赠与、债务利息支出、债务还本支出、基本建设支出、其他资本性支出、贷款转贷及产权参股、其他支出等十二类（见表5-12）。随着经济的不断发展，改革的不断深化，中国人民银行不断更新政府收支分类科目，对收支分类科目进行调整。因此，行政事业单位要及时更新，做到单位收支合法合规。

虽然行政事业单位是政府的重要组成部分，但是政府收支分类科目与行政事业单位会计科目有不同的反映对象和功能。二者相互联系，也有所不同，不能相互取代。在具体执行中，行政事业单位的支出分类呈现出不同的特点，单位应该根据其业务特点和实际情况，细化其支出分类。例如，某行政事业单位将支出分为人员经费、基本业务运转经费、三公经费（公务用车运行费、公务接待费、公务出国（境）费）、基本建设项目经费支出、工程修缮经费支出、信息化项目经费支出、购置项目经费支出、一般行政管理经费支出、专项业务经费支出等。

此外，需要注意的是，为加快国家工业化、城镇化、现代化建设，满足人民群众日益增长的公共服务需求，各级地方政府大力加强基础设施建设，促进经济快速增长，推进社会事业发展。然而，发展背后却是资金来源难题，在地方财力难以满足资金需求的情况下，地方政府通过设立各类投融资平台等方式利用信贷资金或企业债券形式融资弥补缺口，形成了大量的地方政府债务。截至2014年年末，全国地方政府债务（政府负有偿还责任的债务）余额15.4万亿元，地方政府或有债务8.6万亿元（包括政府负有担保责任的债务3.1万亿元，政府可能承担一定救助责任的债务5.5万亿元）。[1]因此，行政事业单位在管理政府收支时，要额外注意债务业务管理，防范债务风险。

2. 国库集中支付制度

目前，我国在财政收支管理上遵循的是国库集中收付制度，即由财政部门代表政府设置国库单一账户体系，所有的财政性资金均纳入国库单一账户体系收缴、支付和管理的制度。财政收入通过国库单一账户体系，直接缴入国库。财政支出通过国库单一账户体系，以财政直接支付和财政授权支付的方式，将资金支付到商品和劳务供应者或用款单位，即预算单位使用资金但见不到资金。未支用的资金均保留在国库单一账户，由财政部门代表政府进行管理运作，降低政府筹资成本，为实施宏观调控政策提供可选择的手段。

（三）收支业务控制框架

收支业务控制是行政事业单位对经济活动资金流入流出过程的控制。这里我们将收支业务分为收入业务和支出业务。其中，收入业务主要涉及收入项目与标准确定、票据开具与管理、收入收缴、收入退付、收入登记与确认、会计核算以及编制收入管理报告等具体环节；支出业务主要涉及用款计划制订与审批、支出

---

[1] 全国人大常委会预算工作委员会调研组. 关于规范地方政府债务管理工作情况的调研报告［J］. 中国人大杂志, 2016（05）.

申请与审批、业务借款、费用报销、资金支付、会计核算及编制支出管理报告等具体环节，如图6-1所示。

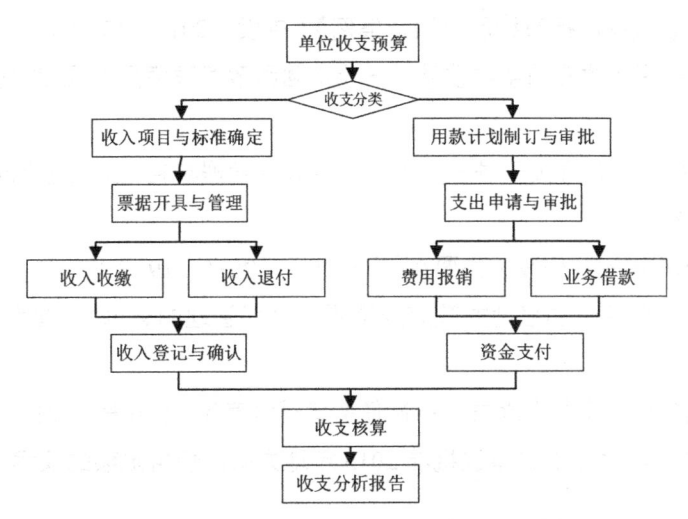

图 6-1　行政事业单位收支管理基本业务流程

行政事业单位应根据自身实际收支管理情况，参照图 6-1 基本收支业务流程予以调整和具体化，形成符合本单位比较细化的收支业务流程。

根据行政事业单位的收支业务流程和实际情况，行政事业单位收支控制包括收入业务控制、票据业务控制、支出业务控制和债务业务控制四个方面（见图 6-2）。

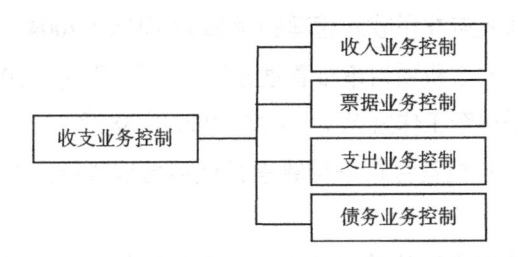

图 6-2　行政事业单位收支业务控制框架

（四）收支业务控制的法律法规依据

与行政事业单位在收支业务控制相关的法律法规具体包括：

1.《事业单位财务规则》（财政部令第 68 号）
2.《行政单位财务规则》（财政部令第 71 号）

3.《财政票据管理办法》(财政部令第 70 号)

4.《事业单位会计准则》(财政部令第 72 号)

5.《党政机关厉行节约反对浪费条例》(中发〔2013〕13 号)

6.《关于深化收支两条线改革进一步加强财政管理意见》(国办发〔2001〕93 号)

7.《国务院办公厅关于进一步加强涉企收费管理减轻企业负担的通知》(国办发〔2014〕30 号)

8.《2016 年政务公开工作要点》(国办发〔2016〕19 号)

9.《国务院关于加强地方政府融资平台公司管理的意见》(国发〔2010〕19 号)

10.《国务院关于加强地方政府性债务管理的意见》(国发〔2014〕43 号)

11.《国务院关于提请审议批准 2015 年地方政府债务限额的议案》(2015 年 8 月发布)

12.《中央和国家机关差旅费管理办法》(财行〔2013〕531 号)

13.《因公临时出国经费管理办法》(财行〔2013〕516 号)

14.《党政机关国内公务接待管理规定》(2013 年 12 月发布)

15.《中央和国家机关公务用车制度改革方案》(2014 年 7 月发布)

16.《中央和国家机关会议费管理办法》(财行〔2016〕214 号)

17.《关于加强政府非税收入管理的通知》(财综〔2004〕53 号)

18.《行政事业性收费项目审批管理暂行办法》(财综〔2004〕100 号)

19.《财政票据检查工作规范》(财综〔2009〕38 号)

20.《行政事业单位资金往来结算票据使用管理暂行办法》(财综〔2010〕1 号)

21.《财政部国家发展改革委关于公布取消和免征一批行政事业性收费的通知》(财综〔2013〕67 号)

22.《财政部国家发展改革委关于公布取消 314 项行政事业性收费的通知》(财综〔2013〕98 号)

23.《关于对地方政府债务实行限额管理的实施意见》(财预〔2015〕225 号)

24.《关于印发政府收支分类改革方案的通知》(财预〔2006〕13 号)

25.《财政部关于进一步推进地方国库集中收付制度改革的通知》(财库[2011]167号)

26.《关于加快推进公务卡制度改革的通知》(财库[2012]132号)

27.《关于中央财政科研项目使用公务卡结算有关事项的通知》(财库[2015]245号)

28.关于印发《单位公务卡管理办法(试行)》的通知(财库[2016]8号)

29.《国家发展改革委财政部关于降低部分行政事业性收费标准的通知》(发改价格[2013]1494号)

30.《国家发展改革委财政部关于降低住房转让手续费受理商标注册费等部分行政事业性收费标准的通知》(发改价格[2015]2136号)

31.《党政机关办公用房建设标准》(发改投资[2014]2674号)

32.《财政部国家发展改革委关于全面清理涉及煤炭原油天然气收费基金有关问题的通知》(财税[2014]74号)

33.《财政部国家发展改革委关于减免养老和医疗机构行政事业性收费有关问题的通知》(财税[2014]77号)

34.《财政部国家发展改革委关于取消、停征和免征一批行政事业性收费的通知》(财税[2014]101号)

35.《财政部国家税务总局关于对小微企业免征有关政府性基金的通知》(财税[2014]122号)

36.《财政部国家发展改革委关于取消有关水运涉企行政事业性收费项目的通知》(财税[2015]92号)

37.《财政部国家发展改革委关于取消和暂停征收一批行政事业性收费有关问题的通知》(财税[2015]102号)

38.《关于完善港口建设费征收政策有关问题的通知》(财税[2015]131号)

39.《财政部关于取消、停征和整合部分政府性基金项目等有关问题的通知》(财税[2016]11号)

40.《财政部国家税务总局关于扩大有关政府性基金免征范围的通知》(财税[2016]12号)

41.《政府非税收入管理办法》(财税[2016]33号)

42.《财政部国家发展改革委关于扩大 18 项行政事业性收费免征范围的通知》（财税［2016］42 号）

43.《国家重点档案专项资金管理办法》（财教［2016］63 号）

44.《中央级公益性科研院所基本科研业务费专项资金管理办法》（财教［2016］268 号）

45.《中央引导地方科技发展专项资金管理办法》（财教［2016］81 号）

46.《工业企业结构调整专项奖补资金管理办法》（财建［2016］253 号）

47.《安全生产预防及应急专项资金管理办法》（财建［2016］280 号）

二、收支业务控制目标

（一）收入业务控制目标

（1）建立健全完善的收入内部管理制度；加强收入业务归口管理；合理设置收入业务相关岗位，岗位职责清晰，不相容岗位相互分离。

（2）单位非税收入项目范围和单位职责明确，非税收入设立和征收合法合规，应收尽收，及时、足额上缴国库或财政专户；非税收入不得以任何形式截留、挪用或者私分。

（3）严格遵守收支两条线，建立健全预算外资金收缴制度，实行收缴分离。

（4）建立和落实收费公示制度，进一步规范收费行为，实现收费透明、公开、有序、规范。

（5）建立健全收入分析和检查制度，定期分析和检查收入征收状况，及时发现问题，确保收入业务正常进行。

（二）票据业务控制目标

建立集权票据管理制度，明确票据种类和使用范围、形式、联次和监管员职责，规范票据领购、使用、保管、核销和监督检查等行为，确保票据管理符合国家法律法规。

（三）支出业务控制目标

（1）建立健全支出内部管理制度，合理设置支出业务相关岗位，关键岗位职责清晰，不相容岗位相互分离。

（2）系统梳理单位经费支出，科学设计支出事项结构。根据国家相关法律法规明确开支范围、标准和相关单据，保证单位经费支出合法合规，进一步提高资金管控效率和效果。

（3）建立科学完善的支出管理流程。支出事前审批恰当，支出审批合理，支出审核全面，资金支付及时，确保各项支出依据充分、真实合理。

（4）严格执行预算，从严从简，进一步降低公务活动成本。专项资金实现专款专用，单独核算，确保专项资金达到特定目标。

（5）根据国家统一的会计制度规定进行支出核算，并及时归档、妥善保管支出相关文件。

（6）定期对单位支出进行分析，及时发现异常情况。规范各项业务活动，保障收支平衡，提高财政资金的使用效率和效果。

（四）债务业务控制目标

（1）建立健全债务内部管理制度；合理设置债务业务相关岗位，关键岗位职责清晰，不相容岗位相互分离。

（2）根据国家规定、单位实际的支出需求、宏观经济和金融市场形势，对举借债务进行充分论证和评估，合理控制债务风险，保证单位举借债务的可行性和合理性。

（3）严格执行债务业务的审批程序；重大经济事项集体决策，避免决策审批中的疏漏。

（4）按照国家有关规定开展债务会计核算，做好档案保管工作，加强债务对账和检查控制，确保债务相关财务信息真实完整。

（5）创新政府和社会资本合作模式，合理分配收益，减少单位或政府债务，达到政府和社会双赢。

（6）构建债务风险预警机制，科学预测债务风险，有效规避或化解债务风险。

三、收支业务主要流程与关键环节

（一）收入业务流程

1. 收入业务流程图（见图6-3）

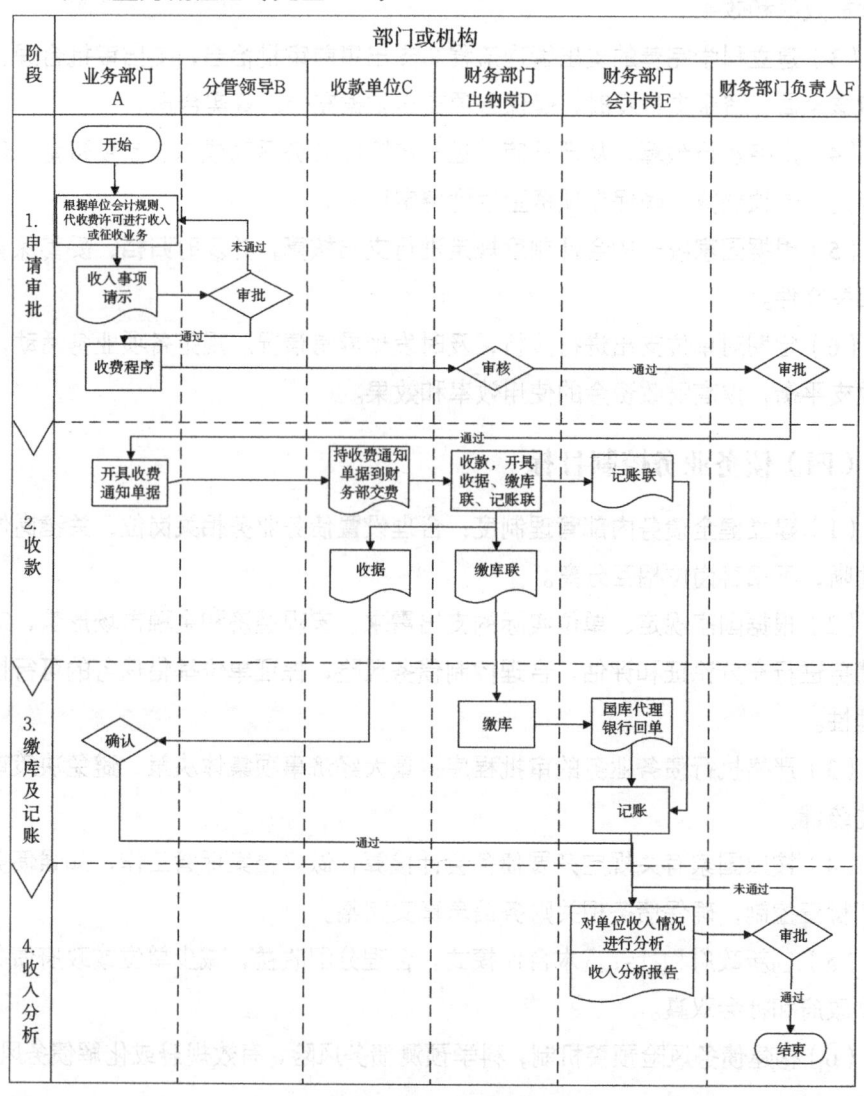

图6-3 收入业务流程

2. 收入业务流程关键节点简要说明（见表6-1）

表6-1　　　　　　　　　收入业务流程关键节点简要说明

关键节点	简要说明
A1	业务部门按照收入要求、收费许可或有关事项（如合同）准备报签文件。收入事项文件经分管领导审批后，业务部门与财务部门协商收费的具体事宜，包括具体时间、开具票据等
B1	业务部门的分管领导对收入事项文件进行审批
D1	出纳根据工作安排检查业务部门的收费是否合规，此流程也可根据单位情况与F1调换
F1	财务部门负责人对收费各项安排进行审批
A2	业务部门向交费单位或个人开具收费通知单据
C2	交费单位或个人拿着收费通知单据到财务部门交费
D2	出纳收取款项，开具收据（或发票），开具缴库联并将款项上缴国库，开具记账联作为记账原始凭证
A3	交费单位或个人拿着收据到业务部门确认
E3	会计根据记账联、银行回单进行账务处理
E4	财务部门编制单位收入报表，并做进一步分析，形成收入分析报告，并报送财务部门负责人审批
F4	财务部门负责人审批收入分析报告

（二）支出业务流程

1. 支出业务流程图（见图6-4）

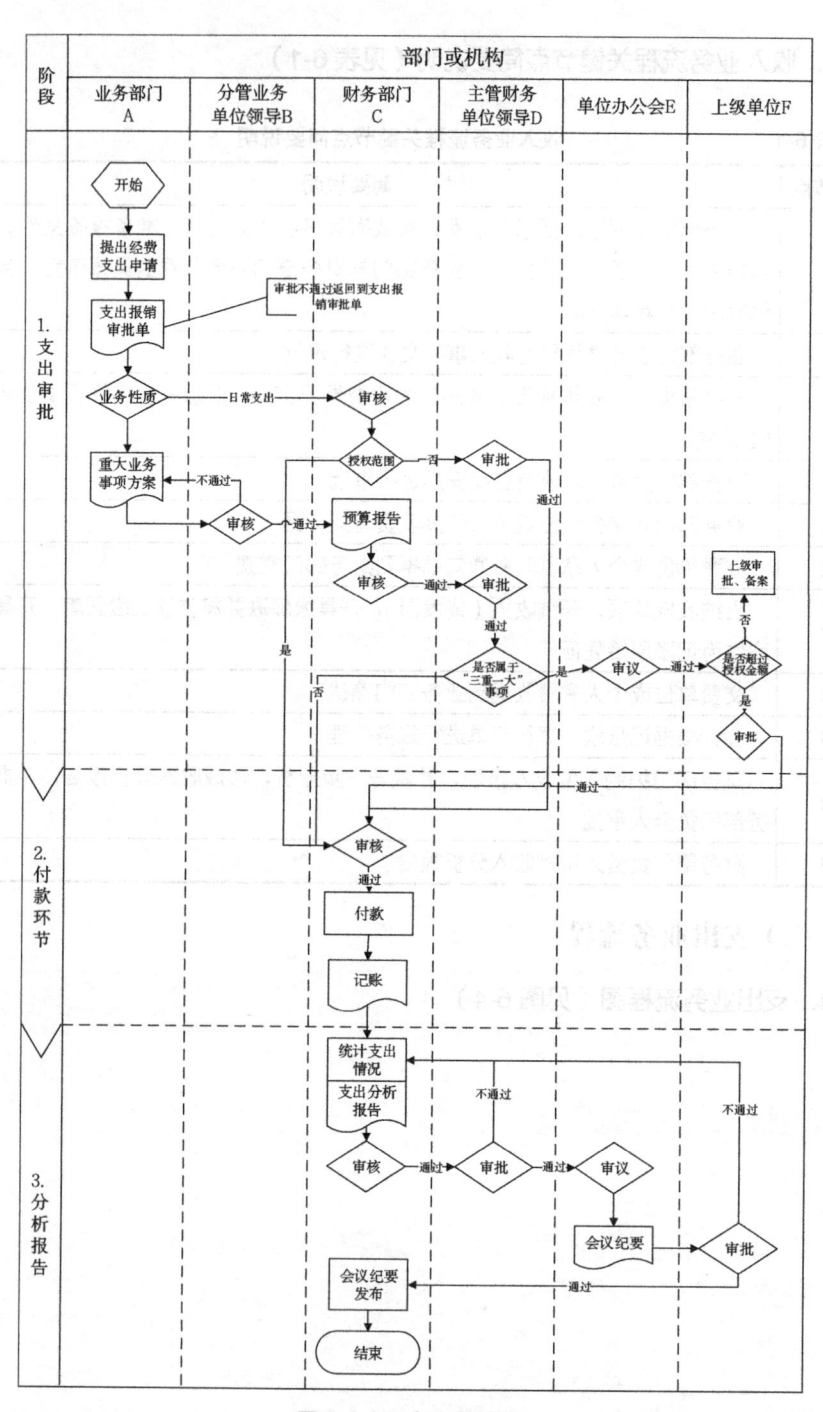

图 6-4 支出业务流程

2. 支出业务流程关键节点简要说明（见表6-2）

表6-2　　　　　　　　支出业务流程关键节点简要说明

关键节点	简要说明
A1	业务部门提出经费支出申请，填写经费支出报销审批单，根据业务性质不同，分别提交财务部门或分管业务单位领导审批
B1	属于重大业务支出事项的，提交分管业务单位领导审核
C1	日常支出的审批由财务部门负责人在授权范围内审批。对于重大业务事项根据分管业务单位领导批准的方案向财务部门提交预算报告，财务部门对预算报告进行审核，通过后提交主管财务单位领导审批
D1	主管财务单位领导对授权范围内日常支出进行审批；对财务部门提交的重要业务预算报告进行审核，如果在"三重一大"事项范围之内，则提交单位办公会审议，如果不在"三重一大"事项范围之内，则提交单位财务部门审核
E1、F1	单位办公会对在"三重一大"事项范围之内的支出事项进行审议，规定程序范围内或者特别重大事项由上级管理单位进一步审批，并按照相应规定备案
C2	经审批完备的支出申请，财务部门按照规定给予付款，并记账
C3、D3	财务部门将单位的收支情况进行统计汇总，形成支出分析报告，经财务部门内部审核后报经主管财务单位领导审批；在单位范围内发布会议纪要，各业务部门根据本部门支出指标执行情况，控制相关支出
E3、F3	单位办公会对支出分析报告进行审议并形成会议纪要报上级单位审批

四、收支业务主要风险点

（一）收入业务主要风险点

（1）未建立健全收入内部管理制度，收入业务操作不规范，单位收入管理工作无章可循、无据可依，导致财务收入管理随意性。

（2）单位收入多头管理，金额不实、应收未收，甚至存在私设"小金库"，部门之间互相推诿、职责不清等问题；收入业务相关岗位设置不合理，岗位职责出现重叠，开票、收款与会计核算等不相容岗位未有效分离，可能导致错误或舞弊，公款被挪用的风险。

（3）非税收入管理风险。

① 对非税收入的范围和使用对象界定不清，单位职责不明晰；非税收入的设立和征收、取消、停征、免征等随意性大，存在越权批准，没有收集、整理、归档和更新相关文档，导致单位不能及时掌握相关规定，存在不合法、不合理的收费项目。

② 国有资产使用不规范，收入未能及时上缴国库或专户，资产管理方式单一，存量资产闲置，影响单位非税收入。

③ 未将其他政府收入纳入非税收入管理范围，对以政府名义接受的捐赠收入进行强行摊派，随意处置或代管，影响政府形象。

（4）"收支两条线"管理风险。

① 单位私自开设各类预算外资金账户，未开立预算外资金汇缴专户，资金出现截留、挤占、挪用和坐收坐支现象。

② 预算外资金汇缴专户未及时清算，存在大量余额，造成资金闲置。

③ 由于人员经费、日常公用经费水平高，加之缺乏相应的开支标准，单位自收支脱钩后，失去部分资金来源，影响单位的正常运转，进而导致单位乱拉、挪用其他资金弥补支出。

（5）单位收费缺乏公示风险。

① 未按照国家规定的原则对收费进行公示，将一些国家明令撤销的收费列入其中，并且试图通过越权收费、扩大范围收费、超标准收费、自立项目收费等乱收费行为通过公示"合法化"。

② 没有对公示内容进行动态管理，收费项目和标准陈旧，存在随意更改和删减收费项目的现象。

③ 公示方式单一，公示牌内容不醒目、字迹容易模糊，随意摆放，不方便群众阅读。

（6）收入核算不规范，可能导致单位账实不符、账证不符、账账不符或者账表不符，影响财务报表的真实性和准确性；未对收入业务进行定期检查，导致收入业务中出现的问题长期存在，得不到解决。

（7）各项收入缺乏定期的分析与监控，对重大问题缺乏应对措施。

（二）票据业务主要风险点

（1）未建立票据管理制度，导致票据管理无章可循、无据可依；对票据相关法律法规不熟悉，不了解与单位相关的各类票据的种类和使用范围、形式和联次，发票使用混乱。

（2）票据领购程序不合规，未按照本单位的实际需求申请，一次申请过多或者过少，频繁申领。

（3）票据使用和保管风险。

① 没有做到票据的专人、专责、专账、专库（柜）管理。

② 单位私自转让、出借、买卖、代开财政票据，违规拆本使用票据；用行政事业单位往来票据、自制票据或"白条"收取非税收入，甚至出现收费不开票、开票不入账等问题。

③ 发票填写内容不齐全、字迹模糊不清、随意涂改、上下联次不一致。

④ 票据保存不当，保存期限太短，票据随意销毁。

（4）单位票据在用完后，未向财政部门办理缴销手续，未对票据进行进一步核准；单位发生合并、分立、销毁、职权变更或收费项目已被取消或名称变更的，未按照相应程序办理变更或注销手续，私自转让、销毁收费票据。

（5）对票据稽核工作缺乏足够的认识，没有设置专门的票据稽核岗位（或人员）对票据的使用情况进行检查监督，从而造成一些使用过的票据没有通过稽核就予以核销，出现收费员收款后票款不缴、收入私吞等现象。

（三）支出业务主要风险点

（1）单位未建立健全支出业务内部管理制度，未按照国家相关法律法规和有关政策文件要求并结合单位自身的实际情况制定支出业务细则，导致单位支出业务管理无章可循、无据可依，管理混乱。

（2）支出业务相关岗位设置不合理、岗位职责不清晰，或支出申请和内部审批、付款审批和付款执行、业务经办和会计核算等不相容岗位未有效分离。

（3）支出事项，尤其是三公经费，不符合国家法律法规；支出范围及标准不符合相关政策与制度的要求；公费旅游、公车消费、公款吃喝等不良行为频发。

（4）支出管理风险。

① 事前审批风险。开展业务前，对涉及支出的事项没有根据工作计划、工作任务和单位领导的指示并结合预算指标进行事前审批。

② 支出审批风险。资金支付审批权限不明晰，审批程序不规范，存在越权审批。

③ 支出审核风险。支出审核不严格，出现虚构支出，用"假发票"套取财政资金等舞弊情形。

④ 支付风险。缺少对借款范围、金额的要求，缺乏对借款办理程序的规定；未定期对借款（备用金）进行清理，可能导致借款行为混乱、控制流于形式、资金管理失控；资金支付由一人全过程负责，存在资金违规支付。

（5）各项支出不合理，"三公"经费数额巨大，随意追加经费。专项资金没有做到专款专用，擅自改变资金用途，滞留、滞拨、挪用各种专项资金；蓄意多拨财政资金，以各种名义套取、骗取财政资金，挤占挪用救灾、扶贫、救济、抚恤、捐赠、教育、社保等财政专项资金。

（6）单位支出核算违反会计制度等规定，记账不及时准确；没有妥善保管会计凭证，会计凭证毁损、散失、泄密或被不当使用。

（7）缺少对支出情况的定期分析，缺乏对异常问题的应对措施，可能导致单位支出规划不合理、资金管理失控。

（四）债务业务主要风险点

（1）未建立健全债务内部管理制度，债务管理岗位职责权限不明确，未实现不相容岗位的分离。

（2）对举借债务缺乏充分论证；未考虑国家规定、单位实际的支出需求、宏观经济和金融市场形势，举借方式不当；单位举债超过单位承受能力，导致单位无力按期还本付息、单位利益受损，影响单位声誉和形象。

（3）债务业务缺乏恰当审批，重大经济事项未进行集体决策，可能导致债务决策不当，出现与单位实际不相符的举借债务行为。

（4）债务日常核算和管理不规范。借债资金未按规定用途使用，未按照国家规定做好会计核算、档案保管工作，缺乏对账和检查，导致单位偿债准备不足，无法按时足额还本付息，出现财务风险。

（5）单位融资模式单一，思想保守，创新不足，没有考虑到和社会资本合作，导致公益性事业投资和运营捉襟见肘；或者采取了和社会资本合作的模式，但是合作方式单一，给予投资者过多或过少收益，无法达到合作共赢的目的。

（6）未评估债务风险状况，对债务高风险区域缺乏风险预警，没有相关应对措施，导致单位债务风险居高不下，单位违约风险加大，影响政府公信力。

五、收支业务控制策略与内容

（一）收入业务控制

1. 建立健全收入业务内部管理制度和流程

《单位内控规范》第二十五条第一款规定："单位应当建立健全收入内部管理制度。"为此，行政事业单位应该梳理单位各项收入，根据国家的有关财政会计规定建立健全单位收入内部管理制度，并按照程序报经批准后执行。收入内部管理制度应当明确：收入业务的归口管理部门；收入业务的管理岗位及其职责权限；各类收入业务的工作流程、审批权限和责任划分；票据、印章的保管责任、领用程序；与收入相关的对账和检查责任。

2. 加强收入业务归口管理，明确岗位职责

行政事业单位收入的类型和来源渠道比较多，由财会部门统一收取并不一定是可行的，但在多头管理的模式下，又极可能发生收入金额不实、应收未收的情形，甚至产生私设"小金库"的情形，而且一旦发现，各个部门可能会相互推诿、职责不清。正是针对这一实际情况，《单位内控规范》第二十六条规定："单位的各项收入应当由财会部门归口管理并进行会计核算，严禁设立账外账。业务部门应当在涉及收入的合同协议签订后及时将合同等有关材料提交财会部门作为账务处理依据，确保各项收入应收尽收，及时入账。财会部门应当定期检查收入金额是否与合同约定相符；对应收未收项目应当查明情况，明确责任主体，落实催收责任。"当然，需要注意的是，对行政事业单位的各项收入实施归口管理，并不意味着单位所有的收入都由财会部门统一收取，而是在权责对等的前提下，由财会部门作为牵头部门对收入业务进行统一管理和监控。

此外，根据《单位内控规范》第二十五条第二款规定："单位应当合理设置岗位，明确相关岗位的职责权限，确保收款、会计核算等不相容岗位相互分离。"单位应当根据国家的有关财政财务会计规定、本单位"三定"规定和单位的实际情况合理设置收入业务岗位，建立收款、会计核算、印鉴章保管与领用、票据保管与领用的岗位责任制，明确相关岗位的职责权限，确保收入管理责任清晰明确。

如果某些单位人员和机构编制有限，也可以实行"一人多岗"管理模式，但是必须确保单位收款与会计核算、收款与开票等不相容岗位相互分离，在单位内部的收入业务方面形成制衡机制，有效防范风险。

3. 加强政府非税收入管理

非税收入是指除税收以外，由各级国家机关、事业单位、代行政府职能的社会团体及其他组织依法利用国家权力、政府信誉、国有资源（资产）所有者权益等取得的各项收入，是政府财政收入的重要组成部分。

《单位内控规范》第二十七条规定："有政府非税收入收缴职能的单位，应当按照规定项目和标准征收政府非税收入，按照规定开具财政票据，做到收缴分离、票款一致，并及时、足额上缴国库或财政专户，不得以任何形式截留、挪用或者私分。"为了加强政府非税收入管理，规范政府收支行为，财政部于2016年3月15日印发了《政府非税收入管理办法》（财税〔2016〕33号），行政事业单位应根据相关办法，并结合单位的实际情况，提出关于单位非税收入的控制措施。

（1）明确界定收入项目范围、适用对象，明确单位职责。非税收入管理范围具体包括：行政事业性收费收入、政府性基金收入、罚没收入、国有资源（资产）有偿使用收入、国有资本收益、彩票公益金收入、特许经营收入、中央银行收入、以政府名义接受的捐赠收入、主管部门集中收入、政府收入的利息收入、其他非税收入。需要注意的是，社会保险费、住房公积金（计入缴存人个人账户部分）不纳入非税收入管理范围。

一般来说，非税收入可以由财政部门直接征收，也可以由财政部门委托的部门和单位（简称执收单位）征收，法律另有规定的除外，执收单位改变需经财政部门批准。

执收单位应该履行的职责包括：

① 公示非税收入征收依据和具体征收事项，包括项目、对象、范围、标准、期限和方式等。

② 严格按照规定的非税收入项目、征收范围和征收标准进行征收，及时足额上缴非税收入，并对欠缴、少缴收入实施催缴。

③ 记录、汇总、核对并按规定向同级财政部门报送非税收入征缴情况。

④ 编制非税收入年度收入预算。

⑤ 执行非税收入管理的其他有关规定。

（2）规范非税收入的设立和征收。行政事业单位应该依据相关法律法规，结合自身的业务特点，规范不同种类非税收入的设立和征收。非税收入征收权限如表 6-3 所示。

表 6-3　　　　　　　　　　　非税收入征收权限

非税收入分类	征收权限
行政事业性收费	按照国务院和省、自治区、直辖市（简称省级）人民政府及其财政、价格主管部门的规定设立和征收
政府性基金	按照国务院和财政部的规定设立和征收
国有资源有偿使用收入、特许经营收入	按照国务院和省级人民政府及其财政部门的规定设立和征收
国有资产有偿使用收入、国有资本收益	由拥有国有资产（资本）产权的人民政府及其财政部门按照国有资产（资本）收益管理规定征收
彩票公益金	按照国务院和财政部的规定筹集
中央银行收入	按照相关法律法规征收
罚没收入	按照法律、法规和规章的规定征收
主管部门集中收入、以政府名义接受的捐赠收入、政府收入的利息收入及其他非税收入	按照同级人民政府及其财政部门的管理规定征收或者收取

任何部门和单位不得违反规定设立非税收入项目或者设定非税收入的征收对象、范围、标准和期限，不得取消、停征、减征、免征或者缓征非税收入以及调整非税收入的征收对象、范围、标准和期限。应当按照设立和征收非税收入的管理权限予以批准，不许越权批准，取消法律、法规规定的非税收入项目，应当按照法定程序办理，如财政部在 2004 年 12 月颁布的《行政事业性收费项目审批管理暂行办法》（财综〔2004〕100 号）对收费项目的审批管理权限、原则、审批程序、管理和监督都做了详细的规定。

为提高行政事业性收费和政府性基金政策透明度，加强社会监督，有效制止各种乱收费，2014 年 10 月 29 日，财政部发布《关于公布行政事业性收费和政府性基金目录清单的公告》，对按照法律、行政法规和国家有关政策规定设立的行政事业性收费和政府性基金实行目录清单管理，包括《全国性及中央部门和单位行政事业性收费目录清单》、《全国性及中央部门和单位涉企行政事业性收费目录清单》和《全国政府性基金目录清单》。随着收费清理改革工作的进一步推进，国务院逐步加强了对非税收入的全面清理。例如，财务部于 2015 年 10 月发布了《关于取消和暂停征收一批行政事业性收费有关问题的通知》（财税〔2015〕102 号），2016 年 1 月 29 日发布了《关于取消、停征和整合部分政府性基金项目等有关问题的通知》（财税〔2016〕11 号），2016 年 4 月发布了《关于扩大 18 项行政事业性收费免征范围的通知》（财税〔2016〕42 号）。除了清理整顿非税收入，政府也加强了非税收入分类预算管理，完善非税收入征缴制度和监督体系，禁止通过违规调库、乱收费、乱罚款等手段虚增财政收入。2016 年 7 月，政府印发《涉企收费清理情况专项检查方案》，对地方涉企收费情况开展专项监察。行政事业单位要及时根据相关政策法规，切实加强非税收入管理和整顿，清理规范行政事业性收费和政府性基金，坚决取消不合法、不合理的收费基金项目。

（3）完善国有资源（资产）有偿使用收入管理。单位在使用收入征收上要依法推行国有资源使用权招标、拍卖，进一步加强国有资源有偿使用收入征收管理，确保应收尽收，防止收入流失，确保国有资源有偿使用收入严格按照财政部门规定缴入国库或财政专户。同时，单位还要积极探索城市基础设施开发权、使用权、冠名权、广告权、特许经营权等无形资产有效管理方式。通过进行社会招标和公开拍卖，广泛吸收社会资金参与经营，盘活城市现有基础设施存量资产。有关招标、拍卖收入全额上缴同级国库，增加政府非税收入。

（4）规范其他政府非税收入管理。实行主管部门集中收入方式的行政事业单位应当统一将其纳入非税收入管理范围，实行"收支脱钩"管理；有关支出纳入部门预算，实行统一安排。以政府名义接受的捐赠收入，必须坚持自愿原则，不得强行摊派，不得将以政府名义接受的捐赠收入转交不实行公务员管理的事业单位、不代行政府职能的社会团体或者其他民间组织管理。政府财政资金产生的利息收入（指税收和非税收入产生的利息收入）应按照中国人民银行规定计息，统一纳入政府非税收入管理范围。

4. 严格执行"收支两条线"管理

"收支两条线"控制建设和改进是一项复杂的工作，行政事业单位应在宏观上把握好三个方面：一是要将各部门的预算外收入全部纳入财政专户管理，有条件地纳入预算管理，任何部门不得"坐收"、"坐支"；二是部门预算要全面反映部门及所属单位预算内外资金收支状况，提高各部门支出的透明度，合理核定支出标准，并按标准足额供给经费；三是根据新的情况，修订、完善有关法规和规章制度，使"收支两条线"管理工作法制化、制度化、规范化。

落实到控制措施上，按照当前财政国库管理制度改革方案的要求和《关于深化收支两条线改革进一步加强财政管理意见》（国办发［2001］93号），行政事业单位应积极完善预算外资金收缴制度，实行收缴分离，在具体控制措施上应做到：

（1）严格取消开设的各类预算外资金账户，建立预算外资金财政汇缴专户，从根本上避免资金的截留、挤占、挪用和坐收坐支。预算外资金财政汇缴专户只能用于预算外收入收缴，不得用于执收单位的支出。应缴纳有关收费的单位或个人，根据执行单位发出的缴款通知，直接将收入缴入指定的预算外资金财政汇缴专户。对于难以直接缴入财政汇缴专户的少量零星收入和当场执收的收入（如工本费等），可先由缴款单位和个人直接缴给执行单位，再由执行单位及时将收入缴入预算外资金财政汇缴专户。

（2）对预算外资金汇缴专户实行零余额管理。预算外资金财政汇缴专户的收缴清算业务，应由财政部门按规定程序委托代理银行办理。每日由代理银行通过资金汇划清算系统将缴入预算外资金财政汇缴专户的资金，全部划转到预算外资金财政专户，实行零余额管理。同时，代理银行根据财政部门的规定，按照与财政部门签订的委托代理协议的要求，对收缴的收入按部门进行分账核算，并及时向执收单位及其主管部门、财政部门反馈有关信息。

（3）推动开支标准合理化。有些单位因情况特殊和历史原因，人员经费、日常公用经费水平很高，又缺乏相应的开支标准，实行收支脱钩管理后，由于这部分开支会失去部分资金来源，可能会影响部分单位的正常运转。在这种收入与支出的因果关系下，此模块在内部控制建设的支出方面，还应该进一步提高和改善支出定额，逐步使行政经费预算能够基本符合行政单位行使职能的实际支出需要，杜绝部门乱拉、挪用其他资金弥补行政支出的问题。

此外，在"收支两条线"控制的运行中，单位还应当指定专人负责收集、整理、归档并及时更新与政府非税收入有关的文件，定期开展培训，确保主管领导和业务人员及时全面掌握相关规定。对于政府非税收入应当按照规定项目和标准征收，按照规定开具财政票据，做到收缴分离、票款一致，并严格执行财政部"收支两条线"规定，及时足额上缴国库和财政专户，不得通过"收入直接转支出"等方式进行截留、挪用或者私分，确保所有的收入、退付均经过适当的授权和审批，做到收缴分离、票款一致。

5. 建立健全收费公示机制

根据国务院办公厅印发的《2016 年政务公开工作要点》(国办发〔2016〕19 号)规定："实行收费目录清单管理，公布行政事业性收费、政府性基金以及实施政府定价或指导价的经营服务性收费目录清单，明确项目名称、设立依据、标准等，公开对清单之外乱收费、乱摊派等行为的查处结果。具体执收单位要在收费场所公示收费文件依据、主体、项目、范围、标准、对象等，主动接受社会监督。"为此，行政事业单位应该明确收费公示要求，进一步规范收费行为，完善监督管理措施，增加透明度，加强乱收费治理。具体收费公示要求如表 6-4 所示。

表 6-4　　　　　　　　　　收费公示要求

公示项目	公示要求
收费公示原则	① 凡未经国家和省批准的收费均属乱收费，不得公示。 ② 国家、省已明文取消的收费项目，不再公示。 ③ 现行合法批准的项目，不得随意扩大范围和擅自提高标准公示。 ④ 经营服务性收费原则，不得混入行政事业性收费项目进行公示。 通过坚持以上四项原则，避免将越权收费、扩大范围收费、超标准收费、自立项目收费等乱收费行为通过公示"合法化"。
收费公示内容	公示的内容包括：收费单位、收费项目、收费标准、计量单位、政策依据(授权单位名称、批准机关及文号、优惠措施等)、收费单位监督电话、价格部门投诉举报电话"12358"等，还应将各种收费项目的减免政策一并公示，切实保证公示内容的全面完整，便于服务对象全面了解各项收费优惠政策。公示内容不能随意更改、删减。公示内容实行动态管理，对于变更的收费项目和标准，应当及时变更公示内容。
收费公示方式	收费公示可采取多种形式进行，设立公示栏、公示牌、价目表(册)或电子显示屏、电子触摸屏、灯箱屏(统称为"公示牌")等方式公示，开设互联网站的单位还应在其网站上醒目位置公示规定的收费内容。 公示牌的设立要以"看得清、留得住、易更改"为原则，做到项目齐全、内容真实合法、标示醒目、字迹清晰，长期固定设置在收费场所或方便群众阅知又不易损坏的位置。

同时，单位也要加强收费公示的监督检查，监督检查的重点包括单位收费标准的执行情况；单位的收支情况、缴费公民、法人和其他组织的反映；制定收费的标准、形式和方法是否符合变化的实际情况等。此外，在工作中消极对待、敷衍应付、落实不力，不按时公示的行为将通报批评，限期改正；对拒不公示或者不按公示项目和标准收费的，一经查实，将依法严肃处理。

6. 建立收入分析和检查制度

单位应对收入征收情况进行分析，对照收入预算计划、合同情况，分析收入征收状况的合理性，定期与业务部门进行对账，判断有无异常情况，并做出必要的处理。同时，单位也要加强对收入业务的检查，包括定期检查收入款项是否及时、足额缴存到规定银行账户，收入金额是否与合同约定相符；对应收未收项目应该查明情况，明确责任主体，落实催收责任。

（二）票据业务控制

《单位内控规范》第二十八条规定："单位应当建立健全票据管理制度。财政票据、发票等各类票据的申领、启用、核销、销毁均应履行规定手续。单位应当按照规定设置票据专管员，建立票据台账，做好票据的保管和序时登记工作。票据应当按照顺序号使用，不得拆本使用，做好废旧票据管理。负责保管票据的人员要配置单独的保险柜等保管设备，并做到人走柜锁。单位不得违反规定转让、出借、代开、买卖财政票据、发票等票据，不得擅自扩大票据适用范围。"为此，行政事业单位应该结合《财政票据管理办法》和《行政事业单位资金往来结算票据使用管理暂行办法》等政策文件，进一步规范票据管理工作。

1. 建立票据管理制度，明确各类票据的种类、形式、联次

根据财政部于 2012 年 10 月 11 日公布的《财政票据管理办法》（财政部令第 70 号），财政票据是指由财政部门监（印）制、发放、管理，国家机关、事业单位、具有公共管理或者公共服务职能的社会团体及其他组织依法收取政府非税收入或者从事非营利性活动收取财物时，向公民、法人和其他组织开具的凭证。财政票据的种类和使用范围、形式、联次如表 6-5 所示。

表 6-5　　　　财政票据的种类和使用范围、形式、联次

项目		内容
类别	非税收入类票据	1. 非税收入通用票据，是指行政事业单位依法收取政府非税收入时开具的通用凭证。 2. 非税收入专用票据，是指特定的行政事业单位依法收取特定的政府非税收入时开具的专用凭证，主要包括行政事业性收费票据、政府性基金票据、国有资源（资产）收入票据、罚没票据等。 3. 非税收入一般缴款书，是指实施政府非税收入收缴管理制度改革的行政事业单位收缴政府非税收入时开具的通用凭证
	结算类票据	资金往来结算票据，是指行政事业单位在发生暂收、代收和单位内部资金往来结算时开具的凭证
	其他财政票据	1. 公益事业捐赠票据，是指国家机关、公益性事业单位、公益性社会团体和其他公益性组织依法接受公益性捐赠时开具的凭证。 2. 医疗收费票据，是指非营利医疗卫生机构从事医疗服务取得医疗收入时开具的凭证。 3. 社会团体会费票据，是指依法成立的社会团体向会员收取会费时开具的凭证。 4. 其他应当由财政部门管理的票据
形式	非定额财政票据	包括票据名称、票据编码、票据监制章、项目、标准、数量、金额、交款人、开票日期、联次及其用途、开票单位、开票人、复核人等内容
	定额财政票据	包括票据名称、票据编码、票据监制章、金额、开票日期、联次及其用途等内容
联次	非定额财政票据	包括存根联、收据联、记账联，各联次采用不同颜色予以区分
	定额财政票据	包括存根联、收据联。存根联由开票方留存，收据联由支付方收执，记账联由开票方留作记账凭证
	非税收入一般缴款书	属于非定额财政票据，一般设置五联，包括回单联、借方凭证、贷方凭证、收据联、存根联。回单联退执收单位，借方凭证和贷方凭证分别由缴款人、收款人开户银行留存，收据联由缴款人收执，存根联由执收单位留存

2. 规范票据领购程序

财政票据是财务收支和会计核算的原始凭证，是财政、审计等部门进行监督

检查的重要依据。

（1）财政票据一般按照财务隶属关系向同级财政部门申请。省级以下财政部门根据本地区用票需求，按照财政管理体制向上一级财政部门报送用票计划，申领财政票据，上级财政部门经审核后发放财政票据。

（2）财政票据实行凭证领购、分次限量、核旧领新制度。单位首次领购财政票据的，应当提交申请函、单位法人证书、组织机构代码证书副本原件及复印件，填写《财政票据领购证申请表》，并按照领购财政票据的类别提交相关依据。受理申请的财政部门应当对申请单位提交的材料进行审核，对符合条件的单位，核发《财政票据领购证》，并发放财政票据。一般来说，财政票据一次领购的数量不超过本单位六个月的使用量。再次领购财政票据，应当出示《财政票据领购证》，提供前次票据使用情况，包括票据的种类、册（份）数、起止号码、使用份数、作废份数、收取金额及票据存根等内容。受理申请的财政部门审核后，核销财政票据存根，并发放财政票据。

（3）领购未列入《财政票据领购证》内的财政票据，应当向原核发领购证的财政部门提出申请，并依据《财政票据管理办法》的规定提交相应材料。受理申请的财政部门审核后，应当在《财政票据领购证》上补充新增财政票据的相关信息，并发放财政票据。

3. 加强票据使用和保管管理

（1）单位应当建立票据专管制度。按照规定设置票据专管员，建立票据台账，做好票据的保管和序时登记工作，并给负责保管票据的人配置单独的保险柜等保管设备，做到人走柜锁，真正实现票据的专人、专账、专柜管理。

（2）单位应该规范各类票据的使用范围及开具对象，明确填制要素及使用要求，严格按照票据的使用范围发放使用相关票据。不得转让、出借、代开、买卖、擅自销毁、涂改财政票据；不得串用票据，不得将票据与其他票据互相替代。

（3）票据应当按照规定填写，统一使用中文。以两种文字印制的，可以同时使用另一种文字填写。做到字迹清楚、内容完整真实、印章齐全、各联次内容和金额一致。填写错误的，应当另行填写。因填写错误等原因而作废的财政票据，应当加盖作废戳记或者注明"作废"字样，并完整保存各联次，不得擅自销毁。

（4）票据使用完毕，使用单位应当按照要求填写相关资料，按顺序清理财政票据存根、装订成册、妥善保管。票据存根的保存期限一般为 5 年，保存期满需要销毁的，报经原核发票据的财政部门查验后销毁。保存期未满、但有特殊情况需要提前销毁的，应当报原核发票据的财政部门批准。

4. 建立票据核销机制，确保票据核销规范有序

（1）未使用但应予作废销毁的财政票据，使用单位应当登记造册，报原核发票据的财政部门核准、销毁。

（2）财政票据使用单位发生合并、分立、撤销、职权变更，或者收费项目被依法取消或者名称变更的，应当自变动之日起 15 日内，向原核发票据的财政部门办理《财政票据领购证》的变更或者注销手续；对已使用财政票据的存根和尚未使用的财政票据应当分别登记造册，报财政部门核准、销毁。

（3）财政票据或者《财政票据领购证》灭失的，财政票据使用单位应当查明原因，及时以书面形式报告原核发票据的财政部门，并自发现之日起 3 日内登报声明作废。

5. 强化票据监督检查管理

单位应当根据实际情况和管理需要，建立票据稽核监督检查制度，设置独立的机构或岗位。对收费票据的领购、使用、保管等情况进行年度稽查，或实施定期或不定期的专项检查。财政票据检查的主要内容包括：

（1）财政票据使用单位领购和使用财政票据所执行的文件依据是否合法有效；是否存在擅自设立收费项目、扩大收费范围、提高收费标准等违规收费或罚款问题。

（2）是否按规定办理《财政票据购领证》；实际领购的财政票据种类及数量是否与《财政票据购领证》记录相符。

（3）是否有专人负责管理财政票据；是否建立票据登记制度，并设置票据管理台账。

（4）财政票据使用记录是否齐全；票据所开金额与收取金额是否一致。

（5）是否存在混用、串用、代开财政票据的行为。

（6）是否存在使用财政票据收取经营性收费的行为。

（7）是否按规定及时清理、登记、核销已使用的财政票据存根，并妥善保管。

（8）是否存在擅自印制、买卖、转让、转借、涂改、伪造、销毁财政票据的行为。

（9）是否存在丢失财政票据现象。如有丢失，是否按规定及时申明作废，并向财政票据监管机构备案。

（10）取得的政府非税收入是否按规定及时足额上缴国库或财政专户，实行"收支两条线"管理。

（11）是否存在违反政府非税收入和财政票据管理规定的其他行为。

（三）支出业务控制

1. 建立健全支出业务内部管理制度

《单位内控规范》第二十九条规定："单位应当建立健全支出内部管理制度，确定单位经济活动的各项支出标准，明确支出报销流程，按照规定办理支出事项。单位应当合理设置岗位，明确相关岗位的职责权限，确保支出申请和内部审批、付款审批和付款执行、业务经办和会计核算等不相容岗位相互分离。"根据这一规定，行政事业单位应该梳理各项业务支出，根据国家相关法律法规及有关政策文件要求，建立健全支出内部管理制度，并按照程序报经批准后执行。实行国库集中支付的，应当按照财政国库管理制度有关规定执行。

支出业务内部管理制度可细分为总的支出业务管理制度和各类支出业务的实施细则。例如，某行政单位建立的支出业务内部管理制度包括：经费支出管理办法、办公费管理细则、接待费管理细则、会议费管理细则、差旅费管理细则、出国（境）费管理细则、交通费管理细则等。

支出内部管理制度应当主要明确以下六个方面的内容：一是各类支出业务事项的归口管理部门；二是支出业务事项的开支范围、开支标准以及业务事项所涉及的表单和票据；三是支出事前申请、审核审批程序；四是支出借款和报销业务流程；五是与支出相关的内部审核审批权限、程序和责任；六是与支出业务相关的对账和检查责任。

2. 合理设置支出业务岗位，明确关键岗位职责权限

《单位内控规范》第二十九条第二款和第三十条第一款规定："单位应当合理设置岗位，明确相关岗位的职责权限，确保支出申请和内部审批、付款审批和付款执行、业务经办和会计核算等不相容岗位相互分离。""单位应当按照支出业务

的类型，明确内部审批、审核、支付、核算和归档等支出各关键岗位的职责权限。实行国库集中支付的，应当严格按照财政国库管理制度有关规定执行。"

根据这一规定，行政事业单位应根据国家有关财政财务会计规定、本单位"三定"规定和单位的实际情况，按照支出业务的类型，合理设置支出业务相关岗位，明确内部审批、审核、支付、核算和归档等支出各个关键岗位的职责权限，确保支出申请和内部审批、付款审批和付款执行、业务经办和会计核算等不相容岗位相互分离。

3. 明确支出事项的开支范围、开支标准、相关单据

（1）支出事项开支范围。一般来说，行政事业单位支出范围包括但不限于如表 6-6 所示的事项。

表 6-6　　　　　　　　行政事业单位支出事项范围

支出事项	开支范围
人员经费	用于单位编制内人员的工资、津贴补贴、奖金、社会保障费、离退休费、抚恤金、生活补助、计划生育奖及其他对个人和家庭的补助支出等
交通费	用于单位各类交通工具的燃油费、保险费、车船使用税、维修费、停车费、洗车费、过路过桥费（通行费）及其他与单位车辆直接相关的费用
差旅费	用于单位工作人员出差的交通费、住宿费、订票费、保险费、伙食补助费、公杂费及其他费用
会议费	用于单位按规定开支的会议场地租赁费、会议设备租赁费、参会人员伙食费、住宿费及其他与会议有关的费用

（2）支出事项的开支标准。支出事项的开支标准包括内部标准和外部标准，是支出业务内部控制的准绳。外部标准是指国家或者地方性法规规定的标准，单位必须遵照执行。内部标准则是指在国家有关法规允许的范围内，根据单位实际制定的标准。一般来说，行政事业单位开支标准如表 6-7 所示。

表 6-7　　　　　　　　行政事业单位开支标准

支出事项	开支标准
人员经费	按照财政部门与人事部门制定的标准执行（外部法定标准）
水电费	按照水务公司与电力公司制定的标准执行（外部法定标准）

续表

支出事项	开支标准
接待费	按照单位接待工作相关标准（类型/级别）执行（内部标准）
差旅费	按照财政部门制定的城市间交通费标准、住宿费标准、伙食补助费和公杂费等标准执行（外部法定标准）
会议费	按照财政部门制定会议费开支标准执行（外部法定标准）

2013年11月25日，中共中央、国务院印发《党政机关厉行节约反对浪费条例》，该条例对党政机关的国内差旅和因公临时出国（境）、公务接待、公务用车、会议活动、办公用房等各项经费支出做了要求。随后，财政部相继发布了一系列的法律法规，如《中央和国家机关差旅费管理办法》（财行〔2013〕531号）、《因公临时出国经费管理办法》（财行〔2013〕516号）、《党政机关国内公务接待管理规定》、《中央和国家机关公务用车制度改革方案》、《中央和国家机关会议费管理办法》（财行〔2016〕214号）、《党政机关办公用房建设标准》等，下面我们将以上述规则涉及的具体开支标准罗列如下。

① 国内差旅和因公临时出国（境）费用支出标准。根据《中央和国家机关差旅费管理办法》（财行〔2013〕531号），行政事业单位差旅费标准应符合如表6-8所示的规定标准。

表6-8　　　　　　　　差旅费支出标准

人员级别＼交通工具级别	火车（含高铁、动车、全列软席列车）	轮船	飞机	其他交通工具（不包括出租小汽车）
部级及相当职务人员	火车软席（软座、软卧），高铁/动车商务座，全列软席列车一等软座	一等舱	头等舱	凭据报销
司局级及相当职务人员	火车软席（软座、软卧），高铁/动车一等座，全列软席列车一等软座	二等舱	经济舱	凭据报销
其余人员	火车硬席（硬座、硬卧），高铁/动车二等座，全列软席列车二等软座	三等舱	经济舱	凭据报销

根据《因公临时出国经费管理办法》(财行〔2013〕516号)，行政事业单位因公临时出国经费标准如表6-9、表6-10所示。

表6-9　　　　　　　　　因公临时出国交通工具使用工具标准

人员级别＼交通工具级别	火　　车	轮船	飞机
省部级人员	高级软卧或全列软席列车的商务座	一等舱	头等舱
司局级人员	软卧或全列软席列车的一等座	二等舱	公务舱
其余人员	硬卧或全列软席列车的二等座	三等舱	经济舱

备注：出国人员乘坐国际列车，国内段按国内差旅费的有关规定执行；国外段超过6小时以上的按自然（日历）天数计算，每人每天补助12美元。

表6-10　　　　　　　　　因公临时出国住宿费标准

人员级别	住宿费标准
省部级人员	普通套房，住宿费据实报销
厅局级及以下人员	标准间，在规定的住宿费标准之内予以报销

② 公务接待费用支出标准。根据《党政机关国内公务接待管理规定》，行政事业单位公务接待支出标准如下。

住房方面：以标准间为主，接待省部级干部可以安排普通套间。接待单位不得超标准安排接待住房，不得额外配发洗漱用品。

工作用餐方面：应当按照规定标准自行用餐。确因工作需要，接待单位可以安排工作餐一次，并严格控制陪餐人数。接待对象在10人以内的，陪餐人数不得超过3人；超过10人的，不得超过接待对象人数的1/3。工作餐应当供应家常菜，不得提供鱼翅、燕窝等高档菜肴和用野生保护动物制作的菜肴，不得提供香烟和高档酒水，不得使用私人会所、高消费餐饮场所。

用车方面：国内公务接待的出行活动应当安排集中乘车，合理使用车型，严格控制随行车辆。

此外，接待单位不得超标准接待，不得组织旅游和与公务活动无关的参观，不得组织到营业性娱乐、健身场所活动，不得安排专场文艺演出，不得以任何名义赠送礼金、有价证券、纪念品和土特产品等。

③ 公务用车费用支出标准。根据《中央和国家机关公务用车制度改革方案》，行政事业单位公务用车补贴标准如表6-11所示。

表6-11　　　　　　　　　公务交通补贴标准

人员级别	补贴标准（元/人/月）
司局级人员	1 300
处级人员	800
科级及以下人员	500

备注：各单位可根据实际情况，从公务交通补贴中划出一定比例作为单位统筹部分，集中用于解决不同岗位之间公务出行不均衡等问题，比例原则上不超过补贴总额的10%。

④ 会议费支出标准。根据《中央和国家机关会议费管理办法》（财行〔2016〕214号），行政事业单位会议费标准应符合如表6-12、表6-13所示的规定标准。

表6-12　　　　　　　　　会议规模标准

会议类别	会议规模
一类会议	参会人员按照批准文件，根据会议性质和主要内容确定，严格限定会议代表和工作人员数量
二类会议	参会人员不得超过300人，其中，工作人员控制在会议代表人数的15%以内；不请省、自治区、直辖市和中央部门主要负责同志、分管负责同志出席
三类会议	参会人员不得超过150人，其中，工作人员控制在会议代表人数的10%以内
四类会议	参会人员视内容而定，一般不得超过50人

表6-13　　　　　　　　　会议费综合定额标准

会议类别	住宿费	伙食费	其他费用	合计（元/人/天）
一类会议	500	150	110	760
二类会议	400	150	100	650
三、四类会议	340	130	80	550

在培训费方面，根据《中央和国家机关培训费管理办法》（财行〔2013〕523号），行政事业单位培训费开支标准如表6-14所示。

表 6-14　　　　　　　　　　　培训费综合定额标准　　　　　　　　　　　单位：元

住宿费	伙食费	场地费和讲课费	资料费、交通费和其他费用	合计
180	110	100	60	450

备注：综合定额标准是培训费开支的上限，各项费用之间可以调剂使用，15 天以内的培训按照综合定额标准控制；超过 15 天的培训，超过天数按照综合定额标准的 80%控制；超过 30 天的培训，超过天数按照综合定额标准的 70%控制。上述天数含报到撤离时间，报到和撤离时间分别不得超过 1 天。

⑤ 办公用房费用开支标准。根据《党政机关办公用房建设标准》，行政事业单位办公用房开支标准应符合如表 6-15 所示的规定标准。

表 6-15　　　　　　　　　各级工作人员办公室使用面积

列　　别	适用对象	使用面积（平方米/人）
中央机关	部级正职	54
	部级副职	42
	正司（局）级	24
	副司（局）级	18
	处级	12
	处级以下	9
省级机关	省级正职	54
	省级副职	42
	正厅（局）级	30
	副厅（局）级	24
	正处级	18
	副处级	12
	处级以下	9
市级机关	市级正职	42
	市级副职	30
	正局（处）级	24
	副局（处）级	18
	局（处）级以下	9
县级机关	县级正职	30
	县级副职	24

续表

列　　别	适用对象	使用面积（平方米/人）
县级机关	正科级	18
	副科级	12
	科级以下	9
乡级机关	乡级正职	由省级人民政府按照中央规定和精神自行做出规定，原则上不得超过县级副职
	乡级副职	
	乡级以下	

以上我们仅列出一些与支出业务相关的标准，对行政事业单位差旅费、公务接待、公务用车等方面的支出还有更为详细的规定，可参见相关规则。

（3）支出业务事项涉及的表单和票据。支出业务事项表单和票据应该反映支出明细内容，并由经办人员签字或盖章，单位通常也应对原始单据做出明确要求，如表6-16所示。

表6-16　　　　　　　　支出业务事项涉及的表单和票据

支出事项	票据要求
水电费	外部票据：水费缴费发票、电费缴费发票。 内部表单：《费用报销审批单》
物业管理费	外部票据：物业管理费发票。 内部表单：《费用报销审批单》、《物业合同》
交通费	外部票据：燃油、保险、车船使用税、停车、洗车、过路过桥费的发票、ECT（不停车收费）缴费专用发票。 内部表单：《费用报销审批单》、《燃油充值金额一览表》等
差旅费	外部票据：飞机、火车、轮船等发票、保险发票、订票发票、住宿费发票。 内部表单：《费用报销审批单》、邀请公函、会议通知单等
出国（境）费	外部票据：机票（盖代办公司章）、核汇单和换汇水单、有资质的旅行社或代办公司提供的订票费等发票。 内部表单：《费用报销审批单》、《因公出国经费审批表》、办公会议纪要、《出境用汇审批表》、护照复印件等
会议费	外部票据：外部结算单据。 内部表单：参会审批表、《会议报销审批单》等

4. 建立科学完善的支出管理流程

完善的支出管理流程应包括恰当的事前申请、合理的支出审批、全面的支出审核和及时的资金支付，这一流程设计应在谨慎和效率之间寻找平衡，用最合理的流程完成最有效率的管理。

（1）支出事前审批控制。行政事业单位的每一项支出都有相应的预算支持，如果开展业务，单位应该在发生相关支出之前进行支出事前审批。业务人员可以根据工作计划、工作任务和单位领导的指示并结合预算指标，按照支出内部管理制度的规定，提出支出事前申请，经审核通过后再去开展业务。如果条件允许，这种支出事前申请程序最好通过信息系统去完成，从而实现内部控制的"关口前移"和"计算机控制"。以某实现了信息管理的行政事业单位为例，该单位的某工作人员已经单位领导批准确定去外地出差。此时，该工作人员应当在信息系统中就可选择的交通工具、出差地定点饭店、可入住的房间标准、可选择的会议室标准等信息进行事前申请，由系统自动审核确定并备份于系统中。待出差回来实际报销时再按照支出审批、审核、资金支付和核算程序办理。

（2）支出审批控制。《单位内控规范》第三十条第二款规定："（一）加强支出审批控制。明确支出的内部审批权限、程序、责任和相关控制措施。审批人应当在授权范围内审批，不得越权审批。"无论是在经济业务事项发生之前，还是在业务事项发生或在办理过程中的资金支付，行政事业单位都应该加强审批控制。

审批控制是指支出行为经过相应授权人的授权批准后才能开展的控制方式，审批方式可以包括分级审批、分额度审批、逐项审批三种方式。

分级审批是指下级单位发生该经济行为时需要报上级单位审批的控制方式。该方式适用于对支出事项有统一规范的事项，如所有出国（境）经费统一均由单位人事处审批。

分额度审批是指按照经济行为的发生额度，分别明确归属不同审批权限人审批的控制方式。如单笔支出金额在一定额度（如三万元）以下的支出事项，由办公室负责人、财务负责人审批；单笔支出金额在一定额度（如三万元至十万元）的支出事项，由分管财务领导审批；单笔支出金额在一定额度（如十万元至二十万元）的支出事项，经财务或分管财务领导出具审核意见后，提报单位领导审批；单笔支出金额超过一定额度（如二十万元）以上的支出事项，提报单位办公会审议后按照审议结果执行。

逐项审批是指按照经济行为的性质，由审批人逐项审批的控制方式。该方式主要适用于对项目支出事项及其他特殊性质事项的审批，如出国（境）经费统一由单位领导逐项审批。

（3）支出审核控制。《单位内控规范》第三十条第三款规定："（二）加强支出审核控制。全面审核各类单据。重点审核单据来源是否合法，内容是否真实、完整，使用是否准确，是否符合预算，审批手续是否齐全。支出凭证应当附反映支出明细内容的原始单据，并由经办人员签字或盖章，超出规定标准的支出事项应由经办人员说明原因并附审批依据，确保与经济业务事项相符。"

行政事业单位财务部门应加强对各类单据的全面审核，一是明确全面审核各类单据，不仅仅包括发票等外部凭证，还包括单位内部流转的各类文件和表单。支出凭证应当附上反映支出明细内容的原始单据，并由经办人员签字或者盖章，超出规定标准的支出事项应由经办人员说明原因并附审批依据，确保与经济业务事项相符。二是单据审核的重点，这些重点通常包括：单据来源是否合法，内容是否真实、完整，使用是否准确，是否符合预算，审批手续是否齐全。关于票据业务控制在前面我们已详细介绍，在此从略。

（4）支付控制。根据《单位内控规范》第三十条第四款规定："（三）加强支付控制。明确报销业务流程，按照规定办理资金支付手续。签发的支付凭证应当进行登记。使用公务卡结算的，应当按照公务卡使用和管理有关规定办理业务。"

根据这一规定，在支付控制方面应当重点加强以下三个环节的控制。

① 借款管理。行政事业单位目前推行的公务卡制度是一种电子化的借款报销形式。除了公务卡支付之外，员工因出差、零星小额采购或临时接待任务等情况可能需要借取现金，这种情况下，应该按照内部管理制度的规定办理借款手续。

以某行政单位为例，该单位在其内部管理制度中明确规定：单位 1 000 元以上的支出采用支票方式结算，借款金额在 1 000 元以上的，办理支票领用手续。借款额度不得超过经费支出执行申请中批准的支出额度。借款已经发生，相应的预算指标即被锁定，即预算指标已被占用，避免超指标执行。该单位工作人员办理借款的程序为：借款人按照要求填写《借款审批单》，注明借款事由、借款金额、所对应的预算项目以及预计报账日期等内容，并附上与借款事项相关的事前审批单据，如公务接待审批单、出差签报单等；经本部门负责人审批后，提报给单位财会部门的分管领导或者其授权的负责人进行复核；复核通过后，出纳人员办理借款或者支票领用手续。

此外，个人向所属单位借款应当及时偿还，出差人员原则上应在出差返回后在规定的期限内办理报销、还款手续；购物、接待事项完成后应立即报销、还款；无正当理由，借款超过约定时间不还者，按挪用公款处理，财务人员应当从借款人工资和其他款项中扣还。任何单位不得借款或贷款发放奖金、福利和补贴，不得借款或贷款用于购买小汽车、装修办公室和添置办公设备。

② 报销管理。经济业务事项的经办人员办理报销费用时，应当按照要求填写费用报销申请，确保要素填写齐全、内容真实完整。由经办人、证明人签字后，提交部门负责人或者归口管理部门的相关工作人员审核；经单位财会部门审核无误后按照支出审批权限进行审批，出纳人员按照审批结果办理支付手续。

③ 资金支付。单位应对资金支出业务严格把关，不得由一人办理资金支付业务的全过程。签发的支付凭证应当进行登记，使用公务卡结算的，应当按照公务卡使用和管理有关规定办理业务。各项支出均应依据采购或审批结果提出资金支付申请，并由财务部门负责进行资金支付审核并匹配对应的资金来源。单位出纳应当在职责范围内，按照审批人的批准意见办理资金支付业务。对于审批人超越授权范围审批的资金支付业务，有权拒绝办理，并及时向审批人的上级授权部门报告。关于资金支付控制的具体介绍详见第五章预算业务控制建设。

5. 合理安排各项支出，加强专项资金支出管理

单位应该根据相关部门制定的开支范围和开支标准，在保证单位正常运转的前提下，坚持从严从简，勤俭办一切事业，降低公务活动成本。尤其是要加强管理和控制那些具有较大的节约潜力且管理较为薄弱的支出事项，以便促进单位的事业发展。其中，单位要遵循先有预算、后有支出的原则，严格执行预算，严禁超预算或者无预算安排支出，严禁虚列支出、转移或者套取预算资金。严格控制国内差旅费、因公临时出国（境）费、公务接待费、公务用车购置及运行费、会议费、培训费等支出。年度预算执行中不予追加，因特殊需要确需追加的，由财政部门审核后按程序报批。

单位从财政部门或者上级预算单位取得的项目资金，应当按照批准的项目和

用途使用，专款专用、单独核算，并按照规定向同级财政部门或者上级预算单位报告资金使用情况，接受财政部门和上级预算单位的检查监督。项目完成后，单位应当向同级财政部门或者上级预算单位报送项目支出决算和使用效果的书面报告。

由于行政事业单位的业务各不相同，特点不一，专项资金的用途也各异，为了规范专项资金的使用和管理，确保专项资金达到特定目标，政府不断推出针对不同行政事业单位和业务的专项资金管理办法，如2016年7月19日财政部印发的《中央级公益性科研院所基本科研业务费专项资金管理办法》（财教〔2016〕268号）、《安全生产预防及应急专项资金管理办法》（财建〔2016〕280号）、《国家重点档案专项资金管理办法》（财教〔2016〕63号）、《工业企业结构调整专项奖补资金管理办法》（财建〔2016〕253号）、《中央引导地方科技发展专项资金管理办法》（财教〔2016〕81号），等等。行政事业单位要严格遵守相关法律法规，不得擅自改变资金用途，不得滞留、滞拨、挪用各种专项资金，不得蓄意多拨财政资金，不得以各种名义套取、骗取财政资金，严禁挤占挪用救灾、扶贫、救济、抚恤、捐赠、教育、社保等财政专项资金。

6. 加强支出核算与归档控制

根据《单位内控规范》第三十条第五款规定："（四）加强支出的核算和归档控制。由财会部门根据支出凭证及时准确登记账簿；与支出业务相关的合同等材料应当提交财会部门作为账务处理的依据。"

单位财会部门根据支出凭证及时准确登记账簿。与支出业务相关的合同等材料应当提交财会部门作为账务处理的依据。单位应按照国家统一的会计制度规定，即《行政单位会计制度》、《事业单位会计准则》（财政部令第72号）、《事业单位会计制度》（财会〔2012〕22号）、《医院会计制度》（财会〔2010〕27号）等行业事业单位会计制度，根据支出凭证及时准确登记账簿。涉及合同协议或者内部文件的，业务部门应该向财会部门提交与支出业务相关的合同协议或内部文件等材料作为账务处理的依据。

此外，财会部门应该将与支出业务相关的会计凭证、文字及其他资料按照《会计基础工作规范》（财会自〔1996〕19号）的规定及时归档、妥善保管，严防毁损、散失、泄密或者不当使用。

7. 加强对支出业务的分析控制，编制支出业务分析报告

行政事业单位应该定期对单位的收支情况进行统计汇总，形成收支分析报告，并上报相关领导审批审议，以会议纪要的形式在本单位范围内发布，各业务部门根据本部门的支出指标执行情况，控制相关支出。

收支分析报告应注重支出执行情况与计划的对比及差异分析，通过差异分析及时发现财政资金支出的异常情况，分析其形成原因，采取适当的有效措施，规范各项业务活动，保障收支平衡，提高财政资金的使用效率和效果。

一般来说，收支分析报告应该包括本单位财政预算执行情况、本单位收支管理中存在的问题及原因分析、分析结论等。其中，本单位财政预算执行情况又包括：

（1）本单位上一季度的财政资金收入与财政资金支出总体情况，反映本单位财政收支平衡情况以及财政资金的使用效率。

（2）截止到上一季度末已执行的财政预算占当年财政总预算的比例，反映财政预算的执行进度。

（3）本单位财政支出执行明细，分支出事项类别进行统计，反映财政支出的去向。

（4）各业务部门支出情况，通过实际执行值与指标计划值对比，反映各责任业务部门对支出的控制情况。

具体收支报告样式以北京市某行政管理局的收支分析报告为例，如表 6-17 所示。

表 6-17　　　　　　　　收支报告样式（示例）

北京市某行政管理局XXXX年X季度财政收支分析报告（示例）
一、预算收支执行情况
1．当季度的财政资金收入总计：××××万元，财政资金支出总计：××××万元，收支平衡。 ……
2．截止当季度已执行的财政预算占当年财政总预算的比例（以图表形式表现） ……
本单位财政支出执行明细（支出事项类别口径，以图表形式表现）
各处室支出情况口径（实际执行值与指标计划值对比，差异分析） ……

续表

| 二、收支管理中存在的问题及原因分析 |
| …… |
| 三、分析结论，提出评价及改进建议 |
| …… |

（四）债务业务控制

根据《单位内控规范》第三十一条规定："根据国家规定可以举借债务的单位应当建立健全债务内部管理制度，明确债务管理岗位的职责权限，不得由一人办理债务业务的全过程。大额债务的举借和偿还属于重大经济事项，应当进行充分论证，并由单位领导班子集体研究决定。单位应当做好债务的会计核算和档案保管工作。加强债务的对账和检查控制，定期与债权人核对债务余额，进行债务清理，防范和控制财务风险。"

根据上述规定，并结合债务管理相关法律法规和行政事业单位债务业务的实际情况，单位应该从以下几个方面加强债务业务控制。

1. 建立健全债务内部管理制度，合理设置业务岗位

行政事业单位应当建立健全债务内部管理制度。债务内部管理制度应当主要明确：债务业务的归口管理部门；债务业务的管理岗位及职责权限；债务业务的工作流程、审批权限和责任划分；债务合同协议的订立、履行、登记等程序；大额债务的认定标准；与债务业务相关的对账和检查责任。

行政事业单位应明确债务管理岗位的职责权限，严格遵循国家有关规定。根据单位的职能定位和管理要求，制定债务管理制度，明确债务管理部门或人员的职责权限。实施不相容岗位相互分离，确保举债申请与审批、债务业务经办与会计核算、债务业务经办与债务对账检查等不相容岗位相互分离，不得由一人办理债务业务的全过程。

2. 加强举借债务的充分论证

行政事业单位应当在举借债务之前，对债务业务进行充分评估和论证。财会部门应当根据国家规定、单位实际的支出需求、宏观经济和金融市场形势，恰当选择举债方式。以地方政府举债为例，财政部于 2014 年 9 月 21 日发布了《关于

加强地方政府性债务管理的意见》(国发〔2014〕43号),对地方性债务的方式、途径、规模等提出了具体要求;2015年12月21日,财政部又发布了《关于对地方政府债务实行限额管理的实施意见》(财预〔2015〕225号),详细规定了如何确定地方政府债务总限额、债务限额下发流程等。

同时,行政事业单位要编写债务融资和偿还方案,具体内容包括:一是进行方案的战略性评估,判断其是否与单位的职能和工作计划相一致;二是进行方案的经济性评估,判断筹资成本是否与单位经济的负担能力相适应,是否有充足的资金来源用于按时还本付息;三是进行方案的风险评估,判断债务项目面临哪些风险,风险大小是否与单位的负担能力相适应。

3. 加强对债务业务的审批控制

行政事业单位应当在债务内部管理制度中明确规定举借和偿还债务的审批权限、相关程序和责任。债务的举债和偿还应当严格执行审批程序。大额债务的举借和偿还属于重大经济事项,应当在充分论证的基础上,由单位领导班子集体研究决定,以避免决策审批中的疏漏。按照国家规定需要向本单位上级主管部门和同级财政部门报批的,还应当履行严格的报批手续。

4. 加强债务业务的日常核算与管理

行政事业单位应当严格根据债务融资和偿还方案进行融资,与银行订立借款合同,加强债务资金的日常管理,具体包括四个方面:

(1)严格按照规定的用途使用债务资金。

(2)应当做好债务的会计核算和档案保管工作,按照国家统一会计制度的规定进行会计核算,连续、完整地核算债务资金的来源、使用及偿还情况,并在财务报告中予以反映,妥善保管相关记录、文件和凭证。

(3)应当加强债务的对账和检查控制,定期与债权人核对债务余额,应当按照债务融资和偿还方案安排还本付息资金、做好偿债准备,按时足额还本付息,进行债务清理,防范和控制财务风险。

(4)应当及时评价债务业务活动,发现问题的,应当确定整改措施,追究违规人员的责任。

5. 创新政府和社会资本合作（PPP）模式，减少政府债务

行政事业单位应该考虑与社会资本合作的模式，鼓励社会资本通过特许经营等方式，参与城市基础设施等有一定收益的公益性事业投资和运营，单位通过特许经营权、合理定价、财政补贴等事先公开的收益约定规则，使投资者有长期稳定收益。投资者按照市场化原则出资，按约定规则独自或与政府共同成立特别目的公司建设和运营合作项目。投资者或特别目的公司可以通过银行贷款、企业债、项目收益债券、资产证券化等市场化方式举债并承担偿债责任。单位对投资者或特别目的公司按约定规则依法承担特许经营权、合理定价、财政补贴等相关责任，不再承担投资者或特别目的公司的偿债责任，进一步降低单位或政府债务。

6. 建立债务风险预警及化解机制

单位可以根据债务率、新增债务率、偿债率、逾期债务率等指标，评估债务风险状况，对债务高风险区域进行风险预警。债务高风险区域要积极采取措施，逐步降低风险。对甄别后纳入预算管理的存量债务，妥善采取相关措施，降低利息负担，优化期限结构。此外，也要硬化预算约束，防范道德风险。

第七章
政府采购业务控制建设

政府采购是行政事业单位日常开展的重要业务，涉及行政事业单位货物、工程和服务的采购，不仅影响单位的正常运行，还会影响政府的公信力。近些年来，有些行政事业单位出现了规避政府采购、采购执行不规范、采购物品不能满足需求、采购价格过高等问题，政府采购越来越成为领导干部违规、违纪、违法的高危领域，行政事业单位应该注意加强政府采购业务控制建设。

一、政府采购业务概述

（一）政府采购定义

根据 2002 年 6 月国家颁布的《中华人民共和国采购法》和 2014 年 12 月 31 日的《中华人民共和国政府采购法实施条例》规定："政府采购，是指各级国家机关、事业单位和团体组织，使用财政性资金采购依法指定的集中采购目录以内的或者采购限额标准以上的货物、工程和服务的行为。"

其中，需要注意的是：

（1）财政性资金是指纳入预算管理的资金，以财政性资金作为还款来源的借贷资金，视同财政性资金。

（2）集中采购目录包括集中采购机构采购项目和部门集中采购项目。技术、服务等标准统一，采购人普遍使用的项目，列为集中采购机构采购项目；采购人本部门、本系统基于业务需要有特殊要求，可以统一采购的项目，列为部门集中采购项目。

（3）采购是指以合同方式有偿取得货物、工程和服务的行为，包括购买、租赁、委托、雇用等。

（4）货物是指各种形态和种类的物品，包括原材料、燃料、设备、产品等。

（5）工程是指建设工程，包括建筑物和构筑物的新建、改建、扩建、装修、拆除、修缮等。

（6）服务是指除货物和工程以外的其他政府采购对象，包括政府自身需要的服务和政府向社会公众提供的公共服务。

此外，除政府采购之外，单笔采购低于采购限额标准且不在政府采购目录中的采购行为虽然不纳入政府采购，但是同样需要遵循一定的程序，可以参照政府采购制度进行管理。

（二）政府采购当事人

政府采购当事人是指在政府采购活动中享有权利和承担义务的各类主体，包括采购人、采购代理机构和供应商等。

1. 采购人

采购人是指依法进行政府采购的国家机关、事业单位、团体组织。采购人在政府采购活动中应当维护国家利益和社会公共利益，公正廉洁，诚实守信，执行政府采购政策，建立政府采购内部管理制度，厉行节约，科学合理确定采购需求。

按照《政府采购实施条例》规定，采购人员及相关人员与供应商有下列利害关系之一的，应当回避：

（1）参加采购活动前3年内与供应商存在劳动关系。

（2）参加采购活动前3年内担任供应商的董事、监事。

（3）参加采购活动前3年内是供应商的控股股东或者实际控制人。

（4）与供应商的法定代表人或者负责人有夫妻、直系血亲、三代以内旁系血亲或者近姻亲关系。

（5）与供应商有其他可能影响政府采购活动公平、公正进行的关系。

此外，供应商认为采购人员及相关人员与其他供应商有利害关系的，可以向采购人或者采购代理机构书面提出回避申请，并说明理由。采购人或者采购代理机构应当及时询问被申请回避人员，有利害关系的被申请回避人员应当回避。

2. 采购代理机构

采购代理机构是集中采购机构和集中采购机构以外的采购代理机构。其中，集中采购机构是设区的市级以上人民政府依法设立的非营利事业法人，是代理集中采购项目的执行机构；集中采购机构以外的采购代理机构，是从事采购代理业务的社会中介机构。

关于采购代理机构的资格认定方面，最早的法律是2006年3月财政部颁布的《政府采购代理机构资格认定办法》（财政部令第31号），它对政府采购代理机构资格认定的一般程序、审批和确认的资格条件、资格延续与变更、代理机构资格监督管理等做出了规定。随着政府采购制度改革的不断深化，政府采购代理机构认定法律不断完善，2010年财政部以第61号部长令的形式公布了修订后的《政府采购代理机构资格认定办法》。为进一步简化行政审批程序，2014年7月第十二届全国人民代表大会常务委员会第十次会议明确：自2014年8月31日起，取消财政部及省级人民政府财政部门负责实施的政府采购代理机构资格认定行政许可事项，财政部和省级人民政府财政部门不再接收政府采购代理机构资格认定申请，已接受申请的也停止了相关资格认定工作。自此，实行了8年多的政府采购代理机构资格认定制度正式取消。

2014年9月，财政部下发《关于做好政府采购代理机构资格认定行政许可取消后相关政策衔接工作的通知》（财库〔2014〕122号），提出将代理机构资格管理审批制改为登记制。自2015年1月1日起，凡有意从事政府采购业务的代理机构可以在中国政府采购网（www.ccgp.gov.cn）或其工商注册所在地省级分网站进行网上登记，登记信息包括机构名称、法人代表、注册地址、联系方式、专职人员情况等内容，由代理机构自行填写并扫描上传营业执照、组织机构代码证、税务登记证副本、社会保险登记证书、中级以上专业技术职务证书等相关证明材料。网上登记遵循"自愿、免费、一地登记、全国通用"的原则，所有登记信息将通过系统向社会公开，接受社会监督，登记后有关信息发生变化的，由代理机构自行维护和更新。财政部门不再对网上登记信息进行事前审核。对于完成网上登记的代理机构，系统将自动将其名称纳入中国政府采购网"政府采购代理机构"专栏"政府采购代理机构名单",并授予相关业务网络操作权限。

此外,为了规范采购代理机构的执业行为,建立常态化的全国代理机构监督检查工作机制,推动代理机构向专业化采购转变,财政部于2016年6月至10月组织开展全国代理机构监督检查工作。财政部随机从中国政府采购网和各省政府采购网上完成网上登记的代理机构名单中选择检查对象,对近三年内没有检查过的代理机构抽取至少5个该机构2015年代理的政府采购项目。检查内容涉及委托代理、文件编制、进口核准、方式变更、信息公告、保证金、评审过程、中标成交、合同管理、质疑答复等十个方面的内容。

行政事业单位在选择采购代理机构时不仅要遵循正确的程序,选择恰当的代理机构,还应该加强对采购代理机构的监督管理,提高对采购业务的管理。

3. 供应商

供应商是指向采购人提供货物、工程或者服务的法人、其他组织或者自然人。参加政府采购活动的供应商应具备下列条件:

(1)具有独立承担民事责任的能力。
(2)具有良好的商业信誉和健全的财务会计制度。
(3)具有履行合同所必需的设备和专业技术能力。
(4)有依法缴纳税收和社会保障资金的良好记录。
(5)参加政府采购活动前3年内,在经营活动中没有因违法经营受到刑事处罚或者责令停产停业、吊销许可证或者执照、较大数额罚款等行政处罚。
(6)法律、行政法规规定的其他条件。

此外,单位负责人为同一人或者存在直接控股、管理关系的不同供应商,不得参加同一合同项下的政府采购活动。除单一来源采购项目外,为采购项目提供整体设计、规范编制或者项目管理、监理、检测等服务的供应商,不得再参加该采购项目的其他采购活动。

(三)政府采购的分类

1. 按照采购项目的可集中性分类

按照采购项目的可集中性,政府采购可以分为集中采购和分散采购。

集中采购是指采购人将列入集中采购目录的货物、工程或者服务委托集中采购代理机构采购或者进行部门集中采购的行为。集中采购的范围由省级以上人民政府公布的集中采购目录确定。属于中央预算的政府采购项目，其集中采购目录由国务院确定并公布；属于地方预算的政府采购项目，其集中采购目录由省、自治区、直辖市人民政府或者其授权的机构确定并公布。纳入集中采购目录的政府采购项目，应当实行集中采购。集中采购的基本目的在于将各个不同采购单位相同的采购项目集中起来，形成一定的批量优势，获得一定的规模效益，从而降低采购成本。

分散采购是指采购人将采购限额标准以上的未列入集中采购目录的货物、工程或者服务自行采购或者委托采购代理机构代理采购的行为。分散采购的特点是方便快捷，能充分满足单位采购需求。分散采购不同于自行采购，应当实行分散采购的政府采购项目，采购人可以自行采购，可以委托集中采购机构代理采购，也可以委托依法取得认定资格的采购代理机构采购。在具体采购执行中，凡应当集中采购的，不能进行分散采购；属于分散采购范围的，如果能够适当集中的可以适当集中采购。

2. 按照采购执行主体分类

按照采购执行主体的不同，政府采购可以分为自行采购和代理采购。

自行采购指采购人针对具体采购项目自己进行采购的行为。自行采购一般有两种情形：一是采购未纳入集中采购目录的政府采购项目，可以自行采购；二是采购人采购属于本单位有特殊要求的项目，经省级以上人民政府批准，可以自行采购。自行采购并不是指脱离了政府掌控的自由行为，而是除了执行采购的主体是采购人自己以外，采购的原则、政策取向、政府采购预算、采购的程序、采购方式等，都要遵守《中华人民共和国政府采购法》的规定。

代理采购是指采购人依法将政府采购项目委托给集中采购机构或者依法取得认定资格的采购代理机构进行采购的行为。集中采购机构应当根据采购人委托制订集中采购项目的实施方案，明确采购规程，组织政府采购活动，不得将集中采购项目转委托。集中采购机构代理采购主要包括两种情形：一是纳入集中采购目录属于通用的政府采购项目；二是集中采购目录以外的项目，采购人可以选择委托集中采购机构代理采购。认定资格的采购代理机构代理采购指由依法取得认定资格的采购代理机构代理采购人进行采购的行为。认定资格的采购代理机构代理采购的范围应当是集中采购目录以外的政府采购项目。采购人依法委托采购代理机构办理采购事宜的，应当由采购人与采购代理机构签订委托代理协议，依法确定委托代理的事项，约定双方的权利义务。

3. 按照采购方式分类

按照采购方式，政府采购可分为公开招标、邀请招标、竞争性谈判、单一来源采购和询价、国务院政府采购监督管理部门认定的其他采购方式。其中，公开招标应是政府采购的主要采购方式。

针对不同采购方式，我国政府陆续出台了相应的管理办法。2004年8月，财政部颁布《政府采购货物和服务招标投标管理办法》（财政部令第18号）来规范招标采购，2013年10月又颁布了《政府采购非招标采购方式管理办法》（财政部令第74号）以规范非招标采购。随着经济的不断发展，实践经验的不断积累，法律法规亦在不断完善，2016年5月财政部对《政府采购货物和服务招标投标管理办法》（财政部令第18号）进行了修订，已形成该管理办法的征求意见稿，这里笔者主要参考《政府采购货物和服务招标投标管理办法（征求意见稿）》和《政府采购非招标采购方式管理办法》（财政部令第74号）。

（1）公开招标采购。公开招标采购是指采购人或者采购代理机构依法以招标公告的方式邀请非特定的供应商参加投标的采购方式。

公开招标应作为政府采购的主要采购方式，不得将应当以公开招标方式采购的货物或者服务化整为零或者以其他任何方式规避公开招标采购。采购人采购公开招标数额标准以上的货物或者服务，符合采购方式适用条件或者有需要执行政府采购政策等特殊情况的，经设区的市级以上人民政府财政部门批准，可以依法采用公开招标以外的采购方式。

（2）邀请招标采购。邀请招标采购是指采购人或者采购代理机构依法从符合相应资格条件的供应商中随机选择3家以上供应商，并以投标邀请书的方式，邀请其参加投标的采购方式。采用邀请招标方式采购的货物或者服务应当符合下列情形之一：

① 具有特殊性，只能从有限范围的供应商处采购的。
② 采用公开招标方式的费用占政府采购项目总价值的比例过大的。

（3）竞争性谈判采购。竞争性谈判采购是指谈判小组与符合资格条件的供应商就采购货物、工程和服务事宜进行谈判，供应商按照谈判文件的要求提交相应文件和最后报价，采购人从谈判小组提出的成交候选人中确定成交供应商的采购方式。采用竞争性谈判方式采购的货物或者服务应当符合下列情形之一：

① 招标后没有供应商投标或者没有合格标的或者重新招标未能成立的。

② 技术复杂或者性质特殊，不能确定详细规格或者具体要求的。

③ 采用招标所需时间不能满足用户紧急需要的。

④ 不能事先计算出价格总额的。

（4）单一来源采购。单一来源采购是指采购人从某一特定供应商处采购货物、工程和服务的采购方式。采用单一来源方式采购的货物或者服务应当符合下列情形之一：

① 只能从唯一供应商处采购的。

② 发生了不可预见的紧急情况不能从其他供应商处采购的。

③ 必须保证原有采购项目一致性或者服务配套的要求，需要继续从原供应商处添购，且添购资金总额不超过原合同采购金额10%的。

（5）询价采购。询价采购是指询价小组向符合资格条件的供应商发出采购货物询价通知书，要求供应商一次报出不得更改的价格，采购人从询价小组提出的成交候选人中确定成交供应商的采购方式。采购的货物规格、标准统一、现货货源充足且价格变化幅度小的政府采购项目，可以采用该方式进行采购。

此外，在政府采购的实际工作中还有定点采购、协议供货等其他方式。定点采购通常是指集中采购机构通过规范的程序，采用招标投标或竞争性谈判等方式，综合考虑价格、质量和服务等因素，择优确定一家或几家定点供应商，并同定点供应商签订定点采购协议，由定点供应商根据协议在定点期限内提供货物和服务，协议期满后再通过招投标或竞争性谈判等方式重新确定定点采购供应商。协议供货是指采购人根据一定时期内本区域内某种指定品牌的采购需求量，通过谈判与原厂商就销售价格、供货时间、服务承诺、付款方式等全部条款一次性签订供货协议。

（四）政府采购业务控制框架

政府采购业务是行政事业单位经济活动中的一项重要业务。通过政府采购取得的货物、工程和服务可被用于行政事业单位的各项业务活动之中。同时，政府采购业务与预算业务、支出业务、资产管理、合同管理等也密切相关。通过加强单位采购业务控制，有利于提高单位的采购质量、提升单位资金的使用效益、促进单位的廉政建设、实现单位资源的合理配置。单位采购业务基本流程如图 7-1 所示。

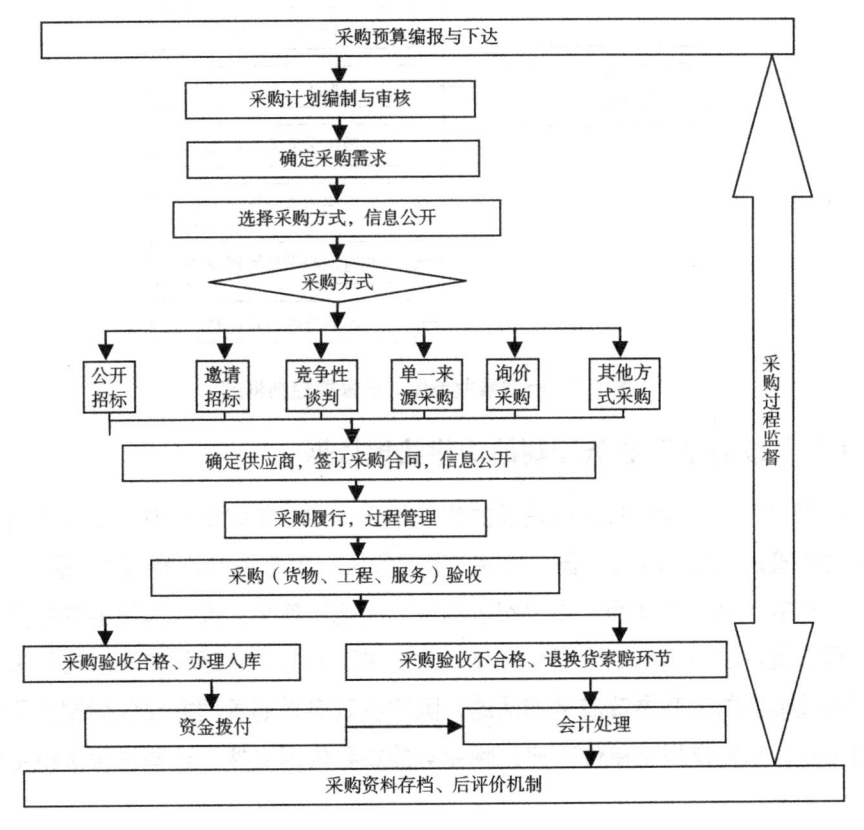

图 7-1 单位采购业务基本流程

根据行政事业单位政府采购的基本流程和《单位内控规范》的相关规定，我们将政府采购控制细分为政府采购管理组织体系控制、政府采购预算与计划控制、政府采购实施控制、政府采购招投标控制、政府采购合同控制、政府采购验收控制、政府采购资金支付控制、政府采购信息管理控制、政府采购监督控制（见图 7-2）。

```
行政事业单位政府采购控制框架 ─┬─ 政府采购管理组织体系控制
                              ├─ 政府采购预算与计划控制
                              ├─ 政府采购实施控制
                              ├─ 政府采购招投标控制
                              ├─ 政府采购合同控制
                              ├─ 政府采购验收控制
                              ├─ 政府采购资金支付控制
                              ├─ 政府采购信息管理控制
                              └─ 政府采购监督控制
```

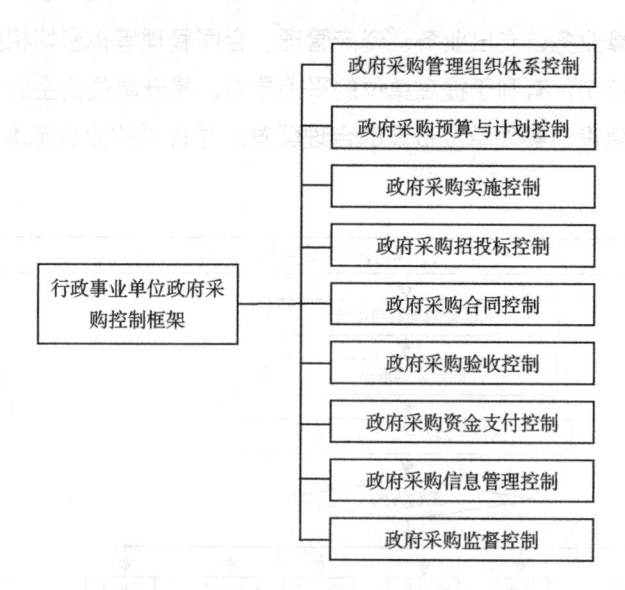

图 7-2　行政事业单位政府采购控制框架

（五）政府采购业务控制的法律法规依据

我国对政府采购业务法律法规的建设始于 1996 年财政部着力探索国内外通行的支出管理制度，1998 年国务院将"拟定和执行政府采购政策"的职能融入"三定"方案中。2000 年 1 月，中央纪委将政府采购制度列为廉政建设的中央措施之一，标志着我国开始从制度层面加强对政府采购业务的管理和约束。近年来，为规范行政事业单位开展政府采购活动，国家在政府采购管理方面先后制定了若干法律法规，它们是规范单位政府采购业务的重要依据文件。这些法律法规主要包括：

1．《中华人民共和国政府采购法》（主席令第 68 号，2002 年颁布）
2．《中华人民共和国采购法实施条例》（国务院令第 658 号，2014 年颁布）
3．《政府采购信息公告管理办法》（财政部令第 19 号，2005 年颁布）
4．《政府采购供应商投诉处理办法》（财政部令第 20 号，2005 年颁布）
5．《政府采购非招标采购方式管理办法》（财政部令第 74 号，2014 年颁布）
6．《政府采购资金财政直接拨付管理暂行办法》（财库〔2001〕21 号）
7．《集中采购机构监督考核管理办法》（财库〔2003〕120 号）
8．《节能产品政府采购实施意见》（财库〔2004〕185 号）

9.《关于实施促进自主创新政府采购政策的若干意见》(财库[2006]47号)

10.《关于环境标志产品政府采购实施的意见》(财库[2006]90号)

11.《关于加强政府采购供应商投诉受理审查工作的通知》(财库[2007]1号)

12.《中央集中采购机构监督考核暂行办法》(财库[2007]34号)

13.《政府采购进口产品管理办法》(财库[2007]119号)

14.《政府采购促进中小企业发展暂行办法》(财库[2011]181号)

15.《财政部对中央集中采购机构监督考核暂行办法的补充通知》(财库[2012]158号)

16.《关于做好政府采购代理机构资格认定行政许可取消后相关政策衔接工作的通知》(财库[2014]122号)

17.《关于做好政府采购信息公开工作的通知》(财库[2015]135号)

18.《关于2016年开展全国政府采购代理机构监督检查工作的通知》(财库[2016]76号)

19.《关于加强政府采购活动内部控制管理的指导意见》(财库[2016]99号)

20.《第十八期环境标志产品政府采购清单》(财库[2016]117号)

21.《第二十期节能产品政府采购清单》(财库[2016]118号)

22.《关于在政府采购活动中查询及使用信用记录有关问题的通知》(财库[2016]125号)

二、政府采购业务控制目标

根据《关于加强政府采购活动内部控制管理的指导意见》(财库[2016]99号),行政事业单位政府采购业务控制的总目标是:以"分事行权、分岗设权、分级授权"为主线,通过制定制度、健全机制、完善措施、规范流程,逐步形成依法合规、运转高效、风险可控、问责严格的政府采购内部运转和管控制度,做到约束机制健全、权力运行规范、风险控制有力、监督问责到位,实现对政府采购活动内部权力运行的有效制约。

具体来说,政府采购业务控制目标包括如下几项。

（一）政府采购管理组织体系控制目标

（1）建立健全政府采购内部管理制度，明确政府采购业务管理机构和相关岗位的设置及其职责权限、政府采购业务的工作流程、与政府采购业务相关的审核责任和审批权限、与政府采购业务相关的检查责任等，确保政府采购管理工作有章可循、有据可依，使政府采购管理规范有序。

（2）合理设置采购业务管理机构，构建合理的政府采购管理组织体系，包括政府采购业务管理部门和政府采购监督机构等，明确各个机构和部门的职能，充分发挥各个部门的作用。

（3）按照牵制和效率的原则合理设置政府采购业务岗位，建立政府采购业务岗位责任制，明确政府采购授权审批权限和岗位职责，确保政府采购需求制定与内部审批、招标文件准备与复核、合同签订与验收、验收与保管等不相容岗位相互分离。

（4）建立部门间沟通协调机制，确保政府采购的信息、采购部门之间沟通协调顺畅，提高政府采购水平，保障政府采购管理工作有效开展。

（二）政府采购预算与计划控制目标

（1）明确政府采购预算和计划编制的工作流程和要求，确保政府采购预算和计划编制符合国家相关法律法规。

（2）对政府采购预算和采购计划进行充分审核，确保政府采购预算和计划符合本单位的实际需求，进而保证政府采购预算编制具有科学性、合理性。

（三）政府采购实施控制目标

（1）采购需求科学合理。单位对采购标的的市场技术、服务水平等进行了详细的市场调查，价格测算合理，采购需要合法合规，内容完整、明确。

（2）政府采购申请内部审核严格，包括申请部门的内部审核和政府采购部门的审核，能够确保政府采购项目符合政府采购计划、在预算指标额度之内、价格公允等，事先防范政府采购舞弊等问题。

（3）根据单位采购需求和市场条件选择合理的采购方式，确保单位没有瞒报、分拆项目，提高政府采购效率。

（4）规范政府采购代理机构的选用程序，选择了合理的采购代理机构，确保采购代理机构合法合规。

（5）规范政府采购程序，确保整个采购过程中，每一个环节（如供应商资格审查、评标过程等）都操作规范，完整执行选择的采购方式，提高采购质量。

（四）政府采购招投标控制目标

（1）选择恰当的招标采购方式，规范政府采购招标、投标、开标、评标和中标流程，确保各个流程符合国家法律法规和相关政策，避免单位被提起诉讼或者受到处罚，保证单位正常业务活动的开展。

（2）规范招标采购的实施过程，防止因人为故意导致的招标失败、流标等，规范相关人员的行为，保证招标采购公平、公开，以合理的价格达成交易，防止舞弊和腐败现象。

（五）政府采购合同控制目标

（1）政府采购合同签订合法合规、按程序及时备案。

（2）合同履行过程管理严格，合同变更、中止或终止符合相关规定，保证国家利益和社会公共利益不受损害。

（六）政府采购验收控制目标

（1）政府采购验收标准明确，采购验收规范，确保采购的物品符合采购需求，政府采购达到预期效用。

（2）严格办理采购验收手续，确保出具的采购验收书真实有效，确保验收书对每一项技术、服务、安全标准的履约情况进行了验证，妥善处理和解决验收中的异常情况，及时解决相关问题，确保政府采购实现预期目标。

（3）加强政府采购货物、工程、服务的财务监督，依据发票原件做好资产登记和会计账务核算，确保国有资产的安全完整，防止资产流失。

（七）政府采购资金支付控制目标

（1）资金支付符合相关法律法规的规定，资金支付业务真实、合法。

（2）资金支付申请程序合规、附件齐全，并经过适当的审核和授权批准，提高采购业务的真实性、合法性，防止欺诈和舞弊行为。

（3）采购业务会计处理及时、会计信息登记准确完整。

（八）政府采购信息管理控制目标

（1）政府采购信息管理合法合规。按照规定需要公开的政府采购信息，规范政府采购信息公开流程，选择合理的政府采购信息公布媒介和渠道，确保政府采购信息发布的及时、完整、准确，实现政府采购信息的全流程公开透明，确保政府采购信息被公众及时知晓，接受公众监督。

（2）按照国家相关法律法规妥善保管政府采购文件，规范政府采购业务记录的要求，定期对政府采购信息进行统计分析，并在内部进行通报，促进政府采购逐渐完善。

（3）规范政府采购信息的安全保密管理，防止商业秘密外泄，防止相关方利益受到损害。

（九）政府采购监督控制目标

（1）由独立的监督主体按规定程序开展政府采购的监督检查，监督检查人员有严格的纪律约束，按照统一标准主动介入全程监督，并对检查结果负责。

（2）规范政府采购过程中的质疑与投诉管理体制，及时处理问题，把监督落实在事前、事中、事后。

（3）定期对采购结果进行评价，以效率、效果、价格等为着力点进一步健全采购结果绩效评价工作机制，构建可量化的评价指标体系，积极引入第三方评价机构对采购项目进行综合、客观评价，善于发现问题并及时进行整改，确保政府采购活动顺利开展。

三、政府采购业务主要流程与关键环节

行政事业单位可以根据自身实际采购情况，参照单位采购基本业务流程进行扩充和具体化。其采购业务的主要流程和关键环节主要包括政府采购预算和采购计划编审、采购执行、验收和资金支付流程。

（一）政府采购预算和采购计划编审流程

1. 政府采购预算和采购计划编审流程图（见图 7-3）

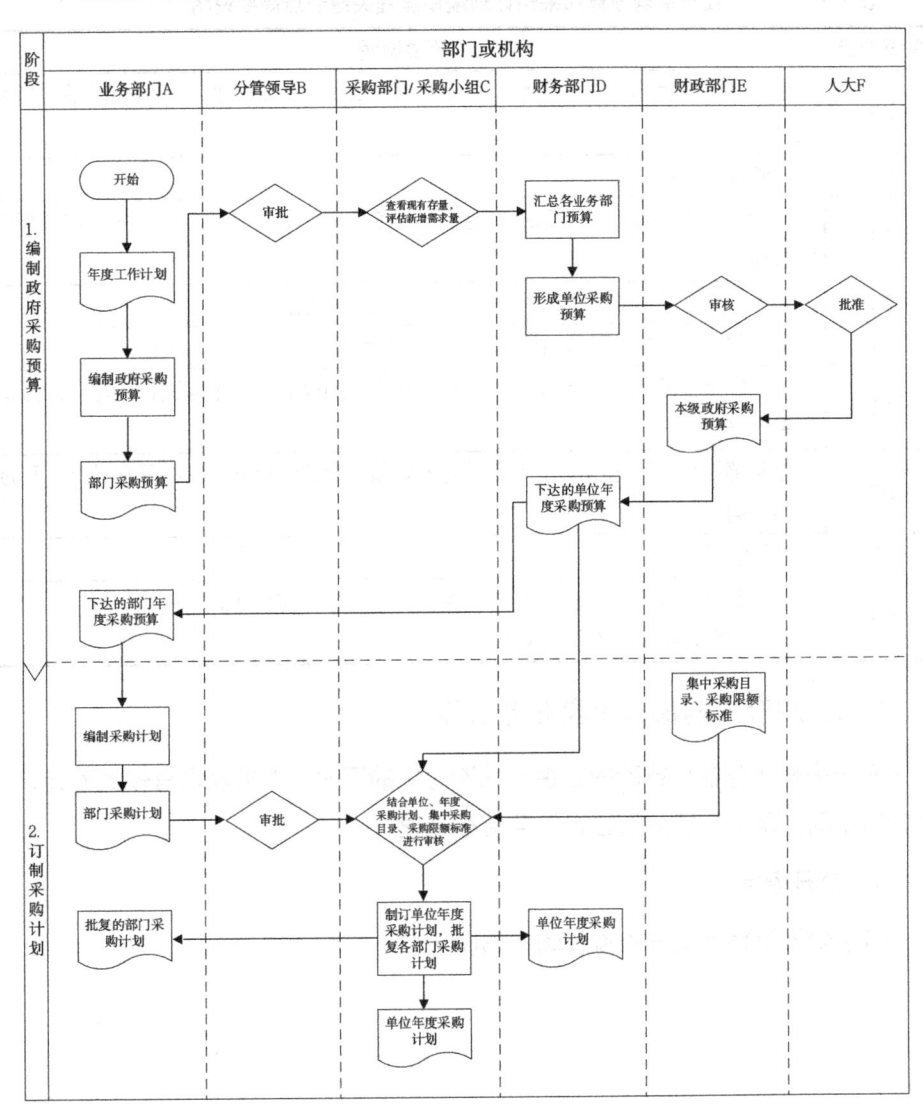

图 7-3　政府采购预算和采购计划编审流程

2. 政府采购预算和采购计划编审流程关键节点简要说明（见表 7-1）

表 7-1　　政府采购预算和采购计划编审流程关键节点简要说明

关键节点	简要说明
A1	业务部门根据年度工作计划、存量和需求量编制采购预算，形成部门采购预算文件
B1	分管领导审批
C1	采购部门/采购小组评估现有存量、预测需求量，对业务部门提交的采购预算进行审核
D1	财务部门汇总本单位的采购预算，在"二上"报至财政部门
E1	财政部门对照集中采购目录和政府采购限额标准，逐一进行审核
F1	人大审批预算，预算编审中心对部门预算中的政府采购预算进行汇总，形成政府采购预算
A2	业务部门根据下达的部门年度采购预算和年度工作计划，编制采购计划，形成部门采购计划
B2	分管领导审批
C2	结合单位年度采购计划、集中采购目录、采购限额标准进行审核，制订单位年度采购计划，批复各部门采购计划

（二）政府采购执行阶段业务流程

政府采购业务在执行阶段，由于采购方式的不同，业务流程有较大差异，本文针对不同的采购方式分别进行业务流程梳理。

1. 公开招标

（1）公开招标方式业务流程图（见图 7-4）。

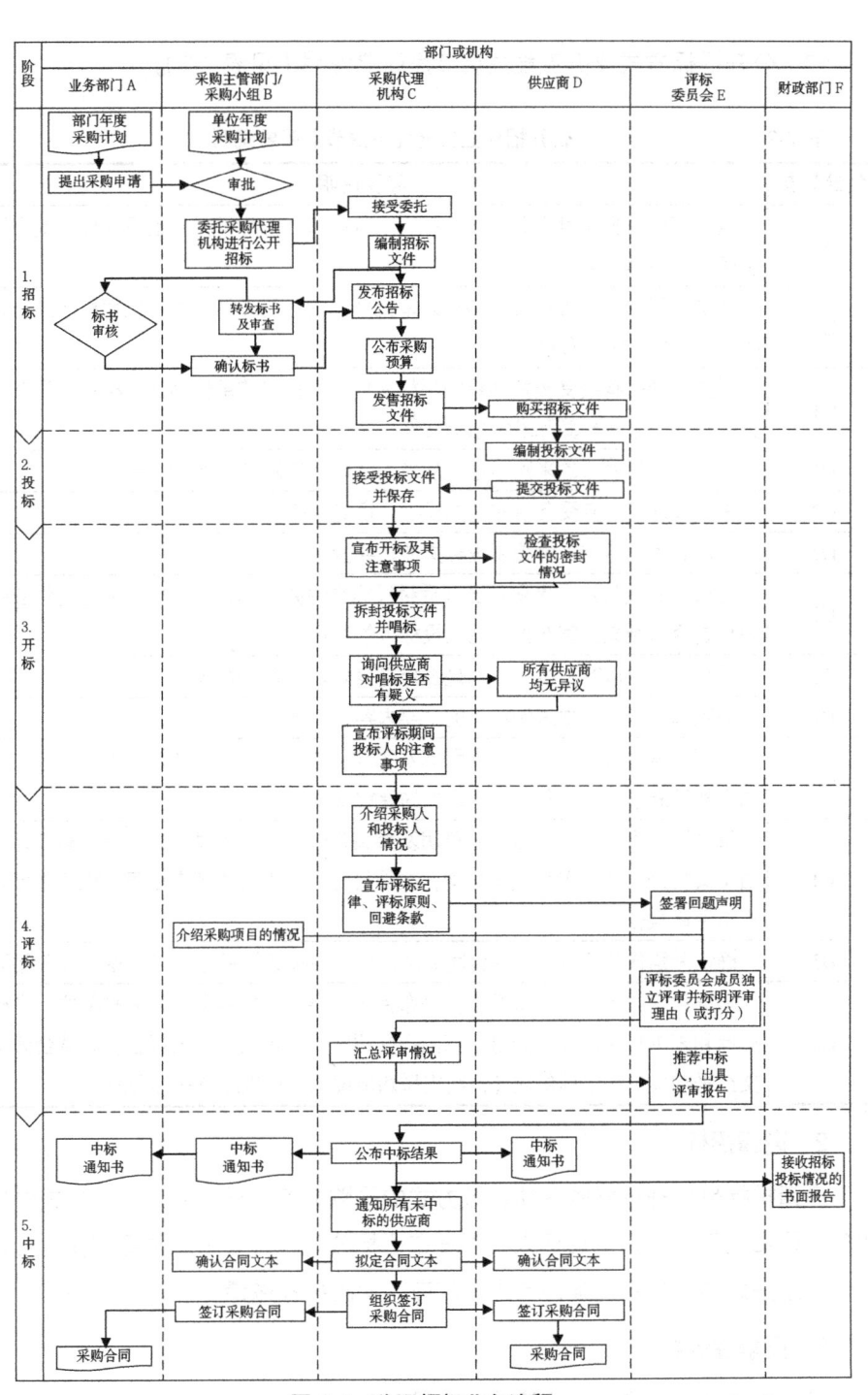

图 7-4 公开招标业务流程

（2）公开招标方式业务流程关键节点简要说明（见表7-2）。

表7-2　　　　　　　　公开招标业务流程关键节点简要说明

关键节点	简要说明
A1	业务部门根据年度采购计划，提出采购申请；对标书文件进行审核，提交采购主管部门/采购小组
B1	采购小组根据单位年度采购计划审批部门的采购申请，委托代理机构进行公开招标；转发、审查和确认标书
C1	采购代理机构接受委托并编制招标文件；根据采购单位确认的标书，发布招标公告、公布采购预算和发售招标文件
D1	供应商根据发布的采购信息，从采购代理机构处购买招标文件
C2	采购代理机构接受各供应商的投标，密封保存
D2	供应商根据标书文件编制投标文件，并投标
C3	宣布开标及其注意事项；当众拆封投标文件并唱标，询问每个参与的供应商对唱标是否有疑义；宣布评标期间投标人的注意事项
D3	检查各家供应商的投标文件是否密封良好，并签字确认
B4	采购单位介绍本次采购项目的主要内容等情况
C4	介绍采购单位、投标供应商和本次采购的基本情况，当场宣布评标纪律、评标原则和回避条款；把各位评审人员的评审结果进行汇总
E4	每个评审人员必须签署回避声明及相关责任；评标人员独立评审并标明评审理由（或打分）交给采购代理机构；根据每位评审人员的评审结果，推荐中标人并出具评审报告
B5	确认采购代理机构拟订的合同文本，根据中标通知书与供应商签订采购合同
C5	根据评审委员会的评审报告，公布评审结果，并把结果告知采购单位、中标供应商和未中标供应商；向财政部门提交招标投标情况的书面报告；起草合同文本交至采购单位和中标供应商；组织采购单位和中标供应商签订合同

2. 邀请招标

邀请招标是公开招标的变体，该方式的采购业务流程与公开招标方式的采购业务流程相差不大，只是招标人不再发布招标公告、公布采购预算和发售招标文件，而是按照事先规定的条件选定供应商，发出投标邀请。

3. 竞争性谈判

（1）竞争性谈判方式业务流程图（见图7-5）。

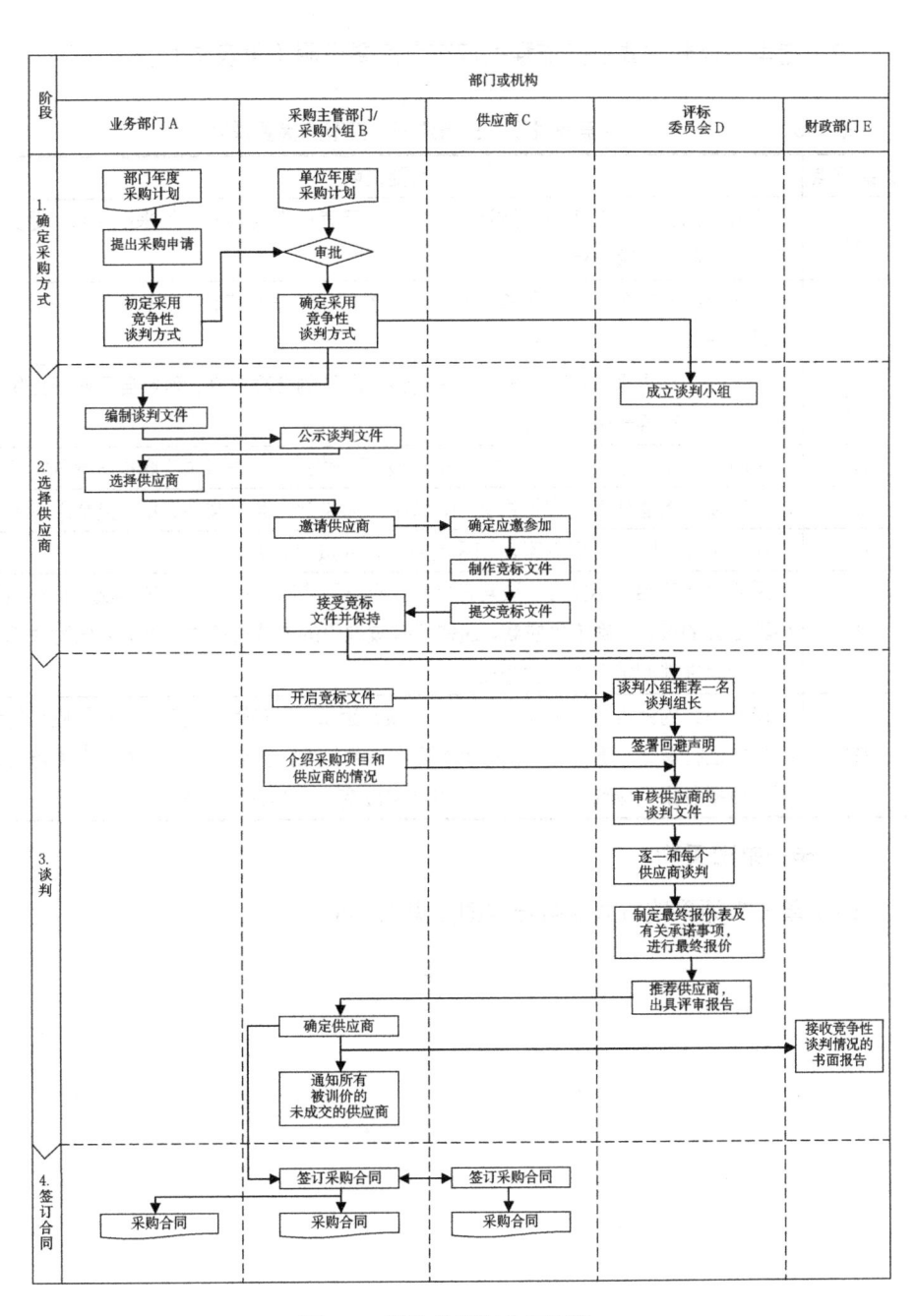

图 7-5 竞争性谈判业务流程

（2）竞争性谈判方式业务流程关键节点简要说明（见表7-3）。

表7-3　　　　　　　　竞争性谈判业务流程关键节点简要说明

关键节点	简要说明
A1	业务部门根据部门年度采购计划，提出采用竞争性谈判方式的采购申请，提交至采购主管部门/采购小组
B1	采购小组根据单位年度采购计划审批业务部门的采购申请，确定采用竞争性谈判的采购方式
A2	业务部门根据采购小组的批复，编制谈判所需的各项文件；利用自己对行业供应商的了解，选择合适的供应商
B2	采购小组公示谈判文件，根据业务部门选择的供应商，邀请供应商参与竞争性谈判
C2	供应商接到邀请应确定是否参加，如果参加要制定竞标文件，并提交至采购单位
D2	从专家库中随机抽取专家，和采购单位代表成立谈判小组。
B3	采购小组开启竞标文件；谈判开始前，介绍采购项目和供应商的情况；根据谈判小组出具的报告，确定供应商，通知所有被询价的未成交的供应商，并向财政部门提交竞争性谈判情况的书面报告
D3	谈判小组内部推荐一名小组成员担任谈判组长，并签署回避声明，对供应商的谈判文件进行审核，随后逐一和每个供应商谈判，然后制定最终报价表及有关承诺事项；根据各家供应商的最终报价，推荐供应商，出具评审报告

4. 单一来源采购

（1）单一来源采购方式业务流程图（见图7-6）。

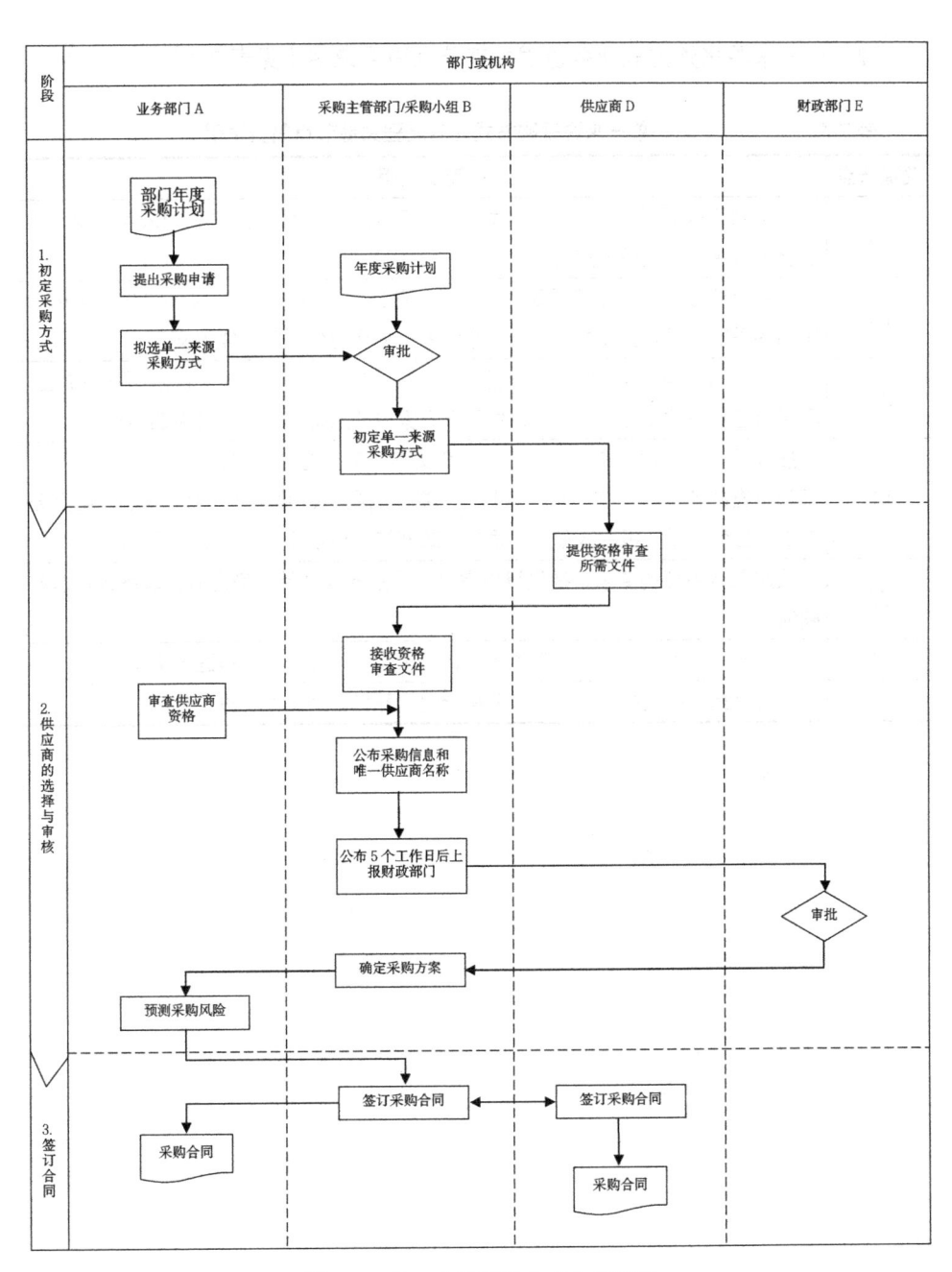

图 7-6 单一来源采购方式业务流程

（2）单一来源采购方式业务流程关键节点简要说明（见表7-4）。

表7-4　　　　　　单一来源采购方式业务流程关键节点简要说明

关键节点	简要说明
A1	业务部门根据部门年度采购计划，提出采用单一来源采购方式的采购申请，提交至采购主管部门/采购小组
B1	采购小组根据单位年度采购计划审批业务部门的采购申请，初步确定采用单一来源的采购方式，并要求作为唯一来源的供应商提供采购所需的文件
A2	业务部门根据对整个行业的掌握情况，对供应商的资质、声誉做出验证的审查；利用自己掌握的专业知识充分评估采购方案中的风险，并提交至采购小组
B2	接收单一来源供应商提供的资格审查文件，转交业务部门进行审核；根据业务部门审查的资格，公布采购信息和唯一供应商名称，并在财政部制定的网站上公布5个工作日后上报财政部门；根据财政部门的审批意见，确定采购方案
C2	按照采购单位的要求，提供资格审查所需的各项文件，确定有关联系人，以备随时响应
D2	财政部门根据单一来源申请的条件，对采购单位提交的材料进行审批
B4	采购小组与确定的供应商签订采购合同，并把合同文件交与业务部门

5. 询价

（1）询价采购方式业务流程图（见图7-7）。

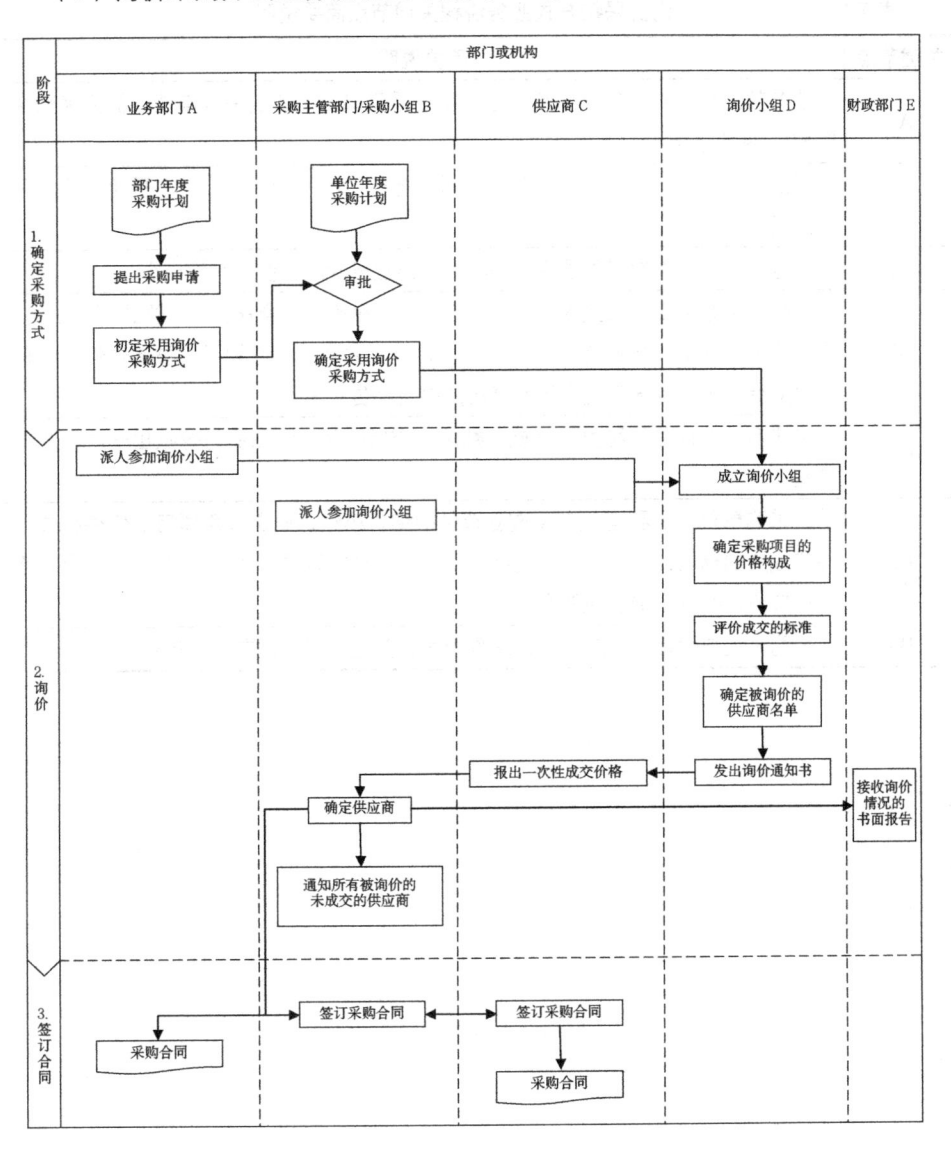

图 7-7　询价采购方式业务流程

（2）询价采购方式业务流程关键节点简要说明（见表7-5）。

表7-5　　　　　　　询价采购方式业务流程关键节点简要说明

关键节点	简要说明
A1	业务部门根据部门年度采购计划，提出采用询价方式的采购申请，提交采购主管部门/采购小组
B1	采购小组根据单位年度采购计划审批业务部门的采购申请，批准采用询价的采购方式
A2	业务部门根据本次采购项目的情况，派出业务专家，参加询价小组
B2	采购小组派出工作人员参加询价小组；根据每家供应商报出的一次性成交价格、采购需求、质量和服务等确定一家为中标者，并将结果通知所有被询价但未中标的供应商；向财政部门提交询价情况的书面报告
C2	供应商针对商品的种类、品质、数量、交货时间、售后服务等报出一次性成交价格
D2	由采购单位人员和有关专家成立单位的询价小组，规定采购项目的价格构成、评定成交的标准；根据采购项目特点和对供应商的要求，选择3家以上符合资格的供应商，并发出询价通知书
B3	采购小组与确定的供应商签订采购合同，并把合同文件交与业务部门

第七章 政府采购业务控制建设

（三）政府采购验收和资金支付业务流程

1. 政府采购验收和资金支付流程图（见图 7-8）

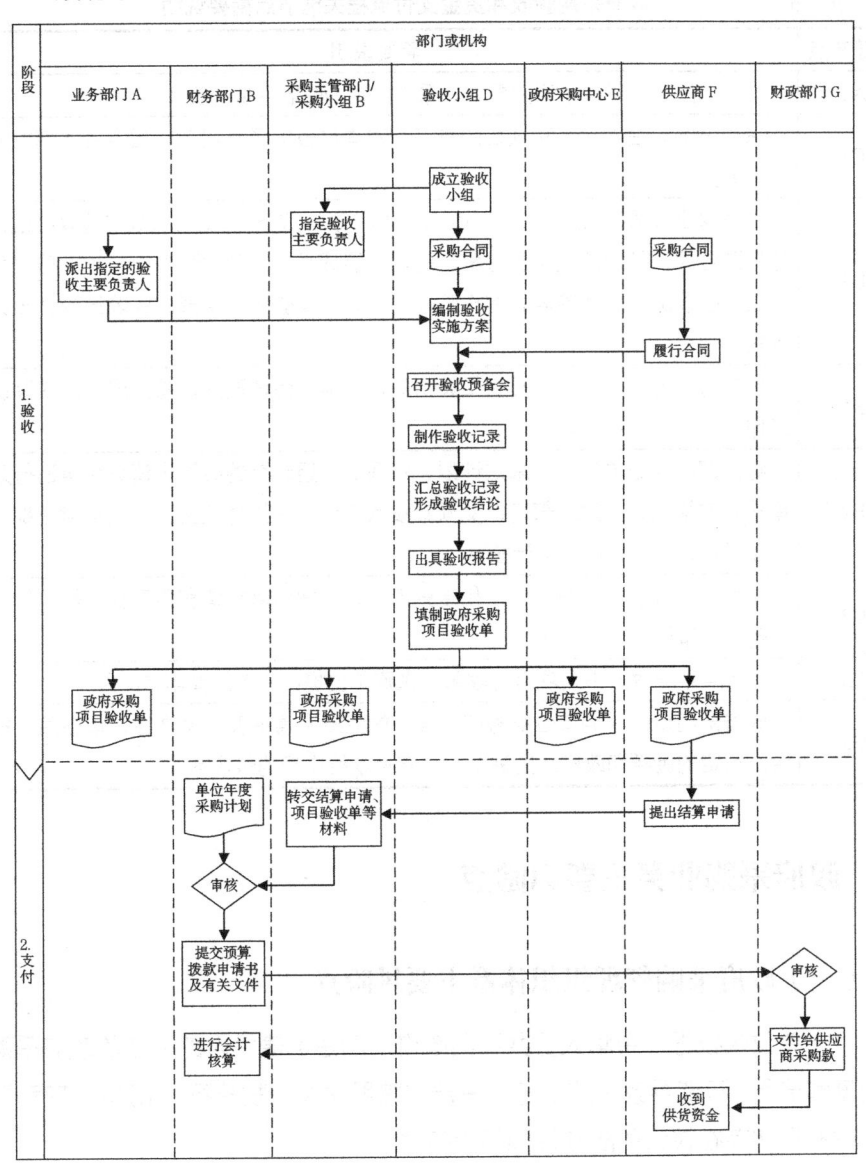

图 7-8 政府采购验收和资金支付流程

2. 政府采购验收和资金支付流程关键节点简要说明（见表 7-6）

表 7-6　　　　政府采购验收和资金支付流程关键节点简要说明

关键节点	简要说明
A1	业务部门根据采购小组的要求，派出指定的验收主要负责人
C1	采购小组评估本次采购项目的特点和对本单位的了解情况，指定业务部门的验收主要负责人
D1	由采购业务部门人员、采购小组成员和专家组成 5 人以上人数的验收小组；根据采购合同，编制验收实施方案；验收小组成员召开验收预备会，进行验收职责分工；验收成员实地验收，制作验收记录，汇总验收记录形成验收结论，出具验收报告
F1	供应商根据采购合同，提供相关物品，如需安装调试的，需完成相关安装调试工作
B2	财务部门根据单位年度采购计划，对采购小组转交的结算申请等材料进行财务审核，审核后，向财政部门提交预算拨款申请及有关付款文件；根据财政部门的付款凭单，进行相应的会计核算
C2	采购小组接收供应商的付款和结算申请，并把结算申请和项目验收材料转交给财务部门审核
F2	供应商根据政府采购项目验收单向采购单位提出付款结算申请
G2	政府部门审核采购单位财务部门报送的拨款申请书及相关文件，审核后，按照合同约定的金额和政府采购进度，直接付款给中标的供应商

四、政府采购业务主要风险点

（一）政府采购管理组织体系主要风险点

（1）单位未根据《中华人民共和国政府采购法》建立内部配套的政府采购规章制度和流程，可能导致采购业务没有严格按照法律法规执行，采购环节有漏洞，致使政府采购存在较大的随意性和不规范性。

（2）未设置政府采购管理机构或未明确管理机构职能，单位领导和工作人员对政府采购认识肤浅，将政府采购看作单纯的购买活动，没看到规范的政府采购对推动市场竞争、促进企业发展的作用。

（3）政府采购专业化人才匮乏，没有专门的政府采购岗位设置，或政府采购岗位职责分工不明确，可能导致政府采购活动中产生的问题处理不及时、责任不清晰，影响采购的效果。

（4）未建立健全政府采购工作的协调机制，各部门配合度不高、协作不畅、相互推诿，导致需求与预算脱节、采购结果差强人意、验收质量不高。

（二）政府采购预算与计划主要风险点

（1）预算编制不精细。在编制预算时存在漏报行为，或对预算编制不重视，导致在部门预算编制中存在属于采购范围的项目但未实施政府采购的现象；对预算的审核流于形式，未关注采购需求的公允性、采购项目是否经过适当评审和论证，影响采购预算编制的合法性、合理性。

（2）政府采购计划编制不合理。在政府采购行为中不注重前期预算的重要性；超出预算范围，将资金尚未落实的政府采购进行计划编制；同一季度内对统一采购品目安排两次或者两次以上的采购计划，蓄意规避公开招标。

（3）对政府采购计划的审核不严格。无法保证采购项目的完整性、合理合法性、真实必要性、关联性，出现采购项目漏报、采购"档次"不合理、截留、挪用财政资金和化整为零规避政府采购或公开招标等问题。

（三）政府采购实施主要风险点

（1）未对采购标的市场进行详细的市场调查，采购需求缺乏科学性和合理性；采购需求内容缺乏完整性和明确性。例如，未详细表述标的的物理属性和性能要求，不明晰国家相关标准、行业标准，未标明验收标准等。

（2）采购申请未经授权或超越授权审批，可能导致采购物资不符合单位需求或者超预算采购，采购成本失控，影响单位的正常业务活动开展。

（3）未选择合理的政府采购组织形式，未经批准，私自进行自行采购。

（4）特定采购项目代理机构选择不合规，没有选择财政部门规定的代理机构而是自由选择执行采购；单位与代理机构串通，选用资质或业务范围不符合采购代理要求的采购代理机构，影响实际采购的效率和效果。

（5）政府采购方式不合理，采购程序不规范，导致政府采购缺乏公开透明度，造成贪污腐败。

(四)政府采购招投标主要风险点

1. 政府采购招标风险

(1)招标机构人员组成不合理。存在招标代理机构业绩符合要求,但项目小组成员经验不足、专业配备不完整,造成招标周期长、清单及招标文件编制有缺陷等问题,可能导致招标质量不高,影响采购项目管理,甚至造成投资失控。

(2)政府采购招标程序不规范。招标过程中涉及的公告文件(如资格预审公告、招标文件)内容不详细,未能说明招标信息;或者在制定技术规格要求时有针对性、倾向性,在技术规格中规定了某些特定的技术指标,从而排斥了一些潜在投标人,导致招标范围缩小、缺乏竞争力。

2. 政府采购投标风险

(1)政府采购投标程序不规范,不明确政府投标程序中的重要管控点,如超过截止日期依旧接受投标文件、投标人随意补充、修改或撤回投标文件等。

(2)向投标人收取的保证金超出国家标准,未及时退回未中标供应商的保证金;逾期退还的,亦没有支付超期资金占用费,单位违规占用资金,造成贪污腐败。

3. 政府采购开标风险

(1)可能存在开标内容不完整的投标文件,如没有开标一览表、投标文件关键内容填写不完整,影响开标的正常秩序。

(2)开标现场无序、不守时,关键参加人员缺席,如监督人员不到位;开标过程缺乏记录,未检查投标文件的密封情况,回避或拒绝回答投标人代表在开标过程和开标记录中的疑问或质疑。

4. 政府采购评标风险

(1)未采用随机抽取的方式从评审专家库中选择评审专家;需要推荐评审专家的情况下,未经批准随意选择评审专家,或选择的评审专家不具有相应的专业性、履职记录不佳等,造成评标效果不佳。

(2)采购单位和评标委员会责任不清,各方主体未能充分履行其职能,互相干涉,导致串通、共谋等,影响评标结果;评标步骤不规范,评标专家未对投标文件进行符合性检查,评标后投标文件依旧存在含义不明确、同类问题表述不一致的问题等。

（3）评标管理不严格。评标专家私自接触投标人、记录或带走评标文件；任意修改评标结果。

5. 政府采购中标风险

（1）中标公告没有在指定的媒体上公开，或公告内容不全，公告期限较短，无法起到公众监督的作用。

（2）供应商为争取中标，采取低价竞标的投标方法，一旦中标后，寄希望于合同变更迫使招标人增加投资；或者在后期合同履行期间偷工减料、粗制滥造形成豆腐渣工程，导致单位采购质量低下，甚至需后期投入大量维修费用。

（五）政府采购合同主要风险点

（1）合同签订没有经过适当授权审批，对合同对方主体资格、资信调查、履约能力未进行认真审查导致合同签订有漏洞，可能导致合同纠纷，给单位造成经济损失。

（2）采购合同履行过程中，监控不到位，合同对方可能未能全面、适当地履行合同义务；或者因为中标人未经采购人同意擅自对合同进行分包，履约责任不清晰，可能会给单位带来经济损失。

（3）采购合同履行过程中因情势变更致使合同的基础丧失或动摇，导致合同需要进行变更或者解除；合同的变更或者解除不符合程序，采购人对供应商的违约行为缺乏了解，没有实施有效监督，导致单位经济利益受损。

（六）政府采购验收主要风险点

（1）单位采购活动中，存在较明显的重采购阶段、轻合同履行的情况。采购人验收流于形式，没有按照采购项目验收标准进行验收。

（2）验收手续办理不合规。未及时入库，没有对证明文件进行必要的、专业性的检查，采购验收书内容缺失，未及时备案存档。

（3）采购验收问题处理不当。有的供应商合同履行与投标承诺不一致，采购物资存在以次充好、降低标准等问题，采购人或由于专业能力无法发现或为谋取私利默认了该行为，由此可能导致账实不符、采购物资损失，也影响了政府采购的公开、公正和公平。

（4）对采购验收监管不力。采购单位故意推迟验收时间，和供应商串通谋取不正当利益，如要求供应商提供假发票、减少货物数量或者降低服务标准等。

（七）政府采购资金支付主要风险点

（1）采购资金支付申请不合规，缺乏必要的审核，存在申请文件不全、发票作假等现象，在不满足支付条件下进行支付，给单位造成资金损失；对于满足支付条件的，资金支付不及时，或者延迟支付，抑或付款方式不恰当，带来资金风险。

（2）缺乏有效的财务控制，会计记录未能全面真实反映单位采购过程的资金流和实物流，会计账面数据与采购合同进度、库存记录不同，可能导致单位采购业务账实不符，单位经济利益遭受损失。

（八）政府采购信息管理主要风险点

（1）政府采购信息公布不规范。

① 仅公布部分采购项目信息，信息公布主体不明确，信息公告内容不真实、缺乏准确性和可靠性，存在虚假或误导性陈述。

② 信息发布渠道不统一。未在政府指定的媒体上公开信息，或者在其他政府采购信息网而未在中国政府采购网上发布，导致发布渠道狭窄单一，不利于采购当事人获取信息。

③ 政府采购信息公开流程不规范。未在政府采购特定阶段公布相关信息，公布时间滞后，未能使信息公开达到应有目的。

（2）缺乏对采购信息进行分类统计。未完善采购支出管理报告制度，不能为领导决策提供足够的信息支撑。

（3）未妥善记录和保管政府采购文件。资料存在遗失或泄露，文件未到达保管期限即私自销毁。

（4）工作人员未经允许向无关或相关人员透漏采购信息，导致涉及商业秘密的政府采购信息泄露，使供应商权益受损。

（九）政府采购监督主要风险点

（1）单位不明确政府采购质疑与投诉管理的相关法律法规，未能在法定时间回复质疑和投诉；或者拒绝回复或回避质疑和投诉，堵塞沟通渠道，损害供应商利益，影响政府采购的公正性。

（2）未建立健全政府采购监督检查管理机制，未开展政府采购监督检查工作；或者监督检查不到位，单位各部门不配合监督检查工作，导致无法及时发现政府采购过程中存在的问题，存在政府采购违法违规现象。

（3）政府采购评估指标选择不合理，评估结果不合理，不能及时发现并纠正采购中存在的问题，无法有效提高政府采购的管理水平。

五、政府采购业务控制策略与内容

（一）政府采购管理组织体系控制

1. 建立健全政府采购内部管理制度

《单位内控规范》第三十二条规定："单位应当建立健全政府采购预算与计划管理、政府采购活动管理、验收管理等政府采购内部管理制度。"

行政事业单位在执行政府采购业务的过程中，既涉及外部的相关环节与程序，也涉及内部的相关环节与程序。单位应当在符合国家有关规定的基础上，通过梳理政府采购业务流程，建立健全政府采购内部管理制度。具体而言，政府采购内部管理制度涉及政府采购预算和计划、政府采购需求确定、政府采购招标管理、政府采购验收管理、政府采购质疑处理等方面，行政事业单位要制定相关规章制度规范政府采购过程，确保政府采购管理工作有章可循，真正发挥政府采购的作用。

政府采购内部管理制度应该主要明确政府采购业务管理机构和相关岗位的设置及其职责权限、政府采购业务的工作流程、与政府采购业务相关的审核责任和审批权限、与政府采购业务相关的检查责任等。

2. 合理设置政府采购业务机构，明确机构职能

行政事业单位的政府采购业务规模、内外环境等各不相同，各个单位政府管

理组织体系的具体设置也各有不同。但是，一般而言，行政事业单位的政府采购管理组织体系包括政府采购业务管理部门和政府采购监督机构。

（1）政府采购业务管理部门。政府采购业务管理部门是指对政府采购业务的决策、实施等进行管理的部门，可细分为政府采购业务决策机构和政府采购业务实施机构。

政府采购业务决策机构是指专门履行政府采购管理职能的决策机构，在政府采购管理体系中居于领导核心地位，一般由行政事业单位成立的政府采购领导小组承担。该小组由单位领导、政府采购归口管理部门、财会人员和相关业务部门的负责人组成，一般为非常设机构，主要通过定期或不定期召开政府采购工作会议开展工作。

政府采购业务实施机构是指在行政事业单位中负责实施采购业务的机构，包括政府采购归口管理部门、财会部门和相关业务部门等。其中，相关业务部门是单位政府采购申请的提出部门。归口管理部门是政府采购业务进行审核和批准的部门，该部门通常为办公室，政府采购业务较多的行政事业单位应成立政府采购部门或指定政府采购归口管理部门；政府采购业务较少的单位可以成立专门的政府采购工作小组。财会部门是单位政府采购预算的汇总及政府采购的资金支付部门。

（2）政府采购监督机构。政府采购监督机构是行政事业单位中对政府采购业务进行监督的部门，通常为内部审计部门。按照政府采购决策、执行和监督相互分离的原则，行政事业单位应当成立政府采购监督部门。此外，行政事业单位也应该发挥纪检察部门在政府采购业务监督方面的作用。

行政事业单位政府采购业务各个机构的主要职能如表 7-7 所示。

表 7-7　　　　　　　行政事业单位政府采购业务组织体系

名　称	主要职能
政府采购业务决策机构	（1）审定政府采购内部管理制度； （2）研究决定重大政府采购事项，审定政府采购预算和计划； （3）督促政府采购商或机构按照内部管理制度的规定和政府采购预算办理政府采购业务，协调解决政府采购业务执行中的重大问题； （4）其他相关决策问题

续表

名　称	主要职能
政府采购业务实施机构	相关业务部门： （1）申报本部门的政府采购预算建议数； （2）依据内部审批下达的政府采购预算和实际工作需要编制政府采购计划，进行政府采购需求登记，提出政府采购申请； （3）对政府采购文件进行确认，对有异议的政府采购文件进行调整、修改； （4）对实行公开招标的政府采购项目的预中标结果进行确认，领取中标通知书，并依据中标通知书参加政府采购合同的签订； （5）对政府采购合同和相关文件进行备案； （6）提出政府采购资金支付申请。 归口管理部门： （1）拟定政府采购内部管理制度，并根据有关规定及时更新或者调整单位的政府采购工作细则； （2）汇总审核各业务部门提交的政府采购预算建议数、政府采购计划、政府采购申请； （3）按照国家有关规定确定政府采购组织形式和政府采购方式； （4）对单位自行组织的采购活动加强采购组织实施的管理； （5）指导和督促业务部门已发订立和履行的政府采购合同； （6）组织实施政府采购验收； （7）组织处理政府采购纠纷； （8）妥善保管单位政府采购业务的相关资料，同时将政府采购合同文本和验收书交给财会部门以作账务处理依据； （9）定期对政府采购业务信息进行分类统计和分析，并在内部通报； （10）做好政府采购领导小组交办的其他任务。 财会部门： （1）负责汇总编制单位政府采购预算、计划，报同级财政部门批准后，下达各业务部门执行； （2）及时转发财政部门的有关管理规定及政府采购相关信息； （3）审核各业务部门申报政府采购的相关资料，确定资金来源； （4）复核政府采购支付申请手续，办理相关资金支付； （5）根据政府采购部门提交的政府采购合同和验收书，依据国家统一的会计制度，对政府采购业务进行账务处理； （6）定期与政府采购部门沟通和核对政府采购业务的执行和结算情况

续表

名称	主要职能
政府采购监督机构	（1）监督检查业务部门和政府采购部门执行政府采购法律法规和相关规定的情况； （2）参与政府采购业务投诉答复的处理

3. 合理设置政府采购业务岗位，建立政府采购业务岗位责任制

《单位内控规范》第三十三条规定："单位应当明确相关岗位的职责权限，确保政府采购需求制定与内部审批、招标文件准备与复核、合同签订与验收、验收与保管等不相容岗位相互分离。"根据这一规定，行政事业单位应当根据本单位的"三定"规定、单位的实际情况和《单位内控规范》的要求，合理设置政府采购业务岗位。需要把握的两个主要原则如下。

（1）牵制原则：确保每项经济业务都要经过两名或两名以上工作人员处理，真正做到相互牵制。

（2）效率原则：分离应体现在不相容岗位之间，而不是所有岗位都要分离。如果受到人员编制的限制而无法完全实现不相容岗位相互分离，可以结合本单位实际采取提高透明度、加强检查监督等方法进行替代控制。

与政府采购业务相关的不相容岗位主要包括：政府采购预算的编制和审定，政府采购需求制定与内部审批，招标文件准备和复核，合同签订与验收、验收和保管，付款审批和付款执行，采购执行和监督检查等。其中，与政府采购业务最密切相关的是政府采购需求编制应当与内部审批相分离。

此外，单位应注重采购专业队伍的建设，配备具有专业胜任能力的采购岗位人员，不断完善人才培训和考核机制，确保办理政府采购的人员及时全面地掌握相关规定，合法合规地开展业务。

4. 建立政府采购工作协调机制

单位应当建立采购过程中各部门（如预算编制、政府采购和资产管理等）的沟通协调机制，加强对采购过程的管理。单位可以成立包括单位负责人、各采购职能部门负责人在内的采购业务小组，定期就采购执行过程中遇到的问题进行讨论沟通，不断完善单位采购工作协调机制。

（二）政府采购预算与计划控制

《单位内控规范》第三十四条规定："单位应当加强对政府采购业务预算与计划的管理。根据本单位实际需求和相关标准编制政府采购预算，按照已批复的预算安排政府采购计划。"根据这一规定，行政事业单位应当加强对政府采购业务预算与计划的控制，鉴于我们在第五章"预算业务控制建设"中已经详细介绍了预算业务涉及的各个环节，在此就不再赘述，仅做简要介绍。

1. 明确规范政府采购预算编制与审核要求

单位应按照"先预算，后计划，再采购"的工作流程，按规定编制政府采购预算，政府采购预算与部门预算编制程序基本一致，采用"两上两下"的程序。具体来说，单位应按照以下要求编审政府采购预算。

（1）单位采购管理部门应按照本单位工程、货物和服务实际需求，经费预算标准和设备配置标准细化采购预算，列明采购项目或货物品目，并根据采购预算及实际采购需求安排编制采购计划。

（2）单位集中采购预算在年初与部门预算同步编制，要应编尽编，将属于集中采购范围的支出项目均编入集中采购预算，体现预算支出规模和方向。

（3）采购主管部门应对单位提交的集中采购预算进行审核，对属于集中采购范围的支出项目而未编制集中采购预算的，应责成其重新编制。

（4）单位应对采购预算进行科学、合理、高效的审核，重点关注采购项目是否完整，应编尽编；采购项目安排是否合理，需求是否公允，采购层次是否适当；采购项目内容是否真实必要，有无项目拆分、人为整合问题。

2. 规范政府采购计划编制

采购计划作为采购预算的执行明细，一般以能否向一个供应商实施采购作为立项分项原则，能够向一个供应商购买的，不得拆项。业务部门应当在政府采购预算指标批准范围内，定期（如按季度）提交本部门的政府采购计划。

业务部门编制政府采购计划应当符合相关要求，主要包括：

（1）政府采购计划应当在财政部门批复的政府采购预算范围内，依据本部门的政府采购需求进行编制，完整反映政府采购预算的落实情况。

（2）政府采购项目数量和采购资金来源应当与财政部门批复的政府采购预算

中的采购项目数量和采购资金来源相对应，不得编制资金尚未落实的政府采购计划。

（3）编制政府采购计划时，应当注重政府采购的规模效益，同一季度内对统一采购品目尽量不安排两次采购计划。

（4）业务部门不得将应当以公开招标方式采购的货物或服务化整为零，或者以其他任何方式、理由规避公开招标采购。

集中采购预算与部门预算同步执行，每年12月下旬尚未编制采购计划的，依规定由财政部门收回预算指标。采购计划自下达之日起3个月内有效，各单位应当及时向政府采购中心申报采购。按照"预算生成计划，计划对应采购"的要求，一个集中采购预算项目可以生成多条采购计划，但一个采购计划条目只对应一次采购活动、一张中标（成交）通知书。

3. 加强采购计划审核

业务部门提出政府采购计划后，政府采购部门作为归口管理部门应当对政府采购计划的合理性进行审核，主要包括：

（1）政府采购计划所列的采购事项是否已列入预算。

（2）是否与业务部门的工作计划和资产存量相适应。

（3）是否与资产配置标准相符。

（4）专业性设备是否附相关技术部门的审核意见。

此外，财会部门应当就政府采购计划是否在预算指标的额度之内进行审核。

（三）政府采购实施控制

1. 合理确定采购需求

采购人应当对采购标的的市场技术或服务水平、供应、价格等情况进行市场调查，根据调查情况科学、合理地确定采购需求，进行价格测算。采购人确定的采购需求应当符合国家相关法律法规和政府采购政策的规定。采购需求的内容应当完整、明确，主要包括：① 采购标的执行的国家相关标准、行业标准、地方标准或者其他标准、规范；② 采购标的所要实现的功能或目标，以及需落实的政府采购政策；③ 采购标的需满足的质量、安全、节能环保、技术规格、服务标准等性能要求；④ 采购标的的物理特性，如尺寸、颜色、标志等要求；⑤ 采购标的的数量、采购项目交付或执行的时间和地点,以及售后服务要求;⑥ 采购标的的验收标准;⑦ 采购标的的其他技术、服务等要求。

2. 加强政府采购申请审核,规范申请审核程序

单位应当加强对政府采购申请的内部审核。一方面,提出政府采购申请部门的负责人应该对采购需求进行复核,然后才能提交政府采购部门审核,审核的关注重点是:是否有相应的预算指标;是否适应当期的业务工作需要,是否符合当期的政府采购计划;政府采购申请文件内容是否完整等。另一方面,政府采购部门在收到业务部门提交的政府采购申请后,应当对政府采购申请进行审核,审核的关注重点是:政府采购项目是否符合当期的政府采购计划;政府采购成本是否控制在政府采购预算指标额度之内;经办人员是否按要求履行了初步市场价格调查,政府采购需求参数是否接近市场公允参数,是否存在"排他性"的参数,政府采购定价是否接近国家有关标准;政府采购组织形式、政府采购方式的选取是否符合国家有关规定;其他需要审核的内容。

对政府采购进口产品、变更政府采购方式等事项应当加强内部审核,严格履行审批手续。具备相应审批权限的部门或人员审批采购申请时,应重点关注采购需求是否有相应的预算指标;是否适应当期的业务工作需要,是否符合当期的政府采购计划;政府采购申请文件内容是否完整等。对不符合规定的采购申请,应要求请购部门调整请购内容或拒绝批准;对于建设项目、大宗专用设备采购等重大项目,应聘请专业的评估机构对需求文件进行专业评审。

3. 选择合理的政府采购组织形式

凡是纳入集中采购目录的政府采购项目,均应属于集中采购机构的强制性业务范围。其中,纳入集中采购目录属于通用的政府采购项目的,应当委托集中采购机构代理采购;属于本部门、本系统有特殊要求的项目,应当实行部门集中采购;属于本单位有特殊要求的项目,经省级以上人民政府批准,可以自行采购。

政府采购法将"纳入集中采购目录的政府采购项目"划分为通用项目和非通用项目,而且做了区别对待,容许采购人采购本部门有特殊要求的通用项目时,实行部门集中采购;采购本单位有特殊要求的非通用项目时,可以依法自行采购。任何一个单位不得以瞒报、分拆项目等手段规避政府采购程序。

4. 合理选择政府采购代理机构

政府采购代理机构分为政府集中采购机构和政府采购代理中介机构，二者在法律规定的范围内接受采购人的委托，执行政府采购业务。纳入集中采购目录的政府采购项目，采购人必须委托集中采购机构代理采购；采购未纳入集中采购目录的政府采购项目，可以自行采购，也可以委托集中采购机构在委托的范围内代理采购。自行组织招标活动的采购人或采购单位必须满足两个条件：① 有编制招标文件、组织招标的能力和条件；② 有与采购项目规模和专业性相适应的专业人员。

采购单位无论是委托集中采购机构还是采购代理中介机构办理采购事宜，均需与采购代理机构签订委托代理协议，依法确定委托代理的事项，约定双方的权利义务，明确采购项目、采购数量、采购金额、采购时限和采购方式。委托采购代理机构采购部门集中类目录和分散采购项目中属于国家、省、市重点项目或者采购金额较大项目的，应当采取公开招标的方式确定采购代理机构。

此外，根据《关于在政府采购活动中查询及使用信用记录有关问题的通知》（财库〔2016〕125号）的规定，采购人委托采购代理机构办理政府采购事宜的，应当查询其信用记录，优先选择无不良信用记录的采购代理机构。

5. 合理选择政府采购方式，规范政府采购程序

行政事业单位应该根据各个采购方式的使用条件（见本章采购方式分类）和相关法律法规，合理选择采购方式，规范政府采购程序。

（四）政府采购招投标控制

1. 政府采购招标控制

（1）严格限定招标机构人员结构，参与招标的小组成员中除了保证有专业知识外，还应保证人员所属的各个专业齐全、经验丰富、执业操守优良，以此来确保招标过程中资料编制的完整性和准确性，合理确定招标周期。

（2）加强招标过程和文件的管控。

① 标前准备控制。根据采购需求，确定采购方案，采购方案要明确采购项目所涉及产品和服务的技术规格、标准以及主要商务条款和项目的采购清单。如果需要委托代理机构招标，需要与选择的采购代理机构签订委托协议，明确双方的

权利、义务。

② 招标文件控制。招标人应根据招标项目的要求和采购方案编制招标文件。招标文件应当包括以下主要内容：投标邀请；投标人须知；投标人应当提交的资格、资信证明文件；政府采购政策要求及投标人须提供的证明材料；投标文件编制要求、投标报价要求和投标保证金交纳方式以及不予退还投标保证金的情形；采购项目预算，有最高限价的，还应公开最高限价；招标项目的技术规格、数量、服务要求，包括附件、图纸等；拟签订的合同文本；交货和提供服务的时间、地点、方式；采购资金的支付方式和时间；评标方法、评标标准和投标无效情形；投标有效期；投标截止时间、开标时间及地点；采购代理机构代理费用的收取标准和方式；省级以上财政部门规定的其他事项。

③ 标底控制。标底是对采购项目可接受的最高采购价格，标底应由招标人或招标代理机构编制，以招标项目批准的预算为基本依据。标底编制要保密，由2～3人负责，编制完成后密封保存直至评标时方可公开。

④ 招标公告控制。招标公告必须在指定的报纸杂志、信息网络或者其他媒介发布。招标公告应包含以下内容：采购人及其委托的采购代理机构的名称、地址和联系方法；采购项目的名称、数量、简要规格描述或项目基本概况介绍；采购项目的预算或者最高限价；采购项目需要落实的政府采购政策；投标人的资格要求；获取招标文件的时间、地点、方式及招标文件售价；公告期限；投标截止时间、开标时间及地点；采购项目联系人姓名和电话。

采购人、采购代理机构不得将投标人的注册资本、资产总额、营业收入、从业人员、利润、纳税额等指标列为资格要求，也不得将除进口货物外的生产厂家授权作为投标人的资格要求。

⑤ 资格预审与招标文件发售控制。潜在投标人根据资格预审程序按要求提交资格证明文件，招标人参照标准对潜在投标人进行资格审查。采用邀请招标方式采购的，招标采购单位应当在省级以上人民政府财政部门指定的政府采购信息媒体发布资格预审公告，在不同媒体发布的同一项目的招标公告或者资格预审公告的内容应当一致。资格预审公告的主要内容应包括：采购人及其委托的采购代理机构的名称、地址和联系方法；采购项目的名称、数量、简要规格描述或项目基本概况介绍；采购项目的预算或者最高限价；采购项目需要落实的政府采购政策；

公告期限；采购项目联系人的姓名和电话；投标人的资格要求，以及审查标准、方法；投标人应当提供的资格预审申请文件的内容和格式；获取资格预审文件的时间、地点、方式；提交资格预审申请文件的截止时间、地点及资格审查日期。招标人在招标公告规定的时间、地点向有兴趣投标且经过审查符合资格要求的供应商发售招标文件。招标文件开始发出之日起至投标人提交投标文件截止之日止，不少于20日。

招标公告、资格预审公告的公告期限为5个工作日。采购人或者采购代理机构应当按照招标公告、资格预审公告或者投标邀请书规定的时间、地点提供招标文件或者资格预审文件，提供期限自招标公告、资格预审公告发布之日起3日内开始并不得少于5个工作日。提供期限届满后，获取招标文件或者资格预审文件的潜在投标人不足3家的，可以顺延提供期限，并予公告。

采购人或者采购代理机构可以在招标文件提供期限截止后，组织已获取招标文件的潜在投标人现场考察或者召开开标前答疑会。组织现场考察或者召开答疑会的，应当以书面形式通知所有获取招标文件的潜在投标人。投标截止时间前，采购人、采购代理机构和有关人员不得向他人透露已获取招标文件的潜在投标人的名称、数量以及可能影响公平竞争的有关招标投标的其他情况。

⑥ 招标修改、终止招标控制。采购人或者采购代理机构对已发出的招标文件、资格预审文件进行必要的澄清或者修改的，应当在原公告发布媒体上发布澄清公告，并以书面形式通知所有获取招标文件或者资格预审文件的潜在投标人。澄清或者修改的内容为招标文件、资格预审文件的组成部分。澄清或者修改的内容可能影响资格预审申请文件编制的，采购人或者采购代理机构应当在提交资格预审申请文件截止时间至少3日前，以书面形式通知所有获取资格预审申请文件的潜在投标人；不足3日的，采购人或者采购代理机构应当顺延提交资格预审申请文件的截止时间。

采购人、采购代理机构在发布招标公告、资格预审公告或者发出投标邀请书后，除因重大变故或采购任务取消情况外，不得擅自终止招标活动。终止招标的，采购人或者采购代理机构应当及时发布终止公告，以书面形式通知被邀请或者已经获取招标文件、资格预审文件的潜在投标人，并将项目实施情况和采购任务取消原因报告本级财政部门。已经收取招标文件费用或者投标保证金的，采购人或者采购代理机构应当及时退还所收取的招标文件费用以及所收取的投标保证金及其在银行产生的利息。

2. 政府采购投标控制

（1）政府采购投标程序控制。投标是潜在投标人接到招标通知后，根据招标文件的要求编制投标文件，并将投标文件送达招标人或招标代理机构的行为。

① 投标准备控制。供应商投标之前，如果招标人要求进行资格预审，招标人要及时公告和发售资格预审文件，以便投标人按要求填写并及时提交。资格预审合格，及时发布预审通知后，进入投标前准备阶段。

投标人购买招标文件后应仔细研究分析招标文件的全部内容及招标须知，对照具体要求审查自己是否具有中标能力，根据在招标价格、技术指标、交货期限、产品质量等方面的条件，找到比较优势，准备投标。

② 投标文件控制。投标人应当按照招标文件的要求编制投标文件。投标人不得对招标文件要求的格式进行更改，严格按照招标文件的要求做出实质性回复，编制完成投标文件。投标文件应进行密封、标记，正本和每份副本分别密封在内层包封中，然后再密封在一个外层包封中，并在内包封上正确表明"投标文件正本"或者"投标文件副本"。

③ 投标文件送达控制。投标人应当在招标文件要求期限内将投标文件密封送达投标地点。招标采购单位收到投标文件后，应当签收保存，任何单位和个人不得在开标前开启投标文件。自招标文件开始发出之日起至投标人提交投标文件截止日止，不得少于 20 天。在招标文件要求提交投标文件的截止时间之后送达的投标文件，为无效投标文件，招标采购单位应当拒收。

④ 投标文件修改、撤回控制。投标人在投标截止时间前，可以对所递交的投标文件进行补充、修改或者撤回，补充、修改或者撤回应书面通知招标采购单位。补充、修改的内容应当按招标文件的要求签署、盖章作为投标文件的组成部分。

（2）保证金控制。投标人投标时，应当按招标文件的要求缴纳投标保证金。投标保证金不得超过采购项目预算金额的 2%。投标保证金应当以支票、汇票、本票或者金融机构、担保机构出具的保函等非现金形式提交。投标人未按照招标文件要求提交投标保证金的，投标无效。采购人或者采购代理机构应当自中标通知书发出之日起 5 个工作日内退还未中标供应商的投标保证金，自政府采购合同签订之日起 5 个工作日内退还中标供应商的投标保证金。采购人或者采购代理机构应当自中标通知书发出之日起 5 个工作日内退还未中标人的投标保证金，自采购合同签订之日起 5 个工作日内退还中标人的投标保证金或者转为中标人的履约保证金。采购人或者采购代理机构逾期退还投标保证金的，除应当退还投标保证金本金外，还应当按基准利率上浮 20%后的利率支付超期资金占用费，但因投标人自身原因导致无法及时退还的除外。

3. 政府采购开标控制

（1）对于开标过程中投标文件出现的异常情况，开标工作人员应翔实进行书面记录，根据招标文件规定处理或者提交评标委员会裁决。

（2）开标由招标采购人或者采购单位主持，采购人、投标人、监督人参加，遵循验标、开标、唱标的程序进行，开标应守时，严格遵照招标文件确定的提交投标文件截止时间的同一时间进行，开标地点应当为招标文件中预先确定的地点。有效投标人不足 3 家的，不得进行开标。

投标人代表对开标过程和开标记录有疑问或者质疑，以及认为采购人、采购代理机构相关工作人员有需要回避的情形的，应当场提出。采购人、采购代理机构对投标人代表提出的询问、质疑或回避申请应当及时处理。

开标过程应当由采购人或者采购代理机构负责记录，由参加开标的各投标人代表、现场监督人员和相关工作人员签字确认后随采购文件一并存档。公开招标数额标准以上的招标项目，投标截止后参加投标的供应商不足 3 家或者评标期间出现有效投标人不足 3 家的，除采购任务取消情形外，应当依法报告财政部门，由财政部门按照以下原则处理：① 招标文件没有不合理条款、招标程序符合规定的，同意采用竞争性谈判、竞争性磋商、询价或者单一来源方式采购；② 招标文件存在不合理条款或者招标程序不符合规定的，责令采购人、采购代理机构改正后依法重新招标。

4. 政府采购评标控制

（1）恰当选择评审专家。评标工作由招标采购单位负责组织，具体评标事务由招标采购单位依法组建的评标委员会负责，评标委员会由采购人代表和评标专家组成，成员人数应当为 5 人以上单数，其中评标专家不得少于成员总数的 2/3。采购预算金额在 1 000 万元以上、技术复杂的项目或者社会影响较大的项目，评标委员会中评标专家人数应当为 5 人以上。

根据《政府采购评审专家管理办法》的规定，评审专家是指符合本办法规定条件和要求，以独立身份从事和参加政府采购有关评审工作的人员。一般而言，评审专家应该具备以下条件：

① 具有较高的业务素质和良好的职业道德，在政府采购的评审过程中能以客观公正、廉洁自律、遵纪守法为行为准则。

② 从事相关领域工作满 8 年，具有本科（含本科）以上文化程度，高级专业技术职称或者具有同等专业水平，精通专业业务，熟悉产品情况，在其专业领域享有一定声誉。

③ 熟悉政府采购、招标投标的相关政策法规和业务理论知识，能胜任政府采购评审工作。

④ 本人愿意以独立身份参加政府采购评审工作，并接受财政部门的监督管理。

⑤ 没有违纪违法等不良记录。

⑥ 财政部门要求的其他条件。

对达不到以上第二款所列条件和要求，但在相关工作领域有突出的专业特长并熟悉商品市场销售行情，且符合专家其他资格条件的，可以经财政部门审核后，认定为评审专家。

采购人或者采购代理机构应当从省级以上财政部门设立的政府采购评审专家库中，通过随机方式抽取评标专家。评审专家库中相关专业专家数量不能保证随机抽取需要的，采购人或者采购代理机构可以按照不低于不足部分 1:3 的比例推荐符合条件的人员，经省级以上人民政府财政部门审核选聘入库后，再随机抽取使用。技术复杂、专业性强的采购项目，通过随机方式难以选定合适评审专家的，经主管预算单位同意，采购人、采购代理机构可以按有关规定确定评审专家人选，但应当报财政部门备案。采购单位内部工作人员不得以专家身份参与本单位采购项目的评标。采购代理机构工作人员不得参加由本机构代理的政府采购项目的评标。

评审专家不得参加与自己有利害关系的政府采购项目的评审活动。对与自己有利害关系的评审项目，如受到邀请，应主动提出回避。财政部门、采购人或采购代理机构也可要求该评审专家回避。有利害关系主要是指3年内曾在参加该采购项目供应商中任职（包括一般工作）或担任顾问，配偶或直系亲属在参加该采购项目的供应商中任职或担任顾问，与参加该采购项目供应商发生过法律纠纷，以及其他可能影响公正评标的情况。

（2）明确评标过程中各个主体的责任、评标方法和步骤。在评标过程中，采购人或采购单位、评标委员会的职责如表7-8所示。

表7-8　　　　　采购人或采购单位、评标委员会的职责

机构	职责
采购人或采购单位	（1）核对评标专家身份和采购人代表授权函； （2）宣布评标纪律； （3）公布投标人名单，告知评标专家应当回避的情形； （4）组织评标委员会推选评标组长，采购人代表不得担任组长； （5）集中保管评标委员会成员及现场工作人员的通信工具； （6）根据评标委员会的要求介绍政府采购的相关政策法规、招标文件； （7）维护评标秩序，监督评标委员会依照评标文件规定的评审程序、方法和标准进行独立评审，对采购人代表、评审专家的倾向性言论或违法违规行为及时制止和纠正； （8）核对评标结果，如有分值汇总计算错误、分项评分超出评分标准范围、评标委员会对客观评审因素评分不一致、经评标委员会认定评分畸高或者畸低情形，要求评标委员会复核或书面说明理由，评标委员会拒绝的，应予记录并向本级财政部门报告； （9）处理与评标有关的其他事项
评标委员会	（1）审查、评价投标文件是否符合招标文件的商务、技术、服务等实质性要求； （2）要求投标人对投标文件有关事项做出澄清或者说明； （3）对投标文件进行比较和评价； （4）推荐中标候选人名单，或者根据采购人委托直接确定中标人； （5）向采购人、采购代理机构或者有关部门报告评标中发现的违法行为

招标采购单位应结合项目特点选择最低评标价法、综合评分法开展评标。其中，最低评标价法是指投标文件满足招标文件全部实质性要求且投标报价最低的供应商为中标候选人的评标方法；综合评分法是指投标文件满足招标文件全部实质性要求且按照评审因素的量化指标评审得分最高的供应商为中标候选人的评标

方法。

行政事业单位评标步骤主要包括符合性检查、澄清有关问题、比较与评价、推荐中标候选人、编写评标报告，具体如表 7-9 所示。

表 7-9　　　　　　　　　　行政事业单位评标步骤

步　骤	内　容
符合性检查	评标委员会依据招标文件的实质性要求，对符合资格的投标文件进行审查，以确定其是否满足招标文件的实质性要求
澄清有关问题	对初审合格的投标文件中含义不明确、同类问题表述不一致或者有明显文字和计算错误的内容，评标委员会应当以书面形式（应当由评标委员会专家签字）要求投标人做出必要的澄清、说明或者纠正。投标人的澄清、说明或者纠正应当采用书面形式，由其授权的代表签字，并不得超出投标文件的范围或者改变投标文件的实质性内容
比较与评价	按招标文件中规定的评标方法和标准，对符合性检查合格的投标文件进行商务和技术、服务评估，综合比较与评价
推荐中标候选人	（1）采用最低评标价法的，评标结果按投标报价由低到高顺序排列。投标报价相同的并列。投标文件满足招标文件全部实质性要求且投标报价最低的供应商为中标候选人。 （2）采用综合评分法的，评标结果按评审后得分由高到低顺序排列。得分相同的，按投标报价由低到高顺序排列。得分且投标报价相同的并列。投标文件满足招标文件全部实质性要求且按照评审因素的量化指标评审得分最高的供应商为中标候选人
编写评标报告	评标报告是评标委员会根据全体评标成员签字的原始评标记录和评标结果编写的报告，其主要内容包括： （1）招标公告刊登的媒体名称、开标日期和地点； （2）购买招标文件的投标人名单和评标委员会成员名单； （3）评标方法和标准； （4）开标记录和评标情况及说明，包括无效投标人名单及原因； （5）评标结果，推荐的中标候选人或直接确定的中标人，报价最高的投标人为中标候选人的，评标委员会应当对其报价的合理性予以特别说明

（3）加强评标管理。

在评标中，限定评标委员会及其成员不得有下列行为：

① 确定参与评标至评标结束前私自接触投标人。
② 接受供应商提出的与投标文件不一致的澄清和说明。
③ 征询采购人的倾向性意见。
④ 对主观评审因素协商评分。
⑤ 对客观评审因素评分不一致。
⑥ 在评标过程中擅离职守，影响评标程序正常进行的。
⑦ 记录、复制或带走任何评标资料。

评标委员会成员有第①至④项行为之一的，其评审意见无效。

投标人存在下列情况之一的，投标无效：

① 未按照招标文件的规定提交投标保证金的。
② 投标文件散装或者活页装订的。
③ 不具备招标文件中规定资格要求的。
④ 报价超过招标文件中规定的最高限价的。
⑤ 投标文件含有采购人不能接受的附加条件的。
⑥ 投标文件不符合法律、法规和招标文件中规定的其他实质性要求的。

评标结果汇总完成后，除下列情形外，任何人不得修改评标结果。

① 分值汇总计算错误的。
② 分项评分超出评分标准范围的。
③ 评标委员会对客观评审因素评分不一致的。
④ 经评标委员会认定评分畸高、畸低的。

5. 政府采购中标控制

（1）采购代理机构应当在评标结束后 2 个工作日内将评标报告送达采购人，采购人应当自收到评标报告之日起 5 个工作日内，在评标报告推荐的中标候选人中按顺序确定中标人。中标候选人并列的，由采购人自主选择确定其中一个为中标人。采购人也可以事先授权评标委员会直接确定中标人。采购人自行组织招标的，应当在评标结束后 5 个工作日内确定中标人，采购人在收到评标报告 5 个工作日内未按评标报告推荐的中标候选人顺序确定中标人又不能说明合法理由的，视同确认。

采购人或者采购代理机构应当自中标人确定之日起 2 个工作日内，在省级以上财政部门指定的媒体上公告中标结果，招标文件随中标结果同时公告，中标结果公告内容应当包括采购人和采购代理机构的名称、地址、联系方式；项目名称和项目编号；中标人名称、地址和中标金额；主要中标标的的名称、规格型号、数量、单价、服务要求；未通过资格审查投标人的名称及原因；中标公告期限以及评标专家名单。中标公告期限为1个工作日。

邀请招标采购人采用书面推荐方式产生符合资格条件的潜在投标人的，还应当将所有被推荐供应商名单和推荐理由随中标结果同时公告，在公告中标结果的同时，采购人或者采购代理机构应当向中标人发出中标通知书，中标通知书对采购人和中标人具有同等法律效力；向未中标人发出招标结果通知书，告知未中标人本人的评审总得分与排序。

中标通知书发出后，采购人违法改变中标结果，或者中标人放弃中标的，应当依法承担法律责任。

（2）从严审核，提高标准，以便适当规避最低价中标风险。实行最低价中标的积极意义在于招标方和投标方都能尽量实现资源的优化，达到投入最少收益最大。最低价中标的弊端在于低价竞标，为此，招标单位应该对招投标资格预审严格和提高标准。明确投标单位的责任，对投标单位的资金、技术、经验、信誉等方面进行严格审查甚至现场勘察，确保投标单位有能力按质履约。另外，可以要求投标单位提交投标保证金或投标保函，以保证招投标工作的顺利开展。

（五）政府采购合同控制

鉴于我们在后面第十章中会详细介绍合同控制，在此仅从合同签订与备案、合同履行等方面来做简要介绍。

1. 规范政府采购合同签订与备案过程，确保采购合同签订合法合规

采购人与中标、成交供应商应当在中标、成交通知书发出之日起30日内，按照采购文件确定的事项签订政府采购合同。中标、成交通知书对采购人和中标、成交供应商均具有法律效力。中标、成交通知书发出后，采购人改变中标、成交结果的，或者中标、成交供应商放弃中标、成交项目的，应当依法承担法律责任。采购合同中应明确约定有关质量、数量、价款、履行地点、履行期限、履行方式、履行费用、违约责任、所有权转移、风险负担等问题。否则可能因约定不明确而

产生争议，给合同当事人带来损失。特别对违约责任、所有权转移、风险负担等容易忽略的问题，应在合同中明确指出，以免给当事人带来损失。

政府采购项目的采购合同自签订之日起7个工作日内，采购人应当将合同副本报同级政府采购监督管理部门和有关部门备案。

2. 加强政府采购合同履行的过程管理

经采购人同意，中标、成交供应商可以依法采取分包方式履行合同。政府采购合同分包履行的，中标、成交供应商就采购项目和分包项目向采购人负责，分包供应商就分包项目承担责任。

政府采购合同履行中，采购人需追加与合同标的相同的货物、工程或者服务的，在不改变合同其他条款的前提下，可以与供应商协商签订补充合同，但所有补充合同的采购金额不得超过原合同采购金额的10%。

3. 规范政府采购合同的变更程序

政府采购合同的双方当事人不得擅自变更、中止或者终止合同。政府采购合同继续履行将损害国家利益和社会公共利益的，双方当事人应当变更、中止或者终止合同。有过错的一方应当承担赔偿责任，双方都有过错的，各自承担相应的责任。

出现下列情形之一的，采购人应当依法解除合同，重新组织采购活动，并依法追究供应商的违约责任：

（1）在履行期限届满前，供应商明确表示或者以自己的行为表明不履行合同。

（2）供应商迟延履行合同，经催告后在合理期限内仍未履行。

（3）供应商有其他违约行为致使不能实现合同目的。

（4）供应商将合同转包，或者未经采购人同意采取分包方式履行合同。

（六）政府采购验收控制

1. 制定明确的采购验收标准，加大验收力度

采购人或者采购代理机构应当克服"重采购，轻验收"的思想，通过单位培训与宣传认真组织采购验收。单位验收应按照政府采购合同规定的技术、服务、安全标准组织对供应商履约情况进行验收。单位应当根据采购项目特性明确具体的验收主体，提出具体的验收内容、验收标准、时限等要求。对于重大采购项目，

应当成立验收小组，它可以由行政事业单位代表、政府采购代理机构和相关领域的技术专家组成，直接参与到该项政府采购组织实施活动的工作人员不得作为验收工作的主要负责人。

政府采购的验收主体根据采购执行主体的不同有所区别：对于单位委托采购代理机构进行的采购项目，由单位或者委托的采购代理机构按照政府采购合同约定组织验收；对于单位的自行采购项目，单位应按照政府采购合同的约定自行组织验收；验收时涉及技术性强的、大宗的和新特物资，可由质检或者行业主管部门参与验收；单位物资采购必须邀请资产使用部门等相关人员参与验收。

2. 严格办理采购验收手续，规范出具采购验收书

验收小组按照职责分工对照政府采购合同中验收有关事项和标准、供应商发货单等文件，核对每项验收事项，并按照验收方案对所采购货物、服务或者工程的品种、规格、数量、质量、技术要求及其他内容及时组织验收。

对验收合格的货物，应当及时办理入库手续，入库凭单应提交财务部门作为会计处理的依据。验收完成后，验收小组应当出具书面验收书，验收书是申请支付政府采购资金的必要文件，验收书应当包括每一项技术、服务、安全标准的履约情况。参与验收工作的人员应于验收工作完成后在验收书上签署验收意见，验收单位应当加盖公章，以落实验收责任。采购代理机构人员参加验收的，在验收书上签署意见，并加盖采购代理机构公章；其他相关人员参加验收的在验收书上签署意见，并加盖行业主管部门公章。

采购单位应在出具验收书后3个工作日内，将验收书副本和相关资料报政府采购监管部门备案。政府向社会公众提供的公共服务项目，验收时应当邀请服务对象参与并出具意见，验收结果应当向社会公告。

3. 妥善处理验收中发现的异常情况，及时解决相关问题

对于验收过程中发现的异常情况，验收机构或人员应当立即向单位有权管理的相关机构报告，相关机构应当查明原因并及时处理：如采购的物资有瑕疵或供货数量不足，验收时应当面提出，要求供应商负责按照合同约定补足、更换或退货，并承担由此发生的一切损失和费用；对于给单位造成损失的，应按合同约定追究违约责任，并上报政府采购监督管理部门处理；如果存在假冒、伪劣、走私产品、商业贿赂等违法情形的，应立即移交工商、质监、公安等行政执法部门依法查处。

4. 加强采购验收的监督力度，确保采购验收规范有序

政府采购监督管理部门应当对政府采购项目的采购活动进行检查，对政府采购项目的履约验收过程进行监管，采购人应当如实反映情况，提供相关材料。监督管理部门不仅对结果进行验收，还需要对验收过程进行共同记录来实施监督，及时发现验收中的问题并要求限期改正。采购单位应当按规定做好采购项目的验收工作，据实做好会计处理，确保国有资产的安全完整，防止流失。对于采购验收中发现的谋取不正当利益的违法违规行为，采购主管部门应当依法追究其相关法律责任。

（七）政府采购资金支付控制

1. 严格办理采购支付手续，规范采购资金支付相关要求

单位应按照合同约定及时支付采购资金。采购资金属预算内资金的，实行国库集中支付；采购资金属自筹资金的，由单位自行支付。财务部门应从严核实，对于没有达到付款标准的支付申请，一律不予支付货款。一般单位提交支付申请应包含以下文件：资金支付申请表、发票、中标通知书。首次申请支付的还应该提供合同和验收书原件及复印件，再次申请支付的仅需提供合同复印件和验收书原件、项目资金计划等。

采购单位财务部门应严格审核申请表权签、采购合同、验收书、发票等文件的真实性、合法性和有效性，判断采购款项是否达到支付条件。其中，验收书是申请支付政府采购项目资金的必备文件。

2. 规范采购会计核算要求，加强会计系统控制

单位应当加强对采购业务全流程的财务控制，包括采购、验收、资金支付环节。详细记录每一环节的采购业务活动，包括供应商基本资料、采购申请、采购合同、采购验收书、物资入库凭单、退换货等情况，确保账面会计资料和采购履约情况、物资入库记录核对一致。

（八）政府采购信息管理控制

1. 按规定公开政府采购信息，及时发布政府采购信息公告

根据《关于做好政府采购信息公开工作的通知》(财库〔2015〕135 号)，行政事业单位要按照规定公开政府采购信息，建立健全责任明确的工作机制、简便顺畅的操作流程和集中统一的发布渠道，确保政府采购信息发布的及时、完整、准确，实现政府采购信息的全流程公开、透明。

（1）明确政府采购项目信息公开的范围和主体。

① 采购项目信息，包括采购项目公告、采购文件、采购项目预算金额、采购结果等信息，由采购人或者其委托的采购代理机构负责公开。

② 监管处罚信息，包括财政部门做出的投诉、监督检查等处理决定，对集中采购机构的考核结果，以及违法失信行为记录等信息，由财政部门负责公开。

③ 法律、法规和规章规定应当公开的其他政府采购信息，由相关主体依法公开。

公告政府采购信息必须做到内容真实、准确可靠，不得有虚假和误导性陈述，不得遗漏依法必须公告的事项。政府采购信息公开内容如表 7-10 所示。

表 7-10　　　　　　　　　政府采购信息公开内容

公开信息名称	公开要求
公开招标公告	应当包括采购人和采购代理机构的名称、地址和联系方法；采购项目的名称、数量、简要规格描述或项目基本概况介绍；采购项目预算金额，采购项目需要落实的政府采购政策；投标人的资格要求，获取招标文件的时间、地点、方式及招标文件售价，投标截止时间、开标时间及地点；采购项目联系人姓名和电话
资格预审公告	应当包括采购人和采购代理机构的名称、地址和联系方法；采购项目名称、数量、简要规格描述或项目基本概况介绍；采购项目预算金额；采购项目需要落实的政府采购政策；投标人的资格要求，以及审查标准、方法；获取资格预审文件的时间、地点、方式；投标人应当提供的资格预审申请文件的组成和格式；提交资格预审申请文件的截止时间及资格审查日期、地点；采购项目联系人的姓名和电话。 招标公告、资格预审公告的公告期限为 5 个工作日

续表

公开信息名称	公开要求
竞争性谈判公告、竞争性磋商公告和询价公告	应当包括采购人和采购代理机构的名称、地址和联系方法;采购项目的名称、数量、简要规格描述或项目基本概况介绍;采购项目预算金额,采购项目需要落实的政府采购政策,对供应商的资格要求,获取谈判、磋商、询价文件的时间、地点、方式及文件售价,响应文件提交的截止时间、开启时间及地点,采购项目联系人的姓名和电话。 竞争性谈判公告、竞争性磋商公告和询价公告的公告期限为3个工作日
采购项目预算金额	应当在招标公告、资格预审公告、竞争性谈判公告、竞争性磋商公告和询价公告等采购公告,以及招标文件、谈判文件、磋商文件、询价通知书等采购文件中公开。采购项目的预算金额以财政部门批复的部门预算中的政府采购预算为依据;对于部门预算批复前进行采购的项目,以预算"二上数"中的政府采购预算为依据。对于部门预算已列明具体采购项目的,按照部门预算中具体采购项目的预算金额公开;部门预算未列明采购项目的,应当根据工作实际对部门预算进行分解,按照分解后的具体采购项目预算金额公开。对于部门预算分年度安排但不宜按年度拆分的采购项目,应当公开采购项目的采购年限、概算总金额和当年安排数
中标、成交结果	应当包括采购人和采购代理机构的名称、地址、联系方式;项目名称和项目编号;中标或者成交供应商的名称、地址和中标或者成交金额;主要中标或者成交标的的名称、规格型号、数量、单价、服务要求或者标的的基本概况;评审专家名单。协议供货、定点采购项目还应当公告入围价格、价格调整规则和优惠条件。采用书面推荐供应商参加采购活动的,还应当公告采购人和评审专家的推荐意见。 中标、成交结果应当自中标、成交供应商确定之日起2个工作日内公告,公告期限为1个工作日
采购文件	招标文件、竞争性谈判文件、竞争性磋商文件和询价通知书应当随中标、成交结果同时公告。中标、成交结果公告前采购文件已公告的,不再重复公告
更正事项	采购人或者采购代理机构对已发出的招标文件、资格预审文件,以及采用公告方式邀请供应商参与的竞争性谈判文件、竞争性磋商文件进行必要的澄清或者修改的,应当在原公告发布媒体上发布更正公告,并以书面形式通知所有获取采购文件的潜在供应商。采购信息更正公告的内容应当包括采购人和采购代理的机构的名称、地址、联系方式,原公告的采购项目名称及首次公告日期,更正事项、内容及日期,采购项目联系人的姓名和

续表

公开信息名称	公开要求
更正事项	电话。 　　澄清或者修改的内容可能影响投标文件、资格预审申请文件、响应文件编制的，采购人或者采购代理机构发布澄清公告并以书面形式通知潜在供应商的时间，应当在投标截止时间至少15日前、提交资格预审申请文件截止时间至少3日前，或者提交首次响应文件截止之日3个工作日前；不足上述时间的，应当顺延提交投标文件、资格预审申请文件或响应文件的截止时间
采购合同	政府采购合同应当自合同签订之日起2个工作日内公告。批量集中采购项目应当公告框架协议。政府采购合同中涉及国家秘密、商业秘密的部分可以不公告，但其他内容应当公告。政府采购合同涉及国家秘密的内容，由采购人依据《中华人民共和国保守国家秘密法》等法律制度规定确定。采购合同中涉及商业秘密的内容，由采购人依据《中华人民共和国反不正当竞争法》《最高人民法院关于适用〈中华人民共和国民事诉讼法〉若干问题的意见》（法发〔1992〕22号）等法律制度的规定，与供应商在合同中约定。其中，合同标的的名称、规格型号、单价及合同金额等内容不得作为商业秘密。合同中涉及个人隐私的姓名、联系方式等内容，除征得权利人同意外，不得对外公告。
单一来源公示	达到公开招标数额标准，符合《中华人民共和国政府采购法》第三十一条第一项规定情形，只能从唯一供应商处采购的，采购人、采购代理机构应当在省级以上财政部门指定媒体上进行公示。公示内容应当包括采购人、采购项目名称；拟采购的货物或者服务的说明、拟采购的货物或者服务的预算金额；采用单一来源方式的原因及相关说明；拟定的唯一供应商的名称、地址；专业人员对相关供应商因专利、专有技术等原因具有唯一性的具体论证意见，以及专业人员的姓名、工作单位和职称；公示的期限；采购人、采购代理机构、财政部门的联系地址、联系人和联系电话。公示期限不得少于5个工作日
终止公告	依法需要终止招标、竞争性谈判、竞争性磋商、询价、单一来源采购活动的，采购人或者采购代理机构应当发布项目终止公告并说明原因
政府购买公共服务项目	对于政府向社会公众提供的公共服务项目，除按有关规定公开相关采购信息外，采购人还应当就确定采购需求在指定媒体上征求社会公众的意见，并将验收结果于验收结束之日起2个工作日内向社会公告

续表

公开信息名称	公开要求
监管处罚信息	财政部门做出的投诉、监督检查等处理决定公告的内容应当包括相关当事人的名称及地址、投诉涉及的采购项目的名称及采购日期、投诉事项或监督检查主要事项、处理依据、处理结果、执法机关名称、公告日期等。投诉或监督检查处理决定应当自完成并履行有关报审程序后5个工作日内公告。 财政部门对集中采购机构的考核结果公告的内容应当包括集中采购机构名称、考核内容、考核方法、考核结果、存在问题、考核单位等。考核结果应当自完成并履行有关报审程序后5个工作日内公告。 供应商、采购代理机构和评审专家的违法失信行为记录公告的内容应当包括当事人名称、违法失信行为的具体情形、处理依据、处理结果、处理日期、执法机关名称等。供应商、采购代理机构和评审专家的违法失信行为信息月度记录应当不晚于次月10日前公告

（2）选择合理的政府采购信息公布媒介和渠道，在指定媒体上公布政府采购信息。中央预算单位的政府采购信息应当在财政部指定的媒体上公开，地方预算单位的政府采购信息应当在省级（含计划单列市，下同）财政部门指定的媒体上公开。财政部指定的政府采购信息发布媒体包括中国政府采购网（www.ccgp.gov.cn）、《中国财经报》、《中国政府采购报》、《中国政府采购杂志》、《中国财政杂志》等。省级财政部门应当将中国政府采购网地方分网作为本地区指定的政府采购信息发布媒体之一。

为了便于政府采购当事人获取信息，在其他政府采购信息发布媒体上公开的政府采购信息应当同时在中国政府采购网发布。对于预算金额在500万元以上的地方采购项目信息，中国政府采购网各地方分网应当通过数据接口同时推送至中央主网发布（相关标准规范和说明详见中国政府采购网）。政府采购违法失信行为信息记录应当在中国政府采购网中央主网发布。

（3）规范政府采购信息公开流程。行政事业单位应当对政府采购信息公开的流程进行规范。例如，某行政单位规定，政府采购业务由外部采购中心集中采购的，在公开招标过程中，对政府采购信息公开应遵循如下流程：该单位的政府采购部门组织业务部门对招标文件进行确认，如对招标文件存有异议，业务部门可进行调整或修改,政府采购部门将修改确认的招标文件提交外部采购中心,招标文件一经确认,政府采购需求原则不得更改;开评标结束后,外部采购中心将预中标结果通知单位的政府采购部门,政府采购部门登记后将预中标结果传递给业务部门,经业务部门确认后,由外部采购中心发布预中标公告,当招标过程中出现废标时,应从招标文件确认环节重新履行相关手续;外部采购中心根据中标结果发布中标公告,单位政府采购部门进行中标结果登记,并进入政府采购合同订立环节。

2. 定期统计分析政府采购业务信息,并在内部进行通报

《单位内控规范》第三十八条第三款规定:"定期对政府采购业务信息进行分类统计,并在内部进行通报。"为此,单位政府采购部门还应当定期对政府采购业务信息进行分类统计,与资产管理部门和财会部门定期核对信息,并在单位内部通报政府采购预算的执行情况、政府采购业务的开展情况等信息,及时解决财政采购业务中的问题,同时实现政府采购业务在单位内部的公开透明。

3. 妥善保管政府采购文件,规范政府采购业务记录的要求

《单位内控规范》第三十八条第一款和第二款规定:"单位应当加强对政府采购业务的记录控制。妥善保管政府采购预算与计划、各类批复文件、招标文件、投标文件、评标文件、合同文本、验收书等政府采购业务相关资料。"为此,行政事业单位对政府采购项目每项采购活动的采购文件应当妥善保存,不得伪造、变造、隐匿或者销毁,采购文件可以采用电子档案的方式保存。采购文件的保存期限为从采购结束之日起至少保存 15 年。

采购文件包括采购活动记录、采购预算、招标文件、投标文件、评标标准、评估报告、定标文件、合同文本、验收书、质疑答复、投诉处理决定及其他有关文件、资料。

政府采购活动记录至少应当包括下列内容:① 采购项目类别、名称;② 采购项目预算、资金构成和合同价格;③ 采购方式,采用公开招标以外的采购方式的,应当载明原因;④ 邀请和选择供应商的条件及原因;⑤ 评标标准及确定中标人的原因;⑥ 废标的原因;⑦ 采用招标以外采购方式的相应记载。

行政事业单位政府采购部门应当做好政府采购业务相关资料的收集、整理工作,建立政府采购业务档案并按照国家规定的保管期限妥善保管,防止资料遗失、

泄露；需要向财会部门同事提交的或者按照规定应当向有关部门备案的，应当及时提交和备案。

4. 规范政府采购信息的安全保密管理

《单位内控规范》第三十九条规定："单位应当加强对涉密政府采购项目安全保密的管理。对于涉密政府采购项目，单位应当与相关供应商或采购中介机构签订保密协议或者在合同中设定保密条款。"为此，行政事业单位应当加强对涉密政府采购项目安全保密的管理。在政府采购内部管理制度中，单位应明确规定涉密政府采购项目的信息管理职责，要求工作人员未经允许不得向无关人员透漏政府采购信息。

单位应当在采购前对采购项目是否属于涉密采购进行论证。一般涉密采购项目，应当由本单位安全保密管理工作小组进行安全保密审查；重大涉密采购项目，应当报请相关机构审查。单位自行组织采购的，应当与相关供应商签订保密协议或者在合同中设定保密条款；委托采购中心采购的，应当与采购中心签订保密协议或者在委托协议书中设定保密条款。单位应对保密协议和保密条款的执行情况进行监督管理，强化供应商或采购中介机构的保密责任，进而加强涉密政府采购项目的安全保密控制。

此外，涉及商业秘密的政府采购信息不应当公开。政府采购的信息原则上都要求及时向社会公布，但是当其中有关信息涉及供应商的商业秘密时，如特定的管理技术、专利、成本费用等，不应当公开，以保护供应商的合法权益。

（九）政府采购监督控制

1. 建立政府采购质疑处理机制

《单位内控规范》第三十七条规定："单位应当加强对政府采购业务质疑投诉答复的管理。指定牵头部门负责、相关部门参加，按照国家有关规定做好政府采购业务质疑投诉答复工作。"为此，行政事业单位应该建立健全政府采购质疑处理机制。

按照相关法律规定，供应商对政府采购活动事项有疑问的，可以向采购人提出询问，采购人应当及时做出答复，但答复的内容不得涉及商业秘密。供应商认为采购文件、采购过程和中标、成交结果使自己的权益受到损害的，可以在知道或者应知其权益受到损害之日起 7 个工作日内，以书面形式向采购人提出质疑。采购人或者采购代理机构应当在 3 个工作日内对供应商依法提出的询问做出答复，供应商提出的询问或者质疑超出采购人对采购代理机构委托授权范围的，采购代理机构应当告知供应商向采购人提出。如果询问或者质疑事项可能影响中标、成交结果的，采购人应当暂停签订合同；已经签订合同的，应当中止履行合同。

供应商对采购人、采购代理机构的答复不满意或者采购人、采购代理机构未在规定的时间内做出答复的，可以在答复期满后 15 个工作日内向同级政府采购监督管理部门投诉。政府采购监督管理部门应当在收到投诉后 30 个工作日内，对投诉事项做出处理决定，并以书面形式通知投诉人和与投诉事项有关的当事人。政府采购监督管理部门在处理投诉事项期间，可以视具体情况书面通知采购人暂停采购活动，但暂停时间最长不得超过 30 日。投诉人对政府采购监督管理部门的投诉处理决定不服或者政府采购监督管理部门逾期未做处理的，可以依法申请行政复议或者向人民法院提起行政诉讼。

2. 规范政府采购监督检查管理

根据财政部于 2012 年 11 月印发的《对中央集中采购机构监督考核暂行办法的补充通知》(财库[2012]158 号)，财政部对中央集中采购机构实行定期考核，隔年进行一次，原则上安排在考核当年的 3 月 1 日开始至 4 月底结束。行政事业单位除了积极配合监督考核外，更应该加强自身的采购监督检查管理，明确政府采购监督考察的核查程序和要求，进一步规范政府采购活动。

监督考核的核查程序主要包括成立考核小组、制订考核方案、收集基础材料、实施考核、汇总及报告、公布考核结果、整改等（见表 7-11）。

表 7-11　　　　　　中央集中采购机构监督考核的核查程序

步　　骤	具体内容
成立考核小组	由财政部依据实际情况确定考核工作人员，组成考核工作小组，考核小组可以邀请纪检监察、审计部门人员参加。必要时可邀请采购人和供应商参加。财政部也可委托财政部监督专员办事处进行监督考核
制订考核方案	财政部在每年的年初制订考核计划和考核方案，并在每次考核工作开始前 15 天以文件形式通知中央集中采购机构

续表

步骤	具体内容
收集基础材料	被考核的中央集中采购机构接到财政部的考核通知后,一周内按考核要求进行自查,并形成自查报告,同时做好有关考核所需文件、数据及资料的整理工作,以备向考核小组提供。考核小组应根据考核方案及时收集、整理与考核有关的文件、数据及资料
实施考核	考核小组根据被考核中央集中采购机构提供的文件及资料按规定程序依法实施考核
汇总及报告	考核小组应在考核工作结束5个工作日内形成书面考核报告。书面考核报告应当由考核小组集体研究决定,集体负责,重大事项和情况应向财政部请示或报告。在考核工作中,中央集中采购机构对考核小组的考核意见有分歧时,应当进行协商。协商有困难的,应以书面形式将意见报财政部。财政部应当按规定予以答复或处理
公布考核结果	财政部要综合考核小组意见、中央集中采购机构的自查报告和采购人、供应商的意见后做出正式考核报告。考核报告要报送国务院。考核的有关情况应当在财政部指定的政府采购信息媒体上公布
整改	财政部根据考核中发现的问题,向中央集中采购机构提出改进建议。中央集中采购机构应当按照财政部的建议进行整改

此外,单位应积极配合考核小组的考核活动,不得提供虚假材料或者不配合考核小组的各项考核活动。

3. 建立政府采购业务评估机制

考核小组会对政府采购业务进行监督考核评分,考核得分由财政部依据定性指标和定量指标并结合实际考核情况进行综合评定,考核结果分为不合格、合格、良好和优秀(见表7-12)。

表7-12　　　　　　　　　综合评定评语级别

综合评定评语	具体内容
不合格	中央集中采购机构人员的政治、业务素质不能适应集中采购的工作要求。工作责任心不强,不能完成集中采购的业务代理工作。由于工作失职,给中央集中采购业务工作造成损失

续表

综合评定评语	具体内容
合格	基本完成中央单位的集中采购业务代理工作,但中央集中采购机构人员的政治、业务素质不能完全适应中央单位集中采购的业务代理要求,工作作风方面存在明显不足,自律意识差,完成集中采购业务代理工作的质量和效率不高,由于主观原因在集中采购业务代理工作中发生明显失误
良好	能贯彻执行《中华人民共和国政府采购法》和国家颁布的政府采购方面的规章制度,比较熟悉中央单位集中采购业务代理工作,采购代理程序较为规范,能够较好地完成中央单位政府采购业务代理工作
优秀	能认真贯彻执行《中华人民共和国政府采购法》和国家颁布的政府采购方面的规章制度,熟悉中央单位集中采购业务代理业务,很好地完成了中央单位集中采购业务代理工作,并且工作的质量和效率很高,中央集中采购业务代理工作取得突出成绩

对考核为不合格的中央集中采购机构,财政部会责令其限期整改,对综合得分优良以上的中央集中采购机构要给予表彰奖励。

一般而言,监督考核评估指标可分为定性指标和定量指标,具体如表7-13所示。

表7-13　　　　　　　　　监督考核评估指标

定性指标	
政府采购工作规范运作情况	(1)执行政府采购方面的法律、行政法规和规章情况。是否因违反《中华人民共和国政府采购法》及其国家政府采购的有关规定,被财政部、监察部及其他执法部门处理、处罚、处分过。 (2)政府采购范围。是否严格按照国务院颁布的中央预算单位政府集中采购目录规定的范围执行,是否擅自提高采购标准,是否擅自委托其他单位代理应由中央集中采购机构采购的项目。 (3)政府采购方式。是否按相关规定采取相应的采购方式;因废标需要采取其他采购方式采购并应当由中央集中采购机构负责报经财政部批准审批的,是否报经财政部审批。 (4)政府采购程序。是否坚持"公开、公平、公正"及诚信原则;采购程序是否合理合法;是否按规定制订集中采购的具体操作方案;是否与采购人签订委托代理协议(不包括部门采购中心);是否未经财政部批准擅自在招标文件中增加政策性加分或特殊要求;是否在财政部专家库中抽取专

续表

	定性指标
政府采购工作规范运作情况	家；是否存在歧视供应商或者差别待遇的行为；开标仪式是否合规、透明；是否密封评标；接受采购人委托完成其他采购的情况等。 （5）政府采购文件归档及备案情况。政府采购文件档案管理制度是否规范有序；归档资料是否齐全、及时。需备案文件包括中央集中采购机构的集中采购操作方案、招标公告、协议供货和定点采购项目的评标办法、评分标准和协议书副本，应当由中央集中采购机构备案的未在财政部专家库中抽取的专家。 （6）政府采购信息反馈情况。是否在规定时间内向财政部报送政府集中采购项目相关执行情况。 （7）是否按照中央单位委托权限签订或组织签订采购合同并督促合同履行
政府采购工作效率	（1）政府采购时效。是否在规定时间内完成中央单位委托的政府采购项目。 （2）评标时效。是否在规定时间内组织评审工作，并在财政部指定的政府采购信息发布媒体上公布中标结果、成交结果
政府采购工作质量	（1）资金节约率。实际采购价格是否高于市场平均价格，或中标合同价格是否超出采购开始前的预算。 （2）采购人满意度。是否及时向采购人提供优质服务，是否在规定的时间内及时组织采购人和中标（成交）供应商签订采购合同；重大项目是否按采购人的要求及时会同采购人对采购项目进行验收；采购人是否存在对集中采购机构服务态度和质量不满意的情况。 （3）供应商满意度。是否公平公正对待参加政府采购活动的供应商；是否存在供应商对集中采购机构服务态度和质量不满意的情况。 （4）是否存在向供应商收取不合法、不合理、不合规费用等情况；财务资金管理是否规范；是否及时退还按政府采购规定应该退还的资金
建立、健全内部管理监督制度情况	是否建立岗位工作纪律；工作岗位设置是否合理；管理操作环节是否权责明确；是否建立内部监督制约体系
集中采购机构从业人员的培训情况	是否开展内部培训和参加过财政部组织的培训等
集中采购机构及其从业人员的廉洁自律情况	是否制定廉洁自律规定；是否有接受采购人或供应商宴请、旅游、娱乐的行为；是否有接受礼品、回扣、有价证券的行为；是否在采购人或供应商处报销应该由个人支付的费用以及其他不廉洁行为等

续表

定量指标	
招标公告发布率、中标公告发布率	招标/中标公告发布率=实际发布次数÷应发布次数×100%
政府采购信息公开率	政府采购信息公开率=实际公开信息条数÷应公开信息条数×100%
协议供货、定点采购招标结果备案率	协议供货、定点采购招标结果备案率=实际报财政部备案数÷应报财政部备案数×100% 擅自改变采购方式率=擅自改变采购方式的次数÷应采用采购方式的总次数×100%
质疑答复满意率	质疑答复满意率=答复质疑后被投诉的次数÷被质疑的次数×100%
被政府采购当事人投诉率	被政府采购当事人投诉率=被政府采购当事人有效投诉的次数÷采购次数×100%
实际采购价格低于采购预算和市场同期平均价格的比例	实际采购价格低于采购预算的比例=实际采购价格低于采购预算的采购次数÷采购次数×100% 实际采购价格低于市场同期平均价格的比例=实际采购价格低于市场同期平均价格的采购次数÷采购次数×100%
采购资金节约率	采购资金节约率=节约额÷采购次数×100% 节约额=采购预算−实际采购金额
评标专家随机抽取率	评标专家随机抽取率=实际在评标专家库中随机抽取评标专家的次数÷应在评标专家库中随机抽取评标专家的次数
业务费使用效率	采购资金总使用效率=集中采购机构全年经费÷全年采购金额 公开招标项目的业务经费比例（除协议供货及定点采购外）=公开招标业务经费÷公开招标采购金额 协议供货及定点采购的业务经费比例=协议供货及定点采购招标业务经费÷协议供货及定点采购金额 非公开招标项目的业务经费比例=非公开招标业务经费÷非公开招标采购金额

除了财政部对行政事业单位政府采购的定期监督考核，行政事业单位也应该根据以上监督考核步骤和考核指标在单位内部进行定期或不定期的考核，发现问题，及时整改。

第八章

资产控制建设

一、资产概述

（一）资产的定义

资产是行政事业单位正常履行职能和开展业务活动的物质基础。根据 2015 年 10 月 23 日财政部印发的《政府会计准则——基本准则》，行政事业单位资产是指行政事业单位过去的经济业务或者事项形成的，由行政事业单位控制的，预期能够产生服务潜力或者带来经济利益流入的经济资源。其中，服务潜力是指行政事业单位利用资产提供公共产品和服务以履行政府职能的潜在能力。经济利益流入表现为现金及现金等价物的流入，或者现金及现金等价物流出的减少。

此外，除了符合上述规定的资产定义的经济资源外，同时满足以下两个条件，也可确认为资产。这两个条件包括：

（1）与该经济资源相关的服务潜力很可能实现或者经济利益很可能流入政府会计主体。

（2）该经济资源的成本或者价值能够可靠地计量。

（二）资产分类及其定义

根据我国现行行政事业单位会计制度，行政事业单位资产可分为流动资产和非流动资产。其中，流动资产是指预计在 1 年内（含 1 年）耗用或者可以变现的资产，包括货币资金、短期投资、应收及预付款项、存货等。非流动资产是指流动资产以外的资产，包括固定资产、在建工程、无形资产、长期投资、公共基础设施、政府储备资产、文物文化资产、保障性住房和自然资源资产等。

行政单位和事业单位的资产详细分类如表8-1、表8-2所示。

表8-1　　　　　　　　　行政单位资产分类

资产类别		资产科目
流动资产	货币资金	101 现金
		102 银行存款
		103 有价证券
		107 零余额账户用款额度
		115 财政应返还额度
	暂付及应收	104 暂付款
	存货	105 库存材料
非流动资产	固定资产	106 固定资产
	在建工程	
	无形资产	

表8-2　　　　　　　　　事业单位资产分类

资产类别		资产科目
流动资产	货币资金	1001 现金
		1002 银行存款
		1011 零余额账户用款额度
		1201 财政应返还额度
	短期投资	1011 短期投资
	应收及预付款项	1211 应收票据
		1212 应收账款
		1213 预付账款
		1215 其他应收款
	存货	1301 存货
非流动资产	长期投资	1401 长期投资
	在建工程	1511 在建工程
	固定资产	1501 固定资产

续表

资产类别		资产科目
非流动资产	固定资产	1502 累计折旧
	无形资产	1601 无形资产
		1602 累计摊销
	其他资产	1701 待处置资产损溢

结合以上行政单位和事业单位资产分类和《单位内控规范》，本书主要从货币资金、实物资产、无形资产和对外投资四个方面来阐述行政事业单位资产管理内部控制。

1. 货币资金

货币资金是指资金循环周转中停留在货币形态的资金。按用途和存放地点的不同，货币资金分为库存现金、银行存款，以及其他货币资金等。其中，库存现金是一个单位拥有的由出纳人员保管的货币，包括本币和外币；银行存款是指一个单位存放在金融机构的货币资金；其他货币资金是指除库存现金和银行存款以外的货币资金，包括单位的外埠存款、银行本票存款、存出投资款、银行汇票存款、信用卡存款、信用证保证金等。此外，由于分散采购支出、零星支出采取财政授权支付方式，因此零余额账户用款额度也是行政事业单位货币资金的重要组成部分。货币资金对行政单位和事业单位均适用。

2. 实物资产

实物资产是指单位占有、使用的，在法律上确认为国家所有、能以货币计量的各种物料用品和低值易耗品等，主要包括固定资产和存货两类，对行政单位和事业单位均适用。

根据《政府会计准则第 1 号——存货》和《政府会计准则第 3 号——固定资产》，存货是指政府会计主体在开展业务活动及其他活动中为耗用或出售而储存的资产，如材料、产品、包装物和低值易耗品等，以及未达到固定资产标准的用具、装具、动植物等。固定资产是指政府会计主体为满足自身开展业务活动或其他活动需要而控制的，使用年限超过 1 年（不含 1 年）、单位价值在规定标准以上，并在使用过程中基本保持原有物质形态的资产，一般包括房屋及构筑物、专用设备、通用设备等。单位价值虽未达到规定标准，但是使用年限超过 1 年（不含 1 年）的大批同类物资，如图书、家具、用具、装具等，应当确认为固定资产。

3. 对外投资

根据《政府会计准则第 2 号——投资》，投资是指政府会计主体按规定以货币资金、实物资产、无形资产等方式形成的债权或股权投资。投资分为短期投资和长期投资，其中，短期投资是指政府会计主体取得的持有时间不超过 1 年（含 1 年）的投资；长期投资是指政府会计主体取得的除短期投资以外的债权和股权性质的投资。根据《行政单位国有资产管理暂行办法》、《事业单位国有资产管理暂行办法》、《中央级事业单位国有资产管理暂行办法》、《行政单位财务规则》和《事业单位财务规则》等相关法律法规，行政单位对外投资仅限于债权投资（仅限国债），事业单位对外投资可包括债权投资和股权投资。

4. 无形资产

根据《政府会计准则第 4 号——无形资产》，无形资产是指政府会计主体控制的没有实物形态的可辨认非货币性资产，如专利权、商标权、著作权、土地使用权、非专利技术等。资产满足下列两个条件之一的，符合无形资产定义中的可辨认性标准：① 能够从政府会计主体中分离或者划分出来，并能单独或者与相关合同、资产或负债一起，用于出售、转移、授予许可、租赁或者交换；② 源自合同性权利或其他法定权利，无论这些权利是否可以从政府会计主体或其他权利和义务中转移或者分离。该定义对行政单位和事业单位均适用。

（三）资产控制框架

根据行政事业单位资产管理的实际情况和《单位内控规范》，我们将资产控制分为资产管理体系控制、货币资金控制、实物资产控制、无形资产控制和对外投资控制（见图 8-1）。

（四）资产控制的法律法规依据

近年来，我国相继出台了一系列关于行政事业单位国有资产管理的相关政策法规，各地方政府以及各单位也结合本单位实际出台了各自的资产管理制度。其中，全国性的、比较具有代表性的规章制度主要包括：

```
                          ┌── 资产管理体系控制
                          │
                          ├── 货币资金控制
行政事业单位资产 ─────┤
   控制框架             ├── 实物资产控制
                          │
                          ├── 无形资产控制
                          │
                          └── 对外投资控制
```

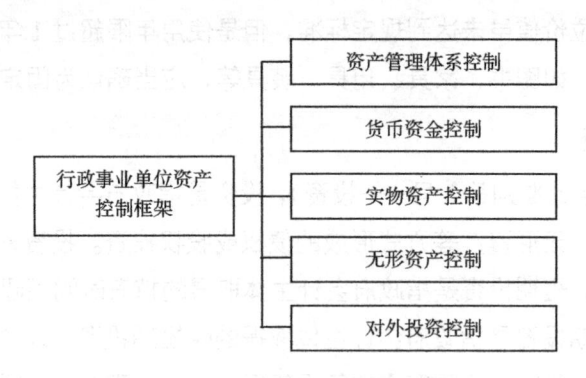

图 8-1　行政事业单位资产控制框架

1.《政府会计准则——基本准则》(财政部令 78 号，2015 年颁布)

2.《政府会计准则第 1 号——存货》、《政府会计准则第 2 号——投资》、《政府会计准则第 3 号——固定资产》和《政府会计准则第 4 号——无形资产》(财会 [2016] 12 号)

3.《中华人民共和国现金管理暂行条例》(1988 年 9 月 8 日中华人民共和国国务院令第 12 号发布，根据 2011 年 1 月 8 日《国务院关于废止和修改部分行政法规的决定》修订)

4.《现金管理暂行条例实施细则》(1988 年颁布)

5.《行政单位国有资产管理暂行办法》(财政部令第 35 号，2006 年颁布)

6.《事业单位国有资产管理暂行办法》(财政部令第 36 号，2010 年颁布)

7.《事业单位财务规则》(财政部令第 68 号，2012 年颁布)

8.《行政单位财务规则》(财政部令第 71 号，2012 年颁布)

9.《人民币银行结算账户管理办法》(中国人民银行令 [2003] 第 5 号)

10.《中央预算单位银行账户管理暂行办法》(财库 [2002] 48 号)

11.《〈中央预算单位银行账户管理暂行办法〉补充规定》(财库 [2006] 96 号)

12.《地方行政单位国有资产处置管理暂行办法》(财行 [2014] 228 号)

13.《中央行政事业单位国有资产管理暂行办法》(国管资 [2009] 167 号)

14.《预算外资金管理实施办法》(财综 [1996] 104 号)

15.《行政事业单位国有资产管理信息系统管理规程》(财办 [2013] 51 号)

16.《财政部关于进一步规范和加强行政事业单位国有资产管理的指导意见》

（财资〔2015〕90号）

17.《行政事业单位清查核实管理办法》（财资〔2016〕1号）

二、资产控制目标

（一）资产管理体系控制目标

（1）根据相关法律法规，结合本单位的实际情况，建立健全资产管理内部制度，使单位资产管理有章可循、有据可依。

（2）合理设置岗位，明确单位资产管理的岗位职责，确保不相容岗位实现相互分离，落实资产管理主体责任，确保单位内部人员各司其职、各负其责。

（3）建立单位资产信息管理系统，制定资产信息管理系统数据规范，推进各系统之间的对接，逐步实现资产管理事项的网上办理，加强数据分析及其利用，提高单位资产管理的信息化，提高资源管理效率。

（4）建立单位资产配置标准体系，优化新增资产配置管理流程，进一步规范单位资产配置，并且加大资产调控力度，建立行政事业单位超标准配置、低效运转或者长期闲置资产的调剂机制。

（5）提高单位资产使用管理水平，尤其体现在对外投资管理、资产出租出借、资产共享共用等方面，盘活单位资产，提高资产使用效率。

（6）完善单位资产处置规范。资产评估科学合理，资产处置监督合规，杜绝暗箱操作，防止国有资产流失，确保国有资产安全。

（7）规范资产收益管理，确保应缴尽缴，规范使用，防范瞒报、截留、坐支和挪用收入。

（8）加强资产清查核实。

① 资产清查核实的各部门职责明确，各司其职，严格履行其职责，确保资产清查核实科学有效。

② 根据单位的组织层级，合理规划资产清查程序，确保资产清查符合单位实际情况，资产清查报告真实有效，能够反映单位的资产情况。

③ 明确资产清查的具体内容，确保资产清查全面，保证针对资产清查的问题能够及时提出处理建议。

④ 资产核实管理规范。资产程序合法合规，管理权限明晰，确保资产安全和完整。

（9）国有资产评级指标体系科学合理，评价结果有效，反映资产管理情况，为国有资产配置提供重要依据。

（10）资产管理实现全过程监管，与各个部门构建联动机制，共同确保资产安全完整，防止单位国有资产流失。

（二）货币资金控制目标

（1）货币资金管理规范。岗位职责和权限明确，建立了货币资金管理岗位责任制，不相容岗位得到有效分离；规范出纳人员管理和印章管理，建立货币资金授权审批机制。

（2）银行账户管理规范。加强银行账户审批，保证银行账户的设置、开立、变更和撤销合法合规，银行账户使用规范；加强对银行账户的管理监督，有效防范"小金库"现象，保障货币资金安全。

（3）货币资金核查严格，包括库存现金盘点和督查、银行对账等，确保账实相符、账账相符。

（三）实物资产控制目标

（1）规范实物资产管理。资产管理岗位和归口管理岗位设置合理，岗位职责明确，不相容岗位相互分离，建立了实物资产授权审批制度，确保实物资产安全完整。

（2）加强实物资产的取得和验收管理。拟购置资产与行政单位履行职能需要相适应，从严控制，科学合理，严格执行法律、法规和有关规章制度，及时依法报批；请购申请填写详细，审核程序严格，杜绝资产数量和单价超标；加强资产内部调剂，提高资产使用效率；规范资产验收，确保实物资产数量、质量符合使用要求。

（3）加强对实物资产日常使用的监管。

① 实物资产内部领用规范，领用理由充分，用途合理，领用经过相关审核，防止单位实物资产随意领用。

② 实物资产保管坚持"谁使用谁保管"的原则，落实保管责任，保障实物资

产正常使用；编制实物资产目录，建立实物资产卡片和登记簿，如实反映单位实物资产状况，便于及时调用、查询等。

③ 加强实物资产的维修和保养，日常维修和大修流程规范；保障实物资产的正常使用，提高实物资产使用寿命，防止资金管理舞弊和不恰当修理造成固定资产功能损失。

④ 通过出租、出借等，合理配置和有效利用闲置资产，避免实物资产闲置或浪费，促进实物资产使用效率的提高。

（4）资产处置经过适当审批，资产处置方式合理，处置过程合法合规，处置价格经过恰当评估，防止国有资产流失。

（四）无形资产控制目标

（1）规范无形资产管理。资产管理岗位和归口管理岗位设置合理，岗位职责明确，不相容岗位相互分离，建立了无形资产授权审批制度，确保无形资产安全完整。

（2）无形资产投资项目经过周密系统的分析和研究，编制无形资产投资预算，实现集体决策和审批，确保无形资产投资科学、合理，防止决策失误；选择合理的无形资产取得方式，建立相应的请购和审批制度，规范取得过程；针对不同的取得方式，加强验收管理，确保无形资产符合使用要求。

（3）加强无形资产权益保护，规范无形资产日常保全管理，妥善保管相关文件资料，做好保密管理工作，确保无形资产的安全和完整；加强无形资产定期评估和及时更新，合理止损，推动自主创新和技术升级。

（4）无形资产处置合法合规，处置方式合理，处置价格经过恰当评估，确保资产处置合规合法，防止国有资产流失。

（5）根据无形资产的特性，按照国家相关规定，做好无形资产会计核算工作，正确计算无形资产的成本，合理摊销，保证无形资产账目真实、准确和完整。

（五）对外投资控制目标

（1）规范对外投资管理。资产管理岗位和归口管理岗位设置合理，岗位职责明确，不相容岗位相互分离，建立了对外授权审批制度，确保投出资产安全完整。

（2）明确对外投资的相关规定，确保单位对外投资的合规合法性。

（3）建立投资决策控制机制，明确投资意向提出、可行性研究、集体论证以及投资审批的程序，建立投资决策责任追究制度，确保投资行为的科学性、合理性，提高投资的经济效益。

（4）加强对外投资项目管理。

① 投资计划详细，严格按照计划确定的项目、进度、时间、金额和方式投出资产；需要签订合同的，确保合同签订合法合规。

② 对投资项目实施了追踪管理，能够及时、全面、准确地记录对外投资的价值变动和投资收益情况。

③ 加强对外投资文件的管理，妥善管理对外投资权益证书，保证相关文件安全完整。

④ 对外投资账务处理规范，定期对账，确保投资业务记录的正确性，能够反映对外投资的真实价值。

（5）建立投资监督评价控制机制，明确单位对外投资检查重点，对对外投资进行总体评价，及时发现缺陷并提出改进建议，确保单位对外投资内部控制进一步完善。

三、资产控制主要流程与关键环节

（一）货币资金业务流程

货币资金业务包括货币资金收入业务和支出业务。在实行国库集中支付制度以后，货币资金收入业务主要包括依法取得的应当上缴国库或财政专户的罚没收入、行政事业性收费、政府性基金等不作为单位收入但应当上缴国库或财政专户的资金。由于该部分业务仅在部分执行特殊职能的行政事业单位存在，且已包含在收支业务章节的相关内容中，因此本章不再专门对该业务进行单独讲述。货币资金支出业务需要经过申请、审核、批复、付款、记账、对账等环节。货币资金的控制还包括印章使用管理，主要包括用印申请、用印审批和盖章等环节。

1. 货币资金支付业务流程

（1）货币资金支付业务流程图（见图8-2）。

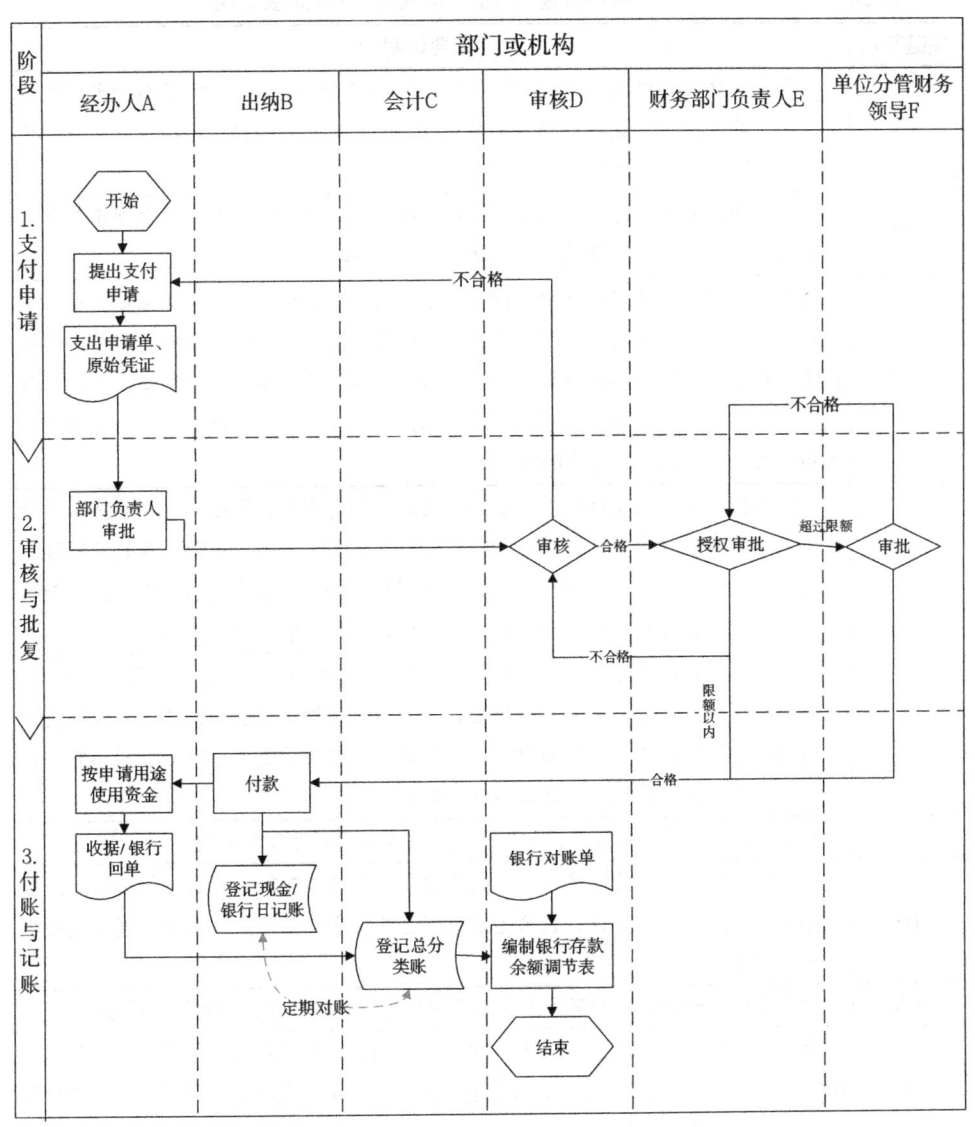

图8-2 货币资金支付业务具体流程

（2）货币资金支付业务流程关键节点简要说明（见表8-3）。

表8-3　　　　　　　　货币资金支付业务流程关键节点简要说明

关键节点	简要说明
A1	业务部门经办人员填写《支出审批单》，对于符合规定的支付申请提交部门负责人审批。资金支付申请中应当注明款项的用途、金额、预算、限额、支付方式等内容，并附有效合同或相关证明
A2	部门负责人应当根据货币资金授权批准权限的规定审批。对不符合规定的货币资金支付申请，审批人将《支出审批单》返还经办人员
D2	对资金支付申请应当实行分级授权审批制度。财务部门审核岗应当根据货币资金授权批准权限的规定，对业务部门提交的资金支付申请进行审核。审核内容包括货币资金支付申请的批准程序是否正确、手续及相关单证是否齐备、金额计算是否准确、支付方式是否妥当等。审核通过在上面签字或签章确认，传递给财务负责人审批；不通过则退回给经办人员
E2	财务负责人对审核岗转来的《支出审批单》进行审批，审批内容包括货币资金支付申请的批准程序是否正确、手续及相关单证是否齐备、金额计算是否准确、支付方式是否妥当等。审批完成后，财务负责人签字或签章确认，提交出纳履行支付手续。超过授权金额的支付申请需要提交单位分管财务领导进行审批
F2	单位分管财务领导对资金支付申请进行审批。重点审批支付申请的范围、权限、程序是否正确，手续及相关单据是否齐全、金额计算是否准确、支付方式和支付单位是否妥当等。如果通过审批，签字盖章后，将单据交付出纳；如果不通过审批，注明原因后将单据交付财务部门负责人
A3	经办人员签字或签章确认已收到款项，按照申请用途使用资金
B3	出纳岗收取已履行各项审批手续的资金支付申请，按规定方式支付资金。开具收据由经办人员签字确认，将收据或银行回单交会计记账，同时登记现金或银行存款日记账
C3	会计岗根据出纳转来的资金支付申请相关凭证、收据和银行回单登记账务
D3	审核岗领取"银行对账单"，核对银行存款账面余额和银行对账单余额的差异，编制"银行存款余额调节表"，督促会计岗与出纳岗定期对账，必要时对出纳经管的现金进行抽查或者盘点

2. 印章使用流程

（1）印章使用流程图（见图8-3）。

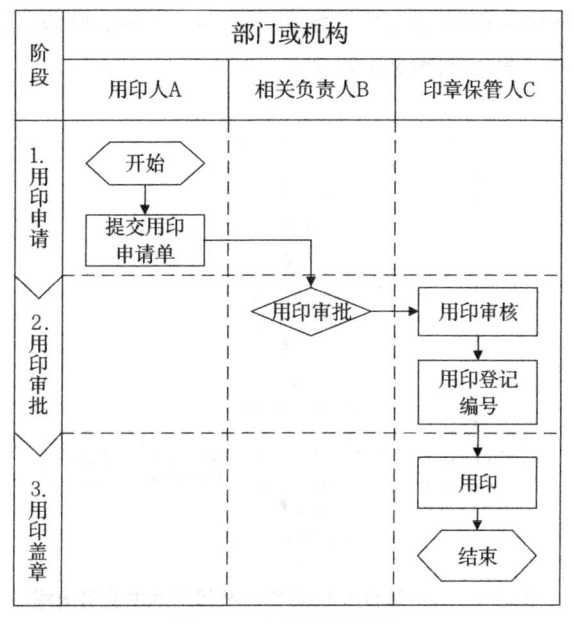

```
阶段        | 用印人A        | 相关负责人B    | 印章保管人C
1.用印申请   | 开始→提交用印申请单 |              |
2.用印审批   |               | 用印审批→     | 用印审核→用印登记编号
3.用印盖章   |               |              | 用印→结束
```

图8-3　印章使用流程

（2）印章使用流程关键节点简要说明（见表8-4）。

表8-4　　　　　　　　印章使用流程关键节点简要说明

关键节点	简要说明
A1	用印个人填写印章使用申请，详细说明使用印章的理由、起止时间、用印个数、印章类型、印章材质、印章枚数、申请人等相关信息
B2	印章使用申请单经有关领导审批后，连同需用印盖章的文件一同交予印章保管人盖章
C2	印章保管人要仔细审核印章使用申请单的事项和相关负责人员的批示，若认为不符合相关规定，可拒绝盖章。印章保管人在使用印章前，应填写印章使用登记簿，说明印章使用事由、使用对象、盖章时间等并由申请人签字确认
C3	印章保管人确认符合用印手续，登记后方可盖章。如确因特殊原因须有其他工作人员代为用章，必须有单位指定人员在场监督。单位财务方面的印章原则上不允许带出，确需带出单位使用，必须填写印章使用申请单说明事由，经单位领导批准后方可带出，由两人共同使用

（二）实物资产业务流程

实物资产管理一般包括实物资产取得和配置、实物资产使用维护、实物资产处置三个阶段，具体可以细分为资产预算、请购、采购、验收、领用、维修保养、出售、报废等环节，具体如图 8-4 所示。

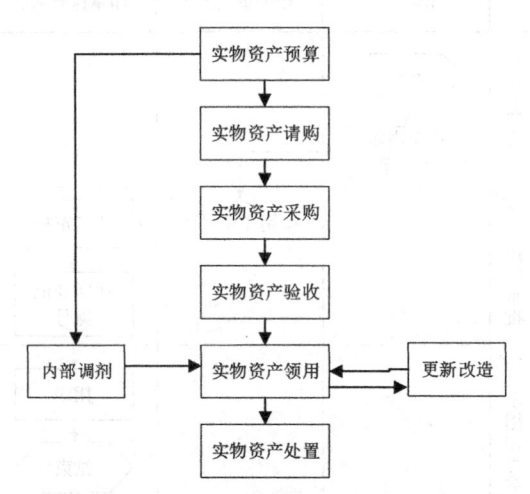

图 8-4　行政事业单位实物资产管理基本业务流程

1. 实物资产预算及请购业务流程

（1）实物资产预算及请购业务流程图（见图 8-5）。

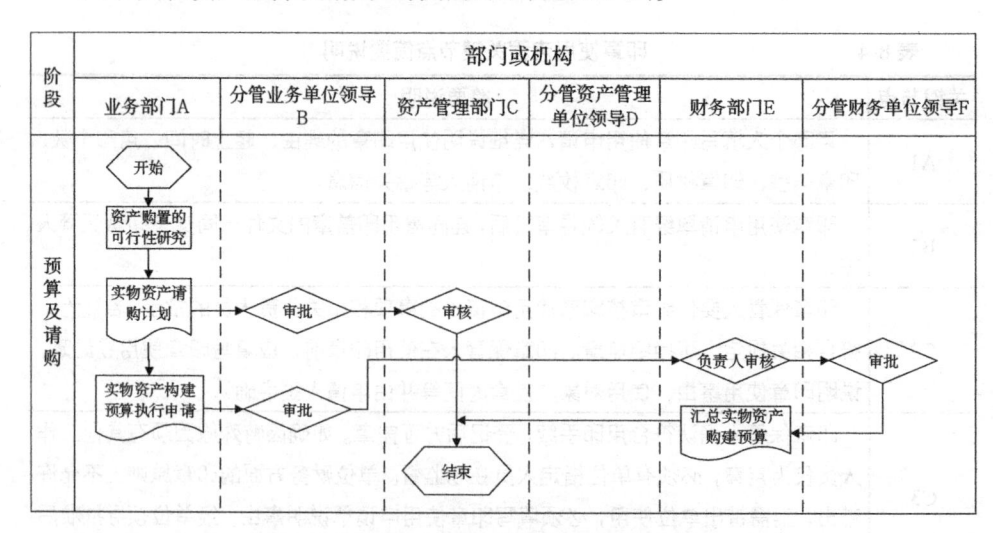

图 8-5　实物资产预算及请购业务流程

（2）实物资产预算及请购业务流程关键节点简要说明（见表8-5）。

表8-5　　　　　　　实物资产预算及请购业务流程关键节点简要说明

关键节点	简要说明
A	各部门申请购建实物资产，应当根据国家有关资产配备标准和预先申请的资产购建预算，对资产购置进行可行性研究和分析论证；论证完成后，业务部门制订资产购建计划、资产购建预算执行申请给分管业务的单位领导审批
B	分管业务部门的单位领导审批资产购建计划和预算执行申请
C	资产管理部门审核资产购建计划
E	财务部门负责人审核经分管业务单位领导审批的资产购建预算执行申请后提交分管财务单位领导审批
F	分管财务单位领导审批资产购建预算执行申请

2. 实物资产采购及验收业务流程

（1）实物资产采购及验收业务流程图（见图8-6）。

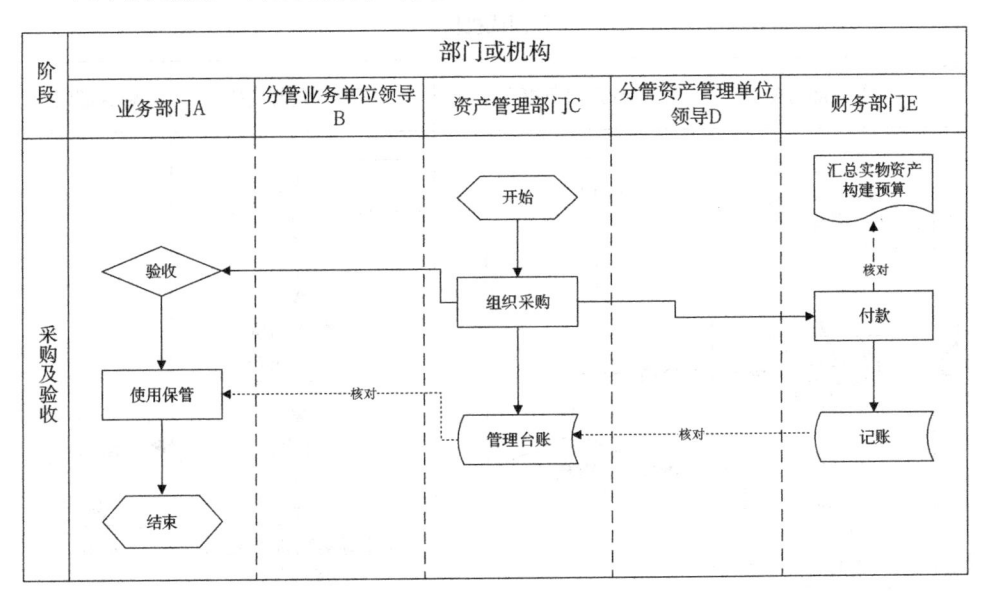

图8-6　实物资产采购及验收业务流程

（2）实物资产采购及验收业务流程关键节点简要说明（见表8-6）。

表8-6　　　　实物资产采购及验收业务流程关键节点简要说明

关键节点	简要说明
C	资产管理部门根据已批准的采购计划和采购预算执行申请，组织实物资产的采购，实行政府采购方式的，还应通过采购主管部门组织采购；资产管理部门登记资产管理台账，定期和业务部门核对资产使用情况
A	业务部门组织验收，填制资产交接单，明确资产使用人保管责任，实施资产使用和保管责任到人
E	财务部门根据采购情况核对资产采购预算、对资产供应商付款、进行会计处理、与资产管理部门定期对账

3. 实物资产内部领用业务流程

（1）实物资产内部领用业务流程图（见图8-7）。

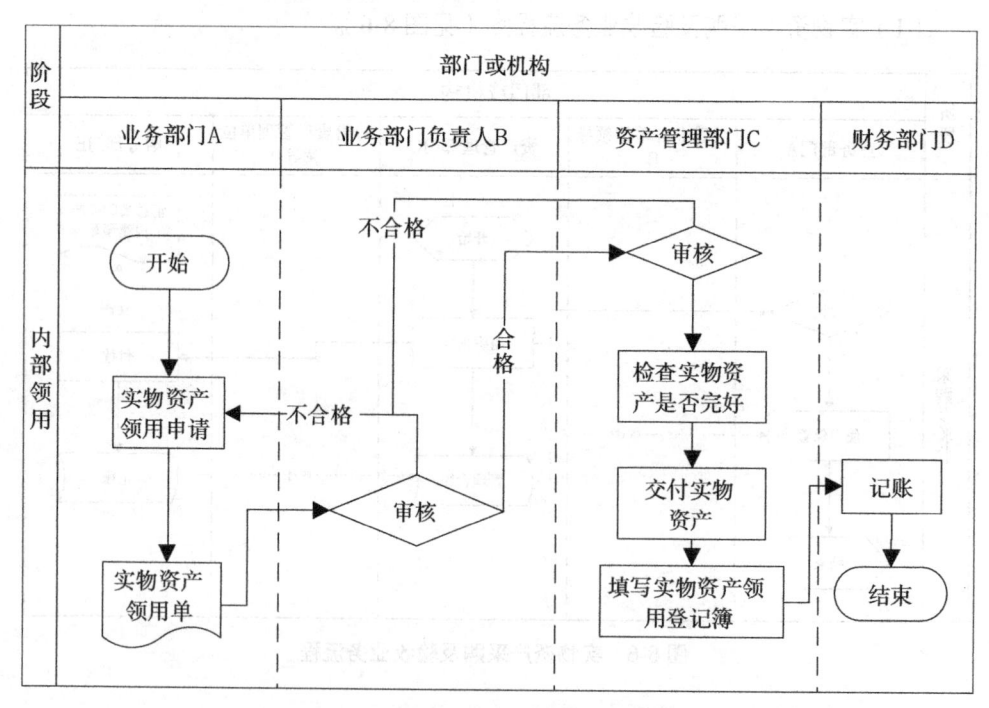

图8-7　实物资产内部领用业务流程

（2）实物资产内部领用业务流程关键节点简要说明（见表8-7）。

表8-7　　　　　实物资产内部领用业务流程关键节点简要说明

关键节点	简要说明
A	业务部门填写实物资产领用申请单，提交业务部门负责人审核
B	业务部门负责人审核资产领用申请，审核通过提交资产管理部门审核，审核不通过驳回给业务部门申请人
C	资产管理部门审核资产领用申请单，检查实物资产完好，办理领用手续，交付实物资产，填写实物资产领用登记簿报财务进行会计处理
D	财务部门根据资产管理部门提交的实物资产领用登记簿进行会计处理

4. 固定资产维修保养流程

（1）固定资产维修保养流程图（见图8-8）。

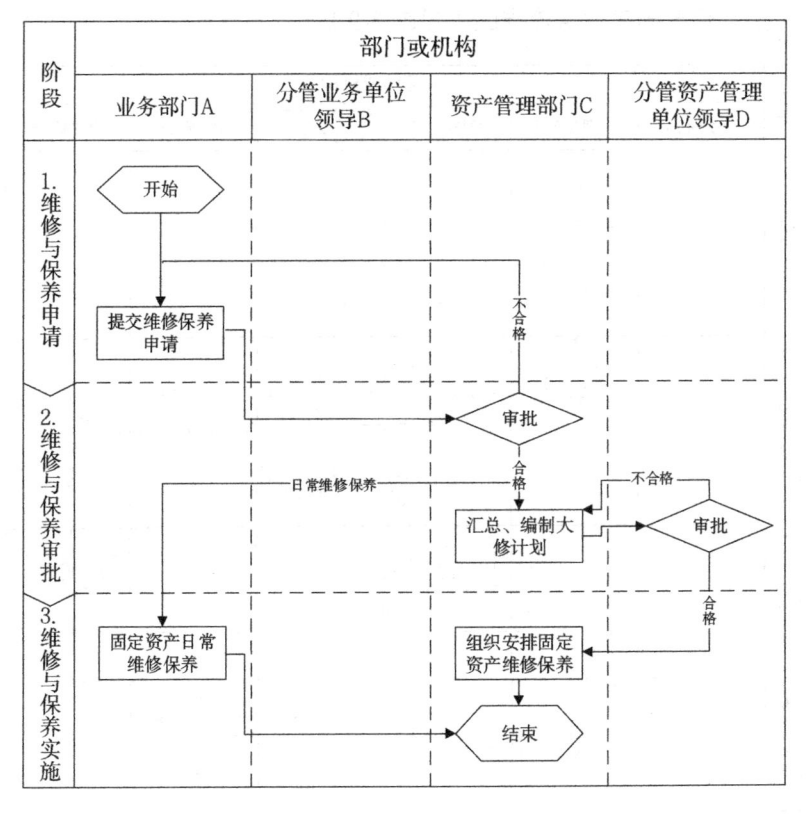

图8-8　固定资产维修保养流程

（2）固定资产维修保养流程关键节点简要说明（见表 8-8）。

表 8-8　　固定资产维修保养流程关键节点简要说明

关键节点	简要说明
A1	业务部门根据需求向资产管理部门提交维修申请保养单据
C2	资产管理部门对维修保养申请单据进行审批，对不符合规定的返还业务部门；针对日常维修保养安排相关人员负责实施，汇总大修计划报分管资产管理单位领导审批，审批通过后安排实施
D2	分管资产管理单位领导对资产管理部门汇总的大修计划申请进行审批
A3	对业务部门的固定资产进行日常维修保养
C3	资产管理部门组织实施固定资产大修

5. 实物资产出售业务流程

（1）实物资产出售业务流程图（见图 8-9）。

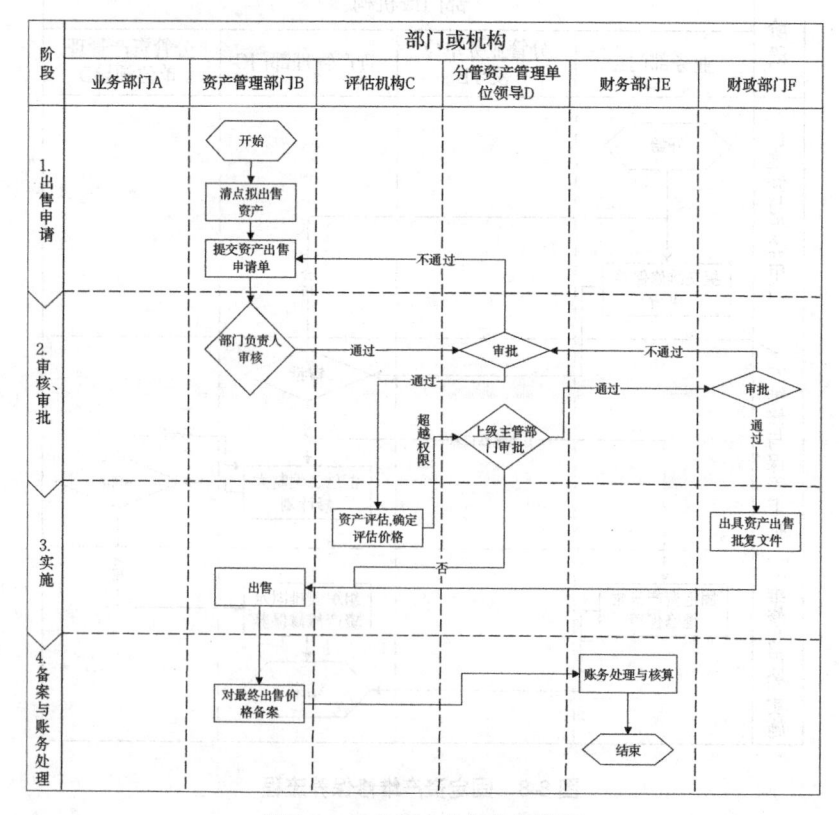

图 8-9　实物资产出售业务流程

（2）实物资产出售业务流程关键节点简要说明（见表 8-9）。

表 8-9　　实物资产出售业务流程关键节点简要说明

关键节点	简要说明
B1	资产管理部门清点拟出售资产，并向主管领导提交资产出售申请单。在提交资产出售申请时，应对拟出售资产的名称、规格、型号、数量、已使用时间、现状等情况进行说明
B2	资产管理部门负责人对资产出售申请单进行审核，通过后报分管资产管理单位领导审批
D2	分管资产管理单位领导对资产出售申请单进行审批，审批通过递交评估机构进行价格评估，对于授权范围内的资产出售，审批申请单和价格评估报告一起返回给资产管理部门；对于超越审批权限的资产出售，收到价格评估报告后，将其和出售申请单一同提交同级财政部门审批
F2	财政部门对提交上来的资产出售申请单进行审批
C3	评估机构对资产进行评估，并确定价格
B3	实物资产的出售应当遵循公开、公平、公正的原则，通过拍卖等市场竞价方式公开处置。涉及产权变更的，应当按照国家有关规定及时办理产权变更手续。若拟出售资产价格低于评估价格，则在出售前报请主管领导审批
B4	资产管理部门应当根据资产增加变化情况对资产记录进行调整备案，有关合同和文件应当同时提交财务部门进行账务处理
E4	财务部门进行资产出售的账务处理及核算

6. 实物资产报废流程

（1）实物资产报废流程图（见图 8-10）。

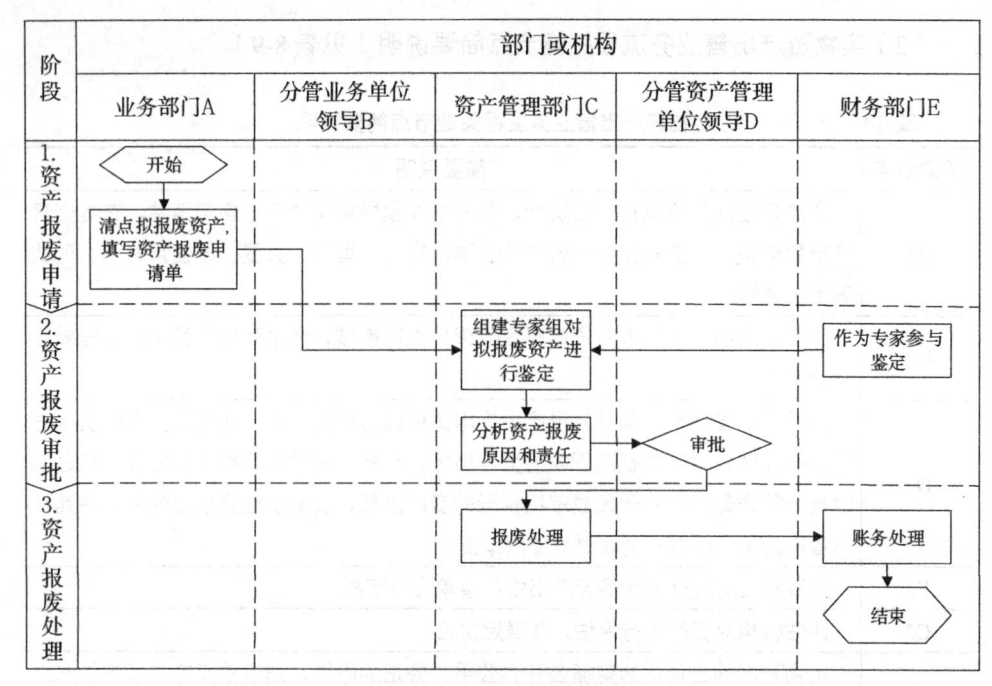

图 8-10 实物资产报废流程

（2）实物资产报废流程关键节点简要说明（见表 8-10）。

表 8-10　　实物资产报废流程关键节点简要说明

关键节点	简要说明
A1	资产管理部门清点拟报废资产，并向资产管理部门提交资产报废申请单。报废申请单应当一式三份，一份由审批人留底备案；一份作为执行报废工作的授权证明；一份交由财务部门
C2、E2	资产管理部门牵头组建专家组，对拟报废资产进行评估。专家组应当包含来自财务部门、业务部门的成员。专家组成员同时应当对资产报废的原因和责任进行分析。专家组将评估及分析结果提交分管资产管理单位领导进行审批
D2	分管资产管理单位领导应当对专家组评估及分析结果进行审批，并将审批结果反馈资产管理部门
C3	若资产报废申请通过，资产管理部门对资产进行报废处理。同时，将处理结果提交财务部门
E3	财务部门根据资产管理部门的报废处理结果，进行账务处理

7. 存货管理流程

（1）存货管理流程图（见图8-11）。

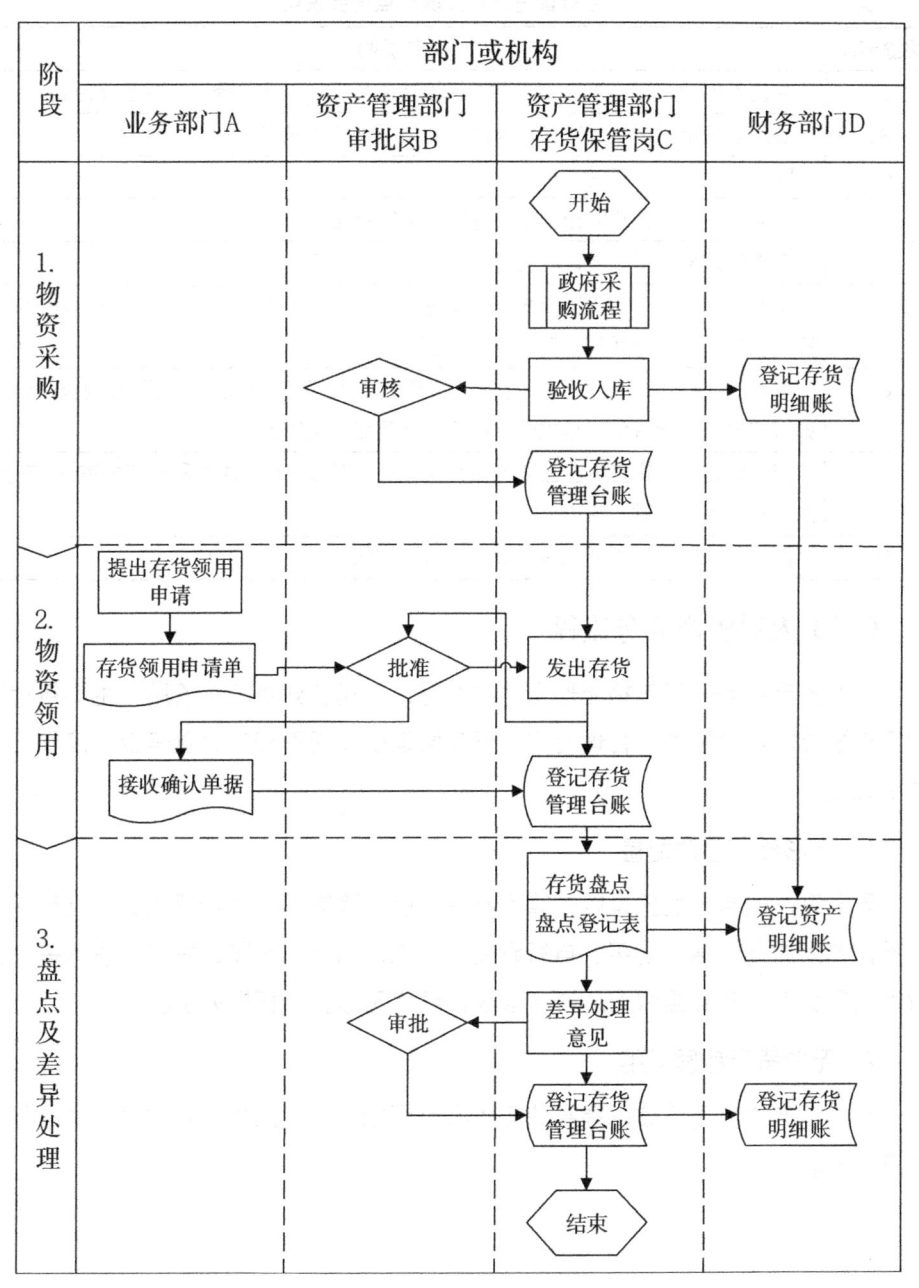

阶段	部门或机构			
	业务部门A	资产管理部门 审批岗B	资产管理部门 存货保管岗C	财务部门D
1. 物资采购		审核	开始 → 政府采购流程 → 验收入库 → 登记存货管理台账	登记存货明细账
2. 物资领用	提出存货领用申请 → 存货领用申请单 → 接收确认单据	批准	发出存货 → 登记存货管理台账	
3. 盘点及差异处理		审批	存货盘点盘点登记表 → 差异处理意见 → 登记存货管理台账 → 结束	登记资产明细账 / 登记存货明细账

图8-11 存货管理流程

（2）存货管理流程关键节点简要说明（见表8-11）。

表8-11　　　　　　　　存货管理流程关键节点简要说明

关键节点	简要说明
C1	存货入库时，资产管理部门存货保管岗负责验收入库并登记存货管理台账
B1	资产管理部门审批岗对存货验收入库情况进行审核监督
D1	财务部门登记存货明细账
A2	业务部门提交存货领用申请，履行相关审批程序
B2	资产管理部门审批岗审批业务部门存货领用申请
C2	资产管理部门存货保管岗根据手续完整的存货领用申请发出存货，并由业务部门签字确认并保存为凭据，登记存货发出
C3	期末进行存货盘点，登记存货盘点登记表。存货盘点登记表与存货管理台账核对，如有差异，分清责任，根据情况履行报批手续，及时处理
B3	资产管理部门审批岗应当监督盘点情况，定期检查存货库存和台账的差异，对盘点差异处理意见进行审批
D3	财务部门根据盘点登记表，登记存货明细账

（三）无形资产业务流程

无形资产业务一般包括无形资产的取得、使用和处置三个阶段，主要包括无形资产预算、合理配置、合理运用、日常管理以及无形资产处置等业务流程（见图8-12）。

1. 无形资产合理配置

无形资产的合理配置是以预算为起点，以保障需求、节俭适用、节能环保、从严控制为原则，通过购买、自行研发、调剂、租赁、受赠、投资者投入等方式取得无形资产，然后组织无形资产验收，确定无形资产权属关系。

2. 无形资产合理运用

无形资产的运用应该以提高使用效率为原则，避免对外投资或者提供担保等随意行为。

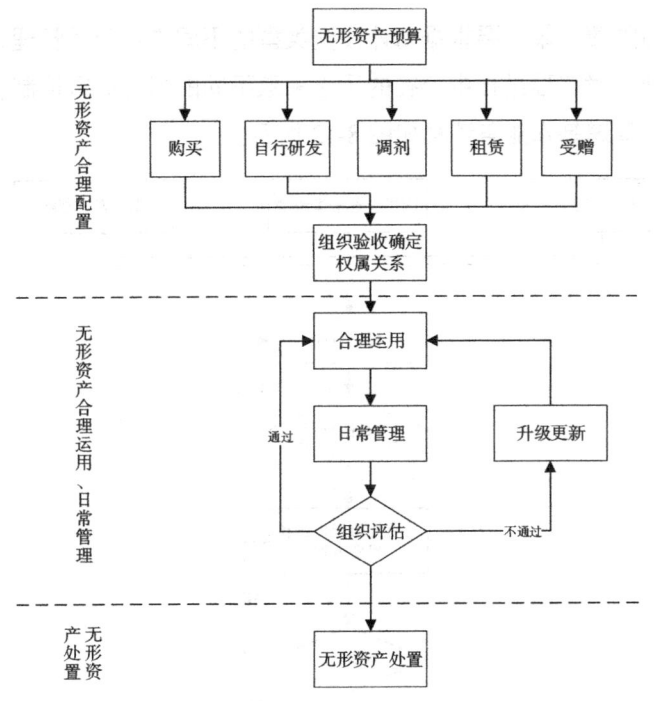

图 8-12　行政事业单位无形资产管理基本业务流程

3. 无形资产日常管理

无形资产的日常管理应该注重资产账卡和制度管理并行，将管理责任落实到人，实行岗位问责，防止无形资产的非正常损失和浪费。具体包括无形资产登记、使用、权益维护、费用摊销等，并通过定期评估无形资产的先进性和有效性，对无形资产及时进行升级更新。

4. 无形资产处置

无形资产的处置应该遵循公开、公平、公正和竞争、择优的原则，通过评估其价值、组织鉴定以及严格履行审批程序，实施无形资产处置并进行相应的账务处理和资料归档。

（四）对外投资业务流程

根据前述的对外投资的定义，行政事业单位的对外投资活动可以划分债权投资和股权投资两大类，其中股权投资是指事业单位股权投资，行政单位不得进行股权投资；债权投资包括事业单位债权投资和行政单位债权投资，其中行政单位债权投资仅指国债。单位要根据对外投资类型的不同进行分类管理,加强对外投资业务的管理,对流程过程中存在的风险采取不同的措施进行控制。行政事业单位的对外投资管理基本业务流程如图8-13所示。

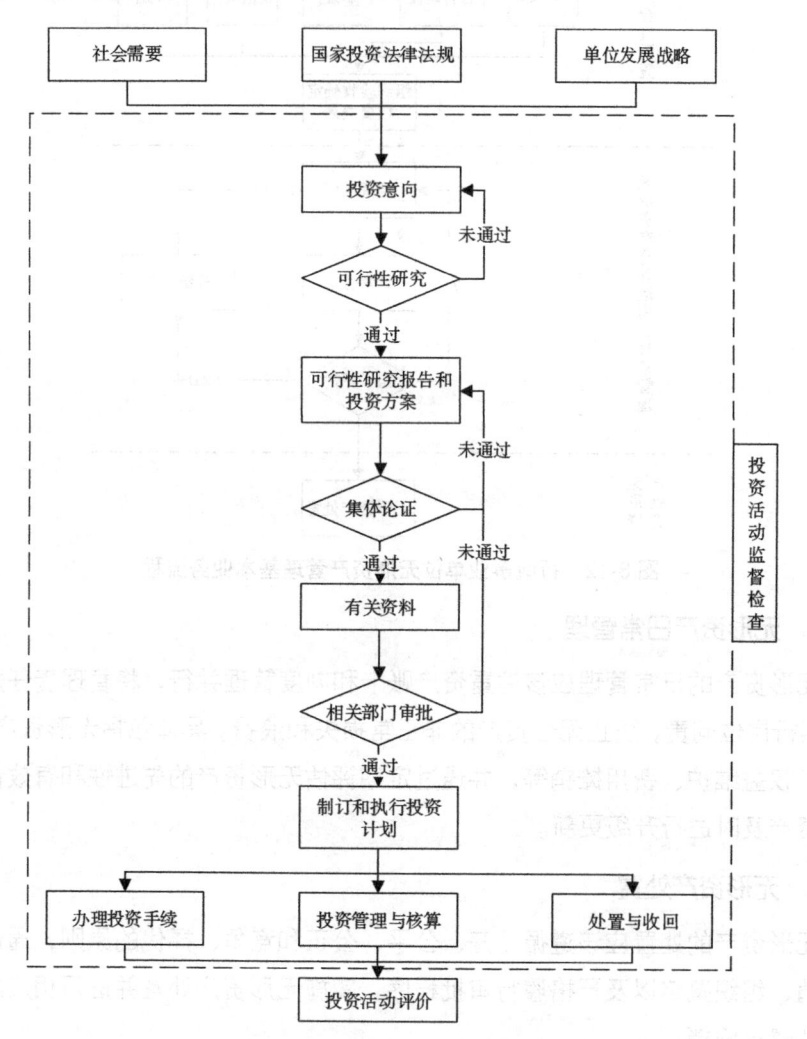

图 8-13 行政事业单位对外投资管理基本业务流程

1. 提出投资意向

行政事业单位投资管理部门要根据国家投资法律法规、国有资产管理的法规、社会需要和单位发展战略等,结合单位实际情况,合理安排资金投放结构,提出对外投资初步意向。

2. 可行性研究

单位应指定部门和人员，对投资意向或方向进行认真的可行性研究，编制对外投资可行性研究报告，并制订投资方案。

3. 单位领导集体论证

由单位领导集体对投资项目的可行性研究报告和投资方案进行论证，决定投资项目是否应当立项。变更投资方案的，应经过单位领导集体讨论决定。

4. 报送相关部门审批

单位应指定部门和人员准备有关材料，按规定程序报经主管部门或政府有关部门对投资项目进行立项审批。

5. 制订和执行投资计划

根据审批通过的投资方案，编制详细的投资计划，落实不同阶段的资金投资数量、投资具体内容及回收情况等，按程序报经有关部门批准执行，并由专门的工作小组和责任人负责执行。

6. 投资活动监督检查

监督检查工作贯穿投资活动的始终，单位应该指定机构或专门人员定期检查对外投资业务的管理情况，明确对外投资业务的管控重点。

7. 投资活动评价

对外投资活动完成后，单位要对投资业务进行总体评价，评价投资对象选择的合理性、技术和经济论证的充分性、出资方式选择的正确性、投资资产价值评估的准确性以及投资管理的及时性等，及时发现问题和缺陷，促进对外投资内部控制的完善。

四、资产控制主要风险点

（一）资产管理体系控制主要风险点

（1）单位资产管理制度不健全，管理行为无法可依、无规可循，即使建立了资产管理制度，但是制度不健全，存在制度漏洞，加之监督不力，导致单位资产管理效率低下，国有资产流失。

（2）岗位设置不合理，没有实现恰当的岗位分离，导致舞弊的出现。

（3）资产信息系统管理缺乏相关规范、相关技能或技能水平较低，数据输入、输出和处理容易出现错误，而且缺乏和其他系统的衔接，不注意资产信息分析和利用，导致资产管理系统不能发挥其效用，达不到预期效果。

（4）单位资产配置超出标准，配置数量过多，价格超出上限，未达到使用年限就另行购置替换，浪费资源；配置的资产功能和单位职能不相匹配，导致资源浪费或闲置。

（5）单位资产使用风险。未按照法律法规利用占有、使用的国有资产进行对外担保，利用财政资金买卖期货、股票等，公器私用，利用国有资产谋取私利；资产出租出借不符合规定，出租出借过程不公开、不透明，并且缺乏监管。有的单位存在某资产的闲置，而有些单位恰好需要使用该资产，单位内部或者单位间缺乏资产共享公用。

（6）单位资产处置风险。单位资产处置时缺乏恰当评估，处置方式不公开透明，存在暗箱操作，导致国有资产被低估；资产处置缺乏监督管理，单位未经审批和备案就自行处置国有资产；在相关改革中资产划转、撤并衔接不紧密，交接不及时，隶属关系不清晰，导致国有资产流失。

（7）单位资产收益管理风险。单位资产收益未按照相关规定进行管理，未能及时上缴，存在隐瞒、截留、坐支和挪用。

（8）单位资产清查核实风险。

① 资产清查风险。各部门清查核实职责不清，导致重复清查，浪费国家人力财力；各组织主体的资产清查程序不规范，清查内容不全面，清查具有随意性，专业性不足，清查报告内容不完全，不能如实反映单位资产状况和财务状况。

② 资产核实风险。资产核实程序不规范，各级别单位资产核实管理权限不清，资产核实申报材料不全，导致资产核实达不到预期效果。

（9）对国有资产管理缺乏绩效评价，评价指标体系不科学，评级结果不全面，无法为资产配置提供有效参考。

（10）缺乏对资产管理的全过程监管，认为资产监管是一个部门的责任，缺乏多部门协作，导致国有资产损毁、缺失等。

（二）货币资金控制主要风险点

1. 货币资金管理岗位控制风险

（1）货币资金管理岗位设置不合理，未明确岗位职责和权限，导致权责不清，互相推诿；不相容岗位未实现相互分离，没有形成互相制约和监督。

（2）出纳人员不具备从业资格，专业性不足，经常兼任不相容职务等。

（3）印章管理松散，存在私刻印章、委托他人代取、代用的现象；印章使用不规范，未经专人保管；未经批准私自加盖公章，导致经济纠纷。

（4）货币资金授权审批不当。审批人对货币资金授权批准的方式、权限、程序和责任及相关控制措施不明确，权力高度集中，存在越权审批。

2. 银行账户管理风险

（1）银行账户的设置、开立、变更和撤销随意，未经严格审批，单位存在大量违规账户，可能导致"小金库"滋生。

（2）单位银行账户设置混乱，资金存放混乱，银行账户使用不规范，导致资金乱存乱放，给货币资金管理和使用造成混乱，甚至导致单位"小金库"滋生。

（3）对货币资金疏于管理和监督，管理监督部门和单位职责不清，对银行账户缺乏动态监控，对账户的情况缺乏全面了解，无法及时发现问题并予以纠正。

3. 货币资金核查风险

（1）缺乏对库存现金的清查盘点，或者清查盘点的关注重点不明确，导致库存现金依旧存在账款不符，出现白条抵库、私借挪用公款等现象。

（2）银行对账走过场，没有如实核对，导致存款账面金额和银行对账单余额调节不符；或者发现不符，但是蓄意隐瞒，没有及时处理、改正等。出纳人员在没有复核和监督的情况下，获取银行对账单、编制余额调节表，容易造成舞弊。

（三）实物资产控制主要风险点

1. 实物资产管理体系风险

（1）单位实物资产管理岗位设置不合理，职责权限不明确，未实现不相容岗位和职务相互分离，出现同一个人办理实物资产全过程，导致舞弊和贪污腐败发生。

（2）资产多口管理，未实现归口管理，资产管理部门职责不清。

（3）单位缺乏充分的授权审批，出现越权审批。

2. 实物资产取得与验收风险

（1）资产配置不规范。配置没有经过全面分析，不符合单位资产状况和实际需求，超标配置，决策不科学，未经恰当审批和审核，导致取得和配置违规违法。

（2）实物资产采购没有履行应有的请购手续，未经恰当审批，采购方法不符合国家有关规定。

（3）实物资产取得验收程序不规范，验收部门和人员专业性不强，可能导致资产质量不合格，影响资产使用效果；验收后资产没有及时入库、编号、建卡、调配、投保等，导致实物资产无法有效识别和盘点。

（4）实物资产缺乏内部调剂，导致资产长期闲置，造成资产使用价值下降、资源浪费；或者资产调拨缺乏必要审批，导致资产管理混乱，无法保证资产的安全性和完整性。

3. 实物资产日常管理风险

（1）实物资产内部领用混乱，未经审核即领用，领用理由不充分，用途不清，导致单位资源使用浪费。

（2）实物资产因保管不善、操作不当引起的被盗、毁损、事故等；办理资产移交后，未及时编制实物资产目录、建立资产卡片和登记簿，导致单位不能及时调用或查阅资产信息，不能合理配置单位资源。

（3）对资产的日常使用缺乏维修和保养，或者维修或保养不及时，影响资产的正常使用，缩短资产的使用寿命；对使用、维修缺乏审核控制，导致资金管理舞弊和不恰当修理造成固定资产功能损失。

（4）单位未经恰当审批就擅自出租出借资产，或者在进行处置资产出借和担保时未经过可行性论证，无法保证单位资产的安全性、完整性和收益性。

4. 实物资产处置环节风险

资产处置方式不恰当，导致资产估价过低，资产处置程序不合规，没有严格执行审核审批程序，造成国有资产利用率低甚至导致实物资产流失。

（四）无形资产控制主要风险点

1. 无形资产管理体系风险

（1）单位无形资产管理岗位设置不合理，职责权限不明确，未实现不相容岗位和职务相互分离，出现同一个人办理资产业务全过程，导致舞弊和贪污腐败发生。

（2）单位无形资产管理缺乏充分的授权审批，出现越权审批。

（3）无形资产管理不熟练、不专业，对业务流程和控制要求不明确，无法保证无形资产业务顺利开展。

2. 无形资产取得风险

（1）无形资产投资立项未进行周密系统的分析和研究，预算编制不合理，未经过适当审批或超越权限审批，仓促上马，浪费国有资源。

（2）无形资产外购未严格按照政府采购流程，故意规避公开招标，存在暗箱操作，导致贪污舞弊发生。

（3）无形资产验收不严格，不符合使用要求，未取得相关权利的有效证明文件，导致单位权益受损。

3. 无形资产使用保全风险

（1）缺乏严格的保密制度，保密工作不到位，可能造成单位无形资产被盗用、无形资产中的商业机密泄露。

（2）未及时对无形资产的使用情况进行检查、评估，导致内含的技术未能及时升级换代，单位无形资产面临贬值的风险。

4. 无形资产处置风险

无形资产处置不规范，处置价格不合理，不符合法律法规，可能导致单位资产损失，甚至引起法律纠纷。

5. 无形资产会计核算风险

未严格按照国家最新的法律法规进行会计核算，无形资产初始成本确认不合规，摊销年限过长或过短，导致单位财务状况异常，不能如实反映单位资产状况。

（五）对外投资控制主要风险点

1. 对外投资管理风险

（1）单位不明确相关法律法规，未经严格审批就进行对外投资。

（2）没有合理设置对外投资管理岗位，与对外投资相关的不相容岗位未实现有效分离，导致产生舞弊或腐败的风险。

（3）投资业务审批权限不明确，存在未经授权就办理对外投资业务。

（4）投资业务不熟练、不专业，对投资流程和控制要求不明确，无法保证投资业务顺利开展。

2. 对外投资决策风险

（1）单位没有进行有效的对外投资可行性分析，投资项目通常取决于领导个人意见，不经过集体决策，不能准确把握国家投资政策以及行业发展变化的趋势。最终导致单位对外投资项目的利弊权衡缺失，不能做出合理的投资决策，对外投资风险增大，投资回报率不高，资产保值增值能力差。

（2）对外投资项目审批程序不合规，审批不严格。对重点审查内容缺乏审核，未建立相应的责任追究制度；或者责任追究不严格，出了问题互相推诿，导致单位重大决策失误频发。

3. 对外投资项目管理风险

（1）投资未按照计划严格执行，提前或延迟投资、变更投资额、改变投资方式、中止投资未经过严格审批；或者对对外投资的价值变动和投资收益情况缺乏了解，未妥善记录和保管单位对外投资权益证书，使国有资产存在流失的风险。

（2）对外投资账务处理按照往来账款科目核算，未设立投资明细登记簿，使单位对对外投资资产的价值的变更缺乏了解；未及时对账，存在个人为了私利故意歪曲投资真实价值的现象。

（3）单位资产处置方式不恰当，转让、清算和回收过程不规范；无形资产未经过专业评估，处置价格过低，不能有效保障国有资产投资收益。

4. 投资监督评价不力

对对外投资管理业务缺乏有力的监管，使单位无法掌握投资业务的管理情况，不能及时做出恰当决策；单位对对外投资评价缺乏公正性，对评价结果缺乏重视，不能引以为戒。

五、资产控制策略与内容

（一）资产管理体系控制

1. 建立健全资产内部管理制度

《单位内控规范》第四十条第一款规定："单位应当对资产实行分类管理，建立健全资产内部管理制度。"一般来说，资产内部管理制度主要明确以下几个方面的内容：按照"谁使用、谁保管、谁负责"的原则明确资产的使用和保管责任；明确资产的配置、使用、处置的工作流程；明确对外投资的管理要求；明确对资产动态管理的要求；明确与资产管理相关的检查责任等。

此外，行政事业单位应当根据财政部门、主管部门的规定，结合本单位的实际情况，对货币资金、实物资产、无形资产、对外投资实行分类管理，按照各类资产的特点、管理中的关键环节和分类点，制定本单位国有资产管理的具体实施办法，并报主管部门备案，建立和完善本单位资产配置、使用、处置、收益、清查核实、绩效评价、监管等具体管理制度。

2. 合理设置岗位，加强不相容岗位分离

《单位内控规范》第四十条第二款规定："单位应当合理设置岗位，明确相关岗位的职责权限，确保资产安全和有效使用。"

单位应当根据本单位的"三定"规定、单位实际情况和《单位内控规范》的要求，合理设置资产管理岗位，确保不相容岗位实现相互分离。与资产管理相关的不相容岗位主要包括：货币资金支付的审批和执行；货币资金的保管和收支账目的会计核算；货币资金的保管和盘点清查；货币资金的会计记录和审计监督；无形资产的研发和管理；资产配置和资产使用；资产使用和资产处置；资产配置、使用和处置的决策、执行和监督等。

3. 建立健全资产信息管理系统

《单位内控规范》第四十四条第五款规定："建立资产信息管理系统，做好资产的统计、报告、分析工作，实现对资产的动态管理。"

根据《行政事业单位国有资产管理信息系统管理规程》(财办[2013]51号)，资产管理信息系统是国有资产管理的信息化管理平台，包括资产卡片管理、资产配置管理、资产使用管理、资产处置管理、产权登记管理、资产评估管理、资产收益管理、资产报表管理和查询分析等功能。

（1）财政部制定统一的资产管理信息系统数据规范，负责资产管理信息系统的建立、推广和升级完善，各级地方财政部门、主管部门可以根据实际情况，组织开发符合本地方、部门、单位特点的个性化功能模块，实现与财政部资产管理信息系统的有效对接。个性化功能模块应当符合财政部制定的数据规范。已建立资产管理信息系统的部门、地方和行政事业单位，应当按照财政部制定的数据规范，做好已有系统与财政部资产管理信息系统的对接和数据转换工作。

（2）各级财政部门负责研究和推进资产管理信息系统与财务系统、预算系统、决算系统、政府采购系统和非税收入管理系统等的对接。各级行政事业单位财务管理、预算管理等部门应当对上述系统之间的衔接与核查予以协助。

（3）各级财政部门、主管部门和行政事业单位应当在梳理预算、决算、政府采购等业务的基础上，完善资产管理工作流程，将管理流程设置在资产管理信息系统中，并按照规定的管理权限和系统中设定的管理流程，逐步实现资产管理事项的网上办理。

（4）各级财政部门、主管部门和行政事业单位应当建立健全资产管理信息系统内部管理规范和岗位管理制度，落实资产管理信息系统岗位责任制和领导负责制，科学设置资产管理信息系统中经办、审核、审批和系统管理等岗位，合理安排岗位人员，加强保密管理和风险防范，确保资产管理信息系统安全稳定运行。

此外，行政事业单位还应当依托行政事业单位资产管理信息系统，建立健全"全面、准确、细化、动态"的行政事业单位国有资产基础数据库，加强基础数据和业务数据的分析，开展资产数据报告工作，为管理决策和编制部门预算等提供参考依据，提高资源配置的效率。

4. 建立健全资产配置管理制度

资产配置是行政事业单位资产形成的起点，行政事业单位要切实把好资产"入口关"，以科学、合理地支撑行政事业单位履行职能为目标，建立健全资产配置标准体系，优化新增资产配置管理流程，逐步扩大新增资产配置预算范围。其中，资产配置标准是科学合理编制资产配置预算的重要依据，行政事业单位要根据各级财政部门制定的资产配置标准，按照其规定的各类资产的配置数量、价格上限和最低使用年限等，合理编制资产预算。

一般而言，通用资产配置标准由财政部门组织制定，专用资产配置标准由财政部门会同有关部门制定，对已制定资产配置标准的，应当结合财力情况严格按照标准配置；对没有规定资产配置标准的，应当坚持厉行节约、从严控制的原则，并结合单位履职需要、存量资产状况和财力情况等，在充分论证的基础上，采取调剂、租赁、购置等方式进行配置，配置资产应当以单位履行职能和促进事业发展需要为基础，以资产功能与单位职能相匹配为基本条件，不得配置与单位履行职能无关的资产。随着改革的进一步深化，政府不断规范行政事业单位的资产配置，如财政部于2016年5月印发了《中央行政单位通用办公设备家具配置标准》（财资〔2016〕27号），对中央行政单位通用办公设备的资产品目、配置数量上限、价格上限、最低使用年限和性能等都提出了要求，行政事业单位要及时关注政策法规，更新资产配置标准，合理编制资产预算。

5. 建立健全资产使用管理制度

行政事业单位要加强资产使用管理，落实行政事业单位资产管理主体责任制和各项资产使用管理的规章制度，明确资产使用管理的内部流程、岗位职责和内控制度，切实提高国有资产使用效率。

具体来说，行政事业单位资产使用应该特别注意：

（1）对外投资必须严格履行审批程序，加强风险管控等，按照规定严格履行非货币性资产对外投资的资产评估程序。除国家或者法律另有规定外，行政事业单位不得利用国有资产对外担保，不得以任何形式利用占有、使用的国有资产进行对外投资，不得利用财政资金对外投资，不得买卖期货、股票，不得购买各种企业债券、各类投资基金和其他任何形式的金融衍生品或进行任何形式的金融风险投资，不得在国外贷款债务尚未清偿前利用该贷款形成的资产进行对外投资等。

（2）严格按照规定程序履行资产出租出借报批手续，合理选择招租方式，恰当确定出租价格，确保出租出借过程公开透明，加强各行政事业单位资产出租出借行为的监管，严格控制出租出借国有资产行为。

（3）探索建立行政事业单位资产共享共用机制，推进行政事业单位资产整合。

建立资产共享共用与资产绩效、资产配置、单位预算挂钩的联动机制，避免资产重复配置、闲置浪费。鼓励开展"公物仓"管理，对闲置资产、临时机构（大型会议）购置资产在其工作任务完成后实行集中管理，调剂利用。

6. 建立健全资产处置管理制度

行政事业单位要秉承公开、公平、公正的原则，严格执行国有资产处置制度，履行审批手续，进一步规范处置行为。

（1）应当按照规定程序进行资产评估，并通过拍卖、招投标等公开进场交易方式处置。资产处置完成后，及时办理产权变动并进行账务处理。在处置过程中杜绝暗箱操作，防止国有资产流失。

（2）建立资产处置监督管理机制，加大对资产处置的监管力度。主管部门根据财政部门授权审批的资产处置事项，应当及时向财政部门备案；由行政事业单位审批的资产处置事项，应当由主管部门及时汇总并向财政部门备案。由本级人民政府确定的重大资产处置事项，由同级财政部门按照规定程序办理。

（3）切实做好在分类推进事业单位改革、行业协会商会脱钩、培训疗养机构脱钩等重大专项改革中涉及的单位划转、撤并、改变隶属关系的资产处置工作，确保国有资产安全。

7. 建立健全资产收益管理制度

国有资产收益是政府非税收收入的重要组成部分，行政事业单位应该按照相关规定依法上缴该部分收入，确保应缴尽缴和规范使用。

（1）行政单位国有资产处置收入和出租、出借收入，应当在扣除相关税费后及时、足额上缴国库，严禁隐瞒、截留、坐支和挪用。

（2）中央级事业单位出租、出借收入和对外投资收益，应当纳入单位预算，统一核算、统一管理。地方各级事业单位出租、出借收入和对外投资收益，应当依据国家和本级财政部门的有关规定加强管理。国家设立的研究开发机构、高等院校科技成果的使用、处置和收益管理按照《中华人民共和国促进科技成果转化法》等有关规定执行。

8. 建立健全资产清查核实制度

资产清查核实是加强行政事业单位国有资产管理的重要措施，能够真实反映行政事业单位的资产及财务状况，保障行政事业单位国有资产的安全完整。

《单位内控规范》第四十四条第四款规定："单位应当定期清查盘点资产，确保账实相符。财会、资产管理、资产使用等部门或岗位应当定期对账，发现不符的，应当及时查明原因，并按照相关规定处理。"

财政部 2016 年 1 月印发的《行政事业单位资产清查核实管理办法》（财资〔2016〕1 号）指出，各级政府及其财政部门、主管部门和行政事业单位应该根据专项工作要求或者特定经济行为需要，按照规定的政策、工作程序和方法，对行政事业单位进行账务清理、财产清查，依法认定各项资产损溢和资金挂账，对行政事业单位资产清查工作中认定的资产盘盈、资产损失和资金挂账等进行认定批复，并对资产总额进行确认。

在资产清查核实工作中，财政部门、主管部门和行政事业单位的具体职责分工各不相同，具体如表 8-12 所示。

表 8-12　　　　　　　　　　　资产清查核实的主要职责

资产清查核实部门	主要职责
财政部	（1）制定全国行政事业单位资产清查核实制度，并组织实施和监督检查。 （2）负责中央级行政事业单位资产清查立项申请的批复（备案）。 （3）负责审核中央级行政事业单位资产清查结果，并汇总全国（含本级）行政事业单位资产清查结果。 （4）按照规定权限审批中央级行政事业单位资产盘盈、资产损失和资金挂账等事项。 （5）指导地方财政部门开展行政事业单位清查核实工作
地方各级财政部门	（1）根据国家及上级财政部门有关行政事业单位资产清查核实的规定和工作需要，制定本地区和本级行政事业单位资产清查核实规章制度，组织开展本地区和本级行政事业单位资产清查核实工作，并负责监督检查。 （2）负责本级行政事业单位资产清查立项申请的批复（备案）。 （3）负责审核本级行政事业单位资产清查结果，并汇总本地区（含本级）行政事业单位资产清查结果，及时向上级财政部门报告工作情况。 （4）按照规定权限审批本级行政事业单位资产盘盈、资产损失和资金挂账等事项。 （5）指导下级财政部门开展行政事业单位清查核实工作

续表

资产清查核实部门	主要职责
主管部门	（1）负责审批或者提出本部门所属行政事业单位的资产清查立项申请。 （2）负责指导本部门所属行政事业单位制定资产清查实施方案，并对所属行政事业单位资产清查工作进行监督检查。 （3）按照规定权限审核或者审批本部门行政事业单位资产盘盈、资产损失和资金挂账等事项。 （4）负责审核汇总本部门所属行政事业单位资产清查结果，并向同级财政部门报送资产清查报告。 （5）根据有关部门出具的资产核实批复文件，指导和监督本部门所属行政事业单位调整信息系统相关数据并进行账务处理
行政事业单位	（1）向主管部门提出资产清查立项申请。 （2）负责制订本单位资产清查实施方案，具体组织开展资产清查工作，并向主管部门报送资产清查结果。 （3）根据有关部门出具的资产核实批复文件，调整信息系统相关数据，进行账务处理，并报主管部门备案。 （4）负责办理相关资产管理手续

（1）资产清查管理。

① 资产清查的程序。组织主体不同，资产清查的程序亦不相同，具体包括：

第一，各级政府及其财政部门组织的资产清查工作。由各级政府及其财政部门统一部署，明确清查范围、基准日等。行政事业单位在主管部门、同级财政部门的监督指导下明确本单位资产清查工作机构，制订资产清查工作实施方案，根据方案组织清查，必要时可委托社会中介机构对清查结果进行专项审计，并形成资产清查报告按规定逐级上报。财政部门和主管部门对报送的资产清查结果进行审核确认。

第二，由各主管部门组织开展的资产清查工作。主管部门应当向同级财政部门提出资产清查立项申请，说明资产清查的原因，明确清查范围和基准日等内容，经同级财政部门同意立项后按照规定程序组织实施。

第三，由行政事业单位组织开展的资产清查工作。行政事业单位应当向主管部门提出资产清查立项申请，说明资产清查的原因，明确清查范围和基准日等内容。经主管部门同意立项后，在主管部门的监督指导下明确本单位资产清查工作机构，制订实施方案，根据方案组织清查。必要时，可委托依法设立的、具备与所承担工作相适应的专业人员和专业胜任能力的会计师事务所等社会中介机构对清查结果进行专项审计，并形成资产清查报告按规定逐级上报至主管部门审核确认。资产清查报告的主要内容如表 8-13 所示。

表 8-13　　　　　　　　资产清查报告的主要内容

主要内容	内容详情
工作报告	主要反映本单位的资产清查工作的基本情况和结果，应当包括本单位资产清查的基准日、范围、内容、结果，基准日资产及财务状况，对清查中发现的问题的整改措施和实施计划
清查报表	按照规定在信息系统中填报的资产清查报表及相关纸质报表
专项审计报告	社会中介机构对行政事业单位资产清查结果出具的经注册会计师签字的专项审计报告
证明材料	清查出的资产盘盈、资产损失和资金挂账等的相关凭证资料和具有法律效力的证明材料
其他	其他需要提供的备查材料

此外，资产清查工作专项审计费用，按照"谁委托，谁付费"的原则，由委托方承担。涉密单位资产清查结果可由内审机构开展审计。如确需社会中介机构进行专项审计的，应当按照国家保密管理的规定做好保密工作。

② 资产清查的内容。资产清查的工作内容主要包括单位基本情况清理、账务清理、财产清查和完善制度等。其中，单位基本情况清理是指对应当纳入资产清查工作范围的所属单位户数、机构及人员状况等基本情况进行全面清理；账务清理是指对行政事业单位的各种银行账户、各类库存现金、有价证券、各项资金往来和会计核算科目等基本账务情况进行全面核对和清理；财产清查是指对行政事业单位的各项资产进行全面的清理、核对和查实；完善制度是指针对资产清查工作中发现的问题，进行全面总结、认真分析，提出相应整改措施和实施计划，建立健全资产管理制度。行政事业单位对清查出的各种资产盘盈、损失和资金挂账应当按照资产清查要求进行分类，提出相关处理建议。

（2）资产核实管理。

① 资产核实的程序。一般而言，资产核实的程序包括：

第一步，行政事业单位应当依据资产清查出的资产盘盈、资产损失和资金挂账等事项，收集整理相关证明材料，提出处理意见并逐级向主管部门提出资产核实的申请报告。各单位应当对所报送材料的真实性、合规性和完整性负责。

第二步，主管部门按照规定权限进行合规性和完整性审核（审批）同意后，报同级财政部门审批（备案）。

第三步，财政部门按照规定权限进行审批（备案）。

第四步，行政事业单位依据有关部门对资产盘盈、资产损失和资金挂账的批复，调整信息系统相关数据并进行账务处理。

第五步，财政部门、主管部门和行政事业单位结合清查核实中发现的问题完善相关制度。

② 资产核实的管理权限。行政事业单位级别不同，资产核实的管理权限亦不相同，具体如表 8-14 所示。

表 8-14　　　　　　　　行政事业单位资产核实管理权限

资产核实主体	管理权限
中央级行政事业单位	（1）资产盘盈。单位应当按照财务、会计制度的有关规定确定价值，并在资产清查工作报告中予以说明，报经主管部门批准，并报财政部备案后调整有关账目。 （2）资产损失。货币性资产损失核销、对外投资损失，单位应当逐级上报，经财政部批准后调整有关账目。行政单位的固定资产、无形资产和存货损失，按照现行管理制度中规定的资产处置权限进行审批。事业单位房屋构筑物、土地和车辆损失，单位应当逐级上报，经财政部批准后核销。其他固定资产、无形资产和存货的损失，按照现行管理制度中规定的资产处置权限进行审批。 （3）资金挂账。单位应当逐级上报，经财政部批准后调整有关账目
地方行政事业单位	由地方各级财政部门根据实际情况自行确定

③ 资产核实的申报材料。根据《行政事业单位资产清查核实管理办法》（财资〔2016〕1 号）的规定，行政事业单位的资产核实申报事项应当提交以下材料：资产损溢、资金挂账核实申请文件；信息系统生成打印的行政事业单位国有资产清查报表；信息系统生成打印的行政事业单位国有资产损溢、资金挂账核实申请

表；申报处理资产盘盈、资产损失和资金挂账的专项说明，逐笔写明发生日期、损失原因、政策依据、处理方式，并分类列示；根据申报核实的事项，提供相应的具有法律效力的外部证据、社会中介机构出具的经济鉴证证明、特定事项的单位内部证据等证明材料。

为了全面规范和加强行政事业单位国有资产管理，推进资产管理与预算管理、财务管理相结合，财政部于 2016 年 1 月至 2016 年 10 月在全国范围内组织开展行政事业单位资产清查工作。为了规范和加强对各地方和中央部门资产清查工作的具体政策指导，财政部发布了《2016 年全国行政事业单位国有资产清查工作指南》，行政事业单位应当值此机会，利用本次资产清查工作，积极配合实施，进一步加强行政事业单位国有资产管理。

9. 加强国有资产管理绩效评价

行政事业单位要对国有资产管理的绩效进行评价，科学设立评级指标体系，对管理机构、人员设置、资产管理事项、资产使用效果、信息系统建设和应用等情况进行考核评价，并将考核评价结果作为国有资产配置的重要依据。

10. 建立健全资产管理监督管理制度

各级财政部门、主管部门应当加强对行政事业单位资产管理全过程的监管，强化内部控制和约束，并积极建立与公安、国土、房产、机构编制、纪检监察和审计等部门的联动机制，共同维护国有资产的安全。各级行政事业单位应当积极配合财政部门、主管部门的监督检查，并在单位内部建立完善国有资产监督管理责任制，将资产监督、管理的责任落实到具体部门和个人。

行政事业单位资产内部管理体系内部控制为单位资产控制创造了一个良好的环境，为单位内部控制打下了良好的基础。下面我们根据行政事业单位货币资金、实物资产、无形资产和对外投资本身的特点，详细介绍各个资产的控制策略和内容。

（二）货币资金控制

1. 建立健全货币资金管理体系

行政事业单位货币资金控制主要在财会部门内部进行，涉及出纳、会计、稽核、财会部门负责人、单位分管领导等岗位，在某些行政事业单位，货币资金还包括具有收款职能的业务部门。

《单位内控规范》第四十一条规定："单位应当建立健全货币资金管理岗位责任制，合理设置岗位，不得由一人办理货币资金业务的全过程，确保不相容岗位相互分离。（一）出纳不得兼管稽核、会计档案保管和收入、支出、债权、债务账目的登记工作。（二）严禁一人保管收付款项所需的全部印章。财务专用章应当由专人保管，个人名章应当由本人或其授权人员保管。负责保管印章的人员要配置单独的保管设备，并做到人走柜锁。（三）按照规定应当由有关负责人签字或盖章的，应当严格履行签字或盖章手续。"为此，行政事业单位要结合《单位内控规范》和单位的实际情况，通过以下几个方面建立健全货币资金管理岗位控制机制。

（1）建立健全货币资金管理岗位责任制，明确岗位职责和权限，建立货币资金管理岗位责任制。按照不相容岗位分离原则，确保货币资金支付的审批与执行、货币资金保管与会计核算、货币资金保管与盘点清查、货币资金会计记录与审计监督等不相容岗位相互分离、制约和监督。不得由一人办理货币资金业务的全过程，严禁未经授权的部门或人员办理货币资金业务或直接接触货币资金。

（2）加强出纳人员的管理，确保具备会计从业资格的人员担任出纳人员，出纳不得兼管稽核、会计档案保管和收入、支出、费用、债权、债务账目的登记工作。出纳岗位不得由临时人员担任。

（3）加强印章管理。印章是明确责任、表明业务执行及完成情况的标记。单位要规范印章刻制程序，严谨私自刻制印章；严格印章使用过程管理，印章启用、封存或者销毁合法合规；印章使用流程规范，不可随便委托他人代取、代用印章；完善印章保管责任机制，单位财务印章须由会计人员专人保管，未经授权的人员一律不得接触、使用印章，出纳不得管理印章，会计人员不得将印章转借他人。印章保管人员出现下列行为，将视情节严重程度给予行政处分，触犯刑律的将移交司法部门依法处理：对印章保管不善造成丢失；把关不严，用印后造成严重错误和损失等不良后果；私自留存、使用应予销毁或上交的印章；非法使用印章。

（4）建立货币资金授权审批机制，明确审核人的审核权限和审批人的审批权限。审核人在授权范围内对货币资金业务进行审核，不得越权审核。重点审核原始单据是否合法、经济业务是否真实、填制是否符合制度规定，经济业务是否在预算范围内等。审批人应在授权范围内对货币资金业务进行审批，不得越权审批，涉及大额资金支付业务应按照规定集体决策审批。会计人员应严守审核审批流程，对越权审批、审核业务可拒绝办理。

2. 建立健全银行账户管理控制机制

《单位内控规范》第四十二条规定："单位应当加强对银行账户的管理,严格按照规定的审批权限和程序开立、变更和撤销银行账户。"为此,行政事业单位应结合《中央预算单位银行账户管理暂行办法》(财库[2002]48号)、《〈中央预算单位银行账户管理暂行办法〉补充规定》(财库[2006]96号)和《人民币银行结算账户管理办法》(中国人民银行令[2003]第5号)等相关规定,从以下几个方面加强银行账户管理控制。

(1)实行严格的账户审批制度。预算单位开立、变更和撤销银行账户的管理权限在财政部门。一般而言,单位财务部门要根据工作需要,提出开立、变更和撤销银行账户的书面申请,并按照国家和地方银行账户管理办法提供相关材料,经主管部门财务部门审核后,报同级财政主管处(科)室审核,由同级财政国库管理部门统一办理批复手续。开户单位持财政部门批件,按人民银行有关规定到银行办理开立(变更)银行存款账户手续。未经财政部门批准或不符合人民银行有关规定的,商业银行不得为申办"单位"办理开立(变更)账户手续。

各个地方的审核审批程序各不相同,如《北京市行政事业单位存款账户管理暂行办法》、《青海省省级预算单位银行账户管理暂行办法》等,行政事业单位要严格遵循国家和地方的审批核准程序,未经审批程序开设的银行账户一律视为违规账户。

(2)合理设置银行账户。一般而言,行政事业单位银行账户包括预算单位零余额账户,基本存款账户,基本建设和其他专用存款账户,应缴财政收入汇缴专用存款账户,住房制度改革存款账户,党费、工会经费和其他专用存款账户,学会、协会账户等。各个账户设置要求如表8-15所示。

表8-15　　　　　　　　账户类型及其设置要求

账户类型	账户设置要求
预算单位零余额账户	实行财政国库集中支付改革的预算单位只能在国库集中支付代理银行开设一个预算单位零余额账户,确因特殊管理需要(如存在异址办公并独立核算的非法人机构等),经同级财政部门批准可开立一个以上账户。该账户用于办理本单位转账、汇兑、委托收款和提取现金等收费业务

续表

账户类型	账户设置要求
基本存款账户	实行财政国库集中支付改革的预算单位，要按照国库单一账户体系的管理要求，将所有财政性资金全部纳入单位零余额账户核算和管理，逐步取消基本存款账户。对于有结余资金和自有资金及往来业务的预算单位，可开设一个基本存款账户，该账户用于办理本单位自筹以及往来资金的日常转账结算和现金收付等，待原结余资金和往来业务结算完毕后即取消。没有实行国库集中支付改革的预算单位，只能开设一个基本存款账户
基本建设和其他专用存款账户	预算单位有基建项目的，只能开设一个基本建设专用存款账户，用于分账核算本单位的所有基本建设资金。基本建设项目完成后即取消该账户。对因业务需要开设贷款转存款、保证金专用存款账户的，要向财政部门提供相关证明材料，经财政部门批准后方可开设。对国务院、财政部或省人民政府、省财政厅文件明确规定要求进行单设专户核算的专项资金，可开设专项资金专户。没有规定的其他专项资金，一律不得开设专户，由单位在有关账户中进行分账核算
应缴财政收入汇缴专用存款账户	预算单位按有关规定收取的非税收入原则上全部实行委托银行代收。如政策规定允许并经财政部门核准确需由单位自行收取的，单位可开设一个应缴财政收入汇缴专用存款账户。该账户用于非税收入的汇缴，账户资金只能按规定及时上缴财政国库或财政专户，实行定期零余额管理，不得用于本单位的收支
住房制度改革存款账户	预算单位根据住房制度改革的有关规定，可分别开设一个住房维修基金、个人公积金存款账户，用于核算本单位职工按住房制度改革政策规定核算的资金
党费、工会经费和其他专用存款账户	预算单位根据相关规定可开设党费、工会经费专用存款户，用于核算本单位的党费和工会经费。对开办职工食堂、医务室的，可分别开设一个专用存款账户专门核算职工伙食费和医疗费
学会、协会账户	经省民间组织管理部门批准成立的各类学会、协会可开设专用存款账户，专门核算学会、协会会费资金

作为经机构编制部门批准、具有法人资格的独立核算机构，预算单位所需要开设的所有银行账户都应该由本单位财务机构进行管理，并由其负责办理银行账户的开立、撤销和变更手续。预算单位负责管理银行账户的人员要具有国家规定的会计职业资格，认真履行单位财务部门管理银行账户的职责，按照预算单位银

行账户的设置原则设置账户。

（3）加强银行账户的管理监督。由于预算单位银行账户的管理和监督工作政策性强、涉及面广，情况复杂、难度大，财政、监察、审计等部门和人民银行、银监局、各商业银行和各预算单位都要各负其责，切实加强对预算单位银行账户的管理和监督，进一步规范预算单位银行账户的管理。各部门和单位的管理监督举措如表8-16所示。

表8-16　　　　　各部门和单位的银行账户管理监督举措

部门和单位	管理监督举措
财政部门	（1）建立和完善预算单位银行账户管理的相关制度和具体办法，科学合理规定预算单位银行账户的设置原则，严格把控银行账户的审核。 （2）建立严格的预算单位银行账户内部审批程序，建立预算单位银行账户动态监控体系，把符合规定开设的预算单位银行账户纳入国库动态监控系统实行动态监控。 （3）认真落实预算单位银行账户年检核查制度，对预算单位银行账户开展不定期检查工作，加大对违规违纪开户情况的通报和处罚力度，进一步促进预算单位银行账户的规范化管理
监察部门	会同财政、审计等部门加强预算单位银行账户的监督检查，对违反预算单位银行账户管理规定的单位，要追究主要经手人和责任人的责任，并严肃处理
审计部门	对预算单位的银行账户开设情况、资金核算情况实施审计监督，将预算单位的银行账户管理情况纳入日常或专项审计范围，发现问题及时处理和通报
人民银行	加强对各商业银行开设预算单位银行账户的管理与监督，进一步建立和完善对各商业银行开设预算单位银行账户情况的检查制度，切实做好《开户许可证》的管理工作。 积极配合相关部门做好预算单位银行账户年检核查等工作。 对随意和擅自为预算单位开设账户的商业银行，要按有关规定严肃处理并通报
银监机构	将各商业银行为预算单位开设银行账户的情况作为银行业的监管内容，加强与相关部门的沟通协调，适时通报各商业银行的账户管理情况，严肃查处违规行为，对违反规定乱开设银行账户的商业银行，要追究责任人的责任并严肃处理

除了单位外部的监督外，预算单位也要加强银行账户的管理监督，具体包括：认真落实银行账户管理的相关规定，严格履行单位财务部门管理银行账户的职责，按预算单位银行账户的设置原则设置账户，并自觉接受监督检查部门的检查；对需要开设、变更、撤销的银行账户，要切实按规定的程序办理，严禁擅自开设、变更、撤销银行账户。同时，要按照法律法规规定的用途使用银行账户，不得将财政性资金转为定期存款，不得以个人名义存放单位资金，不得出租、出借、转让银行账户，不得为个人或其他单位提供信用担保。

预算单位的主管部门也要加强对所属预算单位银行账户的监督管理，建立所属预算单位银行账户的管理制度，严把审核关，定期对所属预算单位银行账户的管理情况进行监督检查，发现不按规定开立、使用、变更及撤销银行账户的，应及时纠正和处理；纠正无效的，应提请财政等职能部门按有关规定处理。

3. 加强货币资金的核查控制

《单位内控规范》第四章第四十三条规定："单位应当加强货币资金的核查控制。指定不办理货币资金业务的会计人员定期和不定期抽查盘点库存现金，核对银行存款余额，抽查银行对账单、银行日记账及银行存款余额调节表，核对是否账实相符、账账相符。对调节不符、可能存在重大问题的未达账项应当及时查明原因，并按照相关规定处理。"具体来说，行政事业单位应该从以下两个方面来加强货币资金的核查控制。

（1）加强库存现金盘点和督察。出纳人员应每天清点库存现金，登记库存现金日记账，做到日清月结，确保现金账面余额与库存相符。月份终了必须进行账目核对，确保"现金日记账"的余额应与"现金"总账的余额核对相符。

单位应建立现金盘点清查制度，定期不定期对库存现金进行清查盘点，重点关注：账款是否相符、有无白条抵库、有无私借挪用公款、有无账外资金等。若发现账款不符，应及时查明原因，并做相应处理。若是由一般工作失误造成的，可由单位相关负责人按照规定做出处理，若属于违法行为，应依法移交相关部门处理。

（2）加强与银行的对账工作。单位应按开户银行和其他金融机构名称和存款种类，分别设置银行存款日记账，由出纳人员根据收付款凭证逐笔按顺序登记，每日终了结出金额。银行存款日记账和银行账户至少每月核对一次，并编制银行存款余额调节表。单位会计人员对银行存款余额调节表和账单进行核对，确保银行存款账面金额和银行对账单余额调节相符。

若银行存款账面余额和银行对账单余额调节不符，按以下办法处理：发生记账错误的，应上报财务部门负责人，查明原因后进行处理、改正；因收款结算凭证在单位和银行之间传递需要时间，由此造成的记账时间不同，可通过银行存款余额调节表调节相符。

需要注意的是，单位出纳人员不得从事银行对账单获取、银行存款余额调节表的编制等工作，如确需出纳人员办理上述工作的，可指定其他人员定期进行复核和监督。

（三）实物资产控制

1. 建立健全实物资产管理体系

（1）合理设置岗位，明确职责权限。根据《单位内控规范》第四十四条第一款规定："单位应当加强对实物资产和无形资产的管理，明确相关部门和岗位的职责权限，强化对配置、使用和处置等关键环节的管控。"单位应合理设置实物资产管理岗位，明确相关部门和岗位的职责权限，确保实物资产业务的不相容岗位和职务相互分离、监督和制约。一般而言，单位实物资产业务管理的不相容岗位主要包括：实物资产预算编制与审批，实物资产请购与审批，实物资产采购、验收与款项支付，实物资产投保申请与审批，实物资产处置申请与审批，实物资产取得、保管与处置业务执行等。单位不得由同一部门或个人办理实物资产的全过程业务。

（2）对实物资产实施归口管理。行政事业单位应当根据本单位的"三定"规定和单位的实际情况，设置资产管理部门，对实物资产实施归口管理。一般来说，资产管理部门的职能包括：一是根据国家有关国有资产管理的法律法规和政策规定、单位的实际情况，制定单位资产内部管理制度；二是负责资产的产权登记、资产记录、日常保管、清查盘点、统计分析等工作，协调处理资产权属纠纷；三是提供资产增减变动和存量信息，配合财会部门和政府采购部门开展政府采购预算和计划的编制及审核工作；四是督促业务部门按照资产内部管理制度的规定使用资产，定期检查资产使用情况，确保资产得到有效利用；五是按照国家有关规定办理资产处置工作；六是负责对外投资项目的追踪管理；七是定期与财会部门等相关部门核对资产信息，确保资产安全完整。

根据《单位内控规范》第四十四条第二款的规定，在资产实施归口管理中要重点关注：一是明确资产使用和保管责任人，落实资产使用人在资产管理中的责任，保证资产的安全与完整。二是贵重资产、危险资产、有保密等特殊要求的资产，应当指定专人保管、专人使用，并规定严格的接触限制条件和审批程序。

（3）建立健全授权审批制度。为了确保实物资产业务的授权审批，提高资产的利用效率，单位应制定严格的实物资产授权批准制度，明确授权批准的方式、权限、程序、责任和相关控制措施，规定经办人员的职责范围和工作要求。

2. 加强实物资产取得的控制

（1）确保实物资产配置合法合规。根据《行政单位国有资产管理暂行办法》和《事业单位国有资产管理暂行办法》的相关规定，无论是事业单位还是行政单位都要依据法律法规，按照国有资产配置的原则或者条件进行资源配置，经过相应的报批手续，做到资产配置合法合规。

行政事业单位国有资产配置的原则包括：严格执行法律、法规和有关规章制度；与行政单位履行职能需要相适应；科学合理，优化资产结构；勤俭节约，从严控制。

行政事业单位资产配置需要符合的条件包括：现有资产无法满足事业单位履行职能的需要；难以与其他单位共享、共用相关资产；难以通过市场购买产品或者服务的方式代替资产配置，或者采取市场购买方式的成本过高。对有规定配备标准的资产，应当按照标准进行配备；对没有规定配备标准的资产，应当从实际需要出发，从严控制，合理配备。财政部门对要求配置的资产，能通过调剂解决的，原则上不重新购置。

对于行政单位，购置有规定配备标准的资产，除国家另有规定外，应当按下列程序报批：

① 行政单位的资产管理部门会同财务部门审核资产存量，提出拟购置资产的品目、数量，测算经费额度，经单位负责人审核同意后报同级财政部门审批，并按照同级财政部门的要求提交相关材料。

② 同级财政部门根据单位资产状况对行政单位提出的资产购置项目进行审批。

③ 经同级财政部门审批同意，各单位可以将资产购置项目列入单位年度部门预算，并在编制年度部门预算时将批复文件和相关材料一并报同级财政部门，作为审批部门预算的依据。未经批准，不得列入部门预算，也不得列入单位经费支出。

事业单位向财政部门申请用财政性资金购置规定限额以上资产的（包括事业单位申请用财政性资金举办大型会议、活动需要进行的购置），除国家另有规定外，按照下列程序报批：

① 年度部门预算编制前，事业单位资产管理部门会同财务部门审核资产存量，提出下一年度拟购置资产的品目、数量，测算经费额度，报主管部门审核。

② 主管部门根据事业单位资产存量状况和有关资产配置标准，审核、汇总事业单位资产购置计划，报同级财政部门审批。

③ 同级财政部门根据主管部门的审核意见，对资产购置计划进行审批。

④ 经同级财政部门批准的资产购置计划，事业单位应当列入年度部门预算，并在上报年度部门预算时附送批复文件等相关材料，作为财政部门批复部门预算的依据。

以上内容从宏观经济管理的角度来阐述单位国有资产的配置规则，但是单位除了严格遵循以上规则、保证合法合规以外，还要从单位内部管理的角度，不断细化相关程序，提高实物资产内部管理水平。

（2）实物资产取得控制。行政事业单位要根据国家和地区有关资产配置的标准，向各级公务员配置相应的实物资产，以便开展公务活动。首先，单位各个部门的资产配置需求应该由本部门的负责人审核，再报由归口管理部门审核，资产管理部门对需配置的必要性、资产是否符合配置标准以及能否调剂解决等方面做出判定，并签署审核意见。配置需求得到批准后，对于库存可以保证配置要求的，需求部门直接履行资产领用手续，领取相关资产。对于能通过调剂解决的资产配置需求，需求部门应履行资产调剂手续。既不能从仓库直接领取，又不能调剂解决的，即可发起请购程序。

① 实物资产请购控制。在实物资产请购时，业务部门对资产购置的可行性进行初步研究，编制实物资产请购计划，经分管业务单位领导审批后，报资产管理部门审核，资产管理部门在对使用部门提出的购置申请进行审核时，应该注意审

核：购置金额大小，购置申请是否经由部门负责人合理审批，是否属于计划内购置等。

资产管理部门审核通过后，业务部门可编制实物资产购建预算执行申请，报经分管业务单位领导审批，经财务部门负责人审核、分管财务单位领导审批后，由资产管理部门统一组织购买（纳入政府采购范围的，执行政府采购相关规定，参见第七章政府采购业务控制建设）。对于一般资产采购，由资产管理部门充分了解和掌握供应商情况，采取比质比价方式确定供应商；对于重大资产采购，采用招标方式采购。

资产购置要严格按照资产配置标准，严禁资产数量和单价超标；没有规定配置标准的，也应从严控制，合理配置。对于单价较高或批量较大的实物资产预算项目，需要填报详细的文字材料，经单位负责人和同级财政部门审核后，按需要列入单位预算。对于重大的实物资产投资项目，单位应聘请独立的中介机构或专业人士进行可行性研究和评价，实行集体研究、专家论证和技术咨询相结合的议事决策机制，增强集体决策的科学性和合理性，防止决策失误导致单位损失。

② 实物资产内部调剂控制。根据《行政单位国有资产管理暂行办法》和《事业单位国有资产管理暂行办法》的相关规定，财政部门对要求配置的资产，能通过调剂解决的，原则上不重新购置。对单位中超标配置、低效运转或者长期闲置的国有资产，同级财政部门有权调剂使用或者处置，原则上应由主管部门进行调剂，并报同级财政部门备案，跨部门、跨地区的资产调剂应当报同级或者共同上一级的财政部门批准。法律、行政法规另有规定的，依照其规定。

3. 加强实物资产验收的控制

行政事业单位要按照《中华人民共和国政府采购法》、《中华人民共和国采购法实施条例》等相关法律法规和采购合同组织对实物资产的验收工作，确保实物资产的数量、质量等符合使用要求。

就验收主体而言，对于单位委托采购代理机构进行的采购项目，由单位或者委托的采购代理机构按照政府采购合同约定组织验收；对于单位的自行采购项目，单位应按政府采购合同的约定自行组织验收；验收时涉及技术性强的、大宗的和新特物资，可由质检或者行业主管部门参与验收。

(1)固定资产验收。对于单位外购的固定资产,单位应该根据合同协议、供应商发货单等对所购固定资产的品种、规格、数量、质量、技术要求及其他内容进行验收,出具验收单或验收报告。验收内容主要包括固定资产的品种、规格、型号、数量与请购单是否相符,运转是否正常,使用状况是否良好,有关技术指标是否达到合同规定的要求等,验收合格后方可投入使用。外购固定资产验收不合格,使用部门应协同资产管理部门按合同规定条款及时向供应商退货或索赔。

对于委托建造的固定资产(主要是建设项目),单位建设项目归口管理部门在收到竣工验收申请后,可以会同施工、监理三个单位的各专业人员根据该工程的实际功能分别组成几个专业小组对工程进行全面、细致的竣工预验(内部初验),确认工程具备验收条件后,建设项目归口管理部门负责通知勘察、设计、施工图审查机构、规划、公安消防等部门,对竣工项目进行专项检查,对于满足竣工验收条件的,部门组织按照《房屋建筑和市政基础设施工程竣工验收规定》(建质〔2013〕171号)等相关法规法律规定的程序进行验收。工程竣工验收合格后,单位要及时编制财产清单,办理资产移交手续,并加强对移交资产的管理。

对国家投入、接受捐助、单位合并、非货币资产交换、其他行政事业单位无偿划拨转入以及其他方式取得的固定资产均应办理相应的验收手续。

对经营租入、借入、代管的固定资产应设立登记簿记录备查,避免与本单位其他资产混淆,并在使用结束后及时归还。

(2)存货验收。存货在交付使用前必须先入库,在入库时组织进行验收,对贵重、稀缺和进口物品,需专业人士协同资产管理员进行验收。验收时必须注意质量的检查,发现问题,应立即按照有关规定向供货单位提出,并及时办理退、补、赔手续。

验收合格后,保管员应按规定填写入库单,经资产管理部门负责人审核签字后,到计划财务处办理报账手续。

4. 加强实物资产日常管理的控制

实物资产取得和验收后,单位加强实物资产的日常管理控制,建立实物资产内部领用、保管、维修、出租出借等方面的控制。

(1)实物资产内部领用控制。首先,实物资产使用部门填写实物资产领用申请单,注明领用理由、领用资产的用途等内容,经业务部门负责人审核后,提交资产管理部门审核。资产管理部门根据收到的领用申请单,决定是否允许资产使用部门提取实物资产,批准后办理领用手续,交付实物资产,填写实物资产领用登记簿报财务进行会计处理。资产管理部门在批准领用时,也应该确保实物资产在领用之前是完好无损的。财务部门根据资产管理部门提交的实物资产领用登记簿进行会计处理。资产使用部门在领用资产以后,要及时登记在用实物资产,并注意实物资产的日常使用和维修。

(2)实物资产保管控制。实物资产的保管要遵循"谁使用谁保管"的原则,资产使用部门或使用人员是该实物资产的第一保管人和日常保养人。在资产使用部门或使用人员发生更替时,应及时办理实物资产移交手续。同时,单位资产管理部门也应建立实物资产卡片和台账,财务部门应负责登记实物资产总账,并协助资产管理部进行实物资产清查。

① 编制实物资产目录。编制实物资产目录及统一编号,是实行实物资产归口分级管理与建立岗位责任制的重要基础工作,是编制实物资产台账、建立实物资产卡片、进行维修、编制统计报表及进行实物资产核算与管理的依据。实物资产目录按每一实物资产项目进行编制。编制实物资产目录及统一编号时应注意以下事项:进行实物资产编号时应遵循统一规定的编号方法;号码一经编定不能随意变动;新增实物资产应从现有编号依次续编;每一实物资产编号确定后,实物标牌号应与账面编号一致;编号只有发生实物资产处置,如实物资产调出、报废等情况时才能注销,并且编号一经注销通常不能补空。

② 建立实物资产卡片。建立实物资产卡片,是用于进行实物资产明细核算的依据。实物资产卡片由财务部签发,通常一式三份,财务部门、资产管理部门和使用部门各一份。实物资产卡片应按每一独立登记对象登记,一个登记对象设一张卡片。在每一张卡片中,应记载该项实物资产的编号、名称、规格、技术特征、技术资料编号、附属物、使用单位、所在地点、建造年份、开始使用日期、中间停用日期、原价、使用年限、购建的资金来源、折旧率、大修理基金提存率、大修理次数和日期、转移调拨情况、报废清理情况等详细资料。

③ 建立实物资产登记簿。为了汇总反映各类实物资产的增减变动和结存情况,使实物资产卡片适应实物资产增减变动的要求,资产管理部应按实物资产类别建立实物资产增减登记簿。增减登记簿有两种登记核算形式:按实物资产使用

部门开设账页，登记实物资产的增减变动及余额；按实物资产类别开设账页，登记实物资产的增减变动及余额。增减登记簿以实物资产调拨（增减变动）通知单作为增减登记的依据，对实物资产的增减进行序时核算，每月结出余额。

（3）实物资产维修保养控制。一般而言，单位可以根据单次维修金额来划分日常维修和大修，也可以按照资产维修的程度和维修部件的重要程度来划分，如大修可以是某些资产或设备进行全面拆卸、更换主要部件，房屋建筑物进行全面翻修等。为了保障实物资产的正常使用，单位要建立实物资产的维修、保养制度。一般而言，实物资产的使用部门负责资产的日常维修保养；资产管理部门负责组织资产的大修，协调使用部门难以完成的日常维修工作。财务部门负责对固定资产日常维修和大修进行账务处理和资金审批或支付。

① 日常维修管理。资产的使用部门制定相应的使用和维修说明，技术性或专业性较强的设备必须配备具有相应技能和经验的使用人员，确保设备的正常使用，防止由于操作不当等带来的设备损坏。此外，还要定期检查资产使用情况，确保资产的正常使用。

资产管理部门对资产使用、修理过程要进行审核控制，防止资产管理舞弊和不恰当修理造成固定资产功能损失。财务部门负责对固定资产维修资产的使用在权限范围内进行审批。有些行政事业单位会为各部门配备一些用于资产日常维修的备用金，如发生了在备用金限额内的修理支出，部门可凭有关维修费用结算单据向财务部门报销，补充已支出的备用金，保持本部门备用金的充足。对于超过部门备用金限额的资产日常维修支出，财务人员需要得到资产使用部门负责人、单位主管领导或单位领导的批准，才能予以报销。

② 大修管理。资产管理部门要根据资产的特征和使用条件，合理安排资产的大修，确保资产能够通过大修恢复到设计水平，保证资产正常运转。

如果实物资产需要大修，资产使用部门应及时就固定资产的大修提出申请，并由本部门的负责人进行审核，签字确认后交资产管理部门。资产管理部审核各部门提交的大修申请后，整理汇总交财务部门复核。财务部门负责人审核后交单位领导审核，最后提交财政部门或上级主管单位审批。具体到大修实施时，资产管理部门根据审批的大修申请，组织安排工程部或相关维修单位进行固定资产的维修。

（4）实物资产出租出借控制。单位应根据行政事业单位国有资产管理的规定，确定单位资产出租出借的程序、方式和原则。其中，行政单位不得用国有资产对外担保，拟将占有、使用的国有资产对外出租、出借的，必须事先上报同级财政部门审核批准，未经批准，不得对外出租、出借。如果事业单位利用国有资产出租、出借和担保，应当进行必要的可行性论证，并提出申请，经主管部门审核同意后，报同级财政部门审批。

5. 加强实物资产处置的控制

单位处置实物资产的方式可分为出售、出让、转让、置换、报损、报废、捐赠、无偿调拨（划转）等。其中，出售、出让、转让是指变更行政事业单位所有权或占有权、使用权并相应取得处置收益的行为；置换是指以非货币性交易的方式变更国有资产的所有权或占有权、使用权的行为；报废是指经有关部门科学鉴定或按有关规定，对已经不能继续使用的国有资产注销产权的行为；报损是指单位国有资产发生呆账损失、非正常损失，按照有关规定进行注销产权的行为；捐赠是指行政事业单位依法自愿无偿将其有权处分的国有资产赠与他人的行为；无偿调拨（划转）是指国有资产在不变更所有权的前提下，以无偿转让的方式变更国有资产占有权、使用权的行为。

行政事业单位处置资产的范围主要包括：闲置资产；低效运转或超标准配置的资产；因技术原因并经过科学论证，确需报废、淘汰的资产；因单位分立、撤销、合并、改制、隶属关系改变等原因发生的产权转移的资产；盘亏、呆账及非正常损失的资产；已超过使用年限无法使用的资产；依照国家有关规定需要处置的其他资产。

单位的资产处置一般要经过申报、评估、审批、处理和备案等过程。首先，行政事业单位资产使用部门提出意见，资产管理部门会同财务部门、技术部门审核鉴定，经单位领导签字后，向主管部门提交资产处置申请，经过同级财政部门、主管部门审核审批后，单位应按照财政部门、主管部门的资产处置批复进行资产处置，资产处置价过低的，应报同级财政部门批准，资产处置完后，资产处置结果要报同级财政部门备案。出售、出让、转让、置换、报损、报废等资产处置需要评估鉴定、鉴证的，应当委托具有资质的社会中介机构或专业技术部门对其进行评估专项审计或技术鉴定，评估、专项审计、鉴定报告书须按有关规定，报主管部门和同级财政部门核准或备案。

出售、出让、转让、变卖资产数量较多或者价值较高的，应当通过拍卖等市场竞价方式公开处置。国有资产处置收入属于国家所有，应当按照政府非税收入管理的规定，实行"收支两条线"管理。

单位也应该按照国有资产管理信息化的要求，及时将资产变动信息录入管理信息系统，对本单位资产实行动态管理，并在此基础上做好国有资产统计和信息报告工作。

（四）无形资产控制

1. 建立健全无形资产管理体系

（1）合理设置岗位，明确职责权限。单位应合理设置无形资产管理岗位，明确相关部门和岗位的职责权限，建立无形资产业务的不相容岗位相互分离机制。一般而言，无形资产的不相容岗位至少应该包括：无形资产投资预算的编制与审批；无形资产投资预算的审批与执行；无形资产的取得、验收与款项支付；无形资产处置的审批与执行；无形资产取得与处置业务的执行与相关会计记录；无形资产的使用、保管与会计处理。单位不得由同一部门或个人办理无形资产的全过程业务。

（2）建立健全授权审批制度。单位应当对无形资产业务建立严格的授权审批制度，明确授权批准的方式、权限、程序和相关控制措施，规定经办人的职责范围和工作要求，严禁未经授权的部门或人员办理无形资产业务。

（3）制定无形资产业务流程。明确无形资产业务流程，明确无形资产投资预算编制、自行开发无形资产预算编制、取得与验收、使用与保管、处置和转移等环节的控制要求，并设置相应的记录或凭证，如实记载各个环节业务的开展情况，及时传递相关信息，确保无形资产业务全过程得到有效控制。

2. 加强无形资产取得环节的控制

单位应根据工作需要拟定无形资产投资项目，综合考虑无形资产投资方向、规模、资金成本等因素，对项目的可行性进行周密系统的分析和研究，编制无形资产投资预算，并按规定进行审批，确保无形资产投资科学、合理。对于重大的无形资产投资项目，单位应考虑聘请独立的中介机构或专业人士进行可行性研究和评价，并由单位进行集体决策和审批，防止出现决策失误而造成严重损失。

对于预算内的无形资产投资项目，有关部门应严格按照预算执行进度办理相关手续；对于超预算或预算外的无形资产投资项目，应由相关责任部门提出申请，经审批后再办理相关手续。

对于无形资产外购，单位应建立请购和审批制度，明确请购部门和审批部门的职责权限和相应的请购和审批程序。无形资产采购过程应该规范、透明，一般无形资产采购应由采购部门充分了解和掌握产品及供应商情况，采取比质比价的办法确定供应商；重大无形资产采购，应采取招标方式进行；专有技术等具有非公开性的无形资产，应注意采购过程中的保密保全措施。无形资产采购合同协议的签署应遵循行政事业单位合同管理内部控制的相关规定。

单位应建立严格的无形资产交付使用验收制度，确保无形资产符合使用要求。对于外购的无形资产，单位必须及时取得无形资产所有权的有效证明文件，仔细审核有关合同协议等法律文件，必要时听取专业人员或法律顾问的意见。对于自行研发的无形资产，应由研发部门、资产部门、使用部门共同填制无形资产移交使用验收单，移交使用部门使用。对于购入或者以支付土地出让金方式取得的土地使用权，必须取得土地使用权的有效证明文件；对于投资者投入、接受捐赠、债务重组、政府补助、企业合并、非货币性资产交换、其他单位无偿划拨转入以及其他方式取得的无形资产，均应办理相应的验收手续。对于需要办理产权登记手续的无形资产，单位要及时到相关部门办理。

3. 加强无形资产使用保全环节的控制

单位要加强无形资产的日常管理工作，授权具体部门或人员负责无形资产的日常使用和保全管理，确保无形资产的安全和完整。一方面，单位应按照无形资产的性质确定无形资产的保全范围和政策，保全范围和政策应当足以应对无形资产因各种原因发生损失的风险。未经授权，单位人员不得直接解除技术资料等无形资产，对技术资料等无形资产的保管和接触应保有记录，对重要的无形资产及时申请保护。另一方面，单位应对无形资产的各种文件资料（尤其是资产、财务、会计等资料）妥善保管，避免记录受损、被盗、被毁，对某些重要资料应该留有后备记录，以便在遭受意外损失或损毁时可以重新恢复，尤其是在计算机条件下。

此外，单位还应注意定期评估和及时更新，如果无形资产存在可能发生减值迹象的，应当计算其可收回金额；可收回金额低于账面价值的，应该按照政府会计具体准则的规定计提减值准备、确认减值损失。同时，单位也要注意淘汰落后技术，加大研发投资推动自主创新和技术升级，确保技术处于领先地位。

4. 加强无形资产处置环节的控制

单位应明确无形资产处置的程序和审批权限，并严格按照处置程序进行无形资产处置业务。无形资产的处置应由独立于无形资产管理部门和使用部门的其他部门或人员办理。重大无形资产的处置，要委托具有资质的中介机构进行资产评估，实行集体研究、专家论证和技术咨询相结合的议事决策机制，并建立集体审批记录机制。

一般来说，首先由单位无形资产使用部门根据需要提出处置申请书，并列明处置原因，然后由资产管理部门组织人员进行经济和技术鉴定，确定合理的处置价格，出具处置呈批单，最后由单位负责人对无形资产的处置申请进行审批。资产管理部门根据批准的处置呈批单处置无形资产，编制注销凭证，使用部门注销无形资产保护卡等相关处理。

对于经批准的无形资产转让、调出和捐赠，单位应由资产管理部门会同财务部门予以办理，并签订合同协议，就转让的维护保全、商业秘密保护等内容进行约定。对拟出售或投资转出的无形资产，应由有关部门或人员提出处置申请，列明该项无形资产的原价、预计出售价格或转让价格等，报单位授权部门或人员审核，相关单位审批后，予以出售或转让。单位在无形资产处置过程中涉及产权变更的，应及时办理产权变更手续。

5. 加强无形资产的会计核算

单位应该加强无形资产的会计核算，设置无形资产和累计摊销会计科目。在无形资产取得时，单位应该按照其成本进行初始计量。一般来说，单位无形资产的取得方式可分为外购、自行开发、置换、捐赠、无偿调入等方式。取得方式不同，成本计算也不相同，具体如表 8-17 所示。

表 8-17　　　　　　　　　　无形资产成本计算

取得方式	成本计算
外购	购买价款、相关税费以及可归属于该项资产达到预定用途前所发生的其他支出。委托软件公司开发的软件,视同外购无形资产确定其成本
自行开发	自该项目进入开发阶段后至达到预定用途前所发生的支出总额
置换	按照换出资产的评估价值加上支付的补价或减去收到的补价,加上换入无形资产发生的其他相关支出确定
接受捐赠	按照有关凭据注明的金额加上相关税费确定;没有相关凭据可供取得,但按规定经过资产评估的,其成本按照评估价值加上相关税费确定;没有相关凭据可供取得、也未经资产评估的,其成本比照同类或类似资产的市场价格加上相关税费确定;没有相关凭据且未经资产评估、同类或类似资产的市场价格也无法可靠取得的,按照名义金额入账,相关税费计入当期费用。 确定接受捐赠无形资产的初始入账成本时,应当考虑该项资产尚可为政府会计主体带来服务潜力或经济利益的能力
无偿调入	按照调出方账面价值加上相关税费确定

单位要按照年限平均法或者工作量法按月对使用年限有限的无形资产进行合理摊销,并根据用途计入当期费用或者相关资产成本。对于使用年限有限的无形资产,政府会计主体应当按照一定的原则确定无形资产的摊销年限(见表 8-18);因发生后续支出而增加无形资产成本的,应当按照重新确定的无形资产成本以及重新确定的摊销年限计算摊销额。使用年限不确定的无形资产不应摊销。

表 8-18　　　　　　　　　　无形资产的摊销年限

无形资产类别	摊销年限
法律规定了有效年限的	按照法律规定的有效年限作为摊销年限
法律没有规定有效年限的	按照相关合同或单位申请书中的受益年限作为摊销年限
法律没有规定有效年限、相关合同或单位申请书也没有规定受益年限的	根据无形资产为政府会计主体带来服务潜力或经济利益的实际情况,预计其使用年限
非大批量购入、单价小于 1 000 元的	可以于购买的当期将其成本一次性全部转销

（五）对外投资控制

1. 建立健全对外投资管理体系

（1）《内部控制规范》第四十五条第二款规定，行政事业单位要结合业务需要合理设置对外投资业务相关岗位，明确岗位的职责权限，确保不相容岗位相互分离、相互监督和相互制约。一般而言，对外投资的不相容岗位主要包括对外投资的可行性研究与评估、对外投资决策与执行、对外投资处置的审批与执行、对外投资执行与会计核算、对外投资执行与监督等。

（2）单位应该制定对外投资业务的审核审批权限，明确审批人的授权批准方式、权限、程序、责任及相关控制措施，规定经办人的职责范围和工作，确保未经授权的部门或工作人员不得办理对外投资业务。

（3）一般来说，单位对外投资的流程包括投资意向、可行性研究、集体论证、审批、实施等流程，单位要明确投资业务流程，规范单位对外投资，确保对外投资各业务环节正常开展。

2. 确保单位对外投资的合法合规性

《单位内控规范》第四十五条第一款规定："单位应当根据国家有关规定加强对对外投资的管理。"行政事业单位应当明确行政事业单位对外投资相关规定，确保单位对外投资的合法合规性。

财政部在《行政单位国有资产管理暂行办法》、《事业单位国有资产管理暂行办法》、《中央级事业单位国有资产管理暂行办法》、《行政单位财务规则》和《事业单位财务规则》中对行政事业单位的对外投资做了明确的规定。《行政单位国有资产管理暂行办法》第二十三条规定："行政单位不得以任何形式用占有、使用的国有资产举办经济实体。"《事业单位国有资产管理暂行办法》第二十一条规定："事业单位利用国有资产对外投资、出租、出借和担保等应当进行必要的可行性论证，并提出申请，经主管部门审核同意后，报同级财政部门审批。"《中央级事业单位国有资产管理暂行办法》第二十条规定："中央级事业单位申报国有资产对外投资、出租、出借等事项，应当附可行性论证报告和拟签订的协议（合同）等相关材料，按以下方式履行审批手续：单项价值在 800 万元以下的，由财政部授权主管部门进行审批，主管部门应当于批复之日起 15 个工作日内将审批文件（一式三份）报财政部备案；800 万元以上（含 800 万元）的，经主管部门审核后报财政部审批。"《关于进一步规范和加强行政事业单位国有资产管理的指导意见》第五条明确规定："除法律另有规定外，各级行政单位不得利用国有资产对外担保，不得以任何形式利用占有、使用的国有资产进行对外投资。除国家另有规定外，各级事业单位不得利用财政资金对外投资，不得买卖期货、股票，不得购买各种企业债券、各类投资基金和其他任何形式的金融衍生品或进行任何形式的金融风险投资，不得在国外贷款债务尚未清偿前利用该贷款形成的资产进行对外投资等。事业单位对外投资必须严格履行审批程序，加强风险管控等。利用非货币性资产进行对外投资的，应当严格履行资产评估程序，法律另有规定的，从其规定。"

综上，在我国当前的政策形势下，行政单位的对外投资仅指债权投资，即在单位有结余资金又不影响单位任务完成的情况下，用经费结余购买国债；事业单位的对外投资包括债权投资和股权投资，即在不违反相关政策前提下，购买各种有价证券，或者以货币资金、实物资产或无形资产进行对外投资。行政事业单位要严格管理对外投资，在法律法规规定的投资范围内进行投资，确保对外投资的合规合法性。

3. 建立投资决策控制机制

单位在向主管部门或政府有关部门提交对外投资相关材料进行立项审批前，应该从以下几个方面加强单位对外投资的决策控制。

（1）慎重提出对外投资初步意向。单位在提出对外投资意向时，不仅要考虑国家和地方的行政事业单位投资、国有资产管理等法律法规，还要考虑社会的需要，同时也要综合考虑单位自身的发展战略，结合单位的实际情况，确保对外投资的合规合法性和必要性。

（2）单位在确定了投资意向后，应该进行充分调研、严格论证、评价投资项目经济效益和合理性，进行市场预测，分析投资项目的投资收益、投资回收期、利润增量等经济指标，形成可行性研究报告和投资方案。其中，报告包括拟投资项目的全面技术、经济分析，对合作方的自信状况的调查和合法地位的确认，投资回报和风险分析，专家评估意见等。报告要实事求是，并提出是否投资的倾向性意见，为领导提供依据。对外投资以非货币资产方式（如实物资产、无形资产）出资的，应当委托具有资产评估资质的社会中介机构进行评估，单位应该如实向上述机构提供有关情况和资料，并对所提供的情况的客观性、真实性和合法性负责。

（3）单位对外投资应该实行集体决策，如《单位内控规范》第四十五条第三款规定："（二）单位对外投资，应当由单位领导班子集体研究决定。"对于行政事业单位而言，对外投资一般属于重大经济事项，应当由单位领导班子在专家论证和技术咨询的基础上集体研究决定，决策一旦确定，单位任何个人无权更改集体决定。决策过程要做好完整的书面记录，详细记录决策过程中的不同意见，以便明确决策责任。

（4）严格执行对外投资项目审批。单位应该按照国家和地方的相关规定，依法履行对外投资审批程序，主管部门或财政部门要按规定和职权进行审核审批，必要时可以邀请专家进行研究论证。对于重要对外投资和投资设立全资或控股单位，还须报国家安全监管总局进行审批。

因对外投资情况变化，需要对投资方案进行调整或变更的，单位应该提交单位对外投资管理部门重新审核，涉及投资项目、投资规模、投资方式调整或变更的，还应当经主管部门核定后报财政部门批准。

（5）加强对外投资的监督管理。一方面，单位应该建立科学合理的单位对外投资监督管理责任制，将监督责任落实到具体部门和个人。另一方面，单位也要建立对外投资决策失误责任追究制度，对在对外投资中出现重大决策失误、未履行集体决策程序和不按规定执行对外投资业务的部门及人员，应当追究相应的责任。

4. 加强对投资项目的管理

（1）对外投资相关资料通过审批后，单位要制订具体的投资计划，并且严格按照计划确定的项目、进度、时间、金额和方式投出资产。如果出现提前或延迟投资资产、变更投资额、改变投资方式、中止投资等，应按规定程序审批。在对外投资中，有合作方的必须签订投资合作协议，投资合作协议签订前应当征询单位法律顾问或相关专家的意见，在协议履行过程中，必须取得合法确凿的各类投资凭证，并予以归档或指定专人保管。

（2）根据《单位内控规范》第四十五条第四款的规定："（三）加强对投资项目的追踪管理，及时、全面、准确地记录对外投资的价值变动和投资收益情况。"根据这一规定，行政事业单位应当加强对外投资项目的追踪管理，确保对外投资的保值增值。一方面，应加强对被投资单位经营活动的监督，密切关注被投资单位借贷、投资、担保和委托理财等行为；另一方面，应加强对投资项目进行日常跟踪管理，组织投资质量、投资效益和投资风险分析，并且定期向主管单位报告对外投资的执行情况、资金管理使用情况和投资损益情况。如果在对外投资中发生异常情况，单位和主管部门要及时向财政部门报告，及时制定相应对策和采取相应措施，有效防止国有资产流失。

（3）单位应对在对外投资过程中形成的各种决议、合同、协议及其他应当保存的文件统一归档并指定专人负责保管；明确各种对外投资文件资料的取得、归档、保管、调阅等环节的管理规定及相关人员的职责权限；加强对外投资有关权益证书的管理，指定专门部门或人员保管并建立详细的记录，财会部门与相关管理部门和人员应定期核对有关权益证书；由两位非债权投资核算人员分别保管领取债权凭证的密码和钥匙。存取债权凭证必须由两位保管人员经财会部门负责人批准后共同完成，填写存取记录，由经手人签字，以此来确保权益证书的安全完整。

（4）单位应当按对外投资收益分配方案及时足额收取投资收益。每月最后一个工作日由出纳或两位保管人员，与债权核算岗位人员共同完成债权凭证清查盘点工作，填写债权凭证盘点明细表，逐一与债权投资台账、明细账核对，同时债权核算岗位人员核对债权投资总账和明细账。同时，要将投资收益纳入单位预算，统一核算，统一管理，按规定应当上缴财政的资金，必须及时足额上缴财政部门。单位不得以任何形式截留、转移、挪用、私分投资收益，也不得隐瞒投资损失，所有的投资事项都要在财务会计报告和国有资产年度报告中单独披露。

（5）规范对外投资账务处理。单位应建立健全财务管理制度，按照相关会计制度的要求对已经审批通过的对外投资项目进行核算，绝不允许用往来账款科目核算。由于对外投资资产的价值会受到各种因素的影响而经常变更，如股票、债券、国库券、股权证明等，为及时总括地反映对外投资购入、处置、结存情况，在财务部门设置对外投资总账的基础上，投资部门或其他相关部门还应根据投资业务的种类、时间先后分别设立对外投资明细登记簿，定期或不定期地进行对账，确保投资业务记录的正确性，防止个别人员为了达到某种目的故意歪曲对外投资的真实价值。

（6）单位应及时处置对外投资资产，建立投资处置控制机制。一般而言，单位对外投资的处置方式包括转让、清算和回收等。单位应当全面分析被投资企业的经营情况、财务状况和人员安排情况，制订转让或清算方案，经对外投资工作小组集体决策确定后，依照有关规定报主管部门和财政部门审批或备案。

对被投资企业产权或股权的转让，应当委托具有资产评估资质的评估机构评估，报主管部门和财政部门批准后，根据资产评估结果实施挂牌交易或拍卖。在上述转让交易行为不能达成时，可实施定向交易。定向交易的转让价格应当以评估价格为基准，上浮不限，下浮不得低于评估价格的90%。对被投资企业的注销清算，应当按照《中华人民共和国公司法》等规定进行清算。通过转让或清算回收的对外投资资产，投资单位应当根据转让或清算回收交割凭证，及时足额收取。

此外，单位财务部门和审计部门应当认真审核与对外投资处置有关的审批文件、会议记录、资产清算回收等相关资料，并按照规定及时进行对外投资资产处置的会计处理，确保对外投资资产处置的真实、合法、有效。

5. 建立投资监督评价控制机制

单位应明确对外投资业务的重点管控点，指定专门机构或指定专门人员定期检查对外投资业务管理情况，加强对外投资业务的监督和检查。具体的检查内容和重点如表 8-19 所示。

表 8-19　　　　　　　　　　对外投资检查重点

检查内容	检查重点
对外投资业务授权审批制度的执行情况	对外投资的审批手续是否健全、是否存在越权审批等违反规定的行为
对外投资业务的决策情况	对外投资决策过程是否符合规定的程序
对外投资的具体执行情况	各项资产是否与投资方案一致，投资期间获得的投资收益是否及时进账，以及对外投资权益证书和有关凭证的保管与登记情况，操作程序的规范程度等
对外投资的处置情况	投资资产的处置是否经过集体决策并通过必要的审批程序，各类资产的回收是否完整、及时，职工的安排是否落实等
对外投资的账务处理情况	会计记录是否真实、完整和准确，会计凭证及相关投资文件资料是否合法、合规和合理

在对外投资处置完成后，单位应该自行组织或聘请中介机构或相关专业人员对该对外投资业务进行总体评价，并形成评价报告，对相关部门和岗位在对外投资内部控制上存在的缺陷提出改进建议，对造成重大投资失误的进行责任追究，促进行政事业单位对外投资内部控制的进一步完善。

第九章

建设项目控制建设

大多数行政事业单位建设项目涉及的公共建筑、交通运输、铁路、水利及市政等基础设施建设，往往与人们生产、生活息息相关。由于投入资金量大、建设工期长、涉及的环节和利益错综复杂，建设项目往往是经济犯罪和腐败案件的"高发区"。在现实中，我国建设单位普遍存在违规行为，工程项目"三超"现象严重、项目建设质量低下、与项目建设有关的行贿受贿等腐败现象和经济犯罪案件时有发生，这些都与控制不严、不到位有关。因此，加强行政事业单位建设项目内部控制意义重大，它既可以确保项目资金的安全有效使用，又可以预防贪污腐败案件的发生，在一定程度上有助于保证建设项目的质量，也有助于提高单位公共服务的效率。

一、建设项目控制概述

（一）建设项目概念

建设项目是指行政事业单位自行或者委托其他单位进行的建造、安装活动。其中，建造活动主要是指各种建筑的新建、扩建、改建及修缮活动，安装活动主要是指设备的安装工程。

一般而言，所谓新建项目，是指从无到有，"平地起家"，新开始建设的项目。有的建设项目原有基础很小，经扩大建设规模后，其新增加的固定资产价值超过或大大超过原有固定资产价值，也算新建项目。扩建项目是指为扩大原有建筑的生产能力、效益，或为增加新的产品生产能力，在原有建筑基础上的扩增建设。改建项目是指为提高生产效率或者改变用途，对原有建筑进行改造的项目。修缮工程是指在一切竣工交付使用的建筑上进行土建、项目更新改造、设备保养、维修、更换、装饰、装修及加固等施工作业，以恢复、改善使用功能，延长建筑使用年限的工程。除此之外，一些迁建项目、恢复项目也应当属于建造活动的范围。迁建项目是指由于各种原因经上级批准搬迁到其他地方进行建设的项目。迁建项目中符合新建、扩建、改建条件的，应分别作为新建、扩建、改建项目。迁建项目不包括留在原址的部分。恢复项目是指因自然灾害、火灾等破坏性因素，使原有建筑全部或部分报废，又投资按原有规模重新恢复起来的项目。在恢复的同时进行扩建的，应作为扩建项目。

安装工程是指各种设备、装置的安装工程。通常包括电气、通风、给排水及设备安装等工作内容，工业设备及管道、电缆、照明线路等往往也涵盖在安装工程的范围内。

（二）建设项目的分类

按照建设项目的实施方式，行政事业单位建设项目可分为自行建造和委托他人建造。其中，自行建造是指单位负责建设项目建造的全过程或绝大部分，在建造过程中发挥主导作用；委托他人建造是指单位将建设项目的主要部分或全部以分包方式交由其他单位负责建设项目的建造，单位主要负责筹集建设项目所需资金、按期与承包方结算、参与竣工验收等。一般情况下，由于建设项目专业要求高，行政事业单位主要通过委托他人建造这种方式来实施建设项目，且在项目实施中多数由同级政府机关事务管理局统一负责建造。

按照建设项目实施内容，行政事业单位建设项目可以分为单位办公用房建设项目、基础设施建设项目、公用设施建设项目、大型设备安装项目和大型修缮项目。其中，单位办公用房建设项目是指党政机关、事业单位办公楼建设及业务用房建设；基础设施建设项目是指涉及能源、交通运输、邮电通信、水利设施、市政设施及环保设施等项目建设；公用设施建设项目是指科技、教育、文化、体育、旅游、卫生、社会福利，以及供水、供电、供气、供热公共项目建设；大型设备安装项目是指基于业务需要而开展专业设备购置、安装活动；大型修缮是对各类建设项目定期或不定期所开展的修缮活动。

按照通用的建设项目分类标准，建设项目具体分类如表 9-1 所示。

表 9-1 建设项目具体分类

建设项目分类标准	具体分类
按建设性质划分	新建项目、扩建项目、改建项目、迁建项目、恢复项目
按计划管理要求划分	基本建设项目、更新改造项目、商品房屋建设项目、其他固定资产投资项目
按施工情况划分	筹建项目、施工项目、投产项目、收尾项目
按工作阶段划分	前期工作项目、预备项目、新开工项目、续建项目
按隶属关系划分	中央项目、地方项目、合建项目
按用途划分	生产性项目、非生产性项目
按建设规模大小划分	基本建设项目分为大型项目、中型项目、小型项目 更新改造项目分为限额以上项目、限额以下项目

（三）建设项目控制

1. 建设项目管理概述

建设项目管理是指运用系统的理论和方法，对建设项目进行的计划、组织、指挥、协调和控制等专业活动。一般来说，行政事业单位建设项目管理是一个包含建设项目业务管理组织体系和各个环节组成的管理过程。其中，建设项目业务分为项目立项、工程设计与概预算、工程招标、工程建设、竣工决算等五个环节，具体涉及项目建议书的编制与审批、项目可行性研究报告的编制与审核、初步设计评审及概算的审批、项目招标、工程施工、工程变更、交工验收、工程结算、竣工验收、竣工决算、竣工审计、项目档案移交、项目后评估等过程。建设项目管理流程，如图 9-1 所示。

（1）项目立项。项目立项是建设项目的起点，在这一阶段，行政事业单位应该通过一系列的科学手段来为是否要实施这个建设项目做出决策，在整个建设项目管理中居于重要的地位。这一阶段主要包括项目建议书的编制与审批、项目可行性研究报告的编制与审批、项目评审、建设用地审批、项目立项等环节。

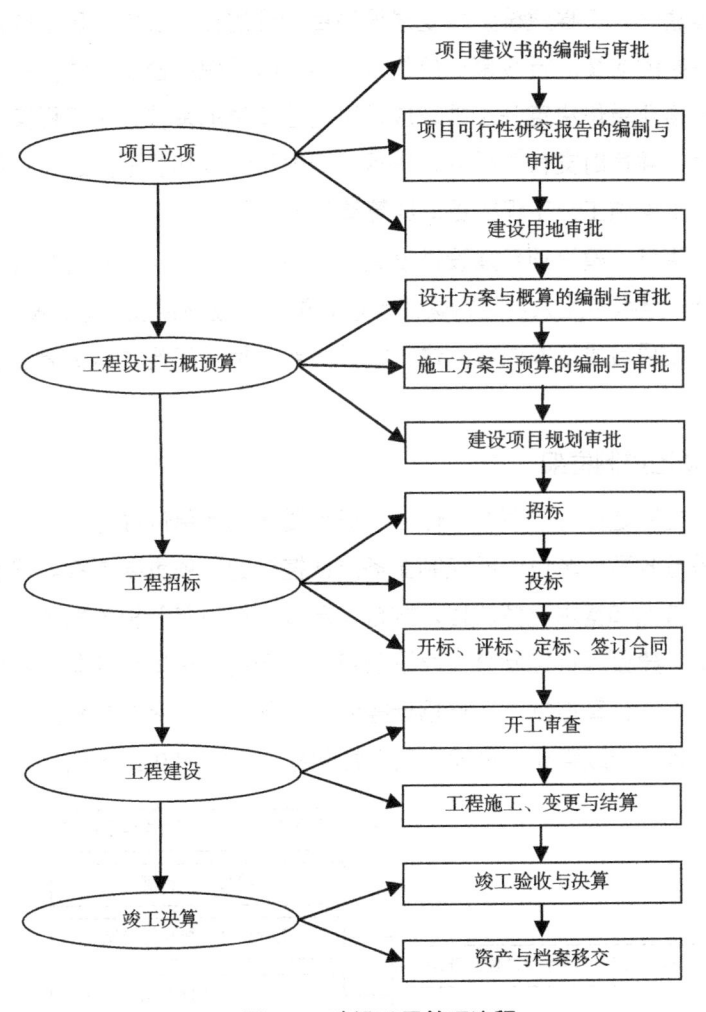

图 9-1　建设项目管理流程

（2）工程设计与概预算。在项目立项之后，行政事业单位应当着手对项目的建设方案进行设计并对建设的资金需求进行概算，同时根据单位的实际需求，结合实际预算与资金状况对其进行修正，最终确定施工方案和预算。这个过程主要包括项目设计方案与概算的编审、施工方案与预算的编审等几个环节。

（3）工程招标。在确定施工方案和预算之后，行政事业单位可以依据相关法律法规对建设项目进行招标，通过招标的方式合法确定施工单位。这个阶段主要包括招投标、开标、评标、定标、签订合同几个环节。

(4)工程建设。工程建设阶段是建设项目管理的核心阶段,建设的过程直接决定了建设成果的质量。行政事业单位应当对此阶段保持密切关注。在确定了施工单位,行政事业单位决定开工前,应通过监理单位的审核,在工程实施阶段应当保持监督关注并适时支付工程款,确保工程建设进度和质量。这一阶段主要包括开工审查、工程施工、工程变更与结算等环节。

(5)竣工决算。建设项目建设进度完成以后,单位应当及时编制竣工决算,开展决算审计,组织专业人员进行竣工验收,重点关注项目投资额、概预算执行、资金管理、建设项目质量等内容。这一阶段主要包括竣工验收与决算、资产与档案移交等环节。

2. 建设项目控制框架

建设项目控制是对行政事业单位自行或者委托其他单位进行的建造、安装活动的控制,是行政事业单位内部控制业务层面控制的一项重要内容。根据单位建设项目管理的特点和基本业务流程,结合《单位内控规范》相关规定,我们可以把行政事业单位建设项目控制分为建设项目业务管理组织体系控制、项目立项控制、工程设计与概预算控制、工程招标控制、工程施工、变更与资金结算控制、竣工决算控制等。行政事业单位建设项目控制框架,如图 9-2 所示。

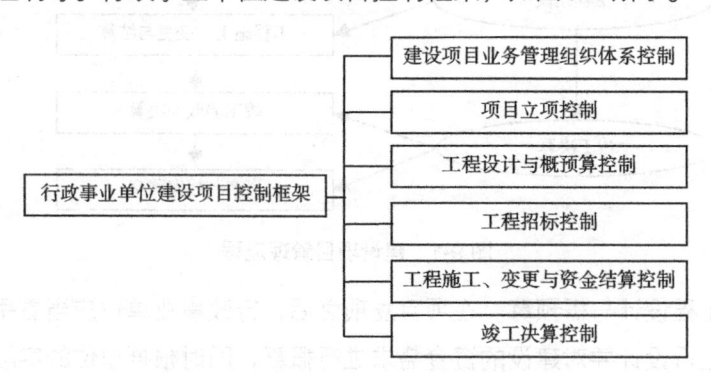

图 9-2 行政事业单位建设项目控制框架

(四)建设项目控制的法律法规依据

《中华人民共和国建筑法》(主席令[1997]第 91 号)是为了加强对建筑活动的监督管理,维护建筑市场秩序,保证建筑工程的质量和安全,促进建筑业健康发展的基础性法律。该建筑法曾于 2011 年修订过,即主席令[2011]第 49 号,主要从建筑许可、建筑工程发包与承包、建筑工程监理、建筑安全生产管理、建筑工程质量管理等方面作出了法律规定。

此外,国务院和国家相关部委也都针对建设项目管理从不同的侧面、不同的角度出台了一系列的法律法规,进一步规范建设项目管理。目前,行政事业单位在建设项目控制方面主要依据以下法律法规:

1.《中华人民共和国建筑法》(国家主席令第91号,1997年颁布)
2.《建设工程勘察设计管理条例》(国务院令第293号,2000年颁布,国务院令第662号,2015年修改)
3.《建设工程质量管理条例》(国务院第279号,2000年颁布)
4.《建设工程安全生产管理条例》(国务院第393号,2003年颁布)
5.《对外承包工程管理条例》(国务院第527号,2008年颁布)
6.《中华人民共和国招标投标法实施条例》(国务院第613号,2011年颁布)
7.《国务院关于优化建设工程防雷许可的决定》(国发〔2016〕39号)
8.《国务院办公厅关于清理规范工程建设领域保证金的通知》(国办发〔2016〕49号)
9.《工程建设项目招标范围和规模标准规定》(国家发展计划委员会令第3号,2000年颁布)
10.《关于统一实行建设用地规划许可证和建设工程规划许可证的通知》(建规字第66号,1990年颁布)
11.《工程建设国家标准管理办法》(建设部令第24号,1992年颁布)
12.《工程建设行业标准管理办法》(建设部令第25号,1992年颁布)
13.《建设工程抗御地震灾害管理规定》(建设部令第38号,1994年颁布)
14.《建筑工程施工许可管理办法》(建设部令第71号,1999年颁布)
15.《房屋建筑工程和市政基础设施工程竣工验收备案管理暂行办法》(建设部令第78号,2000年颁布)
16.《建筑工程设计招标投标管理办法》(建设部令第82号,2000年颁布)
17.《建设工程监理范围和规模标准规定》(建设部令第86号,2001年颁布)
18.《房屋建筑和市政基础设施工程施工招标投标管理办法》(建设部令第89号,2001年颁布)

19.《建筑工程施工发包与承包计价管理办法》(建设部令第107号,2001年颁布)

20.《建设工程勘察质量管理办法》(建设部令第115号,2002年颁布)

21.《房屋建筑和市政基础设施工程施工分包管理办法》(建设部令第124号,2004年颁布)

22.《建筑施工企业安全生产许可证管理规定》(建设部令第128号,2004年颁布)

23.《房屋建筑和市政基础设施工程施工图设计文件审查管理办法》(建设部令第134号,2004年颁布)

24.《建设工程质量检测管理办法》(建设部令第141号,2005年颁布)

25.《工程造价咨询企业管理办法》(建设部令第149号,2006年颁布)

26.《工程建设项目招标代理机构资格认定办法》(建设部令第154号,2007年颁布)

27.《工程监理企业资质管理规定》(建设部令第158号,2007年颁布)

28.《建筑业企业资质管理规定》(建设部令第159号,2007年颁布)

29.《建设工程勘察设计资质管理规定》(建设部令第160号,2007年颁布)

30.《房屋建筑和市政基础设施工程施工图设计文件审查管理办法》(建设部令第13号,2013年颁布)

31.《建筑工程施工发包与承包计价管理办法》(建设部令第16号,2013年颁布)

32.《建筑与市政工程施工现场专业人员职业标准》(建设部公告第1059号,2011年颁布)

33.《建设用地审查报批管理办法》(国土资源部令第49号,2010年颁布)

34.《工程建设项目施工招标投标办法》(发改委令第30号,2003年颁布)

35.《建设工程项目管理规范》(GB/T 50326—2006)

36.《建设工程监理规范》(GB/T 50319—2013)

37.《建设工程造价咨询规范》(GB/T 51095—2015)

38.《城市轨道交通建设工程验收管理暂行办法》(建质〔2014〕42号)

39.《工程建设工法管理办法》(建质〔2014〕103号)

40.《建筑施工项目经理质量安全责任十项规定（试行）》(建质[2014]123号)

41.《房屋建筑和市政基础设施工程施工安全监督规定》(建质[2014]153号)

42.《房屋建筑和市政基础设施工程施工安全监督工作规程》(建质[2014]154号)

43.《房屋建筑和市政基础设施工程竣工验收规定》(建质[2013]171号)

44.《关于加快城市道路桥梁建设改造的通知》(建城[2014]90号)

45.《建设工程监理合同（示范文本）》(建市[2012]46号)

46.《工程勘察资质标准实施办法》(建市[2013]86号)

47.《建筑工程施工转包违法分包等违法行为认定查处管理办法（试行）》(建市[2014]118号)

48.《关于加强城市轨道交通工程施工图设计文件审查管理工作的通知》(建办质[2012]25号)

49.《绿色建材评价标识管理办法实施细则》、《绿色建材评价技术导则(试行)》(建科[2015]162号)

50.《城市轨道交通工程概算定额》(建标[2011]99号)

51.《工程建设标准体系（建材工程部分）》(建标[2012]68号)

52.《工程建设标准强制性条文》（工业建筑部分）(建标[2013]32号)

53.《建筑安装工程费用项目组成》(建标[2013]44号)

54.《工程建设标准解释管理办法》(建标[2014]65号)

55.《关于进一步推进工程造价管理改革的指导意见》(建标[2014]142号)

56.《城市轨道交通建设项目后评价导则》(建标[2015]52号)

二、建设项目控制目标

建设项目控制的目标是行政事业单位进行建设项目内部控制所要达到的一个最终的目标状态，是分析当前建设项目管理过程中的风险点并采取控制措施的关键和基础。如果建设项目管理没有一个要达到的明确的目标状态，就容易在管理过程中放松警惕，一些易发生的、难控制的问题就会容易出现。具体来说，行政事业单位实施建设项目内部控制的目标包括：

（一）建设项目业务管理组织体系控制目标

（1）建立健全建设项目内部管理制度，根据单位实际情况不断进行制度细化，并且根据实践情况不断调整、修正和优化，形成良性循环。

（2）相关部门和岗位职责权限明确，不相容岗位相互分离，实现相互制约、相互监督。

（3）项目议事决策实现集体决策，形成集体研究、专家论证和技术咨询相结合的议事决策机制，确保项目决策的科学性和合理性。

（4）优化审核控制，从岗位设置、人员配置等方面为审核提供客观保障，根据不同文档的特点，明确不同文档审核的侧重点，确保审核起到应有效果。

（二）项目立项控制目标

（1）建设项目立项经过严格周密论证，符合国家有关投资、建设、安全、消防、环保等规定及单位内部规章制度等的程序规范，符合法律法规及国家政策规定。

（2）确保建设项目立项决策科学合理，符合国家和单位的利益，技术上可行，能够产生预期的经济和社会效益；建设项目实行集体决策，妥善保管决策过程中的文件资料。

（3）确保建设项目立项建议书、项目前期费用的申请和审批、可行性研究报告经过适当的审核或评审，并出具审核或评审意见。

（三）工程设计与概预算审批控制目标

（1）择优选择勘察、设计单位，选择程序和标准明确、规范，确保选择的勘察、设计单位具有相应等级资质，能够最大限度地满足建设工程勘察、设计的要求。

（2）加强勘察、设计文件的审查，明确各个不同文件的审查重点，确保文件依据明确、内容合理，为后续建设项目的实施打下坚实的基础。

（3）加强概预算编制、审核和变更控制，确保概预算科学、合理，对建设项目起到有效约束的作用，并且为后续项目结算和招投标提供科学的依据。

（4）加强工程建设规划审批控制，及时与相关部门沟通，避免审批不通过的现象，确保工程建设及时开工，保证项目进度。

（5）严格控制设计变更，尽可能减少审计变更，确需变更的，变更程序要规范，避免由于设计随意变更带来的项目管理失控、价款支付混乱等现象。

（四）工程招标控制目标

（1）招标、开标、评标等程序规范，符合国家和地方相关法律法规，遵循公开、公平、公正的原则，确保能够选择出符合工程要求的中标人，合理保证工程项目质量。

（2）合理保证招标文件编制的完整准确，标底不被泄露，评标人员选择恰当合理，防范招标过程中出现舞弊和腐败现象。

（五）工程施工、变更与资金结算控制目标

（1）按照国家和地方相关法律法规实施严格的项目监理制度，按照规范的程序选择出具有相应资质的监理单位，明确双方的责任和义务，确保建立工作客观公正，保证建设项目工作有序开展。

（2）加强项目施工过程监控，确保项目施工严格按照工期、进度开展，能够按时完成建设工程；明确施工单位、监理单位、建设单位和相关单位在工程质量、生产安全方面的职责，确保建设工程质量达标，保证建设工程安全生产。

（3）工程变更符合合同条款及国家相关规定，有利于合同目标的实现；工程变更经过适当审批，按规定程序进行变更；工程变更对造价和工期的影响经济合理；工程变更处理及时，避免影响工程进度甚至引发经济纠纷；工程变更资料被妥善保存。

（4）按合同规定及时进行工程价款结算，保证预付款、进度款拨付规范合理，确保财政资金的使用效率。

（5）加强按项目工程物资采购控制，确保材料和设备的质量和标准，防范物资采购过程中发生贪污腐败行为。

（六）竣工决算控制目标

（1）项目竣工后在规定时间内及时办理竣工决算和验收，确保单位建设项目竣工验收和资产移交过程合法合规。

（2）明确验收条件和验收程序，进一步规范竣工验收，确保建设项目质量合格、符合设计要求。

（3）规范竣工结算编审、审查和价款结算，确保竣工结算及时、科学。

（4）竣工决算编制及时、合理，内容完备，决算审计独立、科学、客观、公正和实事求是，保证竣工决算的真实性、合法性和完整性。

（5）财会部门应当按照国家统一的会计制度的规定对建设项目进行会计核算，真实、完整地反映建设项目成本归集、资金来源、价款支付及相关工程物资的增减变动情况，并妥善保管相关记录、文件和凭证，确保建设过程得到全面反映。

（6）做好建设项目档案文件、材料的收集、整理、归档和保管等工作，确保建设项目档案管理合理有效，并按规定移交资产接收单位或有关政府机关。

（7）遵循公开、客观和公正的原则进行项目后评估，将完工建设项目的效能性与项目建议书和可行性研究报告提出的预期效能目标进行对比分析，总结经验教训，进一步提高建设项目的管理水平。

三、建设项目控制主要流程与关键环节

（一）项目立项流程

1. 项目立项流程图（见图9-3）

这一阶段主要包括项目建议书的编制与审批、可行性研究报告的编制与审批、建设用地审批这三个环节。

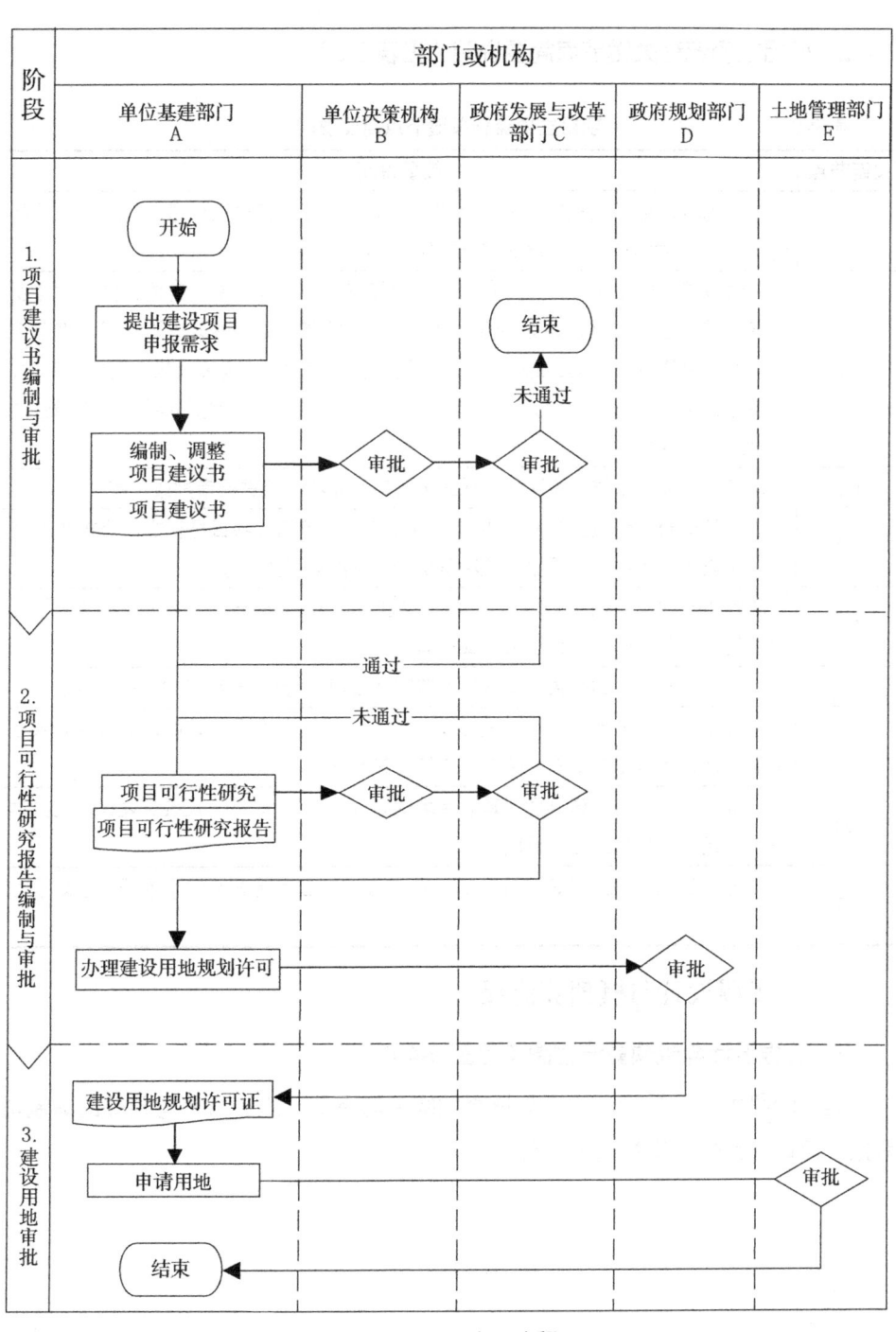

图 9-3　项目立项流程

2. 项目立项流程关键节点简要说明（见表9-2）

表9-2　　　　　　　　　项目立项流程关键节点简要说明

关键节点	简要说明
A1	单位的基建部门根据单位的实际情况，提出初步的基建工程意向，编制《项目建议书》，并根据单位决策机构领导提出的意见进行修改
B1	单位决策机构根据单位整体的资金状况和发展规划等因素，整体权衡，对《项目建议书》进行审批，并提出修改意见，反馈给基建部门修改后再上报，直至审批通过。单位应根据项目的规模性质等因素权衡考虑是否需要上报主管部门审批，以及是否需要政府其他相关部门审批或者备案。一般对于重要的项目需要经过政府发改部门审批或者备案
C1	政府发改部门依据相关法律法规政策对项目立项申请进行审批或备案
A2	单位基建部门依据经过审批的《项目建议书》编制《项目可行性研究报告》报单位决策机构审批，并根据单位决策机构提出的意见进行修改
B2	决策机构对《项目可行性研究报告》进行审批，并提出修改意见，必要时报上级主管部门及政府发改部门审批或备案
C2	政府发改部门依据相关法律法规政策对《项目可行性研究报告》进行审批
A3	单位基建部门收到发改部门批复的《项目可行性研究报告》后，如果建设项目需要用地，还需要向政府相关部门申请建设用地
D3	向政府规划部门申请办理《建设用地规划许可证》，必要时还要到建设部门办理房屋拆迁许可和拆迁结案证明
E3	取得《建设用地规划许可证》后，单位可以向土地管理部门申请征用或划拨土地

（二）工程设计与概预算流程

1. 工程设计与概预算流程图（见图9-4）

这一阶段主要包括设计方案与概算的编制与审批、施工方案与预算的编制与审批、建设项目规划审批这三个环节。

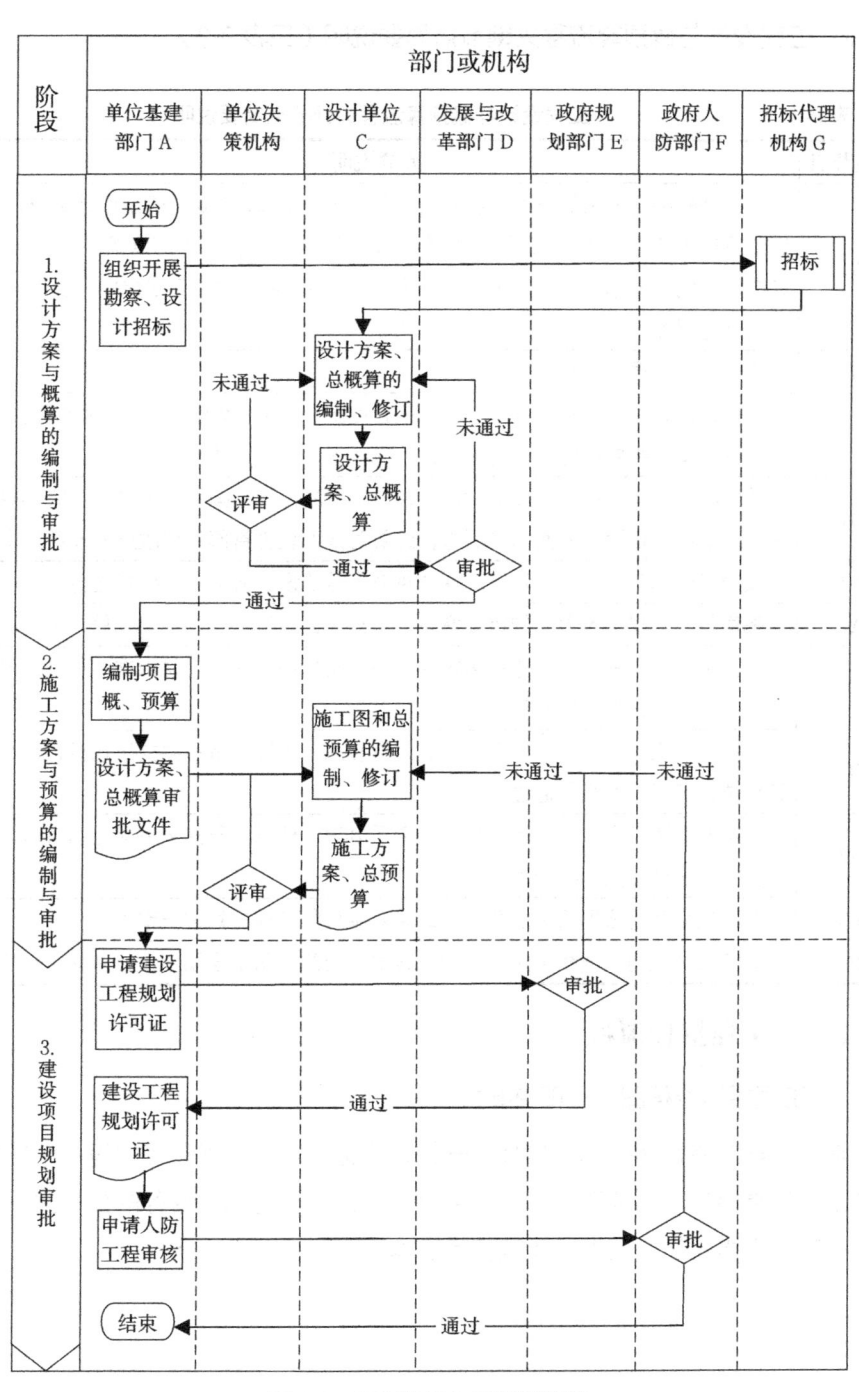

图 9-4 工程设计与概预算流程

2. 工程设计与概预算流程关键节点简要说明（见表9-3）

表9-3　　　　　　　　工程设计与概预算流程关键节点简要说明

关键节点	简要说明
A1	单位基建部门开始筹备建设项目设计前的准备工作，主要是确定设计单位，以及组织设计单位了解情况，确定主要的技术方案、标准及建设的功能需求等内容。设计单位的确定依据相关规定需要进行招标的，应参照下文"工程招标阶段"的流程原则进行招标
G1	单位组织工程设计招标
C1	中标设计单位进行初步设计，基本确定大致的设计方案和总概算，报单位决策机构讨论评审，并依据评审意见进行设计方案的具体修订并再次上报
B1	单位决策机构依据实际情况对设计单位上报的设计方案和概算进行评审，并提出意见，最终确定设计方案和总概算，必要时报上级主管部门和政府发改部门审批
D1	政府发改部门依据相关法律法规政策对上报的设计方案和总概算进行审批
A2	基建部门取得发改部门的审批意见，组织设计单位进行施工图和总预算的编制
C2	设计单位编制施工图和总预算报单位决策机构进行审批，并依据意见进行修订，最终确定施工方案和总预算
B2	单位决策机构对设计单位上报的施工图和总预算进行审批并提出意见，反馈给设计单位，直至方案获得通过
A3	施工方案通过后，单位基建部门应着手办理《建设工程规划许可证》，以及人防工程初步设计审批的必要手续
E3	政府规划部门依据相关法律法规政策对单位的工程规划进行审批
F3	政府人防部门依据相关法律法规政策对单位的人防工程初步设计审核进行审批

（三）工程招标流程

1. 工程招标流程图（见图9-5）

这个阶段主要包括招标、投标、开标、评标、定标、签订合同等几个环节，具体招标流程参看第七章政府采购业务控制建设中政府采购业务的公开招标业务流程，在此仅描述简要流程，以供初步了解。

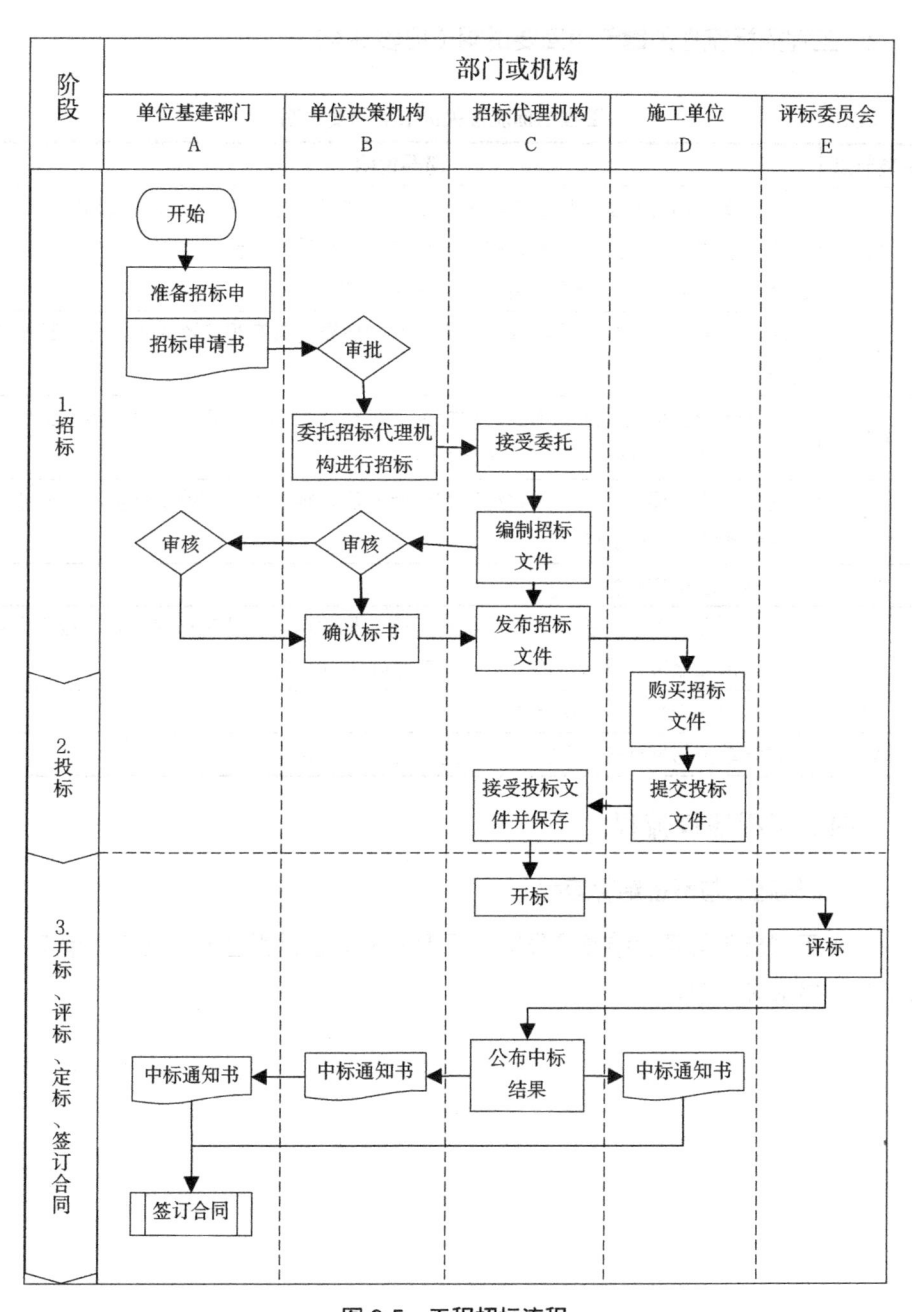

图 9-5 工程招标流程

2. 工程招标流程关键节点简要说明（见表 9-4）

表 9-4　　　　　　　　　工程招标流程关键节点简要说明

关键节点	简要说明
A1	单位基建部门准备招标工作，编写招标申请书，并提交单位决策机构审批，招标项目按照国家有关规定需要履行项目审批手续的，建设单位应当先向主管部门递交《招标申请书》，履行审批手续，取得批准
B1	单位决策机构审批招标申请书，审批通过后委托具有相应资质的招标代理机构进行招标
C1	招标代理机构接受建设单位的招标委托，和基建部门沟通后，编制招标文件，经建设单位审核确认后，发布招标文件
D2	施工单位购买招标文件，并经过综合考察后，根据本单位的实际情况，向招标代理机构提交投标文件
C2	招标代理机构开标
E3	招标期限结束后，招标代理机构应组建评标委员会，公开标底，并对投标文件进行评审和比较，推荐合格中标人，最终确定中标人
C3	招标代理机构发布中标结果
A3	建设单位与招标施工单位签订合同，进入合同管理子流程

（四）工程建设流程

1. 工程施工与资金结算流程

（1）工程施工与资金结算流程图（见图 9-6）。该过程主要包括开工审查、工程施工与结算等环节。

第九章 建设项目控制建设 347

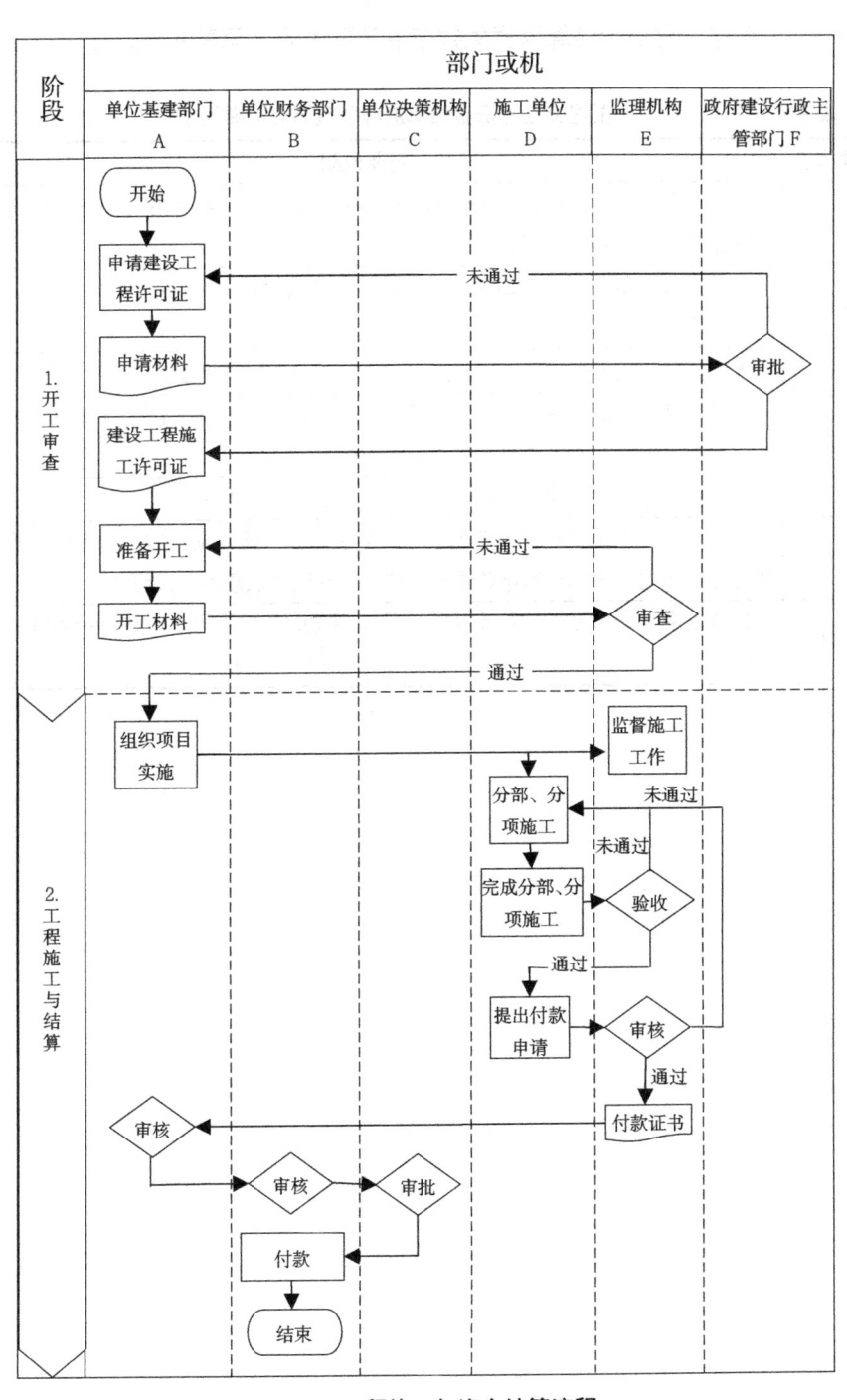

图 9-6 工程施工与资金结算流程

（2）工程施工与资金结算流程关键节点简要说明（见表9-5）。

表9-5　　　　　　工程施工与资金结算流程关键节点简要说明

关键节点	简要说明
A1	单位准备开工申请材料，向政府建设行政主管部门申请《建设工程施工许可证》，并准备开工材料提交监理机构审查
F1	政府建设行政主管部门对单位递交的施工申请材料进行审批，通过后颁发《建设工程施工许可证》
E1	单位基建部门准备开工，并将开工材料提交监理机构审查
A2	单位基建部门组织施工工作，协调施工单位和监理机构开展工程建设和监理工作，并对监理机构递交的付款证书进行审核
D2	施工单位分部、分项施工，并在完工后提出付款申请
E2	监理机构对施工过程开展监督工作，并在每个步骤和项目完工后进行验收，同时对施工单位提出的付款申请进行审核，审核通过后填写付款证书
B2、C2	付款证书经单位基建部门审核后，提交单位财务部门再次审核，最后提交单位决策机构审批，审批通过后由单位财务部门支付工程款

2. 工程变更流程

（1）工程变更流程图（见图9-7）。

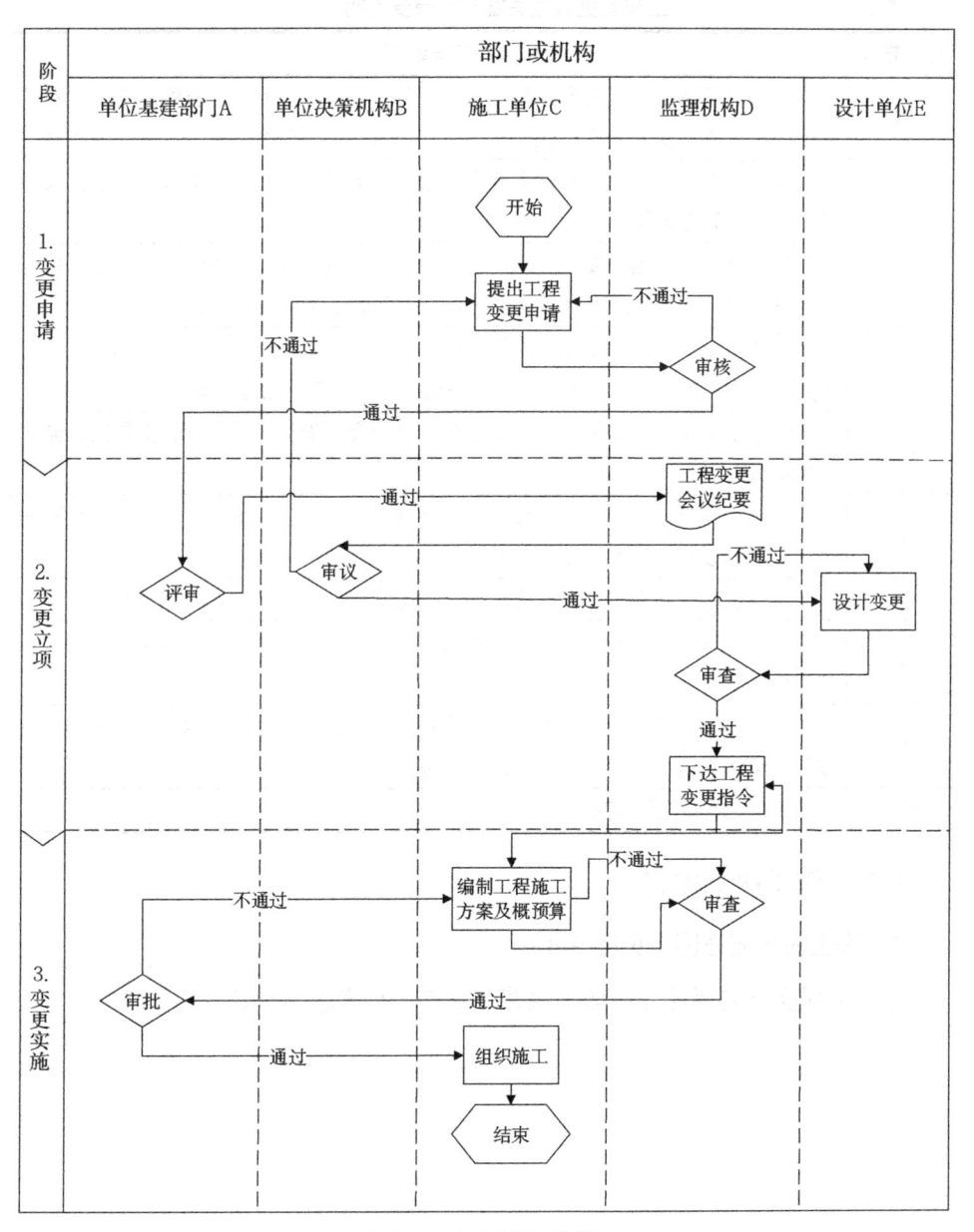

图 9-7 工程变更流程

（2）工程变更流程关键节点简要说明（见表9-6）。

表9-6　　　　　　　工程变更流程关键节点简要说明

关键节点	简要说明
C1	施工单位填写工程变更申请表，说明需要变更的工程名称、位置、变更内容及变更理由，并附变更方案（草案）、估算工程量及增减造价，报请监理机构审核
D1	监理机构初步审核，并签署审核意见报单位基建部门评审，审核不通过，驳回变更申请给施工单位
A2	单位基建部门根据需要，会同承包人、监理、设计等有关单位对变更设计的合理性进行评审，形成工程变更会议纪要，提交单位决策机构审议
B2	单位决策机构对工程变更会议纪要集体审议，审议通过，通知设计单位根据工程变更申请进行工程设计变更；审议不通过，驳回申请给施工单位
E2	设计单位根据工程变更会议纪要的要求进行变更设计，发出设计变更图给监理机构审查
D2	监理机构审核设计变更，审核通过，向施工单位下达工程变更指令；审核不通过，驳回给设计单位重新设计变更
C3	施工单位编制施工技术方案及变更工程概预算书，提交监理机构审查
D3	监理机构审查施工技术方案及变更工程概预算书，审查通过，提交单位基建部门审批；审查不通过，驳回给施工单位
A3	单位基建部门审批施工技术方案及变更工程概预算书，审批通过，下达指令给施工单位组织施工；审批不通过，驳回给施工单位修改
C3	施工单位根据工程变更令组织工程施工

（五）竣工决算流程

1. 竣工决算流程图（见图9-8）

这一阶段主要包括竣工验收与决算、资产与档案移交等环节。

第九章 建设项目控制建设 351

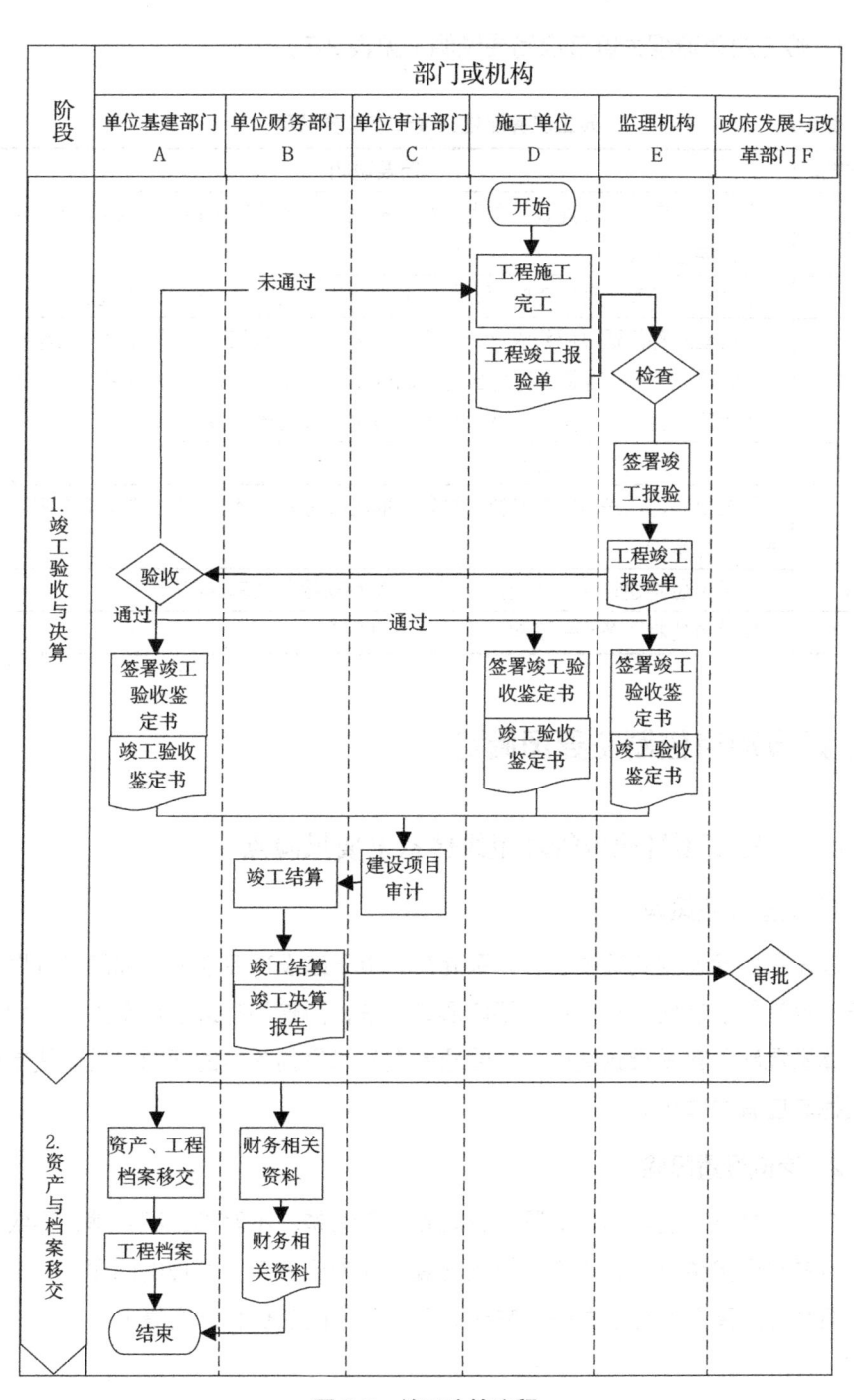

图 9-8 竣工决算流程

2. 竣工决算流程关键节点简要说明（见表 9-7）

表 9-7　　　　　　　　竣工决算流程关键节点简要说明

关键节点	简要说明
D1	施工单位完成工程建设，向监理机构提交《工程竣工报验单》，并向监理单位提出工程完工申请
E1	监理机构检查工程完工情况，检查并签署竣工报验单，提交单位基建部门
A1	单位基建部门通过组织设计、施工、监理单位，以及工程质量监督部门等对工程进行验收，对该项目是否符合合同约定标准及相关其他质量标准进行全面检验。验收通过后，由施工、监理、本单位共同签署《竣工验收鉴定书》
C1	单位审计部门对建设工程开展审计工作
B1	单位财务部门进行竣工结算，并会同基建部门编制竣工决算报告，提交审计部门进行决算审计
A2	建设单位将建设完成的资产、相关档案移交给单位基建部门
B2	建设单位将财务相关资料移交给单位财务部门

四、建设项目控制主要风险点

（一）建设项目业务管理组织体系主要风险点

1. 管理体系风险

建设项目管理制度疏漏多、体系混乱。由于建设项目涉及的部门和流程多而复杂，容易导致制度存在疏漏，不能形成体系，而疏漏势必会带来主观性和随意性，体系混乱则容易导致建设项目管理制度难以贯彻落实的问题，进而使制度难以发挥其应有的作用。

2. 岗位设置风险

岗位设置不合理，岗位的职责权限划分不清楚、不明确、不合理，导致人员之间容易出现推诿扯皮，工作衔接出现真空地带或者多头管理的问题；不相容岗位没有相互分离容易导致舞弊，缺乏制衡，也可能使权利过度集中。

3. 决策机制风险

议事决策机制不健全，单位决策者自身的责任意识不够强，决策工作存在盲目性，导致个人专断、擅自改变集体决策的现象出现。

4. 文档审核风险

文档审核岗位设置不合理，负责文档编制的人员同时也负责审核，导致文档审核失效；审核人员能力不足，不具备文档审核的专业能力；文档审核未进行分类审核，不明晰各类文档的审核重点，流于形式，使审核达不到应有的效果。

（二）项目立项控制主要风险点

1. 项目建议书编审风险

（1）重大项目直接开展可行性研究，缺少项目建议书，即使编制了项目建议书，但是由于专业性不足，或缺乏相关经验，导致项目建议书缺乏科学性，流于形式。

（2）项目建议书中可能存在与国家相关法律法规不符的情况，若不能及时发现，会导致重复工作，浪费单位的时间和精力；立项建议可能与单位的实际发展需要和公共服务的需要不吻合，可能导致结果达不到预期目标。

（3）项目立项建议书自身内容的编写不规范，一些关键的内容，比如项目的建设用途、规模、服务标准等表述不明确、不清楚，项目投资估算和建设进度安排不合理、不协调、与客观情况偏差大。

（4）项目建议书编制和评审职责分工不明，审议决策缺乏集体决策，导致项目建议书编制和评审缺乏规范性和科学性。

2. 可行性研究报告编审风险

（1）单位未对建设项目进行可行性研究，即使进行了可行性研究，但真实意图是为了促进项目盲目上马，导致可行性研究流于形式。

（2）可行性研究报告编写不规范，内容存在缺失，未根据单位建设项目的特点编写。

（3）可行性研究报告编写人员缺乏专业性、经验不足，或者声誉不佳，存在不良记录，可能导致可行性研究报告缺乏科学性、准确性和公正性。

3. 项目决策审核风险

评审人员缺乏专业性、经验不足、缺乏责任感、评审未综合考虑各种因素、采用简单的"少数服从多数"的形式，导致项目决策评审结果不科学。

4. 建设用地审批风险

没有与相关审批部门做好及时有效的沟通，提供的材料不齐全，导致用地审批不通过，或者审批结果未达到预期。

（三）工程设计与概预算审批控制主要风险点

1. 勘察、设计单位选择风险

（1）发包方式不合规合法，未经批准直接发包，有意规避招标发包。

（2）与勘察、设计单位签订的合同不详尽，勘察、设计单位权力义务不明确，导致无法追究相关责任，给单位造成不必要的损失。

（3）选择的勘察、设计单位不具有相关资质等级，或者即使有相应的资质等级，但是不具有与项目相关的专业资格，缺乏经验，专业技术人员不具有相应的职业资格证书，违规参与勘察、设计工作，进而影响勘察、设计的质量和生产安全。

2. 勘察、设计文件审查风险

（1）勘察、设计文件的编制依据不合理，编制内容不合理，不符合法律法规的要求，尤其是初步设计文件和施工图文件，不符合国家和地方相关法律法规的审查条件。

（2）未与勘察、设计单位保持有效沟通，提供的资料不完整，造成设计保守、投资失控。

（3）缺乏对勘察、审计文件的审核，审核重点不明确，导致审核流于形式，给后期施工带来不良影响。

3. 概预算控制的风险

（1）概预算编制与工程项目内容的不符，与实际情况相脱离，导致概预算编制缺乏科学性和合理性，概预算无法发挥约束和规范作用。

（2）缺乏概预算审核，或者审核人员缺乏专业性，经验不足，重点审核内容不明确，未能及时发现问题。

（3）单位随意更改概预算，出现超规模、超概预算的现象，对确需调整的情况下，未经过恰当的审核和审批程序，未经报批就调整概预算。

4. 工程建设规划审批风险

未与相关审批部门做好及时有效的沟通，或未提供必要的资料，导致审批不通过，或者审批结果不理想。

5. 设计变更风险

设计变更频繁，变更审核不严格，可能导致概预算与工程实际情况脱节，出现预算超支、投资失控、工期延误等风险。

（四）工程招标控制主要风险点

招标的主要风险点可参看政府采购控制相关章节，此处仅根据建设项目的特点和实际情况简单介绍工程招标主要风险点。

1. 招标程序风险

单位人为肢解招标项目，规避招标；招标程序不规范，招标存在人为操纵，没有遵循公开、公平和公正的原则。

2. 项目标底编制和审核风险

标底编制不合理，与实际脱节，不能反映项目的实际需要；未注意标底的保密性，相关人员收受贿赂、泄露标底，使招标缺乏公正性。

3. 开标风险

未及时通知开标时间，个别投标人缺席，缺少公证。

4. 评标风险

评标小组成员组成不合理，评标人员缺乏专业性，经验不足，职业道德不佳，存在信用不良记录；评标程序不规范，评标缺乏独立性和客观性，评标结果不具有说服力，导致中标候选人的选择不合理。

（五）工程施工、变更与资金结算控制主要风险点

1. 项目监理风险

（1）监理单位不独立，过度依赖于业主单位的判断，或者与施工单位关系密切，相互串通，导致监理单位的监理作用难以发挥。

（2）监理人员责任心差，不认真履职，在进行处理施工监督、工程验收和付款申请等问题时，不进行认真检查，随意审查通过。

2. 施工过程监控风险

（1）项目进度风险。施工单位在施工过程中随意拖沓工期，导致资源的限制和浪费，不能正常使用；随意赶工导致工程问题隐患。

（2）施工质量风险。施工现场控制不到位，缺乏质量检查和检验，导致施工操作不达标、施工现场出现安全隐患、施工质量不达标、重复施工、偷工减料等问题；工程监理单位接受商业贿赂，与施工单位串通舞弊，降低标准，导致工程质量低劣。

（3）施工生产安全风险。建设、施工、监理等单位的安全管理责任划分不明确、管理不到位；安全工作只是浮于表面，没有做细做实，没有认真贯彻各项安全管理制度和安全规程，未落实各项安全组织措施和技术措施；工程项目施工的安全管理不力或者疏忽大意，平时不深入施工现场进行检查、监督，没有掌握第一手的、真实的、全面的现场信息，对现场安全防范措施是否准确有效、是否存在安全隐患不进行深入细致研究，而热衷于走过场、瞎指挥，现场的安全措施没有得到执行落实。

3. 工程变更风险

（1）合同内容风险。合同中的条款内容有歧义、施工方案有缺陷、工程标准不确定等导致工程施工变更，影响工程进度。

（2）政策法规风险。工程施工期间国家出台新的建筑法规对工程建设造成不利影响，如环保标准的更新、强制性地淘汰或限制使用一批不满足绿色建筑需要的材料和工艺等。

（3）工程管理风险。单位不重视建设项目全过程的变更管理，没有规范的变更管理流程、变更审核不严格，导致工程变更频繁、预算超支、投资失控。

4. 项目资金使用风险

（1）项目资金使用管理混乱，可能导致工程进度延迟或中断、资金损失等风险。

（2）工程款项不能及时足额按照合同约定支付，甚至挪用工程款，挤占施工方利益，导致建设单位不能按期施工，影响工程进度和质量。

5. 物资采购风险

（1）单位采购部门及计划管理人员不具备与其岗位相适应的资格和能力，导致采购目标、采购数量、采购时间、运输计划、使用计划、质量计划等与目标发生较大偏离，没有遵循政府采购的要求和标准。

（2）工程物资管理问题，采购质次价高物资，物资收、存、发、用管理混乱，记录不完整、使用浪费、丢失等现象频发。

（六）竣工决算控制主要风险点

1. 工程验收风险

竣工验收条件不明确，相关资料不完整，导致竣工验收缺乏依据和参考；验收程序不规范，验收方案缺乏专业性和科学性，工程验收团队不专业，工程验收未按标准执行，验收把控松懈，导致验收无法发挥应有作用。

2. 竣工结算风险

竣工结算编制可能存在高估、冒算、乱编的风险；建设单位对竣工结算书审查不仔细、不进行市场调研、不现场查验，导致工程造价不准确、不合理、不能真实反映工程的实际造价；工程竣工价款支付不及时，未考虑到保修问题。

3. 项目竣工决算编制风险

工程决算编制依据的材料真实性不足，导致决算真实性不足，主要是虚报、虚列工程项目内容、相关的费用支出、成本的结算额度等，提高决算额度。

4. 项目竣工决算审计风险

项目竣工结算未经审计就办理资产验收和移交，审计权责不清，工作流程不规范，未明确审计重点，不能有效审计竣工决算的真实性、合法性和完整性，未能实现较好的监督作用。

5. 项目会计核算风险

单位的领导重视建设项目的申报，但对项目的管理和会计核算的管理不够重视；单位会计人员对《基本建设财务管理规定》及相关法律法规了解不全面，不能据此进行正确的会计核算等，导致对项目资金的审批支出过程控制不严，对于实际发生的成本费用等归集和分配不合理等。

6. 档案管理风险

未能及时收集、整理各个环节的文件资料，和建设项目进度脱节，导致资料不完整，缺乏真实性；档案移交手续不全，交接手续不规范，导致文件遗漏、缺失，可能产生法律风险。

7. 项目后评估风险

缺乏项目后评估、缺乏对比分析、不能及时发现问题，导致项目管理因循守旧，积习难改。

五、建设项目控制策略与内容

（一）建设项目业务管理组织体系控制

行政事业单位建设项目业务管理的组织体系控制是实施建设项目各个阶段环节控制的基础和保证，良好的组织体系控制有助于建设项目各个业务阶段环节控制的落实。为此，行政事业单位要从以下几个方面来加强建设项目控制。

1. 建立健全单位建设项目内部管理制度

行政事业单位的建设项目环节较多、涉及面较广，行政事业单位要在符合国家有关规定的基础上，通过梳理建设项目业务流程，建立健全建设项目内部管理制度。如《单位内控规范》第四十六条第一款的规定："单位应当建立健全建设项目内部管理制度。"单位的建设项目内部管理制度应主要明确：建设项目的归口管理部门和相关岗位的设置及其职责权限；建设项目的工作流程；与建设项目相关的审核职责和审批权限；与建设项目相关的检查责任等。

鉴于建设项目本身的复杂性，行政事业单位可以将内部管理制度不断细化。例如，某些单位就将建设项目内部管理制度进一步细分为建设项目的总体管理办法、岗位职责制度、质量控制制度、财务管理制度、成本控制制度、招标投标制度、合同管理制度、施工安全管理制度、工程物资采购制度、档案管理制度、项目考核与评价制度等。

在建立健全制度的基础上，单位还应该努力推进制度的落实和执行，保证制度能使项目按其应有的流程运作，使制度达到预期效果，还能根据实践不断调整、修正、优化制度，形成良性的循环。

2. 建立健全岗位职责制度

岗位职责是组织为完成某项任务而确立的，由工种、职务、职称和等级内容组成，它规定了某一岗位的权利与义务。对于建设项目工程来说，岗位职责的明确能大大降低管理过程中的随意性，对于落实责任制、问责制有重要意义。如《单位内控规范》第四十六条第二款的相关规定，单位应当根据"三定"规定、单位的实际情况和《单位内控规范》的要求合理设置建设项目管理岗位，建立项目管理岗位责任制，明确建设项目管理相关部门和岗位的职责权限。

一般来说，建设项目管理涉及的内外部相关部门包括：单位建设项目决策机构、单位基建部门、财务部门、审计部门、政府相关部门、设计单位、施工单位、监理单位、招标代理单位等，各个部门的角色和职责，如表9-8所示。

表9-8　　　　　　　建设项目相关部门的角色和职责

部门名称	角色和职责
单位建设项目决策机构	单位建设项目决策机构一般是单位的最高决策机构，职责包括：项目的立项、预算、重大调整等
单位基建部门	单位基建部门是建设项目管理的核心执行部门，主要职责是： 1．依据国家基本建设的法律法规、方针政策和各种规范，严格执行基本建设程序；根据单位战略发展规划，组织实施建设工程的总体规划及年度基本建设计划。 2．按照基本建设有关规定和程序，负责组织协调建设工程项目的报批、勘察、设计、施工、监理等工作。 3．负责建设工程项目全过程的质量、投资、工期等管理协调工作，办理竣工验收和交付使用手续。 4．负责建设工程的预决算编制的相关工作。 5．做好基本建设项目档案资料管理等方面的工作

续表

部门名称	角色和职责
单位财务部门	财务部门主要承担与基建工程的预算相关的业务，以及建设项目实施过程中与资金相关的管理、决算和审核等工作
单位审计部门	审计部门主要承担针对建设项目的审计工作，在建设工程项目前期，以工程造价、预计合同总成本编制为审计重点；在建设工程项目实施的中前期，以内控管理评价为审计重点；在建设工程项目实施的中后期，以项目盈亏的认定为主，以经济责任审计为审计重点
政府相关部门	政府相关部门主要包括发展与改革部门、规划部门、土地管理部门、建设行政主管部门、人防部门等。 1. 发展与改革部门和规划部门承担与建设项目的立项、变更相关的审批、备案工作。 2. 规划部门主要承担对建设项目的设计施工方案进行审批。 3. 土地管理部门对于涉及新增建设用地的建设项目的用地进行审批。 4. 建设行政主管部门承担对建设项目开工审批等实际建设等方面的管理工作。 5. 人防部门对建设项目是否符合人防标准进行审批
设计单位	设计单位是建设项目的设计方案拟定部门，可以由单位内部的基建部门来负责，也可以由相关的其他职能部门负责。 实践中，对于专业性较强、规模较大的建设项目的设计工作也往往被委托给具有相关资质的专业工程建设设计单位承担
施工单位	施工单位是建设项目的工程开工拟定部门，这可以由单位内部的基建部门来负责，也可以由相关的其他职能部门负责。 实践中，对于专业性较强、规模较大的建设项目的施工工作也往往被委托给具有相关资质的专业的工程建设施工单位承担
监理机构	监理机构是行政事业单位外部的独立机构，接受单位的委托，对建设项目的建设过程实施监理工作，主要职责包括： 1. 审查承包单位的资质，并提出审查意见；审定承包单位提交的开工报告、施工组织设计、技术方案、进度计划。 2. 审核签署承包单位的申请、支付证书和竣工结算；审查和处理工程变更。 3. 调解建设单位与承包单位的合同争议、处理索赔、审批工程延期。 4. 审核签订分部工程和单位工程的质量检验评定资料，审查承包单位的竣工申请，组织监理人员对待验收的工程项目进行质量检查，参与工程项

续表

部门名称	角色和职责
监理机构	目的竣工验收
招标代理单位	行政事业单位将建设项目的相关招标工作委托给具有相应资质的专业代理单位进行委托招标

此外，单位也要确保办理建设工程业务的不相容职务相互分离、相互制约、相互监督，如《单位内控规范》第四十六条第二款所规定的，"与建设项目管理相关的不相容岗位主要包括：项目建议和可行性研究与项目决策、概预算编制与审核、项目实施与价款支付、竣工决算与竣工审计等"。

3. 建立健全项目议事决策机制

《单位内控规范》第四十七条规定："单位应当建立与建设项目相关的议事决策机制，严禁任何个人单独决策或者擅自改变集体决策意见。决策过程及各方面意见应当形成书面文件，与相关资料一同妥善归档保管。"为此，单位首先要明确建设项目管理执行机构和决策机构。通常，建设项目管理决策机构应当是单位的最高决策机构，建设项目相关决策由单位领导班子集体研究决定，形成集体研究、专家论证和技术咨询相结合的议事决策机制。

单位应当对项目决策程序和相关责任做出明确规定，确保项目决策科学、合理。单位要在建设项目相关部门，尤其是决策机构，推进强化内部控制意识，摒除特权意识和独裁意识，化"一支笔"控制为"多支笔"控制。在决策过程中，应当详细记录决策过程、各方面意见，与项目建议书和可行性报告等相关资料一同交由资产管理部门妥善归档保管，以便落实项目决策的责任。

4. 优化审核控制

《单位内控规范》第四十八条规定："单位应当建立与建设项目相关的审核机制。项目建议书、可行性研究报告、概预算、竣工决算报告等应当由单位内部的规划、技术、财会、法律等相关工作人员或者根据国家有关规定委托具有相应资质的中介机构进行审核，出具评审意见。"

在建设项目的多个业务阶段环节，都涉及审核制度，都要通过审核来获取各方意见，尤其是决策机构的意见，单位需要在此基础上改进和优化相关的方案。

这些审核往往一经通过，结果就难以再次改变，所以，审核环节是一个控制的关键点。

鉴于建设项目的技术和工艺复杂，需要审核的文件或方案大多具有很强的专业性，单位应当着重从以下几个方面优化建设项目审核控制：

（1）在岗位设置上，文档的编制与审核应当相互分离，即负责审核工作的机构或人员，不能同时是相关文档的编制机构或人员。

（2）参与审核的人员一定要具备相应的能力，由单位内部的规划、技术、财会、法律等相关工作人员承担，单位内部不能承担的，可根据国家相关的法律法规的规定来委托具有专业资质的中介机构进行独立的审核。行政事业单位聘请的专业中介机构应该具备相应资质，具有相关的业绩和声誉，专业机构人员应具有专业素养和丰富的业务经验。

（3）不同文档审核的侧重点有所不同，单位应按照文档内容不同明确审核要点。例如，对于初步设计方案，审核重点主要包括：单位是否已经得到有关批准文件；方案审计单位及有关人员是否具备资质；送审资料内容是否完整，格式是否规范，资料内的各项指标是否符合工程建设强制性标准，初步设计规模是否与项目建议书和可行性研究报告保持一致；项目设计是否合理、经济、可行、安全；项目是否满足单位的使用要求，初步勘察是否满足设计要求等。又如，对于概预算，审核重点主要包括：概预算编制是否严格执行国家、行业和地方政府有关建设和造价管理的各项规定和标准；是否完整、准确地反映审计内容和当时、当地的价格水平；项目内容、工程量的计算、定额费用等是否真实、完整和准确等。

（4）单位应落实审核责任，负责审核工作的机构或人员应当对其出具的审核意见或评审意见承担责任。

（二）项目立项控制

1. 项目建议书的编审控制

项目建议书，又称立项报告，是论证项目建设的必要文件，是项目选择的依据，也是可行性研究的依据。

一般情况下，单位对于重大项目均应编制项目建议书，对于非重大项目也可以不编制项目建议书，但仍需开展可行性研究，对于专业性较强或较为复杂的建设项目，单位也可委托专业机构进行投资分析，编制项目建议书。在编制项目建议书时，单位应该结合国家和地区的相关政策规定，考虑实际建设条件和经济环境变化趋势，并经过适当的调研和周全考虑，避免受到单位内外个别人员主观意向的影响，防止项目建议书流于形式。项目建议书的主要内容应包括：项目提出的必要性和依据；方案、拟建规模和建设地点的初步设想；资源情况、建设条件、协作关系和设备技术引进国别、厂商的初步分析；投资估算、资金筹措及还贷方案设想；项目的进度安排；经济效果和社会效益的初步估计，包括初步的财务评价和国民经济评价；环境影响的初步评价，包括治理"三废"措施、生态环境影响的分析；结论；附件等。

单位应当确定投资分析、编制和评审项目建议书的职责分工，指定牵头或组织机构、人员调配，确定选择专业机构的条件和评审方式等。在审议决策过程中，单位要对其进行集体审议，必要时可成立专家组或委托专业机构进行评审，为可行性研究报告提供可靠依据。承担评审任务的专业机构不得参与项目建议书的编制。根据国家规定应当报批的项目建议书必须及时报政府有关部门审批或备案。

2. 可行性研究报告编审控制

可行性研究报告是工程项目投资决策的主要依据，是建设工程项目设计、勘察等的基础资料，亦是环保部门、地方政府等部门审批项目的重要依据。单位应该在项目建议书被批准后及时进行可行性研究，系统地对与项目有关的经济、技术、财务、法律和环境保护等方面进行深入研究，编制可行性研究报告。

建设项目不同，可行性研究的具体内容也不尽相同，但一般而言，可行性研究报告的主要内容包括：项目概况，市场分析与建设规模，资源、原材料及公用设施，项目设计方案，环境保护及劳动安全，单位组织、劳动定员的优化组合及人员培训，投资估算和资金筹措，实施进度及建设工期的规划，社会及经济效果评价，风险分析，综合评价及结论，附件，必要的附图和附表等。行政事业单位应该根据国家和地区有关规定，结合本单位实际，确定可行性研究报告的内容和格式，明确编制要求。如果委托专业机构进行可行性研究，单位应明确该专业机构的选择标准，并重点关注其专业资质、业绩和声誉、专业人员素质、相关业务经验等，确保可行性研究科学、准确和公正。

需要注意的是，可行性研究报告一经批准，投资估算及资金来源就是具体项目投资的最高限额，即建设项目控制造价的依据，其误差应控制在10%以内。

3. 项目决策审核控制

单位应该对建设项目可行性研究报告进行审核或者评审，委托专业机构进行评审的，该专业机构不得参与建设项目可行性研究，参与评审或评审的人员应当熟悉工程业务，并具有广泛代表性。在进行审核或评审时，不能采用简单的"少数服从多数"的原则，应该充分考虑项目投资、质量、进度等各方面的意见，综合考虑各种因素，确保项目评审的科学性。项目评审应该重点关注项目投资方案、投资规模、资金筹措、生产规模、布局选址、技术、安全、环境保护等情况，核实相关资料的来源和取得途径的真实性和可靠性，特别是要深入分析和全面论证建设项目的经济技术可行性。

单位应当根据职责分工和审批权限对建设项目进行决策，决策过程必须有完整的书面记录。重大建设项目应当报单位集体决策或者上级机关批准，任何个人不得单独决策或者擅自改变集体决策意见。同时，单位应当建立建设项目决策责任追究机制，明确决策人员的责任，定期或不定期地进行检查。

4. 建设用地审批控制

单位在建设项目立项后、正式施工前，应依法取得建设用地、城市规划等方面的许可。

单位建设项目立项后，必须持国家批准建设项目的有关文件，向城市规划行政主管部门提出定点申请；城市规划行政主管部门根据用地项目的性质、规模等，按照城市规划的要求，初步选定用地项目的具体位置和界限；根据需要，征求有关行政主管部门对用地位置和界限的具体意见；城市规划行政主管部门根据城市规划的要求向单位提供规划设计条件，审核单位提供的规划设计总图通过后，核发建设用地规划许可证。

单位基建部门在建设项目进行可行性研究论证时，应当同时向建设项目批准机关的同级土地行政主管部门提出建设用地预申请。受理预申请的土地行政主管部门应当依据土地利用总体规划和国家土地供应政策，对建设项目的有关事项进行预审，出具建设项目用地预审报告。

市、县人民政府土地行政主管部门对材料齐全、符合条件的建设用地申请，应当受理，并在收到申请之日起30日内拟订农用地转用方案、补充耕地方案、征用土地方案和供地方案，单位基建部门应积极配合土地行政主管部门编制建设项目用地呈报说明书，经同级人民政府审核同意后，报上一级土地行政主管部门审查。

有关土地行政主管部门收到上报的建设项目呈报说明书和有关方案后，对材料齐全、符合条件的，应当在 5 日内报经同级人民政府审核。同级人民政府审核同意后，逐级上报有批准权的人民政府，并将审查所需的材料及时送该级土地行政主管部门审查。

有批准权的人民政府土地行政主管部门应当自收到上报的农用地转用方案、补充耕地方案、征用土地方案和供地方案并按规定征求有关方面意见后 30 日内审查完毕。

农用地转用方案、补充耕地方案、征用土地方案和供地方案经有批准权的人民政府批准后，同级土地行政主管部门应当在收到批件后 5 日内将批复发出。

经批准的农用地转用方案、补充耕地方案、征用土地方案和供地方案，由土地所在地的市、县人民政府组织实施。

以有偿使用方式提供国有土地使用权的，由市、县人民政府土地行政主管部门与土地使用者签订土地有偿使用合同，并向建设单位颁发《建设用地批准书》。土地使用者缴纳土地有偿使用费后，依照规定办理土地登记。

以划拨方式提供国有土地使用权的，由市、县人民政府土地行政主管部门向建设单位颁发《国有土地划拨决定书》和《建设用地批准书》，依照规定办理土地登记。《国有土地划拨决定书》应当包括划拨土地面积、土地用途、土地使用条件等内容。

建设项目施工期间，建设单位应当将《建设用地批准书》公示于施工现场。

（三）工程设计与概预算控制

1. 择优选择勘察、设计单位

单位应该确定勘查、设计单位的选择程序和标准，采用恰当的发包方式，选择具有相应资质的勘察、设计单位，并签订勘察、设计合同，明确双方的权利和义务。一般来说，建设工程勘察、设计发包方式可分为招标发包或者直接发包，对于采用特定的专利或者专有技术的、建筑艺术造型有特殊要求的、国务院规定的其他建设工程的勘察、设计，经有关主管部门批准，可以直接发包，其他的建设项目原则上应该采用招标发包。选择招标发包的，可依据《中华人民共和国招标投标法》、《建筑工程设计招标投标管理办法》（建设部令第 82 号）等法律法规进行招投标。发包方可以将整个建设工程的勘察、设计发包给一个勘察、设计单位；也可以将建设工程的勘察、设计分别发包给几个勘察、设计单位。勘察、设计单位必须按照工程建设强制性标准进行勘察、设计，并对其勘察、设计的质量负责。其中，勘察单位提供的地质、测量、水文等勘察成果必须真实、准确；设计单位应当根据勘察成果文件进行建设工程设计，设计文件应当符合国家规定的设计深度要求，注明工程合理使用年限。

国家对从事建设工程勘察、设计活动的单位，实行资质管理制度，勘察、审计单位只能在其资质等级许可的范围内承揽建设工程勘察、设计业务。单位在选择勘察、审计单位时，应该注意审核勘察、设计单位的资质等级和专业技术人员的执业资格证书，保证建设工程勘察、设计单位能够最大限度地满足建设工程设计的要求。

2. 加强勘察、设计文件的审查

一般而言，建设工程勘察、设计文件主要分为工程勘察文件、方案设计文件、初步设计文件、技术设计文件、施工图设计文件等，这些文件一般由勘察、设计单位进行编制，行政事业单位应向勘察设计单位提供开展勘察、设计所需的详细资料，并建立及时、有效且充分的沟通，确保不会出现因资料不完整造成设计保守、投资失控等问题，确保这些文件依据明确、内容合理。

建设项目勘察、设计文件编制的依据和要求，如表 9-9 所示。

表 9-9　　　　　　　　建设项目勘察、审计文件编制依据和要求

文件编制	具体内容
依据	1．项目批准文件。 2．城乡规划。 3．工程建设强制性标准。 4．国家规定的建设工程勘察、设计深度要求。 铁路、交通、水利等专业建设工程，还应当以专业规划的要求为依据

续表

文件编制	具体内容
要求	1．编制建设工程勘察文件，应当真实、准确，满足建设工程规划、选址、设计、岩土治理和施工的需要。 2．编制方案设计文件，应当满足编制初步设计文件和控制概算的需要。 3．编制初步设计文件，应当满足编制施工招标文件、主要设备材料订货和编制施工图设计文件的需要。 4．编制施工图设计文件，应当满足设备材料采购、非标准设备制作和施工的需要，并注明建设工程合理使用年限

需要注意的是，施工图设计文件未经审查批准的，不得使用。同时，设计文件中选用的材料、构配件、设备，应当注明其规格、型号、性能等技术指标，其质量要求必须符合国家规定的标准。除有特殊要求的建筑材料、专用设备和工艺生产线等外，设计单位不得指定生产厂、供应商。

除了加强与勘察、设计单位的沟通外，单位还应该通过复核、专家评议等方式来加强对勘察、设计文件的审核。

在初步设计审查时，应该将技术方案作为审查的核心和重点，重大技术方案必须经过技术经济分析比较，并进行多方案比选，在比选时认真评估其技术先进性和经济合理性，结合工程的建设与使用，考虑项目全寿命费用。同时兼顾近期与远期要求，选择项目合理的功能水平，同时留有发展余地。此外，还应注意初步设计规模是否与可行性研究报告、设计任务书一致，是否有夹带项目、超规模、超面积和超标准等问题。

在施工图设计审查时，一旦施工图设计基本完成，建设单位、设计单位、施工单位、监理单位等要共同对施工图文件进行审阅，及时沟通问题，确保图纸科学、合理并符合实际。根据《建设工程质量管理条例》、《建筑工程施工图设计文件审查暂行办法》（建设［2000］41号）、《建筑工程施工图设计文件审查有关问题的指导意见》（建设技［2000］21号）等法律法规，建设单位应当将施工图报送建设行政主管部门，由建设行政主管部门委托有关审查机构，进行结构安全和强制性标准、规范执行情况等内容的审查，凡应当审查而未经审查或者审查不合格的施工图项目，建设行政主管部门不得发放施工许可证，施工图也不得交付施工，审查内容主要包括：建筑物的稳定性、安全性审查，包括地基基础和主体结构体系是否安全、可靠，是否符合消防、节能、环保、抗震、卫生、人防等有关强制性标准、规范，施工图是否达到规定的深度要求，是否损害公众利益等。

3. 加强对建设项目概预算的控制

建设项目概预算是通过不同设计阶段的定额，以及不同取费标准对项目建设进行项目概预算的方式，它能够确定所有的建设计划费用，是不同设计结算文件中不可或缺的一部分，也是建设项目进行招投标的基础和编制依据。

一般而言，按照建设项目的进度，概预算可分为设计预算、施工图预算和施工预算。其中，设计预算是根据设计要求对工程造价进行概括性的计算，是整个建筑工程投资的最高限额；施工图预算是在施工图设计完成后、工程开工前，根据已批准的施工图纸、现行预算定额及各种建筑材料费用，按照规定的计算程序确定的工程预算造价，该预算是确定工程造价，考核工程成本、建筑工程招投标文件及建筑企业签订承包合同的依据，也是建筑企业施工进度及建筑工程款结账的依据；施工预算是根据施工方案，以及施工技术等计算出工程施工中的各种费用，它是建筑企业进行建筑工程施工进度计划、实施限额领料的依据，是建筑企业进行施工计划、安排实施人员及设备的重要依据，也是对施工人员进行工资发放、进行资源优化配置的重要依据。

单位应该从以下几个方面来加强建设项目概预算控制：

（1）单位应严格控制概预算编制与审核。概预算的编制要完整反映工程项目的内容，严格执行国家有关方针、政策和制度，实事求是地根据建设工程所造地的建设条件，依据有关依据性文件进行编制，保证概预算编制的科学性和合理性。单位也应当组织工程、技术、财会等部门相关专业人员或委托具有相应资质的中介机构对编制的概算进行审核，重点审核编制依据，项目内容、工程量的计算、定额套用等是否真实、完整和准确等。如发现施工图预算超过初步设计批复的投资概算规模，应对项目概算进行修正，并经审批。

（2）经批准的投资概算是工程投资的最高限额，未经批准，不得随意突破。正如《单位内控规范》第五十二条第一款所规定的："经批准的投资概算是工程投资的最高限额，如有调整，应当按照国家有关规定报经批准。"单位应该加强投资规模的控制，杜绝超规模、超概预算现象的发生。在投资概预算确需调整的情况下，单位应该履行恰当的审核和审批程序，对按照国家有关规定需要报有关部门批准的，只有在报批准后才能调整投资概算。

4. 严格工程建设规划审批控制

单位建设项目设计方案和概预算审批通过后，基建部门必须持有关批准文件向城市规划行政主管部门提出建设申请。遵照流程，城市规划行政主管部门根据城市规划对单位提出建设工程规划设计要求，城市规划行政主管部门征求并综合协调有关行政主管部门对建设工程设计方案的意见，审定建设工程初步设计方案；单位根据审定的初步设计方案要求对施工图和总预算进行修订，得到单位审批通过后，提交城市规划行政主管部门，城市规划行政主管部门审核建设单位提供的工程施工图后，核发建设工程规划许可证。

建设项目取得建设工程规划许可证后，施工前，还要按要求提交材料通过政府人防部门人防工程的审核。

5. 严格控制设计变更

《单位内控规范》第五十二条第二款规定："单位建设项目工程洽商和设计变更应当按照有关规定履行相应的审批程序。"为此，行政事业单位要严格控制建设项目设计变更，确需进行工程洽商和设计变更的，建设项目归口管理部门、项目监理机构应当进行严格审核，并且按照有关规定履行相应的审批程序。重大项目变更还应当参照项目决策和概预算控制的有关程序和要求重新履行审批手续。因设计单位的过失造成设计变更的，应由设计单位承担相应责任。必要时，可以引入设计监理，提高设计质量。因设计变更等原因造成价款支付方式及金额发生变动的，在申请工程价款支付时，建设项目归口管理部门应当提供完整的书面文件和其他相关资料，财会部门应当加强对建设项目设计变更所涉及价款支付的审核，严把价款支付关。

（四）工程招标控制

《单位内控规范》第四十九条规定："单位应当依据国家有关规定组织建设项目招标工作，并接受有关部门的监督。单位应当采取签订保密协议、限制接触等必要措施，确保标底编制、评标等工作在严格保密的情况下进行。"根据这一规定，行政事业单位应当加强对建设项目招标的控制，鉴于在《中华人民共和国政府采购法》（中华人民共和国主席令第68号）第二条政府采购定义中政府采购的对象包括建筑工程，即"本法所称工程，是指建设工程，包括建筑物和构筑物的新建、改建、扩建、装饰、拆除、修缮等"。因此，第七章"政府采购业务控制建设"中政府采购业务控制的招投标控制也同样适用于工程招投标，因此在此不再详述招标控制，仅从以下五个方面来做简要介绍。

1. 对招标程序的控制

行政事业单位应当建立建设项目招投标管理制度，明确招标范围和要求，规范招标程序，不得人为肢解工程项目，规避招标。行政事业单位应该采用招标方式确定设计单位和施工单位，遵循公开、公正、平等竞争的原则，发布招标公告。

2. 对项目标底编制和审核的控制

行政事业单位可以根据项目特点来决定是否编制标底，需要编制标底的，可以自行或委托相应资质的中介机构编制标底。财会部门应当审核标底价格内容、计价依据，以及标底价格是否在经批准的投资限额内。标底一经审定，应当密封保存，直至开标时，所有接触过标底的人员均负有保密责任，不得泄露。

3. 对开标过程的控制

在开标过程中，行政事业单位应当邀请所有投标人或其代表出席，并委托公证机构进行检查和公证。

4. 对评标程序的控制

行政事业单位应当依法成立评标小组负责评标。评标小组应当由单位的代表和有关技术、经济方面的专家组成，该小组应当按照招标文件规定的评标标准和方法，对投标文件进行评审和比较，择优选择中标候选人，同时也要对评标过程进行记录，评标结果应当有充分的评标记录作为支撑。

行政事业单位作为建筑单位应当保证评标小组独立、客观地进行评标工作，不得向评标小组成员施加影响，干扰其客观评判。

5. 对中标结果的控制

行政事业单位应当按照规定确定中标人，及时向中标人发出中标通知书，在规定的期限内与中标人订立书面合同，明确双方的权利、义务和违约责任。

（五）工程施工、变更与资金结算控制

1. 实施严格的建设项目监理制度

工程监理单位受建设单位委托，根据法律法规、工程建设标准、勘察设计文件及合同，在施工阶段对建设工程质量、进度、造价进行控制，对合同、信息进行管理，对工程建设相关方的关系进行协调，并履行建设工程安全生产管理法定职责的服务活动。

根据《建设工程监理范围和规模标准规定》（建设部令第 86 号）和《建设工程监理规范》（GB/T 50319—2013）等法律法规，国家重点建设工程，大中型公用事业工程，成片开发建设的住宅小区工程，利用外国政府或者国际组织贷款、援助资金的工程，其他公用事业项目等建设工程必须进行监理，具体范围如表 9-10 所示。

表 9-10　　　　　　　　　　建设工程监理范围

监理范围	具体内容
大中型公用事业工程	指项目总投资额在 3 000 万元以上的下列工程项目。具体包括：① 供水、供电、供气、供热等市政工程项目；② 科技、教育、文化等项目；③ 体育、旅游、商业等项目；④ 卫生、社会福利等项目；⑤ 其他公用事业项目
成片开发建设的住宅小区工程	建筑面积在 5 万平方米以上的住宅建设工程必须实行监理；5 万平方米以下的住宅建设工程，可以实行监理，具体范围和规模标准，由省、自治区、直辖市人民政府建设行政主管部门规定。高层住宅及地基、结构复杂的多层住宅应当实行监理
利用外国政府或者国际组织贷款、援助资金的工程	1. 使用世界银行、亚洲开发银行等国际组织贷款资金的项目。 2. 使用国外政府及其机构贷款资金的项目。 3. 使用国际组织或者国外政府援助资金的项目
国家规定必须实行监理的其他工程	1. 项目总投资额在 3 000 万元以上，关系社会公共利益、公众安全的下列基础设施项目： （1）煤炭、石油、化工、天然气、电力、新能源等项目。 （2）铁路、公路、管道、水运、民航及其他交通运输业等项目。 （3）邮政、电信枢纽、通信、信息网络等项目。 （4）防洪、灌溉、排涝、发电、引（供）水、滩涂治理、水资源保护、水土保持等水利建设项目。

续表

监理范围	具体内容
国家规定必须实行监理的其他工程	（5）道路、桥梁、地铁和轻轨交通、污水排放及处理、垃圾处理、地下管道、公共停车场等城市基础设施项目。 （6）生态环境保护项目。 （7）其他基础设施项目。 2．学校、影剧院、体育场馆项目

单位应该通过招标的方式选择具有资质的监理单位，并与其签署建设工程委托监理书面合同，合同中应包括监理单位对建设工程质量、造价、进度进行全面控制和管理的条款，建设单位与承包单位之间与建设工程合同有关的联系活动应通过监理单位进行。

监理单位应于委托监理合同签订后十天内，将项目监理机构的组织形式、人员构成及对总监理工程师的任命书面通知建设单位。一般来说，在监理单位履行施工阶段的委托监理合同时，必须在施工现场建立项目监理机构，项目监理机构在完成委托监理合同约定的监理工作后方可撤离施工现场。监理人员应包括总监理工程师、专业监理工程师和监理员，必要时可配备总监理工程师代表，监理人员不仅具有相应的资质，还要有良好的职业道德水平，深入施工现场，做好建设项目进度和质量的监控，及时发现和纠正建设过程中的问题，客观公正地执行各项监理任务。此外，工程变更、价款支付和竣工验收都必须取得监理机构或相关工作人员的签字确认。

2. 加强项目施工过程监控

单位应该依据《建设工程质量管理条例》（国务院第279号）、《建设工程安全生产管理条例》（国务院令第393号）等法律法规，对项目施工过程进行监控，具体包括项目进度监控、项目施工质量监控、项目施工安全生产监控，单位可以通过相关制度及合同约定，明确建设单位、施工单位、监理单位及相关方的在工程质量、安全生产方面的责任与义务，保证工程质量与生产安全。

（1）项目进度监控。就项目进度而言，施工单位要根据建设工程的实际条件和施工现场的实际情况，并结合承包单位劳动力、材料、机械设备的供应计划，制定详细的进度计划，报监理单位审批后，严格按照进度计划开展工作。同时，施工单位应定期统计、分析和对比已完成投资情况，对于实际进度与合同进度计划不符的情况，施工单位应提交修订合同进度计划的申请报告，并附原因分析和相关措施，报监理机构审批。确需调整进度的，施工单位应在保证质量的前提下，同建设单位、监理机构达成一致的调整意见。就项目进度而言，行政事业单位也应密切关注建设项目的实施情况，跟进建设项目的进度，确保其按照进度计划开展工作，能够按时完成建设工程。

（2）项目施工质量监控。就项目施工质量而言，施工单位对建设工程的施工质量负责，实行总承包的，总承包单位应当对全部建设工程质量负责，建设工程勘察、设计、施工、设备采购的一项或者多项实行总承包的，总承包单位对其承包的建设工程或者采购的设备的质量负责。施工单位要建立质量责任制，确定项目的项目经理、技术负责人和施工管理负责人。同时，应按合同约定对材料、工程设备，以及工程的所有部位及其施工工艺进行全过程的质量检查和检验，检查和检验应当有书面记录和专人签字。此外，施工单位应定期编制工程质量报表，报送监理机构审查。

工程监理单位应当依照法律、法规，以及有关技术标准、设计文件和建设工程承包合同，代表建设单位对施工质量实施监理，并对施工质量承担监理责任，选派具备相应资格的总监理工程师和监理工程师进驻施工现场，监理工程师应按照工程监理规范的要求，采取旁站、巡视和平行检验等形式，对建设工程实施监理，未经监理工程师签字，建筑材料、建筑构配件和设备不得在工程上使用或者安装，施工单位不得进行下一道工序的施工。未经总监理工程师签字，建设单位不拨付工程款，不进行竣工验收。

（3）项目施工安全生产监控。建设单位、勘察单位、设计单位、施工单位、工程监理单位及其他与建设工程安全生产有关的单位，必须遵守安全生产法律、法规的规定，保证建设工程安全生产，依法承担建设工程安全生产责任。各个单位的安全责任，如表 9-11 所示。

表 9-11　　　　　　　　　建设项目各单位安全责任

单　位	安全责任
建设单位	1. 建设单位应当向施工单位提供施工现场及毗邻区域内供水、排水、供电、供气、供热、通信、广播电视等地下管线资料，气象和水文观测资料，相邻

续表

单位	安全责任
建设单位	建筑物和构筑物、地下工程的有关资料，并保证资料的真实、准确、完整。因建设工程需要，向有关部门或者单位查询前款规定的资料时，有关部门或者单位应当及时提供。 2. 在编制工程概算时，应当确定建设工程安全作业环境及安全施工措施所需费用。 3. 在申请领取施工许可证时，应当提供建设工程有关安全施工措施的资料。依法批准开工报告的建设工程，应当自开工报告批准之日起 15 日内，将保证安全施工的措施报送相关部门备案。 4. 应当将拆除工程发包给具有相应资质等级的施工单位，拆除工程 15 日前报送相关部门备案，实施爆破作业的，应当遵守国家有关民用爆炸物品管理的规定。 5. 不得对勘察、设计、施工、工程监理等单位提出不符合建设工程安全生产法律、法规和强制性标准规定的要求，不得压缩合同约定的工期；不得明示或者暗示施工单位购买、租赁、使用不符合安全施工要求的安全防护用具、机械设备、施工机具及配件、消防设施和器材
勘察单位	1. 应当按照法律、法规和工程建设强制性标准进行勘察，提供的勘察文件应当真实、准确，满足建设工程安全生产的需要。 2. 在勘察作业时，应当严格执行操作规程，采取措施保证各类管线、设施和周边建筑物、构筑物的安全
设计单位	1. 应当按照法律、法规和工程建设强制性标准进行设计，防止因设计不合理导致生产安全事故的发生。 2. 应当考虑施工安全操作和防护的需要，对涉及施工安全的重点部位和环节在设计文件中注明，并对防范生产安全事故提出指导意见。 3. 采用新结构、新材料、新工艺的建设工程和特殊结构的建设工程，设计单位应当在设计中提出保障施工作业人员安全和预防生产安全事故的措施建议。 4. 设计单位和注册建筑师等注册执业人员应当对其设计负责
工程监理单位	1. 审查施工组织设计中的安全技术措施或者专项施工方案是否符合工程建设强制性标准。 2. 在实施监理过程中，发现存在安全事故隐患，应当要求施工单位整改；情况严重的，应当要求施工单位暂时停止施工，并及时报告建设单位。施工单位拒不整改或者不停止施工的，工程监理单位应当及时向有关主管部门报告。

续表

单　位	安全责任
工程监理单位	3．工程监理单位和监理工程师应当按照法律、法规和工程建设强制性标准实施监理，并对建设工程安全生产承担监理责任
施工单位	1．应当具备国家规定的注册资本、专业技术人员、技术装备和安全生产等条件，依法取得相应等级的资质证书，并在其资质等级许可的范围内承揽工程。 2．施工单位主要负责人依法对本单位的安全生产工作全面负责。施工单位应当建立健全安全生产责任制度和安全生产教育培训制度，制定安全生产规章制度和操作规程，保证本单位安全生产条件所需资金的投入，对所承担的建设工程进行定期和专项安全检查，并做好安全检查记录。 3．施工单位的项目负责人应当由取得相应执业资格的人员担任，对建设工程项目的安全施工负责，落实安全生产责任制度、安全生产规章制度和操作规程，确保安全生产费用的有效使用，并根据工程的特点组织制定安全施工措施，消除安全事故隐患，及时、如实报告生产安全事故……

3. 加强对建设项目变更控制

（1）重视和加强合同管理。

首先，在建设项目合同中，要明确甲乙双方的权利和义务，尽量做到资料齐全、表述严密，切不可出现含糊其辞的表达，这有可能会导致不必要的纠纷出现。完善有效的合同管理能够有效避免纠纷的发生，提高工程造价管理水平。

其次，要控制建设项目合同变更。在合同实施过程中，要建立健全合同履约跟踪检查制度，加强对合同履行的监督力度，提高合同履约率。对于建设单位出现任意变更、私下签订价款结算办法、施工工期等行为，都属于违约，要及时发现问题并进行纠正，进而对工程投资进行有效控制。

（2）提高对建设项目变更的预防和控制能力。建设单位应建立一支懂专业、负责任的管理队伍，加大对建设项目的管理力度。努力做到建设项目可行性研究的科学性、设计方案的完善性、招标文件及合同制定的严密性，尤其是对建设项目变更的相应条款规定要翔实、缜密，尽量减少工程变更发生的几率及由于变更而引起的争议。

（3）建立科学的建设项目变更管理办法。为了加强建设项目的变更管理，建设单位应建立一套建设项目变更管理的办法，制定相应的规章制度，健全管理机构,明确责任,严格项目变更的审查和审批程序,推行项目变更评审制,确保变更建设项目、工程量和变更单价的合理性。为了规范变更管理程序,建设单位可以对项目变更类型、内容、批准权限、审查原则和时间等进行规定。建设单位还要派专人做好对项目变更资料的分类、编码及存档工作,以保证竣工图的原始性和完整性。

4. 加强对建设项目资金控制

《单位内控规范》第五十条第一款规定:"单位应当按照审批单位下达的投资计划和预算对建设项目资金实行专款专用,严禁截留、挪用和超批复内容使用资金。财会部门应当加强与建设项目承建单位的沟通,准确掌握建设进度,加强价款支付审核,按照规定办理价款结算。实行国库集中支付的建设项目,单位应当按照财政国库管理制度相关规定支付资金。"为此,单位应从以下几个方面加强建设项目资金的控制。

(1)严格执行建设项目监理制度。单位财会部门应当加强与承包单位和监理机构的沟通,根据施工合同约定,按照规定的审批权限和程序办理工程价款结算。同时,财会部门应该对相关凭证进行严格审核,按照合同规定的付款方式及时、足额付款,做到既不违规预支,也不无故拖欠。

(2)单位应当按照审批单位下达的投资计划和预算对建设项目资金实行专款专用,严禁截留、挪用和超批复内容使用资金。单位可以根据项目组成(分部、分项工程),结合项目进度编制资金使用计划,将其作为资产管控和工程价款结算的重要依据,确保资金筹集和使用与工程进度协调一致。

(3)对工程价款支付的控制。财会部门应当加强与建设项目承建单位的沟通,准确掌握工程进度,加强价款支付审核,根据合同规定及时、足额支付工程价款,办理工程结算(关于项目竣工价款结算的详细内容可参看本章"项目竣工结算控制"的内容,在此从略)。实行国库集中支付的建设项目,财会部门应当按照财政国库制度相关规定,根据项目支出预算和工程进度,办理资金支付等相关事宜。

单位在实际操作中,也要根据对建设项目的竣工结算进行分类控制,分清楚内部控制的侧重点。例如,对于自行建造的建设项目、以包工不包料方式委托其他单位承担的建设项目,行政事业单位应当建立相关的控制程序,强化工程物资采购、验收和付款控制;由承包单位采购工程物资的,行政事业单位应当加强监督，确保工程物资采购符合设计标准和合同要求，严谨不合格工程物资投入工程项目建设。

5. 建立项目工程物资采购控制机制

建筑材料是在土木工程和建筑工程中使用的材料的统称，按照其重要性，建筑材料可分为主要材料、特殊材料和地方材料。其中，主要材料包括钢材、木材、水泥等，特殊材料包括大理石、花岗岩、高级装饰材料等，地方材料包括砖、瓦、灰、砂、石等。一般来说，地方材料、部分主要材料和特殊材料由施工单位购采购，设备主要由建设单位采购，由建设单位购买的应遵循政府采购的统一要求。

对于由承包单位购买的物资，行政事业单位应加强监督，采取必要措施确保工程物资符合设计标准和合同要求。同时，也要注意事先在施工合同中具体说明建筑材料和设备应达到的质量标准，明确责任追究方式。对于承包单位提供的重要材料和工程设备，应当由监理机构进行检验，查验材料合格证明和产品合格证书，一般材料要进行抽检。未经监理人员签字，工程物资不得在工程上使用或安装，不得进行下一道工序施工。对于运入施工场地的材料、工程设备（包括备品、备件、安装专用器具等），必须做到合同工程专用，未经监理人员同意，承包单位不得运出施工场地或挪作他用。

（六）竣工决算控制

《单位内控规范》第五十三条第一款规定："建设项目竣工后，单位应当按照规定的时限及时办理竣工决算，组织竣工决算审计，并根据批复的竣工决算和有关规定办理建设项目档案和资产移交等工作。"为此，单位应当从以下几个方面进行竣工决算控制。

1. 建立项目竣工验收控制机制

施工单位在完成工程建设后，向监理机构提交竣工报验单，并提出完工申请，监理机构对工程完成情况进行检查，签署报验单，提交行政事业单位建设项目归口管理部门。建设项目归口管理部门在收到竣工验收申请后，可以会同施工、监理三个单位的各专业人员根据该工程的实际功能分别组成几个专业小组对工程进行全面、细致的竣工预验（即内部初验），确认工程具备验收条件后，建设项目归口管理部门负责通知勘察、设计、施工图审查、规划、公安消防、环保、节能、人防、电梯、档案、监理、施工等部门，对竣工项目进行专项检查，并写出各自的专项检查合格报告或准许使用文件。

根据《房屋建筑和市政基础设施工程竣工验收规定》（建质〔2013〕171号）等相关法律法规，建设工程竣工验收必须满足的条件包括：

（1）完成工程设计和合同约定的各项内容。

（2）施工单位在工程完工后对工程质量进行了检查，确认工程质量符合有关法律、法规和工程建设强制性标准，符合设计文件及合同要求，并提出工程竣工报告。工程竣工报告应经项目经理和施工单位有关负责人审核签字。

（3）对于委托监理的工程项目，监理单位对工程进行了质量评估，具有完整的监理资料，并提出工程质量评估报告。工程质量评估报告应经总监理工程师和监理单位有关负责人审核签字。

（4）勘察、设计单位对勘察、设计文件及施工过程中由设计单位签署的设计变更通知书进行了检查，并提出质量检查报告。质量检查报告应经该项目勘察、设计负责人和勘察、设计单位有关负责人审核签字。

（5）有完整的技术档案和施工管理资料。

（6）有工程使用的主要建筑材料、建筑构配件和设备的进场试验报告，以及工程质量检测和功能性试验资料。

（7）建设单位已按合同约定支付工程款。

（8）有施工单位签署的工程质量保修书。

（9）对于住宅工程，进行分户验收并验收合格，建设单位按户出具《住宅工程质量分户验收表》。

（10）建设主管部门及工程质量监督机构责令整改的问题全部整改完毕。

（11）法律、法规规定的其他条件。

具体来说，建设工程竣工验收的程序包括：

（1）工程完工后，施工单位向建设单位提交竣工报告，申请工程竣工验收。实行监理的工程，工程竣工报告必须经总监理工程师签署意见。

（2）建设单位收到工程竣工报告后，对符合竣工要求的工程，组织勘察、设计、施工、监理等单位组成验收组，制定验收方案。对于重大工程和技术复杂的工程，根据需要可邀请有关专家参加验收组。

（3）建设单位应当在工程竣工验收 7 个工作日前将验收的时间、地点及验收组名单书面通知负责监督该工程的工程质量监督机构。

（4）建设单位组织工程竣工验收，具体包括：

① 建设、勘察、设计、施工、监理单位分别汇报工程合同履约情况和在工程建设各个环节执行法律、法规和工程建设强制性标准的情况。

② 审阅、勘察、设计、施工、监理单位的工程档案资料。

③ 实地查验工程质量。

④ 对工程勘察、设计、施工、设备安装质量和各管理环节等方面做出全面评价，形成经验收人员签署的工程竣工验收意见。参与工程竣工验收的建设、勘察、设计、施工、监理等各方不能形成一致意见时，应当协商提出解决的方法，待意见一致后，重新组织工程竣工验收。

（5）工程竣工验收合格后，单位要及时编制财产清单，办理资产移交手续，并加强对移交资产的管理。

此外，对验收合格的建设项目，单位应当及时提出工程竣工验收报告。工程竣工验收报告主要包括工程概况，单位执行基本建设程序情况，对工程勘察、设计、施工、监理等方面的评价，工程竣工验收时间、程序、内容和组织形式，工程竣工验收意见等内容，工程竣工验收报告还应附有施工许可证、施工图设计文件审查意见等文件。

单位应当自工程竣工合格之日起 15 日内，根据《房屋建筑和市政基础设施工程竣工验收备案管理办法》(住房和城乡建设令第 2 号)等相关规定向工程所在地的县级以上地方人民政府建设主管部门备案，需要提交的文件包括：① 工程竣工验收备案表；② 工程竣工验收报告；③ 法律、行政法规规定应当由规划、环保等部门出具的认可文件或者准许使用文件；④ 法律规定应当由公安消防部门出具的对大型的人员密集场所和其他特殊建设工程验收合格的证明文件；⑤ 施工单位签署的工程质量保修书；⑥ 法规、规章规定必须提供的其他文件。此外，住宅工程还应当提交《住宅质量保证书》和《住宅使用说明书》。备案机关发现建设单位在竣工验收过程中有违反国家有关建设工程质量管理规定行为的，应当在收讫竣工验收备案文件 15 日内，责令停止使用，重新组织竣工验收。

2. 建立竣工结算控制机制

工程竣工结算是指施工单位按照合同规定的内容完成全部所承包的工程，经验收质量合格并符合合同要求之后，与建设单位进行的最终工程价款结算。根据《建设工程价款结算暂行办法》（财建〔2004〕369号）的相关规定，工程竣工后，单位要按照约定的合同价款和合同价款调整内容及索赔事项，及时进行工程竣工结算，以便使工程得到交付使用，并办理权属登记。

一般来说，工程竣工结算分为单位工程竣工结算、单项工程竣工结算和建设项目竣工总结算等三种方式，单位要按照不同结算方式，经过工程竣工结算编制和审核，完成价款支付。为此，行政事业单位应该从以下几个方面加强竣工结算控制。

（1）工程竣工结算编审。单位工程竣工结算由承包人编制，发包人审查；实行总承包的工程，由具体承包人编制，在总包人审查的基础上，发包人审查。单项工程竣工结算或建设项目竣工总结算由总（承）包人编制，发包人可直接进行审查，也可以委托具有相应资质的工程造价咨询机构进行审查。政府投资项目，由同级财政部门审查。单项工程竣工结算或建设项目竣工总结算经发、承包人签字盖章后有效。

（2）工程竣工结算审查。单项工程竣工后，承包人应在提交竣工验收报告的同时，向发包人递交竣工结算报告及完整的结算资料，发包人进行核对（审查）并提出审查意见。在审查时间方面，工程竣工结算报告金额在500万元以下，审查时间为从接到竣工结算报告和完整的竣工结算资料之日起20天，500万元至2 000万元的，审查时间为30天，2 000万元到5 000万元的，审查时间为45天，5 000万元以上的，审查时间为60天。

建设项目竣工总结算在最后一个单项工程竣工结算审查确认后15天内汇总，送发包人后30天内审查完成。

（3）工程竣工价款结算。发包人收到承包人递交的竣工结算报告及完整的结算资料后，应按本以上期限（合同约定有期限的，从其约定）进行核实，给予确认或者提出修改意见。发包人根据确认的竣工结算报告向承包人支付工程竣工结算价款，保留5%左右的质量保证（保修）金，待工程交付使用一年质保期到期后清算（合同另有约定的，从其约定），质保期内如有返修，发生费用应在质量保证

（保修）金内扣除。

3. 加强项目竣工决算编制、审核和审计控制

竣工决算是以实物数量和货币指标为计量单位，综合反映竣工项目从筹建开始到项目竣工交付位置的全部建设费用、财务情况和投资效果的总结性文件。工程竣工验收后，建设项目归口管理部门应当按照规定的时限及时组织竣工决算工作，也可以视工程项目的投资额度、复杂程度决定自行开展竣工决算或者委托外部专业机构编制竣工决算。财会部门应当加强对竣工决算报告的审核，重点审核竣工决算依据是否完备、相关文件资料是否齐全、竣工清理是否完成、决算编制是否正确等。

《中华人民共和国审计法》第二十三条："审计机关对政府投资和以政府投资为主的建设项目的预算执行情况和决算，进行审计监督。"根据审计署于2001年8月发布的《国家机关国家建设项目审计准则》（审计署令第3号）、《基本建设项目竣工决算审计试行办法》（审基发［1991］430号）、《关于进一步加强中央基本建设项目竣工财务决算工作的通知》（财办建［2008］91号）等法律法规，为此，单位在竣工决算自行审核完成后应及时组织竣工决算审计，通过委托具有相应资质的中介机构实施审计。未经审计的，不得办理资产验收和移交手续。

竣工决算审计应坚持独立、科学、客观、公正、实事求是的原则，确保工作的独立性、科学性和客观性，对项目竣工决算的真实性、合法性、完整性进行审计，核定总投资、总资产及待核销资产等，从而促进项目建设相关部门和单位加强财务管理和财务监督，提高资金使用效益，并且为竣工验收的条件和批复财务决算提供依据。

具体来说，单位应该明确竣工决算审计的岗位设置和职责分工，确定竣工决算审计的工作流程，根据本单位建设项目的实际情况，明确竣工决算的审计重点。一般而言，建设项目竣工决算审计应重点关注：

（1）审查工程项目的可行性研究报告和项目批复情况，关注提供审计的工程项目是否为立项工程。

（2）关注项目概算执行情况，审核概算及调整情况，尤其要关注是否存在工程超概算及是否有计划外建设项目，有无自行扩大投资规模和提高建设标准的情况；此外需关注建设资金是否按照计划及时、足额到位。

（3）关注工程项目建设情况，审核相关配套施工是否签订合同，是否经过工程结算审核；审查材料、设备的合同，关注材料的入库、出库、退库手续是否完备，关注材料的消耗情况。

（4）审计待摊投资的列支内容和分摊是否合理、准确，其他投资的列支是否真实、合规，关注有无混淆生产成本和建设成本的情况。

（5）检查工程项目合同工期执行情况和合同质量等级控制情况；检查被审计单位是否按照合同约定支付货款。

（6）交付使用资产情况：检查交付固定资产是否在初验后及时交付验收，交付手续是否齐全，交付的资产是否与入账资产一致，并与审计人员现场盘点的资产一致。关注有无虚报完成及虚列应付债务或转移建设资金等情况。

（7）审查资金、工程物资的结余情况，关注有无隐瞒、转移、挪用工程建设资金、物资等情况。

（8）有无报废工程，报废工程是否经主管部门审批。

（9）竣工投产时间是否符合计划规定。

（10）尾工工程的预留工程款及建设情况。

也有些学者对建设项目的审计提出了"建设项目跟踪审计"的观点。[1]建设项目的跟踪审计就是将整个工程项目的整体划分成几个阶段，这样一来审计人员才能够方便、快捷的开展审计工作。审计人员对工程项目建设中各个建设阶段的合法性、真实性等进行严格的审计，并提出相应的意见来规范整个项目的建设过程。重点审计建设项目设计方案与招投标。

4. 建立项目会计核算控制机制

财会部门应当按照国家统一的会计制度的规定对建设项目进行会计核算，真实、完整地反映建设项目成本归集、资金来源、价款支付及相关工程物资的增减变动情况，并妥善保管相关记录、文件和凭证，确保建设过程得到全面反映。

根据《基本建设财务管理规定》(财建〔2002〕394号)等相关法律法规的规定，单位应该：按规定设置独立的财务管理机构或者指定专人负责建设项目财务工作，严格按照批准的概预算建设内容，做好账务设置和账务管理，建立健全内

---

[1] 俞军明. 刍议行政事业单位建设项目的财务管理和控制[J]. 中国农业会计, 2012(8).

部财务管理制度；对建设活动中的材料、设备采购、存货、各项财产物资及时做好原始记录；及时掌握工程进度，定期进行财产物资清查；按规定向财政部门报送相关财务报表。

对于建设项目初检后确定固定资产达到预定可使用状态的，施工单位应及时通知建设单位，单位会同监理单位初验后应及时对项目价值进行暂估，转入固定资产核算，单位财务部门应定期根据所掌握的工程项目进度核对项目固定资产暂估记录。对于建设项目剩余物资管理，单位在工程竣工后应对各种节约的材料、设备、施工机械工具等进行清理核实、妥善处理，不得任意侵占，应变价处理的库存设备、材料，以及应处理的自用固定资产要公开变价处理。

5. 建立项目档案控制机制

《单位内控规范》第五十一条规定："单位应当加强对建设项目档案的管理。做好相关文件、材料的收集、整理、归档和保管工作。"为此，单位应按照国家档案管理规定，及时收集、整理项目各环节的文件资料，建立健全建设项目档案，并及时向建设行政主管部门或其他有关部门移交建设项目档案。

具体来说，单位应该从以下两个方面加强建设项目档案管理：

（1）单位应该建立建设项目档案管理制度，对建设项目档案实行集中统一管理，由建设项目归口管理部门统一管理。

（2）建设项目档案的归档应当与建设项目同步，各有关部门、机构和工作人员应当在各自职责范围内做好建设项目文件、材料的收集、整理、归档、保管工作。具体包括：单位建设项目归口管理部门负责收集整理建设项目相关文件；勘察、设计机构负责收集、整理勘察、设计文件，并于任务结束后向行政事业单位建设项目归口管理部门移交设计基础材料和设计文件；项目施工单位负责收集整理与项目施工建设相关的文件材料，项目监理机构负责收集、整理项目监理文件，建设项目实体完成后向行政事业单位移交，统一由建设项目归口管理部门归档保管。

6. 建立项目后评估控制机制

建设项目后评估是指项目已经完成并运行一段时间后，对项目的目的、执行过程、效益、作用和影响进行系统的、客观的分析和总结的一种技术经济活动，一般在项目竣工验收后 6 个月至 1 年后。

单位应当建立建设项目后评估制度，遵循公开、客观和公正的原则，通过对比项目的实际运行情况与最初设计和施工方案来对项目的完工质量做出评估，总结经验教训，并以此作为绩效考核和责任追究的基本依据，以便进一步提高建设项目管理水平。此外，单位还应当保证项目后评估工作的独立性，以便确保项目后评估工作结果的客观性和可靠性。

第十章

合同控制建设

行政事业单位的很多经济活动往来都可能涉及合同，如政府采购业务、开展工程建设等。合同业务是行政事业单位经济活动的重要组成部分，加强合同控制，有利于维护行政事业单位的权益，防范与控制相关法律和业务风险，提高公共服务的管理效率。

一、合同控制概述

（一）合同的概念

广义上来说，合同指所有法律部门中确立权利、义务关系的协议。合同一般包括民事合同、经济合同、劳动合同和行政合同等，本书中所讲的合同主要是指与行政事业单位经济活动相关的经济合同，即单位为实现一定经济目的，与平等民事主体的法人、自然人，以及其他经济单位之间订立的明确相互权利义务关系的协议。行政事业单位订立的经济合同，从严格意义上说也是一种民事合同，只不过这种民事合同不涉及婚姻、收养、监护等有关身份关系的协议，而是一种涉及债权、物权关系的财产合同。

（二）合同分类

根据合同订立的形式，合同可分为书面合同、口头合同和其他形式合同。行政事业单位经济合同一般以书面合同为主，即通过合同书、信件和数据电文（包括电报、电传、传真、电子数据交换和电子邮件）等可以有形地表现所载内容的形式订立的合同。

根据《中华人民共和国合同法》，合同按照其内容可划分为：买卖合同，供用电、水、气、热力合同，赠与合同，借款合同，租赁合同，融资租赁合同，承揽合同，建设工程合同，运输合同，技术合同，保管合同，仓储合同，委托合同，经纪合同，居间合同等15类合同（见表10-1）。

表10-1　　　　　　　　　　合同类别与定义

合同类别	定　义
1．买卖合同	买卖合同是指出卖人转移标的物的所有权于买受人，买受人支付价款的合同。对行政事业单位而言，主要指采购合同
2．供用电、水、气、热力合同	供用电合同是指供电人向用电人供电，用电人支付电费的合同。供用水、气、热力的合同，参照供电合同的定义
3．赠与合同	赠与合同是指赠与人把自己的财产无偿地送给受赠人，受赠人表示接受赠与的合同
4．借款合同	借款合同是指借款人向贷款人借款，到期返还借款并支付利息的合同
5．租赁合同	租赁合同是指出租人将租赁物交付承租人使用、收益，承租人支付租金的合同
6．融资租赁合同	融资租赁合同是指出租人根据承租人对出卖人、租赁物的选择，向出卖人购买租赁物，提供给承租人使用，承租人支付租金的合同
7．承揽合同	承揽合同是指承揽人按照定做人的要求完成工作，交付工作成果，定做人给付报酬的合同
8．建设工程合同	建设工程合同是指承包人进行工程建设，发包人支付价款的合同，包括工程勘察、设计、施工、监理合同
9．运输合同	运输合同是指承运人将旅客或者货物从起运地点运输到约定地点，旅客、托运人或者收货人支付票款或者运输费用的合同，包括客运合同、货运合同、多式联运合同
10．技术合同	技术合同是指当事人就技术开发、转让、咨询或者服务订立的确立相互之间权利和义务的合同，包括技术开发合同、技术转让合同、技术咨询合同和技术服务合同
11．保管合同	保管合同是指保管人保管寄存人交付的保管物，并返还该物的合同

续表

合同类别	定　义
12．仓储合同	仓储合同是指保管人储存存货人交付的仓储物，存货人支付仓储费的合同
13．委托合同	委托合同是指委托人和受托人约定，由受托人处理委托人事务的合同
14．经纪合同	经济合同是指经纪人以自己的名义为委托人从事贸易活动，委托人支付报酬的合同
15．居间合同	居间合同是指居间人向委托人报告订立合同的机会或者提供订立合同的媒介服务，委托人支付报酬的合同

（三）合同业务控制框架

一般来说，合同业务包括合同前期准备、合同订立、合同执行、合同后续管理等环节。其中，合同前期准备包括合同策划、合同调查、合同谈判等流程，合同订立包括合同文本拟定、合同审核、合同签署等流程，合同执行包括合同履行、合同补充、合同变更、合同转让、合同终止、合同纠纷处理和合同结算等流程，合同后续管理包括合同登记与保管、合同归档、合同履行后评估等流程（见图10-1）。

1. 合同策划

合同策划是指合同订立前思考、设计与计划编制合同的阶段。为了保证合同能够促进项目总目标的实现，合同必须反映项目战略和单位战略，反映单位的经营指导方针和根本利益，因此，合同策划就显得尤为重要。在此阶段应该明确：合同的种类、形式、条件；合同签订和实施时重大问题的决策；合同的内容、单位、技术、时间上的协调等。

2. 合同调查

合同调查是指在与拟签约对方订立合同之前对拟签约对方进行调查的阶段。在该阶段，单位要充分了解拟签约对方在法律上是否有订立合同的主体资格、资信情况，单位应该充分收集相关证据，审查其营业范围是否有效、拟签订的合同内容是否在对方的经营范围之内、对方是否具有履约能力等。

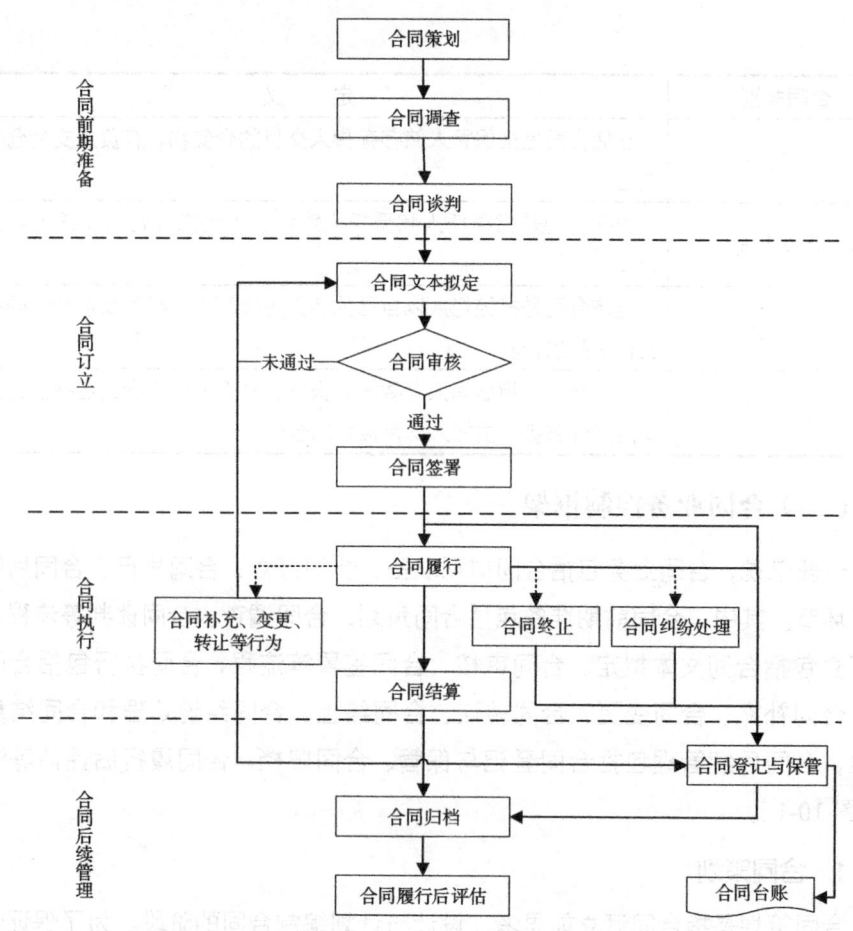

图 10-1　行政事业单位合同业务基本流程

3. 合同谈判

合同谈判是指在初步确定了拟签约对象后,当事人之间针对合同条款的不同意见经过反复协商、讨价还价,最后达成一致意见的洽谈协商阶段。单位内部的合同承办部门应当在授权范围内与对方进行合同谈判,按照自愿、公平的原则,磋商合同内容和条款,明确双方的权力义务和违约责任。谈判阶段可能涉及的主要内容包括:合同内容和范围的确认;技术要求、技术规范和技术方案;价格调整条款;合同款支付方式;工期和维修期;争端的解决等。

4. 合同文本拟定

合同文本拟定是指单位在合同谈判后，根据协商谈判结果将双方协商一致的意见用文字表述出来的阶段。这一阶段是合同订立过程的关键环节，单位必须予以高度重视。该阶段主要涉及的内容包括：合同文本的格式、条款内容、语言表述等。

5. 合同审核

合同审核是指合同文本拟定完成后，单位对合同进行严格审查的阶段。在这一阶段主要是审查合同文本的合法性、经济性、可行性和严密性，具体包括审查合同主体是否合法、合同内容是否合法、合同意思表示是否真实、合同条款是否完备、合同的文字是否规范、合同订立的手续和形式是否完备等。

6. 合同签署

合同签署是指单位经过审核同意签订合同，与对方当事人正式签署并加盖单位合同专用章、履行合同生效手续的阶段。合同文本拟定后，待双方当事人完全认可后，双方当事人的法定代表人或经办人在合同上签字，然后加盖单位公章或者合同专用章，此时合同订立程序顺利完成。根据国家规定需经有关部门审查批准的，合同需报经有关部门审批后才能正式生效。

7. 合同履行

合同履行是指单位对合同规定义务的执行阶段，是整个合同运行的关键环节。就其本质而言，履行合同是指合同的全部履行。狭义上，合同履行是指具体合同义务的执行；广义上，合同履行可能还应包括履行后的后续管理工作。合同履行的内容包括履行主体、履行标的、履行期限、履行地点、履行方式、履行费用等。

8. 合同补充、变更、转让和终止

合同补充是指在合同生效后，经当事人各方协商后，对原合同条款进行补充。合同变更是指在合同生效后，经当事人各方协商后，对原合同条款进行变更，一般分为合同内容的变更和合同主体的变更，其目的是通过对原合同的修改保障合同更好地履行和一定目的的实现。合同转让是指合同权利、义务的转让，即当事人一方将合同的权利或义务全部或部分转让给第三人。合同终止是指合同当事人双方在合同关系建立以后，因特定法律事实的出现，使合同确立的权利义务的终止。

9. 合同纠纷处理

合同纠纷是指因合同的生效、解释、履行、变更、终止等行为而引起的合同当事人的所有争议。合同纠纷的范围较广，一般涵盖了一项合同从成立到终止的整个过程。合同纠纷的内容主要表现在争议主体对于导致合同法律关系产生、变更与消灭的法律事实及法律关系的内容有不同的观点与看法。

10. 合同结算

合同结算是指单位合同的价款结算阶段。该阶段不仅是合同的最关键环节，也是合同风险最直接的表现。在该阶段，需要法律部门和财务部门密切配合，把好合同的结算关。合同结算过程既是对合同签订的审查，也是对合同履行的监督，具体可采取或制定贷款支付复核程序，实施有效的管理。

根据行政事业单位合同业务的流程和《单位内控规范》的相关规定，合同控制具体包括合同业务组织管理体系控制和业务流程控制，其中，业务流程控制包括合同前期准备控制、合同订立控制、合同执行控制和合同后续管理控制（见图10-2）。

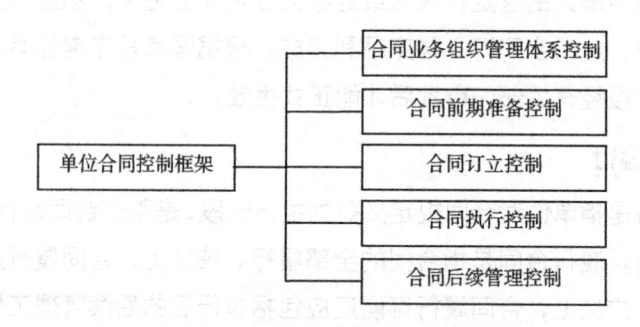

图10-2 行政事业单位合同控制框架

（四）合同控制的法律法规依据

行政事业单位合同控制主要依据《中华人民共和国合同法》、《中华人民共和国招投标法》和《中华人民共和国政府采购法》中关于合同管理的相关规定。

二、合同控制目标

（一）合同业务组织管理体系控制目标

（1）建立健全合同内部管理制度，合理设置合同业务岗位，明确职责分工，不相容岗位互相分离、互相制约、互相监督。

（2）对合同实行分级管理，明确合同的授权审批和签署权限，有效规避未经授权审批或越权审批。

（3）合理设置归口管理部门，明确归口管理部门的职责，防止合同业务出现多头管理、互相推诿的情况，同时确保单位业务部门、财会部门与合同归口管理部门之间有效的沟通和协调，增强单位资源配置的科学性、合理性。

（二）合同前期准备控制目标

（1）合同策划科学合理，确保合同业务符合单位经营目标和战略规划，能够反映单位的经营指导方针和根本利益，并在各方面具有可行性。

（2）合同调查充分，确保合同对方具有主体资格，资信情况、信誉和经营状况良好，具有较好的履约能力，以便减少合同违约风险。

（3）合同谈判准备充分，按照自愿、公平的原则磋商合同内容和条款，明确双方的权利义务和违约责任，确保实现业务目标，保障和维护单位的权益。

（三）合同订立控制目标

（1）确保合同文本准确表达了双方谈判的真实意思，并且做到合同文本内容规范，合同相关法定要素齐全，文字表达准确，违约责任等关键条款明确。

（2）加强对合同文本的审核，对于影响重大或法律关系复杂的合同文本，采取合同会审制度，确保合同文本的合法性、经济性、可行性和严密性。

（3）严格划分不同级别合同的签署权限，确保合同签署在签署人的权限范围内，防止未经授权或越权签署；建立健全管理合同专用章制度、合同专用章使用规范。

（4）加强合同的保管，合同收发及时，专人负责合同日常保管，有效防止合同被单方面更改。

（四）合同执行控制目标

（1）加强对合同履行情况的监控，确保合同双方履行合同义务，督促对方积极执行合同，确保合同全面有效履行。

（2）按照合同结算条款及时支付进度款，确保合同款项支付规范有序，经过适当审批。

（3）按照国家相关法律法规及时解决合同履行中的各项纠纷，确保单位利益不受损失。

（4）如果合同履行条件发生变化，单位能够及时根据需要对合同进行调整，确保合同补充、变更、转让和终止程序合法合规。

（五）合同后续管理控制目标

（1）加强合同登记管理，建立合同管理台账，定期对合同进行统计、分类和归档，详细登记合同的订立、履行和变更情况，确保实现对合同的全过程封闭管理。

（2）确保合同和相关文件资料及时归档和妥善保管，保证合同及其相关文件资料的安全。

（3）加强合同信息安全保密工作，防止国家或者商业机密泄露，保障单位权益。

（4）建立合同管理检查评估机制，不断完善单位合同管理工作，确保合同条款得到一贯正确地执行。

三、合同控制主要流程与关键环节

（一）合同调查流程

1. 合同调查流程图（见图10-3）

第十章 合同控制建设

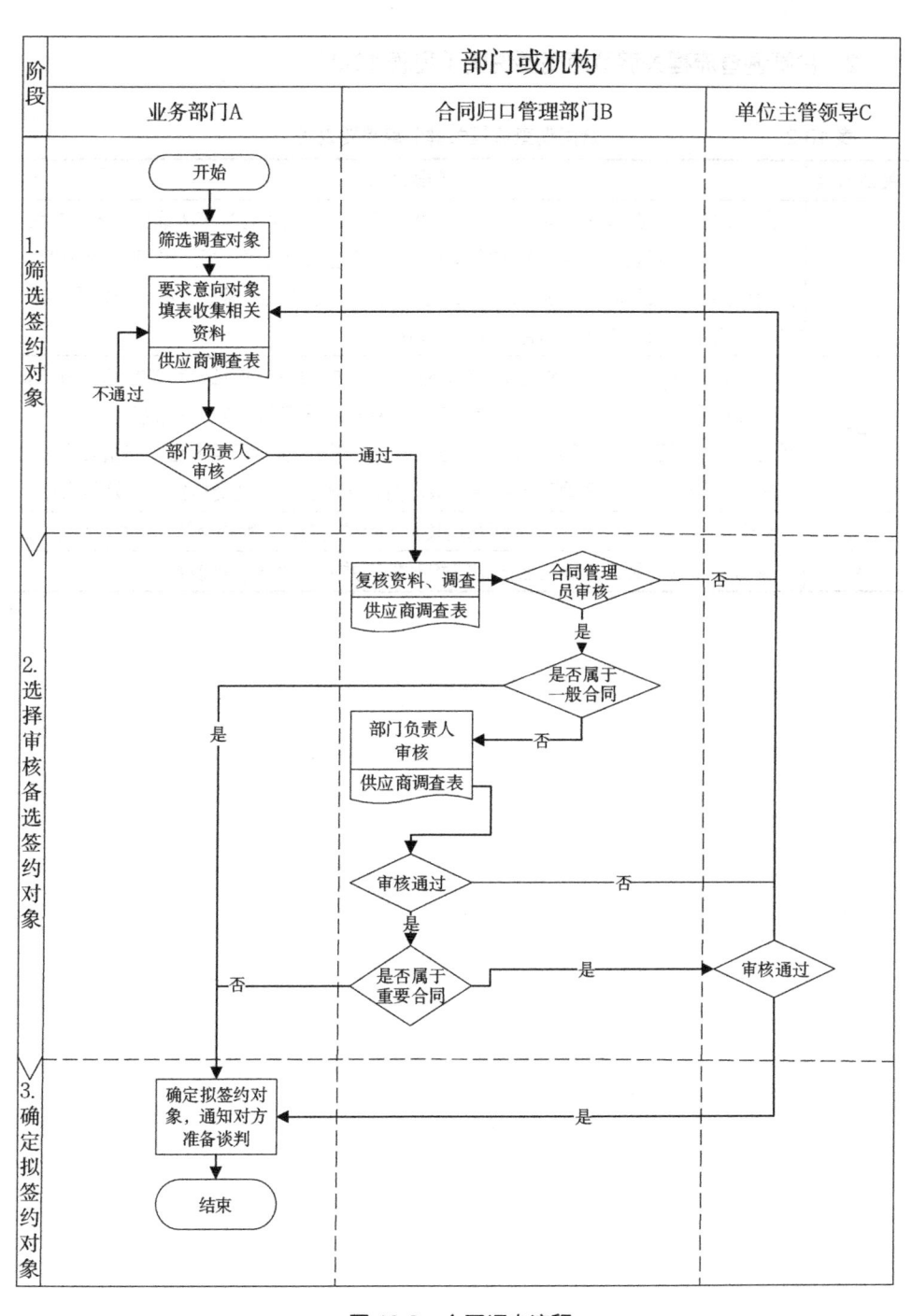

图 10-3 合同调查流程

2. 合同调查流程关键节点简要说明（见表10-2）

表10-2　　　　　　　　　　合同调查流程关键节点简要说明

关键节点	简要说明
A1	业务部门初步筛选调查对象，合同经办人负责与合同对方当事人联络，要求其填写《供应商调查表》中供应商应填写的内容，并按要求提供佐证材料及加盖公章，合同经办人对收到的《供应商调查表》及佐证资料进行初步检查，报部门负责人审核后提交合同归口管理部门合同管理员审核
B2	合同归口管理部门合同管理员对《供应商调查表》信息及佐证材料进行初步审核，并通过电话访问、网络查询等手段对有关信息进行核实后，提出初审意见。对于一般合同，合同管理员审核通过后即可进入合同谈判阶段。对于重大合同和重要合同，合同归口管理部门合同管理员要将《供应商调查表》及佐证资料报部门领导审核
C2	对于重大合同，经合同归口管理部门负责人审核同意后，需提交单位主管领导审批
A3	业务部门合同经办人确定合同拟签约对象，并通知对方准备谈判

（二）合同谈判流程

1. 合同谈判流程图（见图 10-4）

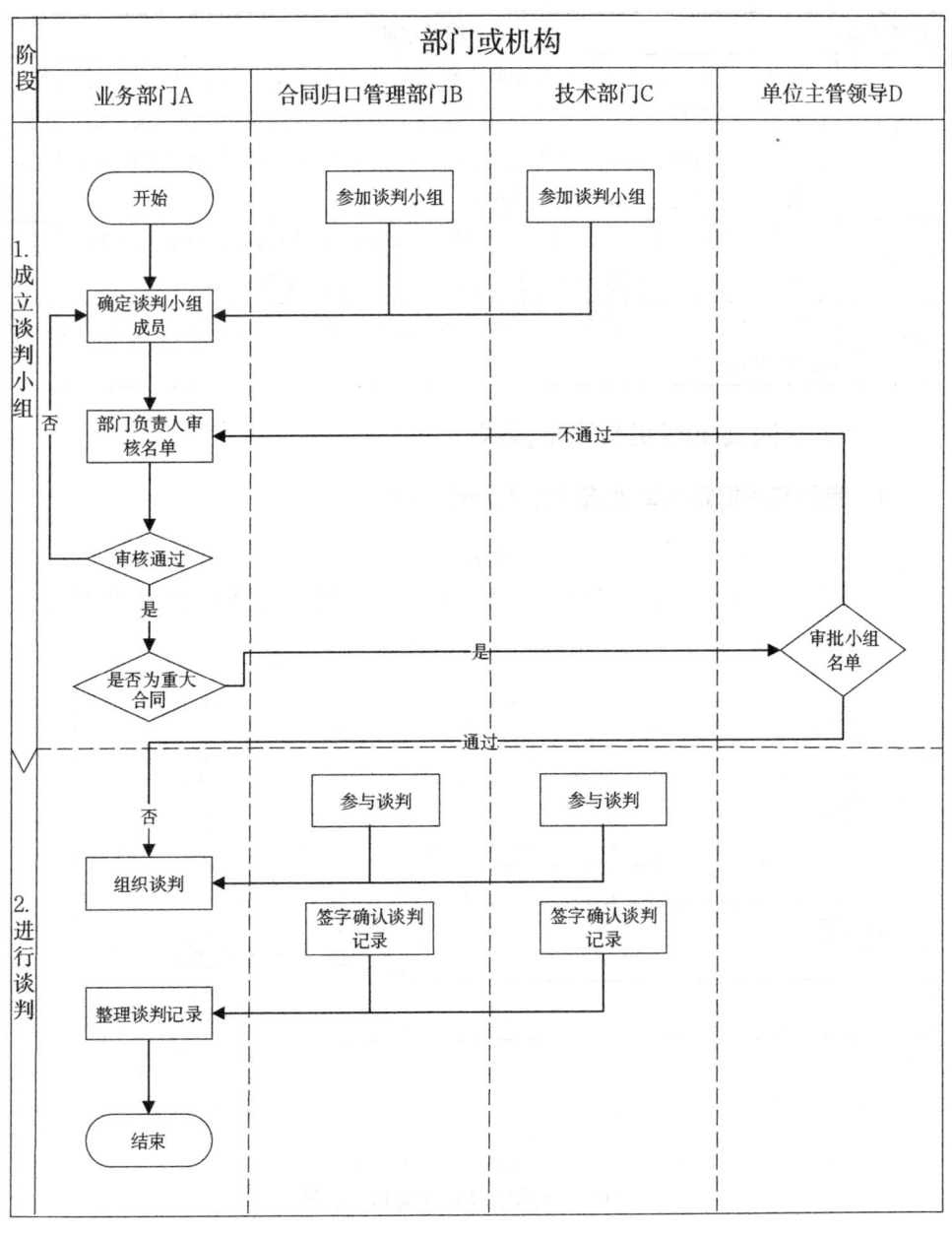

图 10-4　合同谈判流程

2. 合同谈判流程关键节点简要说明（见表10-3）

表10-3　　合同谈判流程关键节点简要说明

关键节点	简要说明
A1	业务部门合同经办人员确定谈判小组成员，小组成员应该包括合同归口管理部门合同管理员和技术部门的技术专员，经办人员拟定谈判小组名单后，交由部门负责人审核，审核通过后，如果是重大合同，则提交单位主管领导审批谈判小组名单，如果不是重大合同，则准备组织谈判
A2	谈判小组名单确定后，业务部门合同经办人开始组织谈判，并负责整理谈判记录，合同归口管理部门和技术部门参加谈判人员对谈判记录进行签字确认
B2，C2	合同归口管理部门合同管理员和技术部门相关技术人员参与谈判，并在谈判记录上签字确认

（三）合同文本拟定与审批流程

1. 合同文本拟定与审批流程图（见图10-5）

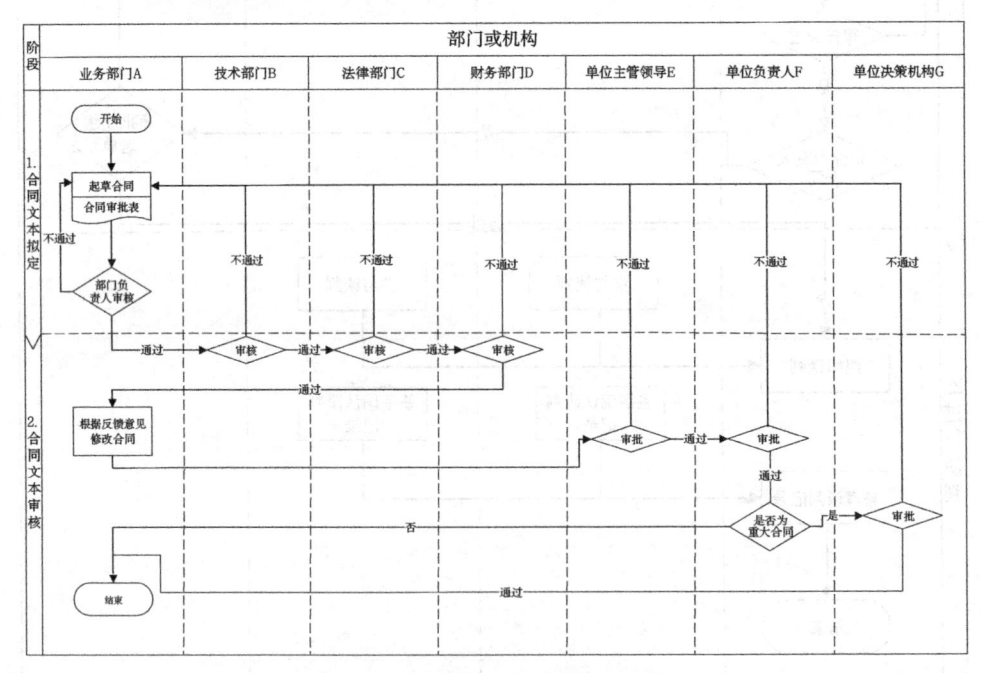

图10-5　合同文本拟定与审批流程

2. 合同文本拟定与审批流程关键节点简要说明（见表 10-4）

表 10-4　　　　合同文本拟定与审批流程关键节点简要说明

关键节点	简要说明
A1	业务部门合同经办人根据合同谈判的结果，起草合同文本，填写《合同审批表》并由本部门负责人审核
B2	技术部门相关接口人负责审核本部门专业范围内的合同技术条款
C2	法律部门负责分析判断合同风险、与法律相关的内容，包括但不限于：变更、解除、违约、索赔、不可抗力、诉讼等条款
D2	财务部门相关接口人负责审核合同协议中价款支付方式、违约金的赔偿和经济计算等相关条款
E2、F2	单位主管领导、单位负责人审批合同文本，审批不通过的，驳回给业务部门
G2	单位决策机构对重大合同进行审议，以决议的形式对合同文本表示意见并明确合同签署人
A2	技术部门、法律部门、财务部门在《合同审批表》上签署明确意见，合同业务部门根据各部门提出的审核意见给予回复并相应修改合同文本，提交合同文本给单位主管领导进行审批

（四）合同签署流程

1. 合同签署流程图（见图 10-6）

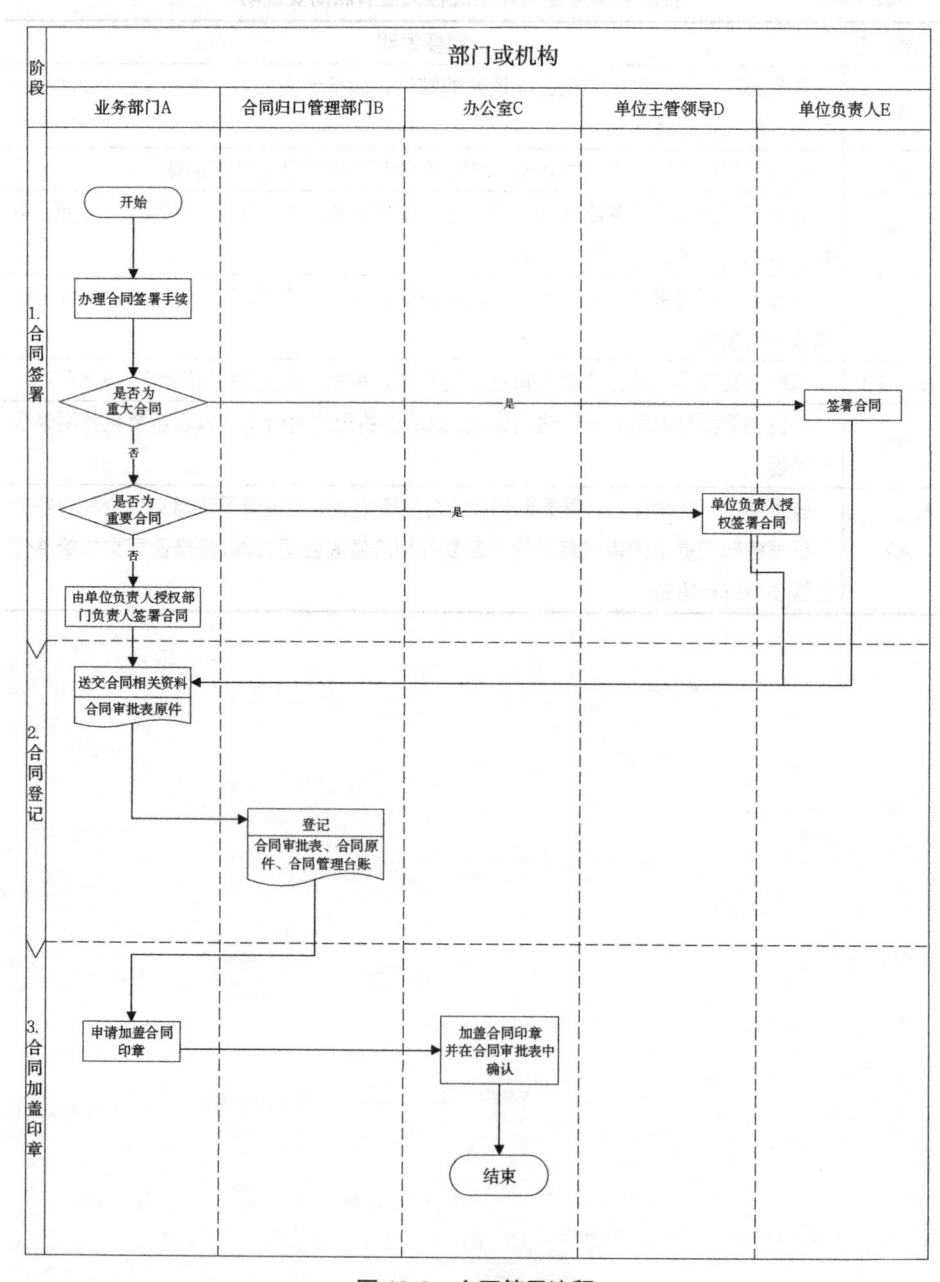

图 10-6 合同签署流程

2. 合同签署流程关键节点简要说明（见表 10-5）

表 10-5　　　　　　　合同签署流程关键节点简要说明

关键节点	简要说明
A1、D1、E1	业务部门合同经办人办理合同签署手续，如为重大合同，则由单位负责人签署合同，如为重要合同，则由单位负责人授权相关领导签署合同
A2	合同经办人持审批完整的《合同审批表》原件、对方当事人签署完整的合同原件经 A1、D1、E1 签署后，送至合同归口管理部门登记备案
B2	合同归口管理部门合同管理员审核《合同审批表》已经过适当签批后，按照既定的编号规则对合同编号，并将合同号填写在合同书与《合同审批表》相应位置，再根据所附资料登记合同管理台账。登记完成后在《合同审批表》相应位置注明合同备案时间并签字确认
A3	合同登记后，合同经办人持《合同审批表》、合同原件至办公室印章管理员处，申请加盖合同印章
C3	印章管理员按照印章管理规定登记备案后在合同落款处加章单位公章（合同专用章），合同多于一页的，还需在各页加盖骑缝章。盖章完成后，印章管理员还需在《合同审批表》相应位置注明合同盖章时间并签字确认

（五）合同履行流程

1. 合同履行流程图（见图 10-7）

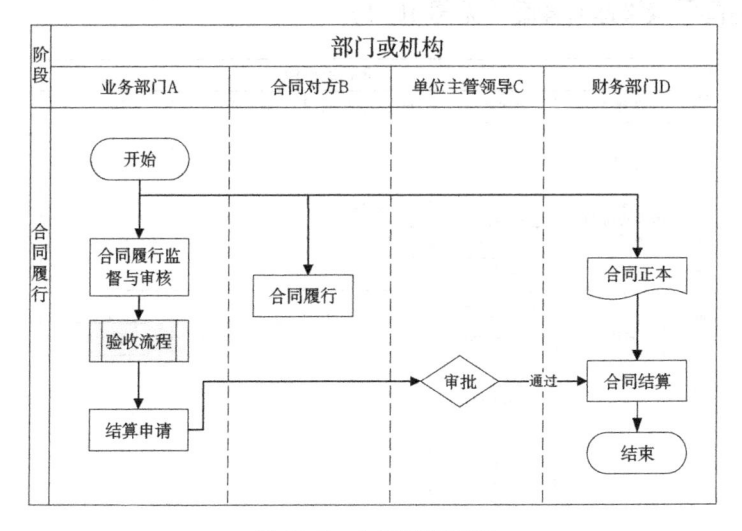

图 10-7　合同履行流程

2. 合同履行流程关键节点简要说明（见表 10-6）

表 10-6　　　　　　　　合同履行流程关键节点简要说明

关键节点	简要说明
A	1．业务部门将合同正本提交财务部门，将其作为合同结算的依据之一。 2．业务部门根据合同条款履行合同规定的责任与业务，同时对合同对方的合同履行情况进行监督与审核，并根据合同履行阶段向财务部门提出结算申请。 3．业务部门负责定期向归口管理部门或单位主管领导汇报合同的履行情况，以便相关部门或人员进行监督和指导。 4．在合同履行结束后，业务部门及其相关部门对合同进行验收。具体验收子流程参见第七章政府采购业务控制建设相关验收环节
B	合同对方按照合同条款履行合同规定的责任和义务
C	单位主管领导审批结算申请
D	1．财务部门根据合同条款审核业务部门提出的结算申请，按照合同约定条款办理财务手续、收付款项，或履行赔偿责任。若合同对方未按照合同条款履约的，或应签订书面合同而未签订的，或验收未通过的合同，财务部门有权拒绝付款。 2．财务部门应当根据合同编号，分别设立台账，对合同进展情况进行一事一记，以便上级主管部门进行检查和备案

（六）合同后续管理流程

1. 合同后续管理流程图（见图 10-8）

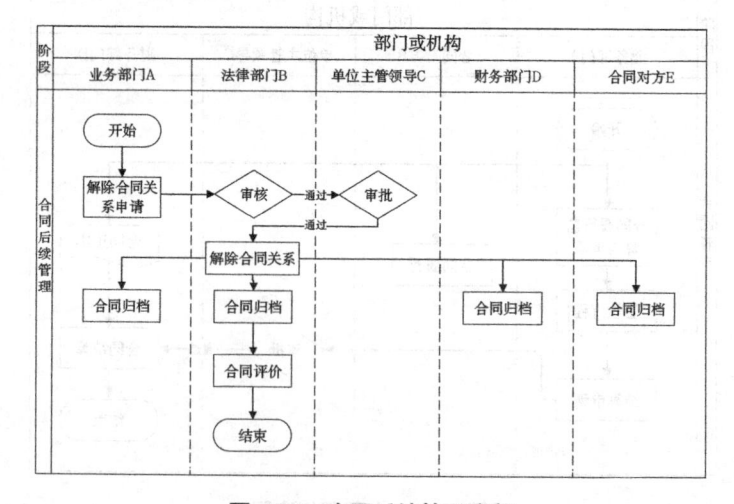

图 10-8　合同后续管理流程

2. 合同后续管理流程关键节点简要说明（见表10-7）

表10-7　　　　　合同后续管理流程关键节点简要说明

关键节点	简要说明
A	在合同履行完成后，业务部门向法律部门提交解除合同关系申请。解除合同关系后，业务部门对合同进行归档
B	法律部门审核业务部门的解除合同关系申请，并办理合同解除事宜，对合同进行归档。此外，还要对合同履行情况、合同效果等方面进行评价，以作为参考资料，在今后的业务过程中作为借鉴
C	单位主管领导审批单位解除合同关系申请
D、E	财务部门、合同对方对合同进行归档

（七）合同协议变更流程

1. 合同协议变更流程图（见表10-9）

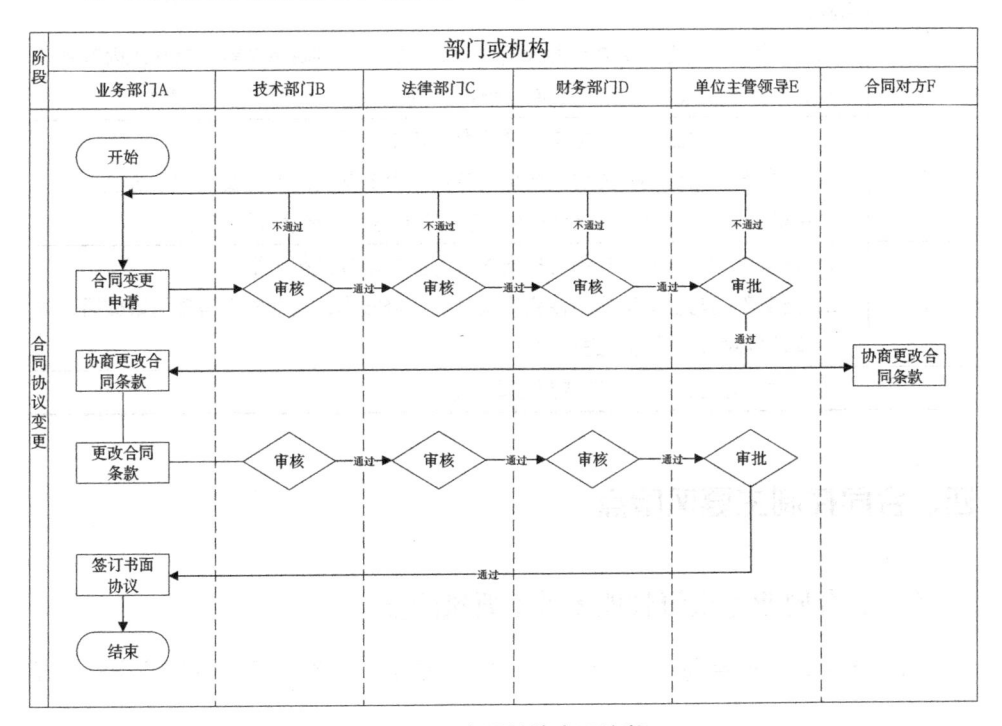

图10-9　合同协议变更流程

2. 合同协议变更流程关键节点简要说明（见表10-8）

表10-8　　　　　　　　合同协议变更流程关键节点简要说明

关键节点	简要说明
A	1．在合同履行过程中，业务部门提交合同变更申请，经技术部门、法律部门、财务部门审核后，报经单位主管领导审批。 2．合同变更申请审批通过后，业务部门与合同对方协商修改合同条款，并将书面协议递交技术部门、法律部门、财务部门审核，报经单位主管领导审批。 3．变更后的书面协议通过审批后，业务部门与合同对方签订合同书面协议，合同变更的书面协议及相关材料及时归档
B	1．技术部门对业务部门提交的合同变更申请进行审核。 2．业务部门与合同对方协商变更条款后，技术部门对其提交的书面协议进行审核，审核合同协议变更的技术部分
C	1．法律部门负责人对变更申请进行审核，重大合同的变更需报经上级主管单位审核。 2．法律部门负责人审查承办人员与合同对方拟定的具体条款，对文本内容进行审核，防止变更发生歧义和误解，确保合同的合法性、严密性、完整性
D	1．财务部门对业务部门提交的合同变更申请进行审核。 2．业务部门与合同对方协商变更条款后，财务部门对其提交的书面协议进行审核，审核合同协议中价款支付方式、违约金的赔偿和经济计算等相关条款
E	1．单位主管领导对业务部门提出的合同变更申请进行审批。 2．业务部门与合同对方协商变更条款后，经技术、法律和财务部门审核后，单位主管领导对该书面协议进行审批
F	合同对方与业务部门协商变更合同条款

四、合同控制主要风险点

（一）合同业务组织管理体系主要风险点

（1）未合理设置合同业务部门和岗位，职责分工不明，不相容岗位未实现相互分离。

（2）对所有的合同等同视之，未对合同进行分类管理，不同级别的合同的授权审批和签署权限不明确，出现未经授权或越权审批，尤其是重大合同和重要合同的审批和签署，可能使单位蒙受巨大损失。

（3）各个职能部门的合同管理混乱，各自为政，出现多头管理现象。

（二）合同前期准备主要风险点

1. 合同策划主要风险点

（1）合同策划的目标与单位战略目标或者业务目标不一致。

（2）合同在内容、单位、技术、时间上没有协调好，不具有可行性。

（3）故意规避合同控制的相关规定，如将需要招标管理或需要较高级别领导审批的重大合同拆分成标的金额较小的若干不重要的合同，导致经济活动违规违法。

（4）未明确合同订立的范围和条件，对应当订立合同的经济业务未订立合同，或者违规签订担保、投资和借贷合同，导致单位经济利益遭受损失。

（5）没有考虑单位的投资计划、成本预算，导致合同订立超出单位投资计划和成本预算。

2. 合同调查主要风险点

（1）忽视被调查对象的主体资格审查，相关证明的审查不严格，未进一步验证相关证书或证明原件的真实性和合法性，导致对方当事人不具有相应民事权利能力和民事行为能力或不具备特定资质，或与无权代理人、无处分权代理人签订经济合同，使经济合同无效或引发潜在风险。

（2）对被调查对象的履约能力和商业信誉给出不恰当的评价，过高或过低，将不具备履约能力的对象确定为签约对象，而将具有履约能力的对象排除在准经济合同对象之外。

（3）虽然在经济合同签订前进行了资信调查，并且对被调查对象的资信状况给予了正确判断，但是在经济合同履行过程中没有持续关注对方的资信变化，致使单位遭受损失。

3. 合同谈判主要风险点

（1）谈判人员经验不足，对技术性强或法律关系复杂的经济事项，未组织熟悉技术、法律和财会知识的人员参与谈判等相关工作，导致单位利益受损。

（2）合同条款、格式等审核不严格，忽略了涉及合同内容和条款的核心部分乃至关键细节，并存在不当让步，进而导致单位利益受损。

（3）未搜集、分析和研究可能与合同相关的法律法规，导致合同谈判内容可能不符合国家产业政策和法律法规要求事项。

（4）谈判前没有对谈判对手情况进行充分调查和了解，没有制定有利的谈判策略，导致单位在谈判中处于不利地位，单位利益受损。

（5）泄露本单位谈判策略，导致单位在谈判中处于不利地位。

（三）合同订立主要风险点

1. 合同文本拟定主要风险点

（1）单位对外开展经济活动，选择了不恰当的合同形式。

（2）合同内容违反国家法律法规或国家行业、产业政策等，与单位总体战略目标或特定业务经营目标发生冲突。

（3）合同内容和条款拟定缺乏合理性、严密性、完整性、明确性，或文字表述不严谨等，导致合同未准确表达谈判结果，造成重大误解。

（4）合同内容存在重大疏漏和欺诈，导致单位合法利益受损。

（5）有意拆分合同、采用化整为零等方式故意规避招标、规避合同控制规定等。

（6）对须报经国家有关主管部门审查或备案的文本合同，未履行相应程序。

2. 合同审核主要风险点

（1）合同审核人员专业素质欠佳，或工作懈怠，导致未能发现，或者未能及时发现合同文本中的不当内容和条款，给单位带来损失。

（2）单位合同起草人员和合同审核人员责任划分不清晰，缺乏有效沟通和协调，合同审核人员虽然在审核中发现了问题但未提出恰当的修订意见，合同起草人员没有充分考虑合同审核人员提出的修改意见或建议，导致合同中的不当内容和条款未被纠正等。

（3）财务部门、内审部门、法律部门等相关部门未从各自的专业角度严格审核合同相关内容和条款，导致合同审核流于形式，不能达到审核应有的作用。

3. 合同签署主要风险点

（1）不同级别的合同签署权限不明确，出现未经授权或者越权签署。

（2）合同印章使用、保管等管理不当，为不符合管理程序的合同加盖了合同印章。

（3）签署后的合同被单方面更改、篡改，可能给单位带来损失。

（4）因手续不全（例如合同双方当事人未全部在合同上签字或盖章、未经批准或登记、未经公证）而导致合同无效。

（5）合同被送到了不相关的部门；收到合同的相关部门没有采取妥善措施处理合同；因保管不当导致合同泄密等。

（四）合同执行主要风险点

1. 合同履行主要风险点

（1）合同生效后，对合同条款未明确约定的事项没有及时补充协议，导致合同无法正常履行。

（2）未按照合同约定履行合同，如违反合同条款，或未按照合同规定的期限、金额和方式付款，可能导致单位经济利益遭受损失或面临诉讼的风险。

（3）对合同履行缺乏有效的审查监督，未能及时发现已经或可能导致单位经济利益受到损失的情况；或未能采取有效措施弥补损失，如在合同履行过程中，没有持续关注合同对方的资信变化，致使单位遭受损失；或由于疏于管理，未能及时催收到期的合同款项等。

2. 合同补充、变更、转让和终止主要风险点

（1）合同生效后，发现合同条款不明确的，未能及时与对方协商沟通，签订补充、变更协议，影响合同正常履行。

（2）应变更合同内容或条款但未采取相应的变更行为，合同变更未经相应的程序，导致合同变更行为不当或无效。

（3）合同转让未经相应的管理程序或未经原合同当事人和合同受让人达成一致意见，导致合同转让行为不当或无效。

（4）未达到终止条件的合同终止，合同终止未办理相关的手续等。

（5）未能详细登记合同的订立、履行和变更情况。

3. 合同纠纷处理主要风险点

（1）合同履行过程中发生纠纷的，未建立有效的合同纠纷处理机制。包括未及时向相关领导报告合同纠纷和拟采取的对策，未与对方有效协商合同纠纷解决办法或合同纠纷解决办法未得到授权批准，未及时采取有效措施防止纠纷的扩大和发展，合同纠纷处理不当可能损害单位利益、信誉和形象。

（2）未收集充分的对方违约行为证据，导致本单位在纠纷处置过程中处于举证不力的地位。

（3）未及时按照合同约定追究对方的违约责任，导致单位经济利益遭受损失。

4. 合同结算主要风险点

（1）违反合同条款，未按合同规定期限、金额或方式付款。

（2）疏于管理，未能及时催收到期合同款。

（3）在没有合同依据的情况下盲目付款。

（五）合同后续管理主要风险点

（1）合同及相关资料的登记、归档和保管不善，导致合同及相关资料丢失，影响到合同的正常履行和纠纷处理的举证工作。

（2）未建立合同信息安全保密机制，致使合同订立与履行过程中涉及的国家秘密、工作秘密或商业秘密泄露，导致单位或国家利益遭受损失。

（3）缺乏对合同管理情况的检查评估，对合同管理的总体情况和重大合同履行的具体情况缺乏有效的分析评估，导致合同管理中的问题长久得不到解决。

五、合同控制策略与内容

（一）合同业务组织管理体系控制

1. 建立合同内部管理制度

《单位内控规范》第五十四条第一款规定："单位应当建立健全合同内部管理制度。"行政事业单位应该建立健全合同内部管理制度。一般而言，合同内部管理制度应该主要明确：合同业务的归口管理部门；合同业务的管理岗位及其职责权限；合同订立的范围和条件，严格违禁签订担保、投资和借贷合同；合同拟定、审批、履行等环节的程序和要求；合同业务的授权审批、签署权限和责任划分，严禁超越权限批准订立合同或未经授权擅自以单位名义对外签订合同；合同专用章的保管和使用责任，要求相关工作人员妥善保管和使用合同专用章等。

2. 合理设置合同业务岗位，明确岗位职责和授权

《单位内控规范》第五十四条第二款规定："单位应当合理设置岗位，明确合同的授权审批和签署权限，妥善保管和使用合同专用章，严禁未经授权擅自以单位名义对外签订合同，严禁违规签订担保、投资和借贷合同。"为此，单位应该：

（1）根据单位的实际情况合理设置合同业务岗位，并保证不相容岗位相互分离、相互制约和相互监督。一般而言，合同业务涉及的不相容岗位包括合同拟定与审核、合同审核与审批、合同审批与执行、合同执行与监督评估等。

（2）明确业务部门、财务部门、法律部门、技术部门等部门在合同管理中的职责分工。一般而言，单位业务部门负责在其职责范围内承办相关合同，包括发起合同业务、合同前期准备、组织谈判并记录谈判结果、起草合同并送审、合同履行过程的日常管理和跟踪、发起合同结算流程并跟踪、向合同归口管理部门提供所需信息等；财务部门职责主要包括负责建立合同台账，审核经济合同财务、商务相关条款，参与合同谈判、合同结算等；法律部门职责主要包括参与谈判、审核合同文本中与法律相关的文本、实时检查合同履行情况等；技术部门职责主要包括参与谈判、在其专业领域内审核合同的技术条款等。

（3）明确合同的授权审批和签署权限。一般而言，按照重要性，单位合同可划分为重大合同、重要合同和一般合同。其中，重大合同是指那些对单位正常运行具有致命性影响的经济事项涉及的合同；重要合同是指那些对单位正常运行具有重要影响的经济事项涉及的合同；除重大合同、重要合同外，其余的合同都可称为一般合同。

单位应根据单位的实际情况合理设置合同级别（示例见表10-9），并在此基础上明确各个合同管理岗位的审批权限（示例见表10-10），确保单位各岗位人员在其授权和审批权限内开展合同业务。单位内部各部门不得将大额合同拆分为金额较小的多个合同以规避合同分级的管理要求，不得越权审批，擅自签订合同。

表 10-9　　　　　　　　　　××单位的合同分级

合同级别	合同标的金额
重大合同	100万元（含）以上
重要合同	在10万元（含）以上，100万元（不含）以下
一般合同	10万元（不含）以下

表 10-10　　　　　　　　　××单位的合同审批权限表

事项	权限审批人	经办部门领导	财务部门领导	经办部门主管领导	主管财务的单位领导	单位领导	办公会
合同调查	一般合同	审核	—	—	—	—	—
	重要合同	审核	审核	—	—	—	—
	重大合同	审核	审核	—	审批	—	—
合同谈判	一般合同	参与	—	—	—	—	—
	重要合同	参与	—	参与	—	—	—
	重大合同	参与	—	参与	—	决定	—
合同签署	一般合同	授权内签署	—	—	—	签署或授权	—
	重要合同	—	—	授权内签署	—	签署或授权	—
	重大合同	—	—	—	—	签署	—
合同结算（元）	预算内≤1万	审核	批准	—	—	—	—
	预算内1万至5万（含）	审核	审核	—	批准	—	—
	预算内>5万	审核	审核	—	审核	批准	—
	预算外	审核	审核	—	审核	审核	批准

此外，单位也应确保合同业务相关人员的专业胜任能力和职业道德素养，明确合同管理考核和责任追究机制，提高合同业务管理水平，保证单位合同业务顺利开展。

3. 建立合同归口管理机制

行政事业单位的各业务部门作为经济活动的承办部门，应在其各自的职能范围内承办相关合同业务，如政府采购部门负责物资和服务的采购合同，基建部门负责建设项目勘察、设计、施工等合同，财会部门按照合同规定及时进行价款结算、监控资金收支等。但是基于合同业务涉及大量的法律专业问题，单位应该加强归口管理，如《单位内控规范》第五十四条第三款的规定："单位应当对合同实施归口管理，建立财会部门与合同归口管理部门的沟通协调机制，实现合同管理与预算管理、收支管理相结合。"为此，行政事业单位应该：

（1）明确合同业务归口管理部门。单位应根据其自身实际情况制定办公室作为合同归口管理部门（如果存在法律部门，可指定法律部门作为合同归口管理部门）。

（2）明确合同归口管理部门的职责。一般而言，合同归口管理部门的职责主要包括：确定合同业务的程序和要求；参与重大合同的起草、谈判、审查和签订；管理合同专用章；参与组织合同纠纷的调节、仲裁、诉讼活动；对合同进行登记和归档等。

（3）建立健全财会部门与合同归口管理部门的沟通协调机制，将合同管理与预算管理、收支管理相结合，增强单位资源配置的科学性、合理性，提高资金使用效益和管理效率。

（二）合同前期准备控制

《单位内控规范》第五十五条规定："单位应当加强合同订立管理，明确合同订立的范围和条件。对于影响重大、涉及专业技术较强或法律关系复杂的合同，应当组织法律、技术、财会等工作人员参与谈判，必要时可聘请外部专家参与相关工作。谈判过程中的重要事项和参与谈判人员的主要意见，应当予以记录并妥善保管。"为此，行政事业单位应该从以下几个方面加强控制。

1. 合同策划控制

合同策划是合同控制的起始点，是合同订立前思考、设计和计划编制的阶段。针对这一环节存在的主要风险，单位应采取如下关键控制措施：

（1）审核合同策划目标是否与单位经营目标和战略规划相一致。

（2）在合同订立前协调好合同在内容、单位、技术、时间上的可行性，确保订立的合同能顺利履行。

（3）应当在合同控制制度中明确规定不得将需要招标管理的重大合同拆分为不重大的合同，并建立相应的责任追究制度。

（4）明确合同订立的范围和条件，严禁违规签订担保、投资和借贷合同。

（5）为了防止超计划投资、超成本支出，单位要在年初制订投资计划和成本计划，半年进行一次调整，杜绝计划外支出的现象。

2. 合同调查控制

合同订立前，行政事业单位应当进行合同调查，了解合同对方的主体资格、资信情况，包括营业执照是否有效、拟签订的合同内容是否在对方的经营范围之内、对方是否具有履约能力、对方的信誉和经营状况是否良好、授权委托书是否有效等。具体控制措施包括：

（1）审查被调查对象的身份证件、法人登记证书、资质证明、授权委托书等证明原件。必要时，可通过发证机关查询证书的真实性和合法性，在充分收集相关证据的基础上评价主体资格是否恰当。

（2）对被调查对象进行现场调查，实地了解和全面评估其生产能力、技术水平、产品类别和质量等生产经营情况，分析其合同履约能力。与被调查对象的主要供应商、客户、开户银行、主管税务机关和工商管理部门等沟通，了解其生产经营、商业信誉、履约能力等情况，客观、多角度地评价被调查对象的履约能力。

（3）获取调查对象经审计的财务报告、以往交易记录等财务和非财务信息，分析其获利能力、偿债能力和营运能力，评估其财务风险和信用状况，并在合同履行过程中持续关注其资信变化。

此外，单位应该通过提高合同调查人员的专业素质和责任心，在充分收集相关证据的基础上做出恰当的判断，为合同对象建立商业信用档案，定期对客户进行授信评价，确保签约对方主体具有相应的主体资格、资信状况良好、具备履约能力。

3. 合同谈判控制

行政事业单位应当根据市场实际情况选择适宜的洽谈方式。一般情况下，合同谈判应实行集体会审制，超过一定数额的物资采购项目和投资项目要在审计检察部门的监督下，严格按照招标程序进行公开招标。为确保签订"阳光合同"，要充分发挥合同主管部门、质量保证体系、价格管理体系的作用，确保谈判质量，为合同的签署打下良好基础。

控制此环节风险的具体措施包括：

（1）组建成员具有良好素质、结构合理的谈判团队。谈判团队中除了有经验丰富的业务人员外，还应当有谈判经验丰富的技术、财会、审计、法律等方面的人员参与谈判。在谈判过程中，谈判团队要及时总结谈判过程中的得失，研究确定下一步谈判的策略等，充分发挥团队的智慧。对影响重大、涉及较高专业技术或法律关系复杂的合同，单位还应当聘请外部专家参与合同谈判的相关工作，并充分了解外部专家的专业资质、胜任能力和职业道德情况。

（2）严格审核合同条款、格式，关注合同的核心内容、条款和关键细节。具体包括合同标的的数量、质量或技术标准，合同价格的确定方式与支付方式，履约期限和方式，违约责任和争议的解决方法，合同变更或解除条件等。

（3）收集并研究国家相关法律法规、行业监管、产业政策、同类产品或服务价格等与谈判内容相关的信息，确保合同内容符合国家产业政策和法律法规的要求。

（4）在谈判前，收集谈判对手资料，充分熟悉谈判对手情况，做到知己知彼，正确制定本单位的谈判策略。

（5）在整个谈判过程中加强保密工作，防止由于己方信息泄露导致单位权益受损。

（6）对谈判过程中的重要事项和参与谈判人员的主要意见，应予以记录并妥善保存，建立严格的责任追究制度。

（三）合同订立控制

1. 合同文本拟定控制

合同谈判后，行政事业单位要根据协商谈判的结果拟定合同文本。合同文本应当准确表达双方谈判的真实意思。具体来说，单位应该从以下几个方面加强合同文本拟定控制：

（1）单位对外发生经济行为，除即时结清方式外，均应当订立书面合同。发现违反规定以口头合同进行交易的，应及时签订书面合同；如发生争议要及时报法律部门处理。需要先开工建设或采购的项目，应在取得计划部门确认或下达临时计划后，事先签订合同或框架协议。

（2）严格审核合同需求与国家法律法规、产业政策、单位整体战略目标的关系，保证其协调一致；考察合同是否以生产经营计划、项目立项书等为依据，确保完成具体业务经营目标。

（3）合同文本一般由业务承办部门起草，法律部门审核；重大合同或法律关系复杂的特殊合同应当由法律部门参与起草；各部门应当各司其职，保证合同内容和条款的完整、准确。

（4）国家或行业有合同示范文本的优先选用，但对涉及权利义务关系的条款应当进行认真审查，并根据实际情况进行适当修改。单位有合同标准文本的必须使用标准文本，没有标准文本的要做到：条款不漏项；标的额计算准确、标的物表达清楚；质量有标准、检验有方法；提（交）货地点、运输方式、包装物、结算方式明确；文字表达要严谨，不使用模棱两可或含糊不清的词语；违约责任及违约金（或赔偿金）的计算方法准确。

由签约对方起草的合同，单位应当认真审查，确保合同内容准确反映单位诉求和谈判达成的一致意见，特别留意"其他约定事项"等需要补充填写的栏目，如不存在其他约定事项时注明"此处空白"或"无其他约定"，防止合同后续被篡改。

（5）通过统一归口管理和授权审批制度，严格合同控制，防止通过化整为零等方式故意规避招标的做法和越权行为。

（6）合同文本须报经国家有关主管部门审查或备案的，应当履行相应程序。

2. 合同审核控制

合同拟定后，单位应该对合同文本进行严格的审核。合同审核环节应按照"统一管理、分级负责、分专业审查、按计划签订、依合同结算"的原则，制定严格的合同审查流程，提高合同审核人员的专业素质；明确划分合同起草人员和审核人员的职责，制定合同审核操作指南；建立合同审核工作底稿；实施合同控制责任追究制度等。具体措施包括：

（1）审核人员应当对合同文本的合法性、经济性、可行性和严密性进行重点审核，关注合同的主体、内容和形式是否合法，合同内容是否符合单位的经济利益，对方当事人是否具有履约能力，合同权利和义务、违约责任和争议解决条款是否明确等。

（2）厘清合同起草人员和审核人员的责任，如果合同审核人员发现问题，要根据问题给出参考的修订意见，而合同起草人员要认真分析研究，慎重对待审核意见，对审核意见准确无误地加以记录，必要时对合同条款作出修改并再次提交审核。

（3）单位应建立合同会审制度。对影响重大或法律关系复杂的合同文本，单位财务部门、内审部门、法律部门及与业务关联的相关部门进行审核，各相关部门应当认真履行职责。其中，法律部门主要审查违约责任、争议管辖权等实质性条款是否合法、完整、明确、具体，文字表述是否无歧义；技术部门对质量条款、技术要求等内容进行技术审查；财务部门对支付条款等内容进行经济审查。每位审查人员对做出的审查结果负责，合同归口管理部门对合同审查的结果负全面责任。

3. 合同签署控制

合同一经审核同意签署，单位应当与签约对方正式签署合同，并加盖单位合同专用章。针对合同签署的主要风险点，单位应该从以下几个方面来加强合同签署控制：

（1）严格划分不同级别合同的签署权限，严禁超越权限签署合同。单位相关负责人应按照规定的权限和程序与对方当事人签署合同。对外正式订立的合同，应当由单位法定代表人或由其授权的代理人签名或加盖有关印章；授权签署合同的，应当签署授权委托书。

（2）严格合同专用章保管制度。合同经编号、审批及单位法定代表人或由其授权的代理人签署后，方可加盖合同专用章，确保只为符合管理程序的合同文本加盖合同印章。为此，合同专用章必须由专人保管，保管人应当记录合同专用章使用情况以备查；需携章外出时应有二人以上，且要有领导的签字，并留有记录；合同章的保管要有严密的防范措施，严禁丢失或被盗，否则要对当事人进行经济或者行政处罚。用印后保管人应当立即收回，并按要求妥善保管，以防止他人滥用。如果发生合同专用章遗失或被盗现象，应当立即报告单位负责人并采取妥善措施，如向公安机关报案、登报声明作废等，以最大限度消除其可能带来的负面影响。

（3）采取恰当措施，防止已签署的合同被篡改。如在合同各页码之间加盖骑缝章、使用防伪印记、使用纸质合同书、使用不可编辑的电子文档格式等方法对合同内容加以控制，防止对方单方面改动合同文本。

（4）合同必须由双方当事人当面签订，在合同上签字或者盖章。按照国家有关法律、行政法规规定，需要办理批准、登记等手续之后方可生效的合同，单位应当及时按规定办理相关手续。

此外，单位还应实施合同签收制度，并及时退回与本部门不相关的合同；指定专人负责合同的日常保管，并为合同保管提供相应的条件；建立合同管理的责任追究制度等。

（四）合同执行控制

《单位内控规范》第五十六条规定："单位应当对合同履行情况适时有效监控。合同履行过程中，因对方或单位自身原因导致可能无法按时履约的，应当及时采取应对措施。单位应当建立合同履行监督审查制度。对合同履行中签订补充合同，或变更、解除合同等应当按照国家有关规定进行审查。"为此，行政事业单位应该从以下几个方面加强合同执行控制。

1. 合同履行控制

合同履行在合同控制过程中往往被忽视，但其却是整个合同运行的关键环节。此环节的关键控制措施应当包含合同控制的多个环节，例如，签约前认真调查对方的履约能力和商业信誉等情况，尽量只与具有良好履约能力和商业信誉的单位签订合同；在合同中明确规定违约责任；要求对方为履行合同提供相应的担保措施；对合同履行过程进行监督，一旦发现对方有违约的可能或违约行为，则采取相应措施将合同损失降到最低等。具体措施包括：

（1）合同生效后，如果出现履行异常，要根据需要及时补充、变更甚至解除合同。在合同履行管理过程中要落实合同履行责任人，需要追究责任的，要有处理意见；合同履行完毕后，必须写出履行报告。

（2）强化对合同履行情况及效果的检查、分析和验收，全面适当执行本单位义务，敦促对方积极执行合同，确保合同全面有效履行。

（3）建立合同履行监督审查制度。第一，对于合同没有约定或约定不明确的内容，通过双方协商一致对原有合同进行补充；无法达成补充协议的，按照国家相关法律法规、合同有关条款或者交易习惯确定。第二，对于显失公平、条款有误或存在欺诈行为的合同,以及因政策调整、市场变化等客观因素已经或可能导致单位利益受损的合同,按规定程序及时报告,并经双方协商一致,按照规定权限和程序办理合同变更或解除事宜;合同变更和解除应当采用书面形式,严禁在原合同文本上涂抹、添加,变更后的合同视为新合同,须履行相应的合同管理程序。第三,对方当事人提出中止、转让、解除合同,造成单位经济损失的,应向对方当事人书面提出索赔。

2. 合同结算控制

合同付款是合同业务中最关键的环节,也是合同风险最直接的表现。《单位内控规范》第五十七条规定:"财会部门应当根据合同履行情况办理价款结算和进行账务处理。未按照合同条款履约的,财会部门应当在付款之前向单位有关负责人报告。"为此,单位应该从以下几个方面加强合同结算控制:

(1)合同归口管理部门可以建立合同管理信息系统,跟踪合同履行情况,在临近结算期限的合理时间内向财会部门发出资金结算提示。合同承办人员收集发票、交货凭证等资料经适当审批后,在规定时间内提交财会部门按时办理结算。财会部门应当对合同条款和经审批的结算申请资料进行审核,审核完毕后办理结算业务,按照合同规定付款,及时催收到期欠款。未按合同条款履约或应签订书面合同而未签订的,财会部门应当在付款之前向单位有关负责人报告。

(2)未按合同条款履约或应签订书面合同而未签订的,财会部门有权拒绝付款,并及时向单位有关负责人报告。

(3)付款必须有承办部门负责人、项目负责人、业务主管领导、总会计师和总经理在申请付款审批单上的签字,同时要加盖合同审核专用章。否则,坚决不予付款,防止欺诈行为发生。

(4)财会部门应定期与合同归口管理部门所管理的合同管理信息系统核对,确保按合同约定及时结算相关价款。

3. 合同补充、变更、转让和终止控制

合同签署完毕后,随着实际业务的顺利进行,针对不同的情况,单位可能需要对合同进行补充、变更、转让,或者终止,为此单位应该:明确规定合同变更或转让需向相关负责人报告;合同变更或转让的内容和条款必须与当事人协商一致;变更或转让后的合同视同新合同,需履行相应的合同控制程序等;明确规定

合同终止的条件及应当办理的相关手续；指定专人对合同终止手续进行复核等。具体措施包括：

（1）合同生效后，发现合同条款不明确的，及时就有关问题与对方协商并签订补充、变更协议，完善条款内容。

（2）在合同内容中，应设定相关的合同变更及转让等内容，明确其程序，如果没有经过同意就随意变更和转让则视其为无效，有效避免合同变更及转让的风险。

（3）单位应明确规定合同终止的条件及应当办理的相关手续，指定专人对合同终止手续进行复核等。

（4）发现未办理解除合同的批准、登记手续的，要求合同承办人员在规定时间内去主管机关办理。

4. 合同纠纷处理控制

在合同订立、履行过程中，尤其是在合同履行中，不可避免地会出现合同纠纷问题，而合同纠纷问题处理不当往往会损害单位利益、信誉和形象。《单位内控规范》第五十九条规定："单位应当加强对合同纠纷的管理。合同发生纠纷的，单位应当在规定时效内与对方协商谈判。合同纠纷协商一致的，双方应当签订书面协议；合同纠纷经协商无法解决的，经办人员应向单位有关负责人报告，并根据合同约定选择仲裁或诉讼方式解决。"为此，单位应该从以下几个方面来加强合同纠纷处理控制：

（1）在履行合同过程中发生纠纷的，应当依据国家相关法律法规，在规定时效内与对方当事人协商并按规定权限和程序及时报告。合同纠纷经协商一致的，双方应当签订书面协议；合同纠纷经协商无法解决的，根据合同约定选择仲裁或诉讼方式解决。

（2）单位应明确合同纠纷的审批权限和处理责任。内部授权处理合同纠纷，应当签署授权委托书，未经授权批准，相关经办人员不得向对方当事人作出实质性答复或承诺。

（3）在合同中明确规定违约责任。要求对方为履行合同提供相应的担保措施；对合同履行过程进行监督，一旦发现对方有违约的可能或违约行为，则采取相应措施将合同损失降到最低程度。

（五）合同后续管理控制

《单位内控规范》第五十八条规定："合同归口管理部门应当加强对合同登记的管理，定期对合同进行统计、分类和归档，详细登记合同的订立、履行和变更情况，实行对合同的全过程管理。与单位经济活动相关的合同应当同时提交财会部门作为账务处理的依据。单位应当加强合同信息安全保密工作，未经批准，不得以任何形式泄露合同订立与履行过程中涉及的国家秘密、工作秘密或商业秘密。"为此，行政事业单位应该从以下几个方面加强合同后续管理控制。

1. 合同登记控制

合同归口管理部门应当加强合同登记管理，加强对合同的登记、归档和保管。此环节的关键控制措施包括：

（1）合同控制部门应当加强合同登记管理，充分利用信息化手段，定期对合同进行统计、分类，详细登记合同的订立、履行、结算、补充、变更、解除等情况，合同终结应及时办理销号和归档手续，实行合同的全过程封闭管理。

（2）建立合同文本统一分类和连续编号制度，按照类别和编号妥善保管合同文本，建立合同台账，确保合同保管安全可靠、查询快捷方便，并且防止或及早发现合同文本的遗失。

（3）规范合同控制人员职责，明确合同流转、借阅和归还的职责权限和审批程序等有关要求。

（4）及时将与单位经济活动相关的合同提交给财会部门，以便将其作为账务处理的依据。

2. 合同归档保管控制

控制此类风险的主要方法是明确规定合同控制人员的职责；规定合同借阅的审批程序；实施合同控制的责任追究制度；对合同保管情况实施定期和不定期的检查等。

（1）合同正式签订后，承办经济活动的业务部门应将合同原件及其电子版、合同执行过程中的往来函件、纠纷或争议的处理情况记载等相关文件资料送单位办公室备案，一年后交档案管理员归档保管。

（2）单位档案室应当设立合同存放柜，对合同进行专柜管理，同时应当做好防火、防潮等措施，确保合同及相关文件资料的安全。档案管理员应及时清理合同文档的产生和使用过程中出现的一些中间文档或暂时性文档。

（3）工作人员查阅合同文件应办理登记手续，在单位办公室查阅合同文档。确因工作需要借出查阅的，需经本部门主管领导及单位主管领导签字后，办理相关借阅手续，以影印件借出，合同原件无特殊情况不得外借。查阅或借阅人员严禁涂改、圈划、抽取、撤换合同档案资料，不得向外泄露或擅自向外公布档案内容。

（4）合同档案销毁应登记造册，经档案鉴定小组审查、主管领导批准后，按规定进行销毁，并由档案归口管理部门指派专人进行监销。

3. 合同保密控制

（1）单位合同的密级分为"绝密""机密""秘密"三级，属于单位秘密合同及相关文件、资料，应在文件的右上角标明密级。"绝密"指此类合同文件资料的泄密会使单位的利益受到特别严重的损害；"机密"指此类合同文件资料的泄密会使单位受到严重的损害；"秘密"指此类合同文件资料的泄密会使单位的利益受到损害。

（2）单位定密责任人由办公室保密负责人及保密员担任，具体负责本单位合同密级的确定、变更、解除工作。

（3）解除和降低密级。解密和降低密级由定密责任人提出，报单位主管领导批准后执行。解密和降低密级操作应由定密责任人监督指导，档案管理员具体实施。

（4）密级合同文件签订后，由定密责任人确定密级，经单位主管领导批准后，交档案管理员进行妥善保管。

（5）保存密级合同文件资料，应选择安全保密的场所和部位，并配备安全可靠的保密设备；保密员离开办公场所时，应当将密级合同文件资料保存在保密设备中。

（6）复制密级合同，应当报主管领导批准，不得改变其密级、保密期限和知悉范围；履行登记手续；复制件要加盖单位公章，并视同原件管理。

（7）因工作确需携带密级合同文件资料外出的，应由两人以上同行。

（8）密级合同文件资料的销毁应履行登记、审批手续，并在专人监督下进行，不得向废品收购部门出售。

（9）加强合同信息安全保密工作，未经批准，任何人不得以任何形式泄露合同订立与履行过程中涉及的国家或商业秘密。

4. 合同业务评估控制

单位应当建立合同管理情况检查评估制度，定期分析、评估合同管理的总体情况和重大合同履行的具体情况。对合同管理分析评估中发现的问题，了解问题产生的原因，必要时追究相关人员的责任，使合同管理内部控制能顺利进行。

合同管理检查评估的内容主要包括：合同策划是否科学合理、是否具有可行性、是否符合单位经营目标和战略规划；合同调查是否充分、是否能够确保签约主体的履约能力；合同谈判是否有效维护了本单位的权益，谈判策略是否恰当；合同文本是否准确表达了双方谈判的真实意思；合同签订是否符合程序；合同审核意见是否得到合理采纳，不采纳的主要原因及其产生的后果；合同签署是否在授权范围内；合同是否全面履行；是否按照规定程序及时进行了价款结算；合同纠纷是否得到及时、妥善处理；合同补充、变更、转让和终止是否遵循相应程序；是否进行登记、归档保管；合同是否存在泄密；合同管理工作中是否有所创新；是否存在违法、违规行为；合同管理内部控制的设计和执行是否有效；是否存在能够提高合同管理效率和效果的建议等。

第十一章

行政事业单位内部控制评价与运行维护

内部控制建设和实施不是一日之功，需要通过不断地评价和运行维护来实现制度上的调整和优化，最终合理保证行政事业单位内部控制的目标实现。

行政事业单位内部控制评价是指单位负责人负责实施的对单位整个内部控制系统的有效性进行评价，并出具内部控制评价报告的过程。这一阶段的内部控制评价是事后评价，其目的是通过设计有效性与运行有效性的评价来实现内部控制体系的持续优化。此外，由于行政事业单位内部控制体系是一个整体，内部控制体系的各组成部分必须相互配合才能发挥作用，因此，除了对内部控制进行评价外，还需要对单位内部控制整个系统运行进行维护，以保证内部控制体系运行的有效性。

一、行政事业单位内部控制评价组织

（一）设立内部控制评价机构

根据《单位内控规范》第六十三条的规定，单位负责人应当指定专门部门或专人负责对单位内部控制的有效性进行评价并出具内部控制自我评价报告。

1. 内部控制评价机构的设立条件

（1）有足够的独立性。评价机构必须与负责内部控制设计与实施的部门适当分离，确保内部控制自我评价机构的独立性。

（2）具备充分的权威性。评价机构能够独立行使对单位内部控制系统建立与实施过程及结果进行监督的权力。

（3）评价机构必须具备评价内部控制系统相适应的专业胜任能力和职业道德素养。

（4）评价机构应与单位其他部门就评价内部控制系统方面保持协调一致，在工作中相互配合、相互制约、相互促进，在效率效果上满足单位对内部控制进行评价所提出的有关要求。

2. 内部控制评价机构的角色定位

根据评价机构的设立条件约束，单位内部审计机构、专门设立的内部控制评价机构、外部专业机构可以承担单位内部控制评价的工作。

内部审计机构在行政事业单位内部处于相对独立的地位，其工作内容、业务专长与内部控制评价工作有着密切的关联，单位负责人可以考虑授权内部审计部门负责本单位内部控制自我评价工作的组织和实施。

单位也可以根据设立条件单独设置专门的内部控制评价机构并配备能力胜任、素质达标的人员负责单位内部控制评价工作的具体组织实施。评价机构的工作小组应当吸收单位内部相关机构熟悉情况的业务骨干参加。评价工作组成员对本部门的内部控制自我评价工作应当实行回避制度。

此外，单位还可以委托外部专业机构实施内部控制的自我评价。为单位提供内部控制审计服务的会计师事务所，不得同时为本单位提供内部控制自我评价服务。需要明确的是，外部专业机构为单位提供的内部控制评价是一种非保证服务，行政事业单位内部控制自我评价报告的有效性仍然由本单位自身承担。

（二）各相关方在内部控制自我评价中的职责分工

内部控制自我评价的参与主体一般涉及行政事业单位负责人、内部控制评价机构、单位决策机构、各职能部门和所属单位。内部控制评价部门根据单位实际情况制订科学合理的评价工作方案，经单位决策机构批准后实施。单位负责人总体协调内部控制自我评价工作的开展，各职能部门积极参与配合，对认定的控制缺陷进行整改。具体来说，各参与主体在内部控制评价中的职责分工如下：

1. 行政事业单位负责人

单位负责人对内部控制的建立健全和有效实施负责，因此，对内部控制自我评价承担着最终的责任，同时也对内部控制评价报告的真实性、准确性、完整性承担个别及连带责任。

通常，单位负责人会指定内部审计部门在执行监督检查的基础上，负责对单位内部控制的有效性进行评价并出具单位内部控制自我评价报告。

单位负责人和内部审计机构应听取内部控制自我评价报告，审核内部控制存在的重大缺陷、针对重要缺陷的整改意见，对内部控制自我评价机构在评价组织、实施及督促整改过程中遇到的困难，积极协调、排除障碍。

2. 内部审计部门

内部审计部门在单位负责人的授权下承担单位内部控制自我评价的具体组织和实施。

内部审计部门定期根据单位实际情况，针对外部监管要求及单位内部控制目标要求，拟定合理的评价工作方案报单位决策机构批准后认真组织实施，下发内部控制自我评价工作通知，对内部控制的有效性进行评价。

内部审计部门牵头负责成立内部控制评价小组，确定评价人员名单、分工、负责人等，确保小组成员具备相应的资格及业务能力，如内部控制的专业知识及相关规章制度、评价工作流程、评价方法、缺陷认定标准等，指导各相关部门进行内部控制自我评价，特别注重保持小组成员与内部控制设计人员的独立性。

对于评价过程中发现的重大问题，内部审计部门应及时与单位领导进行沟通，编制内部控制缺陷认定汇总表报单位负责人审核，编写出具内部控制评价报告，报单位负责人审核。

针对评价中认定的缺陷，内审机构也应督促各相关部门、所属单位进行整改并检查整改结果，根据评价和整改情况拟订单位内部控制考核方案。

3. 单位决策机构

单位决策机构通过领导小组会议集体决策审批内部审计部门编制的内部控制

自我评价工作方案。同时，也要通过领导小组会议集体审议单位负责人审核过的内部控制缺陷汇总表，认定单位内部控制存在的重大缺陷。

4. **内部纪检监察部门**

内部纪检监察部门是负责单位党风廉政建设和行使行政监察权利的职能部门。在行政事业单位内部控制评价中，主要是从"管人"的角度对参与到经济活动各项业务的内部控制和内部控制的各个环节中的相关工作人员进行监督，表彰优秀，惩治问题，尤其对单位中容易滋生的舞弊和腐败问题能起到很好的防范作用。

5. **各职能部门**

各职能部门配合内部审计部门选派具有专业胜任能力、部门业务熟练的人员参与内部控制自我评价工作，组成内部控制评价小组。

各职能部门负责人根据内部审计部门的要求，组织本部门的内部控制自我评价，对发现的内部控制缺陷提出整改方案和具体整改计划，积极整改，并报送内部审计部门复核，配合内部审计部门开展单位层面的内部控制评价工作。

6. **附属单位**

附属单位配合单位内部审计部门定期开展内部控制自我评价工作，逐级落实评价责任，发现问题并认定内部控制缺陷，拟订整改方案和具体整改计划，经本级单位领导审核后，报内部审计部门复核。单位对附属单位内部控制执行和整改情况进行考核。

二、行政事业单位内部控制评价对象

根据单位内部控制的体系结构，行政事业单位内部控制自我评价的内容可以确定为两个方面：单位层面内部控制和业务层面内部控制。单位可根据《单位内控规范》的要求，以及单位内部控制各构成要素的控制目标、主要风险和关键控制措施，在单位和业务两个层面，分别从设计和执行两个维度来设计内部控制自我评价指标。需要注意的是，评价内部控制执行有效性的前提必须是内部控制设计有效，如果评价证据表明内部控制设计存在缺陷，那么即使内部控制按照设计得到了一贯执行,也不能认为其运行是有效的。

(一)单位层面内部控制自我评价指标

根据单位层面内部控制各要素的控制目标、主要风险和关键控制措施,行政事业单位层面内部控制自我评价指标示例,如表 11-1 所示。

表 11-1　　　　　　　　单位层面内部控制自我评价指标示例

一级评价要素	二级评价要素	要素定义	建设情况			执行情况		
			尚未建设	基本建设	完成建设	尚未执行	基本执行	完全执行
组织架构	内部控制机构设置	单独设置内部控制职能部门或者确定内部控制牵头部门,负责组织协调内部控制工作。单位明确了财会、内部审计、纪检监察、政府采购、基建、资产管理等部门或岗位在内部控制中的职责分工						
	岗位职责权限	单位要严格根据"三定"规定设置部门岗位,确保岗位权责一致,不相容岗位相互分离						
	内部控制职能部门设置	单位应单独设置内部控制职能部门或者明确内部控制牵头部门,负责单位内部控制建设						
	内部控制制度建设	单位为实现控制目标,应通过制定制度,把控制措施和执行程序予以制度化管理,对经济活动的风险进行防范和管控						
工作机制	决策、监督、执行分离机制	从单位实际特点出发设置决策、监督、执行分离机制并确保决策、监督、执行的过程分离和岗位分离。三权分离应该有侧重点并符合单位实际情况						
	风险评估机制	单位是否有风险评估的工作机制,由单位领导担任风险评估小组组长,定期对单位经济活动进行评估,明确风险点,采取措施控制风险						
	议事决策机制	单位制定议事决策的工作流程,针对不同级别决策事项明确了审批权限,规定了具体的决策原则						

续表

一级评价要素	二级评价要素	要素定义	建设情况			执行情况		
			尚未建设	基本建设	完成建设	尚未执行	基本执行	完全执行
工作机制	议事决策问责机制	单位建立议事决策结果公开和责任追究机制,实行"谁决策、谁负责"的原则,让决策结果置于社会监督之下						
	相关部门沟通协调机制	单位建立各部门在内部控制中的沟通协调和联动机制,通过业务流程优化和信息技术,实现了机构之间的协同和信息沟通畅通						
关键岗位	关键岗位轮岗机制	单位建立了关键岗位轮岗机制,明确了轮岗的方式、周期、条件和要求等内容,对不具备轮岗条件采取了专项审计等控制措施						
	关键岗位问责机制	合理划分关键岗位,满足不相容岗位分离原则,明确各岗位的权限,建立责任追究问责机制						
关键岗位人员	关键岗位人员资格	单位内部控制关键岗位工作人员均具备与其工作岗位相适应的资格和能力						
	关键岗位人员培训	单位针对内部控制关键岗位工作人员定期开展业务培训和职业道德教育,不断提升其业务水平和综合素质						
	关键岗位人员职业道德	单位建立了关键岗位人员奖励机制,通过采用职务晋升、物质奖励或者精神表扬等方式,提高关键岗位人员的工作积极性						
	关键岗位人员惩戒	单位建立了关键岗位人员惩戒机制,明确了关键岗位人员的惩戒标准和措施						
会计系统	会计机构设置	单位应根据会计业务的需要设置会计机构,设置会计工作岗位,明确会计机构和岗位的工作职责和权限,制定机构职责及岗位说明书						
	会计人员配备	单位配备具有会计从业资格、业务水平过关及道德素质较高的会计岗位人员,满足不相容岗位分离原则,建立会计工作队伍						

续表

一级评价要素	二级评价要素	要素定义	建设情况			执行情况		
			尚未建设	基本建设	完成建设	尚未执行	基本执行	完全执行
会计系统	会计政策制定	单位应明确财务记账的相关会计科目、会计原则及会计报表要求等相关会计政策，建立会计管理制度						
	会计业务管理	单位应当按照国家统一会计制度的规定根据实际发生的经济业务事项及时进行账务处理、编制财务会计报告，确保财务信息真实、完整						
信息系统	会计核算系统建设	单位运用电子信息技术对单位经济活动情况进行会计核算并定期进行数据备份						
	内部控制信息系统	单位建立了内部控制信息系统，将经济活动及其内部控制流程嵌入单位信息系统中，设置不相容岗位账户并体现其职权，实现了用现代科学技术手段加强内部控制的要求						
	信息内部公开机制	单位通过信息系统建设实现了经济活动信息内部公开管理，明确了信息内部公开的内容、范围、方式和程序						
	信息技术安全管理	单位建立信息安全管理机制，通过减少人为操作和加强信息技术安全监控，实现单位的信息安全						

（二）业务层面内部控制自我评价指标

根据业务层面内部控制各要素的控制目标、主要风险和关键控制措施，行政事业单位业务层面内部控制自我评价指标示例，如表11-2所示。

表 11-2　　　　　　　业务层面内部控制自我评价指标示例

控制类别	一级评价指标要素	二级评价指标要素	要素定义	建设情况 尚未建设	建设情况 基本建设	建设情况 完成建设	执行情况 尚未执行	执行情况 基本执行	执行情况 完全执行
预算业务	组织控制	建立健全预算业务内部管理制度	单位应当建立和完善预算业务内部管理制度，确保预算业务有章可依、有据可依，在单位的业务活动中真正发挥效能						
		管理机构与岗位职责	单位应当合理设置预算业务管理机构，一般应包括预算业务决策机构、工作机构和执行机构。细化预算编制、审批、执行、评价等不相容岗位在预算管理中的职责、分工和权限						
		预算归口管理	单位应当成立预算归口管理部门，负责承担单位预算的指导、审核职能，以提升单位预算编制的规范性、科学性和预算执行的有效性						
		组织领导和协调机制	单位应当建立内部预算编制、预算执行、资产管理、基建管理、人事管理等部门或岗位的沟通协调机制，确保预算编制部门及时取得和有效运用与预算编制相关的信息，提高预算编制的科学性						
	预算编制与批复	预算编制责任	单位预算制度中明确预算编制人员的职责						
		预算编制合规	单位预算编制符合法律法规和相关政策要求						
		预算编制依据	预算编制是否依据以前年度收支实际情况，真实反映本年度全部业务收支计划，确保预算编制依据充分						
		预算编制审核	单位是否严格建立预算逐级审核制度及重大项目评审机制						
		预算方案依据	单位内部预算批复是否将以前年度的业务支出金额和本年度工作计划作为依据						

续表

控制类别	一级评价指标要素	二级评价指标要素	要素定义	建设情况 尚未建设	建设情况 基本建设	建设情况 完成建设	执行情况 尚未执行	执行情况 基本执行	执行情况 完全执行
预算业务	预算下达与追调	预算指标分解	对于按法定程序批复的预算，单位是否按支出事项性质和重要性进行内部指标分解						
		预算调整审批	单位是否对预算指标调整进行审议，且在指标调整后对预算支出事项进行重新排列						
	预算执行	预算执行方式	单位业务部门是否根据经费支出事项的分类，选择正确的预算执行方式（直接执行、依申请执行、政府采购执行），财务部门是否给予指导和审核						
		预算执行申请	单位业务部门是否在明确的预算指标下提出执行申请，申请是否经由归口管理部门和财会部门审核						
		预算执行审批	单位是否按业务事项的类型、性质及金额设置预算执行申请的审批权限，是否按照规定的审批权限进行审批						
		资金支付控制	单位是否建立完善相关预算资金支付的管理制度和办法，使得资金支付有依有据						
		预算执行分析	单位是否建立预算执行分析机制，例如通过定期编制各部门预算执行情况、召开预算执行分析会议等形式，研究解决预算执行中存在的问题，提出改进措施，提高预算执行的有效性						
		预算执行监控	单位是否建立预算执行的监控机制，重点跟踪建设项目、大宗物资采购、对外投资等重大项目						
	决算管理	决算报告编制	单位是否定期编制决算报告，是否建立了规范的决算报告编制程序，决算报告要求内容真实、完整、准确、及时						
		决算分析运用	单位是否建立了决算分析工作机制，强化决算分析结果运用，建立健全单位预算与决算相互反映、相互促进的工作机制						

第十一章 行政事业单位内部控制评价与运行维护

续表

控制类别	一级评价指标要素	二级评价指标要素	要素定义	建设情况 尚未建设	建设情况 基本建设	建设情况 完成建设	执行情况 尚未执行	执行情况 基本执行	执行情况 完全执行
预算业务	绩效评价	预算考评指标	单位是否建立针对内设机构和干部预算工作绩效进行考评的机制，制定预算考评相关办法，科学设计预算考评指标，考核资金使用的经济和社会效益						
		预算绩效管理机制	建立"预算编制有目标、预算执行有监控、预算完成有评价、评价结果有反馈、反馈结果有应用"的全过程预算绩效管理机制						
收支业务	收入控制	制定收入管理制度	单位应当根据业务实际需要建立健全单位收入业务内部管理制度，规范收入业务管理的组织领导和运行机制，明确收入预算、执行、监督等阶段的具体工作程序，确保单位收入管理工作有章可循、有据可依						
		收入归口管理和岗位责任制	单位的各项收入应当由财会部门归口管理并进行会计核算，严禁设立账外账。财会部门应全面掌握本单位各部门的收费项目，做好收费许可证的年检，确保各项收费项目符合国家有关规定。明确相关部门的职责分工，实施岗位责任制						
		建立健全收费公示收入公开制度	明确收费公示的原则、种类、内容和方式，严格要求内设执收机构根据国家有关规定，在收费场所公示由本单位负责征收的非税收入的执收文件依据、收费主体、收费项目、收费范围、收费标准、收费对象等，依法接受社会监督						
		落实收支两条线管理	单位应当认真落实"收支两条线"管理规定，取得的政府非税收入应及时足额缴存国库或财政专户，不得坐收坐支，以支抵收，私存私放；不得转入协会、学会、工会及单位开办的公司或实体账户						

续表

控制类别	一级评价指标要素	二级评价指标要素	要素定义	建设情况 尚未建设	建设情况 基本建设	建设情况 完成建设	执行情况 尚未执行	执行情况 基本执行	执行情况 完全执行
收支业务	收入控制	收缴登记和收入分析机制	单位应当健全收入登记制度，明确收入登记岗位责任，完善收入台账管理，逐一记录收入收取和上缴国库或财政专户情况，通过编制内部收入报表等，与财会部门加强联系，确保收入实现进度，并向同级财政部门定期报告本部门、本单位政府非税收入收缴情况						
	票据控制	建立票据管理制度	明确各类票据的种类、形式、联次，规范各类票据的申领、启用、核销、销毁等管理程序						
		建立票据申领、管理、核销机制	单位应严格按照规定的程序、权限由单位财务部门安排专人统一办理购领手续，其他内设机构和个人不得购买。建立票据管理台账，明确票据保管责任，确保票据核销规范						
		票据稽核与监督管理	单位应当建立收费票据稽核监督管理制度，设置独立的机构或岗位，根据实际情况和管理需要，对收费票据的购领、使用、保管等情况实施定期或不定期的检查						
	支出控制	制定支出管理制度	单位应当细化支出管理制度，根据国家相关法律法规及有关政策文件要求，规范设置各类经费支出内容、用途及执行方式，明确各类支出事项的工作程序，确保单位支出事项合法合规						
		支出归口管理和岗位责任制	单位应对经费支出进行科学分类，合理确定各类经费支出的管理主体，实行支出事项分类归口管理，落实各项重点经费支出的统筹管理职责，发挥各归口管理部门的专业管理优势。明确归口管理部门和业务部门的职责分工。确保支出申请和内部审批、付款审批和付款执行、业务经办和会计核算等不相容岗位相互分离						

续表

控制类别	一级评价指标要素	二级评价指标要素	要素定义	建设情况 尚未建设	建设情况 基本建设	建设情况 完成建设	执行情况 尚未执行	执行情况 基本执行	执行情况 完全执行
收支业务	支出控制	支出事项管理	单位应当根据费用性质及管理要求，梳理支出事项，科学设计各项经费支出结构，并明确事项开支范围及标准，确保准确、客观反映单位日常行政运行与履行职能、完成工作任务的各项支出情况，提高单位资金的管控效率及效果						
		支出过程控制	单位应当根据工作计划、工作任务和领导的指示并结合预算指标，按照制度规定，提出支出申请，经适当权限的审批人批准后再去开展相应业务。业务开展结束后要取得合法单据，经审核单据内容符合预算，事前审批手续齐备，予以确认支出。设置合理的支出执行方式，确保支出执行过程规范合理						
		借款与专项资金支出管理	单位应当严格控制往来款项规模，并及时进行处理，不得长期挂账。任何单位不得借款或贷款发放奖金、福利和补贴，不得借款或贷款用于购买小汽车、装修办公室和添置办公设备。单位从财政部门或者上级预算单位取得的项目资金，应当按照批准的项目和用途使用，专款专用、单独核算，并按照规定向同级财政部门或者上级预算单位报告资金使用情况，接受财政部门和上级预算单位的检查监督						
		支出分析管理机制	单位财务部门应当定期编制单位支出业务预算执行情况管理报告，为单位领导管理决策提供信息支撑						
	债务控制	建立健全债务管理制度	单位应当严格遵循国家有关规定，根据单位的职能定位和管理要求，制定债务管理制度，明确债务管理部门或人员的职责权限。特别明确不得由一人办理债务业务的全过程						

续表

控制类别	一级评价指标要素	二级评价指标要素	要素定义	建设情况 尚未建设	建设情况 基本建设	建设情况 完成建设	执行情况 尚未执行	执行情况 基本执行	执行情况 完全执行
收支业务	债务控制	债务集体论证决策程序	大额债务的举借和偿还属于重大经济事项，单位应当进行充分论证，并由单位领导班子集体决策						
		债务对账和检查监督控制	单位应当定期与债权人核对债务余额，进行债务清理，防范和控制财务风险。单位内部应当定期和不定期检查、评价债务管理的薄弱环节，如发现问题，应当及时整改						
采购业务	组织控制	建立健全政府采购制度和流程	单位应根据业务实际需要制定政府采购内部管理制度，实现以规章制度规范政府采购管理全过程和各个方面，确保政府采购管理工作有章可循，真正发挥政府采购作用						
		组织机构与职责分工	单位政府采购业务主要涉及业务部门、采购部门、单位领导、采购代理机构和供应商。单位应明确界定采购部门、财务部门、业务部门等在政府采购管理中的职责分工，确保政府采购管理主体责任明确						
		采购归口管理与岗位责任	单位应当成立采购归口管理部门，负责对政府采购业务进行审核和批准。按照不相容职务相互分离的原则合理设置政府采购管理岗位，明确相关岗位的职责、分工及权限						
		组织领导和协调机制	单位应当加强对采购活动的组织领导，成立包括单位分管采购负责人、各内设机构负责人在内的采购业务领导小组，定期就采购运行过程中存在的问题进行讨论沟通，不断完善单位采购工作协调机制						
	预算与计划	预算的编制与审核	单位业务部门应当按照实际需求提出政府采购建议数报分管领导审批，政府采购部门作为归口管理部门审核预算，财会部门根据审核后的预算数从指标额度控制的角度编制预算进行汇总平衡						

续表

控制类别	一级评价要素	二级评价指标要素	要素定义	建设情况 尚未建设	建设情况 基本建设	建设情况 完成建设	执行情况 尚未执行	执行情况 基本执行	执行情况 完全执行
采购业务	预算与计划	计划的编制与审核	单位业务部门应当在政府预算指标批准范围内经分管领导审批定期提交本部门的政府采购计划，政府采购部门审核计划的合理性，财务部门审核计划是否在指标额度范围，经审核计划按照适当的程序和规定的审批权限报经政府采购领导小组审批后下达给业务部门						
采购业务	采购活动	采购需求申请管理	具有请购权的部门对于预算内采购项目，应当严格按照预算执行进度办理请购手续，根据工作计划提出合理采购申请；对于超预算和预算外采购项目，应先履行预算调整程序，由具备相应审批权限的部门或人员审批后，再行办理请购手续						
采购业务	采购活动	采购组织形式确定	区分政府采购项目和非政府采购项目，从集中采购机构组织采购、委托代理机构组织采购、自行采购形式中选择合理的政府采购组织形式						
采购业务	采购活动	采购方式与采购申请的审核	业务部门根据国家有关规定从公开招标、邀请招标、竞争性谈判、询价、单一来源等方式中合理确定政府采购方式，经部门负责人复核后提交政府采购部门审核，规范政府采购程序						
采购业务	采购活动	采购代理机构选择	采购代理机构必须取得财政部门认定资格，依法接受采购人委托，从事政府采购货物、工程和服务采购代理业务。国家、省、市重点项目或者采购金额较大项目的，应当采取公开招标的方式确定采购代理机构						
采购业务	采购活动	供应商选择与确定	单位应当建立科学的供应商评估和准入制度，对各类货物、工程和服务的供应商资质、信誉情况的真实性和合法性进行审查，确定合格的供应商名录（合格供应商库），健全单位统一的供应商网络						

续表

控制类别	一级评价指标要素	二级评价指标要素	要素定义	建设情况 尚未建设	建设情况 基本建设	建设情况 完成建设	执行情况 尚未执行	执行情况 基本执行	执行情况 完全执行
采购业务	采购活动	招投标控制	单位应当根据"公开、公正、公平"的原则组织招投标活动，单位应按照标前准备、编制招标文件、确定标底、发布招标公告或投标邀请函、资格预审的程序开展政府采购招投标工作，规范招标、投标、开标、评标、中标流程						
	采购合同	订立与备案	单位应依据中标、成交通知书，严格按照合同法相关要求与供应商办理合同签订手续，政府采购合同采用书面形式						
		履行与变更	单位应依据采购合同确定的主要条款跟踪合同履行情况。签订补充合同的采购金额不得超过原合同采购金额的10%。政府采购合同继续履行将损害国家利益和社会公共利益的，双方当事人应当变更、中止或者终止合同						
	采购验收	明确验收标准、规范验收程序	单位应当结合各自采购项目特性量身定制采购项目验收工作方案，规范设计各类采购项目验收标准、程序和方法，对于重大采购项目应当成立验收小组，由技术、法律、财会等方面的专家共同参与验收工作						
		验收执行与验收报告	单位应当按照采购文件、采购合同规定的标准和方法组织对采购项目进行验收，重点关注采购合同、发票等原始单据与采购物资的数量、质量、规格型号等是否一致。货物验收合格及时办理入库手续，验收完毕出具书面验收报告						
		验收异常处理	对于质检不合格的货物、服务和工程，采购主管部门应当依据检验结果办理退货、索赔等事宜；对于供应商出现的违约情形，应当及时纠正或补偿；造成损失的，按合同约定追究违约责任，并上报政府采购监督管理部门处理；发现有假冒、						

续表

控制类别	一级评价指标要素	二级评价指标要素	要素定义	建设情况 尚未建设	建设情况 基本建设	建设情况 完成建设	执行情况 尚未执行	执行情况 基本执行	执行情况 完全执行
采购业务	采购验收	验收异常处理	伪劣、走私产品、商业贿赂等违法情形的，应立即移交工商、质检、公安等行政执法部门依法查处						
		验收监督检查	采购单位应当按规定做好采购项目的验收工作，加强政府采购货物、工程、服务的财务监督，依据发票原件做好资产登记和会计账务核算，确保国有资产的安全完整，防止流失						
	采购信息	信息公开管理	采购单位、采购代理机构应当按照有关政府采购的法律、行政法规规定，除应予保密信息外，公告政府采购信息，政府采购信息公告应当在指定媒体及时发布、内容规范统一、渠道相对集中，便于获得查找						
		信息记录与统计	单位对政府采购项目每项采购活动的采购文件应当妥善保存，不得伪造、变造、隐匿或者销毁。采购文件的保存期限为从采购结束之日起至少保存15年。采购文件包括采购活动记录、采购预算、招标文件、投标文件、评标标准、评估报告、定标文件、合同文本、验收证明、质疑答复、投诉处理决定及其他有关文件、资料						
	监督控制	质疑与投诉管理	单位应当加强对政府采购业务质疑投诉答复的管理，指定牵头部门负责、相关部门参加，明确规定质疑投诉答复工作的职责权限和工作流程，做好政府采购质疑投诉答复工作及相关文档的归档和保管						
		监督检查管理	明确政府采购监督检查的方式和要求。参与政府采购的相关人员，应当主动接受有关部门的监督检查，如实反映情况，并提供有关材料						

续表

控制类别	一级评价指标要素	二级评价指标要素	要素定义	建设情况			执行情况		
				尚未建设	基本建设	完成建设	尚未执行	基本执行	完全执行
采购业务	监督控制	建立采购业务后评估机制	单位内部应当定期和不定期评价采购过程中的薄弱环节，如发现问题，应当及时整改						
资产	组织控制	建立健全资产内部管理制度	单位应根据国家有关规定，对单位资产实行分类管理，按照各类资产的特点、管理中的关键环节和风险点，建立健全各类资产的内部管理制度						
		合理设置资产管理岗位	单位应该根据本单位的"三定"规定、单位实际情况和《单位内控规范》的要求，合理设置资产管理岗位，确保不相容岗位实现相互分离						
	货币资金	货币资金岗位责任制	按照不相容岗位分离原则设置货币资金管理岗位，明确岗位职责和权限，建立货币资金管理岗位责任制，尤其加强对出纳人员的管理、对印章的管理，严格履行货币资金授权审批制度						
		货币资金支付控制	严格按照用款前先申请注明款项的用途、金额、预算、限额、支付方式等内容，并附有效原始单据和相关证明，然后审批人根据职责、权限和相应程序对支付申请进行审批，会计人员对审批进行复核，无误后按照规定办理货币资金支付手续，及时登记日记账						
		建立库存现金管理控制机制	单位应规定库存现金限额和使用范围，规范库存现金收支管理，不得坐支现金，单位借出现金必须符合规定的范围，执行严格的审核批准手续，严禁私自挪用、借出货币资金。单位现金保管的责任人为出纳人员，单位应建立现金盘点清查制度，定期不定期对库存现金进行清查盘点						
		建立银行账户管理控制机制	单位应当加强对银行账户的管理，严格按照规定的审批权限和程序开立、变更和撤销银行账户						

续表

控制类别	一级评价指标要素	二级评价指标要素	要素定义	建设情况 尚未建设	建设情况 基本建设	建设情况 完成建设	执行情况 尚未执行	执行情况 基本执行	执行情况 完全执行
资产	货币资金	建立印章管理控制机制	严禁一人保管收付款项所需的全部印章。财务专用章应当由专人保管，个人名章应当由本人或授权人员保管。负责保管印章的人员要配置单独的保管设备，并做到人走柜锁。按照规定应当由有关负责人签字或盖章的，应当严格履行签字或盖章手续						
资产	货币资金	建立票据管理控制机制	单位应加强与货币资金相关的票据的管理，明确各种票据的购买、保管、领用、背书转让、注销等环节的职责权限和程序，并专设登记簿进行记录，防止空白票据的遗失和被盗用						
资产	货币资金	建立货币资金的核查机制	单位审计部门应指派专门人员，不定期审查单位货币资金管理的相关账目，确保单位货币资金管理规范有序、会计核算正确合理、财务信息真实完整						
资产	实物资产	资产管理组织控制	健全实物资产管理组织体系，建立实物资产归口管理、岗位责任、授权审批等控制机制。明确资产使用和保管责任人，落实资产使用人在资产管理中的责任，建立资产台账，保证实物资产的安全与完整						
资产	实物资产	资产取得与配置控制	建立实物资产购置预算、请购审批、取得验收、领用登记及内部调剂等方面的控制机制						
资产	实物资产	资产使用与维护控制	建立实物资产日常管理、出租出借、维护保养、清查盘点、统计报告等控制机制						
资产	实物资产	资产报废与处置控制	建立包括出售、转让、置换、报损、报废等不同处置方式的控制机制						

续表

控制类别	一级评价指标要素	二级评价指标要素	要素定义	建设情况 尚未建设	建设情况 基本建设	建设情况 完成建设	执行情况 尚未执行	执行情况 基本执行	执行情况 完全执行
资产	无形资产	无形资产取得控制	健全无形资产管理组织体系，建立无形资产归口管理、岗位责任，建立无形资产预算、取得和验收控制机制						
		无形资产使用控制	建立无形资产日常管理、使用、评估、更新等控制机制						
		无形资产处置控制	单位应明确无形资产处置的范围、标准、程序和审批权限，并严格按照处置程序进行无形资产处置业务						
	对外投资	投资岗位控制	根据不相容岗位相互分离合理设置投资管理岗位，建立对外投资管理岗位责任制，明确对外投资授权审批权限和业务程序						
		投资决策控制	明确投资意向提出、可行性研究、集体论证及投资审批的程序						
		投资实施控制	单位应加强对投资项目的追踪管理，及时、全面、准确地记录投资价值变动和投资收益情况						
		建立责任追究制度	确保单位对外投资得到有效的监控，对在对外投资过程中出现重大决策失误、未履行集体决策程序和不按规定执行对外投资业务的部门及人员，应当追究相应责任						
建设项目	组织控制	建立健全项目内部管理制度	单位应当明确建设项目的归口管理部门，建立健全建设项目内部管理制度，在建立的基础上不断完善建设项目相关流程和制度，明确与建设项目相关的审核责任、审批权限、检查责任						
		设置建设项目管理岗位	单位应当根据不相容岗位分离原则合理设置建设项目管理岗位，明确单位相关部门和岗位的职责权限。明确岗位责任制						
		业务流程控制	单位应当全面梳理建设项目各环节业务流程，对各风险领域查找、界定关键控制点，明确建设						

第十一章　行政事业单位内部控制评价与运行维护

续表

控制类别	一级评价指标要素	二级评价指标要素	要素定义	建设情况 尚未建设	建设情况 基本建设	建设情况 完成建设	执行情况 尚未执行	执行情况 基本执行	执行情况 完全执行
建设项目	组织控制	业务流程控制	项目在各环节的控制要求，并设置相应的记录或凭证，如实记载各环节业务的开展情况，确保建设项目全过程得到有效控制						
		建设项目审核机制	单位应建立与建设项目相关的审核机制。项目建议书、可行性研究报告、概预算、竣工决算报告等应当由单位内部的规划、技术、财会、法律等相关工作人员或者根据国家有关规定委托具有相应资质的中介机构进行审核、出具评审意见						
	立项控制	议事决策机制	单位应当建立与建设项目相关的集体研究、专家论证、技术咨询相结合的议事决策机制，严禁任何个人单独决策或者擅自改变集体决策意见。决策过程及各方面意见应当形成书面文件，与相关资料一同妥善归档						
		建设项目决策责任追究机制	明确决策人员的责任，定期或不定期地对建设项目进行检查。单位在建设项目立项后、正式施工前，应依法取得建设用地、城市规划、环境保护、安全、施工等方面的许可						
	勘察设计与概预算控制	勘察、设计过程的控制	编制勘察、设计文件，并建立严格的审查和批准制度，确保勘察、设计方案的质量						
		概预算控制	概预算的编制要严格执行国家、行业和地方政府有关建设和造价管理的各项规定和标准。建设单位应当组织工程、技术、财会等部门相关专业人员或委托具有相应资质的中介机构对编制的概算进行审核。如发现施工图预算超过初步设计批复的投资概算规模，应对项目概算进行修正，并经审批						

续表

控制类别	一级评价指标要素	二级评价指标要素	要素定义	建设情况 尚未建设	建设情况 基本建设	建设情况 完成建设	执行情况 尚未执行	执行情况 基本执行	执行情况 完全执行
建设项目	建设项目招标控制	招标过程控制机制	明确招标准备、招标公告和投标邀请书、招标文件、标底和招标控制价的编制、审核和发布要求						
		投标过程控制机制	明确现场考察、投标预备及投标文件的递交和保密要求						
		开标、评标和定标控制机制	单位明确开标的时间、地点和参与人员等；依法组建评标委员会，并按照招标文件中评标标准和方法组织评标；单位应根据评标委员会的评标报告确定中标人，并发出中标通知书						
	施工控制	建设项目监理控制	单位应选择符合资质的监理单位，对项目施工过程中的质量、进度、安全、物资采购、资金使用及工程变更进行监督						
		建立项目施工进度控制机制	单位应监控施工单位按合同规定的进度计划开展工作。明确项目进度控制的相关程序、要求和责任						
		建立项目施工质量控制机制	单位在施工前明确施工单位、监理单位对建设项目的质量责任和义务，保证建设工程质量。施工单位应定期编制工程质量报表，报送监理机构审查						
		安全生产控制机制	单位应规范建设工程安全生产管理过程，明确建设单位、施工单位、监理单位的安全生产责任，确保建设工程安全生产						
		建立项目施工成本控制机制	单位应根据建设项目进度编制资金使用计划，财会部门通过与施工单位和监理部门的沟通掌握工程进度，按照规定的审批权限和程序办理工程价款结算						
		工程物资采购控制机制	单位应明确工程物资如设备及材料购置的方式、方法。具体可参见采购业务流程规范						

续表

控制类别	一级评价指标要素	二级评价指标要素	要素定义	建设情况 尚未建设	建设情况 基本建设	建设情况 完成建设	执行情况 尚未执行	执行情况 基本执行	执行情况 完全执行
建设项目	施工控制	建立项目变更控制机制	单位应当建立严格的工程变更审批制度，严格控制工程变更。确需变更的，要按照规定程序尽快办理变更手续，减少经济损失。对于重大的变更事项，必须经建设单位、监理机构和承包单位集体商议，同时严加审核文件，提高审批层级，依法需报有关政府部门审批的，必须取得同意变更的批复文件						
	竣工控制	竣工验收控制机制	制定竣工验收的各项管理制度，明确竣工验收的条件、标准、程序、组织管理和责任追究						
		竣工决算控制机制	单位应在项目完工后及时开展竣工决算，编制竣工决算报告，确保竣工决算真实、完整、及时						
		竣工结算控制机制	对施工单位编制的竣工结算报告进行审查并办理价款结算						
		项目资产交付控制机制	单位对于验收合格的建设项目，应及时编制财产清单，办理资产移交手续，并加强对资产的管理						
		会计核算控制机制	单位应当制定建设项目财务管理制度，设置会计账簿，统一会计政策和会计科目，明确建设项目相关凭证、会计账簿和财务报告的处理程序和方法，遵循会计制度规定的各条核算原则						
		项目资料归档控制机制	单位应按照国家档案管理规定，及时收集、整理工程建设各环节的文件资料，建立工程项目档案，需要报政府有关部门备案的，应当及时备案						
		建设项目后评估控制机制	单位应当建立完工项目后评估制度，对完工工程项目预期目标的实现情况和项目投资效益等进行综合分析与评价，作为绩效考评和责任追究的基本依据						

续表

控制类别	一级评价指标要素	二级评价指标要素	要素定义	建设情况 尚未建设	建设情况 基本建设	建设情况 完成建设	执行情况 尚未执行	执行情况 基本执行	执行情况 完全执行
合同	合同管理组织控制	建立合同管理制度	单位应实行合同管理分级授权制度，明确上级单位、单位决策机关、业务部门、合同归口管理部门的合同管理权限，通过层层授权，确保单位各部门在权限范围内审批或签署合同						
合同	合同管理组织控制	设置合同业务岗位	根据不相容岗位相互分离原则合理设置合同业务岗位，明确岗位职责、权限。在岗位授权范围内进行合同洽谈、拟定合同文本并落实合同的履行，确保合同签署目的的实现						
合同	合同管理组织控制	建立合同归口管理机制	单位可指定办公室或纪检部门作为合同归口管理部门，对合同实施统一归口管理，管理合同印章；管理与合同有关的法人授权委托书；定期检查和评价合同管理中的薄弱环节，采取相应的控制措施，促进合同的有效履行						
合同	合同前期准备控制	合同策划与调查环节控制	单位应明确合同签订的业务和事项范围，严格审核合同策划目标是否与单位职责使命和战略目标一致；单位应当组建调查小组调查合同对方的主体资格、履约能力、资信情况						
合同	合同前期准备控制	合同谈判控制机制	单位应根据市场实际情况选择适宜的洽谈方式，并通过组建素质结构合理的谈判团队开展谈判，记录谈判过程并妥善保存，建立严格的责任追究制度						
合同	合同订立控制	合同文本拟定和审核控制	合同文本一般由业务承办部门起草、归口管理部门审核、法律专业人士参与，保证合同内容和条款的完整准确。单位应当建立合同会审制度，制定合同审签表格，规范合同审核程序，严格审核合同文本						

续表

控制类别	一级评价指标要素	二级评价指标要素	要素定义	建设情况 尚未建设	建设情况 基本建设	建设情况 完成建设	执行情况 尚未执行	执行情况 基本执行	执行情况 完全执行
合同	合同订立控制	合同文本签署和登记控制	单位应合理划分各类合同的签署权限和程序，按照规定的权限和程序与对方当事人签署合同，严禁超越权限签署合同。单位应实行合同连续编号管理，按照统一编号对合同订立情况进行登记，建立合同管理台账						
	合同执行控制	建立合同履行监控机制	单位应对合同履行情况实施有效监控，强化合同履行过程及效果的检查、分析和验收，确保按合同规定履行本单位义务，并敦促对方积极执行合同条款，保证合同有效履行						
		合同变更控制机制	单位应结合自身实际情况对合同履行中签订补充合同或变更、解除合同等按照国家有关规定进行审查，根据需要及时补充、转让甚至解除合同						
		建立合同纠纷控制机制	单位应明确合同纠纷的处理办法及相关的审批权限和处理责任，在规定时效内与对方协商谈判。合同纠纷协商一致的，双方签订书面协议，经协商无法解决的，根据合同约定方式解决						
		建立合同结算控制机制	单位财务部门应当在审核合同条款后办理价款结算和账务处理业务，按照合同规定付款，及时催收到期欠款。未按照合同条款履约的，财务部门应在付款之前向单位有关负责人报告						
	合同后续管理控制	合同保管与归档控制	单位应对合同文本进行科学分类和统一编号，按照类别和编号妥善保管合同文本，建立合同台账，加强合同信息安全保密工作，实施合同管理责任追究制度，对合同保管情况实施定期和不定期检查						
		合同管理检查评估	单位应当建立合同管理情况检查评估制度，至少于每年年末对合同管理的总体情况和重大合同履行的具体情况进行分析评估。对分析评估中发现的不足，单位应当及时加以改进						

三、行政事业单位内部控制评价流程

行政事业单位应根据单位实际情况自行决定内部控制自我评价的流程和周期。一般而言，单位内部控制自我评价流程包括评价准备、评价实施、评价及整改三个阶段。

（一）评价准备阶段

1. 制定内部控制评价工作方案

内部审计部门应当根据本单位实际情况及外部监管要求，结合内部控制构成要素，分析单位开展经济活动过程中的高风险和重要业务事项，编制内部控制自我评价工作方案，单位负责人审核，单位领导班子集体审议批准。

内部控制评价工作方案应当包括：内部控制评价范围、工作任务、人员组织、进度安排和费用预算等内容。评价工作方案可以以全面评价为主，也可以根据需要采用重点评价的方式。一般单位在内部控制建设初期，应当开展全面综合评价以推动单位内部控制工作的深入有效开展；内部控制建设趋于成熟后，单位可在全面综合评价的基础上，以重点评价或个别评价为主，从而提高内部控制评价工作的效率和效果。

2. 组成内部控制评价工作小组

内部审计部门根据批准的评价方案，挑选各职能部门中具备专业胜任能力、形式上和实质上都独立、职业道德素质高的评价人员，组成评价工作小组。评价工作小组主体人员的选择需要进行综合考虑，应该涵盖内审部门、注册会计师、管理层、政府专员等，以综合他们的优势，避开他们的劣势，获得更加公正、客观、合理的评价结果。

进行内部控制评价时要确保这些人员掌握单位内部控制评价相关的规章制度、工作流程、评价方法、工作底稿的填制要求、缺陷认定标准、评价人员权利和义务、评价工作的纪律要求、评价中的重点领域等，必要时可聘请外部专业机构参与评价。

（二）评价实施阶段

1. 各职能部门自评

各职能部门对本部门涉及的控制活动进行自评，出具《内部控制自评报告》，各职能部门负责人审核后，提交内部控制评价小组。

各职能部门进行自评时，内部控制评价工作小组需要进行相关指导，对于各职能部门自评过程中遇到的问题予以解决。

2. 现场测试

现场测试开始时，评价工作组首先根据各部门的自评报告，跟单位各职能部门进行充分沟通，了解单位内部控制设计和执行的基本情况、主要业务风险点和关键控制措施。

根据了解到的内部控制现状，按照评价人员具体分工，综合运用定性和定量的评价方法对内部控制设计和执行的有效性进行现场测试，按要求填写工作底稿、记录相关测试结果、研究分析内部控制缺陷。评价人员应遵循客观、公正、公平的原则，如实反映检查测试中发现的问题，并及时与相关部门人员沟通。

评价工作底稿应详细记录评价人员执行评价工作的内容，主要包括测试人员、测试时间、测试样本、测试评价等，评价工作底稿应进行交叉复核签字，并由评价工作组负责人审核后签字确认。评价工作组将评价结果及现场评价报告提交被评价单位，由被评价单位相关负责人签字确认后，提交单位内部审计部门。

3. 内部控制缺陷认定

评价工作小组根据现场测试结果，编制内部控制缺陷认定汇总表，说明内部控制缺陷及其成因、表现形式、影响程度等，由评价工作小组组长审核，对于汇总表中的重大缺陷，需要提交单位决策机构集体审议认定。

（三）评价及整改阶段

内部审计部门汇总评价工作组的评价结果，对工作组现场初步认定的内部控制缺陷进行全面复核、分类汇总，对控制缺陷的成因、表现形式及风险程度进行定性和定量的综合分析，按照对控制目标的影响程度判定缺陷等级。对于认定的内部控制缺陷，内部控制评价机构应当结合单位领导班子的要求，提出整改建议，要求责任单位及时整改，并跟踪整改落实情况；已经造成损失和负面影响的，应当追究相关人员的责任。

1. 内部控制评价报告的编制与审批

内控评价小组根据评价结果和认定的内部控制缺陷，编制内部控制自我评价报告，单位负责人审核、单位决策机构集体审议通过后对外报送。具体内部控制自我评价报告的内容参见本章第六部分行政事业单位内部控制评价结果的使用。

2. 落实整改

内控评价小组将审批后的内部控制评价报告正式下达单位各职能部门及附属单位。各职能部门及附属单位根据内部控制评价及整改意见进行整改，并于收到内部控制评价报告之日起在限定期限内将整改情况书面反馈至内控评价小组。内控评价小组将评价过程中相关资料进行归档保存。

四、内部控制评价常用方法

（一）定性评价方法

1. 流程图法

流程图法指利用符号和图形来表示被评价机构组织结构、职责分工、权限、经营业务的性质及种类，各种业务处理规程、各种会计记录等内部控制状况的方法。该方法可以帮助评价人员清晰地看出被评价机构内部控制体系如何运行、业务的风险控制点和控制措施，有助于发现各内部控制体系设计的缺陷。

2. 抽样法

抽样法是指通过抽取一定有代表性的样本进行调查和测试，根据样本来推断总体状况的一种评价方法。这个方法常用于行政事业单位业务流程内部控制有效性的评价。比如收支业务、采购业务、实物资产、合同管理等流程。使用这种方法的重点在于确定抽样总体的范围和样本的选取方法。其中，抽样总体应该适合测试的目标并且包括了所有的样本，样本的选取方法包括随机数表或计算机辅助技术选样、系统选样、随意选样。

3. 问卷调查法

问卷调查法是指评价者利用问卷工具使得受访者只需做出简单的"是/否"或"有/无"的简单回答，通过问卷调查结果来评价内部控制系统的方法。

调查问卷要放宽受访者的选取口径，将行政事业单位各个层级的员工都包含在内，从单位负责人到部门领导、基层员工要全层级覆盖，这样的调查结果才更具有可信度，利于内部控制有效性的评价。

4. 穿行测试法

穿行测试法是指通过抽取一份全过程的文件，按照被评价单位规定的业务处理程序，从头到尾地重新执行一遍，以检查这些经济业务在办理过程中是否执行了规定的控制措施，并通过其处理结果是否相符，来了解整个业务流程执行情况的评价方法。

业务流程检查要求样本尽量贯穿整个流程，一些抽样可以选择逆向检查，即先从会计凭证着手抽取样本向前追溯，以保证贯穿业务流程，进而对业务流程控制设计和运行的有效性作出评价。一般情况下只需要选择若干重要环节进行验证即可，但是对特别重要的业务活动，则必须进行全面的检查验证，以免造成不应有的失误。

5. 个别访谈法

个别访谈法是指根据评价的需要，对被评价单位员工进行单独访谈，以获取有关信息。该方法主要用于了解行政事业单位内部控制的基本情况。评价人员在访谈前应根据内部控制评价目标和要求形成访谈提纲，如有必要可先提供给被访谈者以便做好准备，被访谈人员主要是单位领导、相关机构负责人或一般岗位员工。评价人员在访谈结束后应撰写访谈纪要，如实记录访谈内容。

6. 实地查验法

实地查验法主要针对业务层面内部控制，它通过使用统一的测试工作表，与实际的业务、财务单证进行核对的方法进行控制测试，如对财产进行盘点、清查，以及对存货出、入库等控制环节进行现场查验。现场对现金、存货、固定资产、票据盘点，入库单是否及时录入管理信息系统，再如检查收取票据"被背书人"栏是否及时注明本单位名称、印鉴是否分开保管、网银卡和密码是否由不同人员保管等。

实地查验法的结果有多种体现方式：对某一业务流程的控制评价，可以通过评估现有记录的充分性来评价控制程度；描绘出常规业务的处理流程图，直观发现流程图中可能出现的错误，评价控制流程的风险点；通过文字描述反映相关控制情况。

7. 比较分析法

比较分析法是通过数据分析针对同一内部控制内容和指标，在不同的时间和空间进行对比，来说明实际情况与参照标准的差异。比如对行政事业单位采购控制进行分析时，可以采用本期实际采购数据和本期预算数据做对比，找到超预算的项目进行重点审查。

8. 自我评估法

自我评估法是指单位根据内部控制目标由领导和员工共同定期或不定期地对内部控制体系的有效性实施自我评估的方法。自我评估方法关注业务的过程和控制的成效，目的是使单位领导了解自身内部控制存在的缺陷及可能引致的后果，然后让单位自己采取行动改进状况。

（二）定量评价方法

定量法是通过引入数学计量方法和系统工程学方法来设计模型对指标进行量化，目前学术界并没有定论，还处于探索阶段。

王立勇（2004）采用可靠性模型和结构函数进行了系统可靠度量化，骆良彬和王河流（2008）、韩传模和汪士果（2009）、张先治和戴文涛（2011）、杨洁（2011）均利用层次分析法并结合模糊综合评价法分层次构建指标并赋权量化，王海林（2009）、陈力生（2009）构建能力成熟度模型对指标系统利用分级打分法量化，魏巍（2011）、周鲜华和张方方（2012）通过灰色系统理论构建灰色评价模型并辅以层次分析法进行定量评价。陈艳（2015）从行政事业单位内部控制的基本理论出发，运用层次分析法结合模糊综合评价法，构建定性与定量相结合的评价框架，从而实现了对行政事业单位内部控制有效性科学客观的定量评价。[①]

鉴于内部控制定性评价方法的主观性强、可比性差，大多数学者尝试在定量评价方法上有所突破。实际上，定性评价和定量评价这两种方法各有所长，两者是优势互补的。定性评价的目的在于把握内部控制的规定性，形成对其完整的看法。任何事物都是质和量的统一体，在评价过程中，定性评价和定量评价并不能截然分开。

五、内部控制自我评价

内部控制自我评价是针对内部控制的有效性发表意见。行政事业单位内部控制有效性是指单位建立与实施的内部控制系统对控制目标的实现提供合理保证的程度，具体包括内部控制设计有效性和内部控制运行有效性。其中，内部控制设计有效性是指为实现控制目标所必需的内部控制要素都存在并且设计恰当；内部控制执行有效性是指在内部控制设计有效的基础上，现有内部控制是否按照规定程序得到了正确执行。

以下笔者综合了其他学者的研究成果，提供了一种定性和定量相结合的模糊综合评价方法以供参考。

（一）评价原理介绍

模糊数学是一种运用科学的数学方法解决和分析模糊性现象的应用性数学，这一理论最初由美国控制论专家查得（Zadeh）教授在 1965 年提出，近些年来不断发展并且日益成熟，已形成了一整套方法体系，在实践应用中发挥日益重要的作用，尤其在绩效评价、人才评价、企业文化评价等领域应用价值更为巨大。模糊数学方法的合理应用能够有效地提高内部控制的评价质量，确保单位的内部控制目标的实现。同时，模糊数学方法的应用还能够为内部控制对象的实际控制效果创造现实的经验价值，使单位内部控制的建立和实施逐渐成熟。

[①] 陈艳，于洪鉴，衣晓青. 行政事业单位内部控制有效性评价框架研究——基于 AHP 与 FCE 的视角［J］. 财经问题研究，2015（9）.

综合评价法将所要评价的对象进行综合性的分析，全方位、多角度的考量各个影响因素的不同作用，进而判断总体的实际评价。不过很多时候，对总体的综合评价并不是简单的一加一，对各项要素进行叠加，而采用模糊语言进行描述，系统性的阐述很多因素是十分必要的，如我们运用模糊数学方法来进行总体的综合评价，以判断总体处于"优、良、中、差"哪种情况。这就是我们通常所说的模糊综合评价方法的有效运用。层次分析法更多的对评价对象使用了定性与定量的分析方法，通过两者的有效结合来判断评价目标的变化。层次分析法也可以与模糊数学方法进行综合，为评价对象构建科学、合理、高效的内部控制综合评价模型，以快速准确的统计出不同层次的不同评价结果。[①]

（二）评价模型的应用

1. 确定内部控制定性评价等级集

通过内控评价工作小组的讨论，可将内部控制评价的等级集分为 $V = (V_1, V_2, V_3, V_4, V_5 = (优，良，中，较差，差)$。各位专家可根据单位内部控制的实际情况对具体评价指标的控制状况给出优、良、中、较差、差五个等级。

2. 运用层次分析法确定各定性指标间的权数分配

运用层次分析法判定并设定各层次指标权重。层次分析法的基准是每一类指标的层级关系，每个有上层级指标的指标与同属于一个上层级指标的同层级指标所赋予的权重之和为100%。在赋权的方法上，采取德尔菲法，首先设计调查问卷，然后，引入9级标度法（见表11-3），内控评价组的成员对各个层次内要素进行重要程度赋值，最后，内控评价组成员达成一致，得到最终权重。示例表格如下：单位层面评价指标相对重要性及权重计算表（见表11-4）、第二层次指标对组织架构的相对重要性判断及权重计算表（见表11-5）。

[①] 徐晓婷. 行政事业单位内部控制评价指标体系构建与实施——以某交通部门为案例 [D]. 东北财经大学, 2015.

表 11-3　　　　　　　　　　1～9 级标度表

标度	含义	标度	含义
1	表示两个要素相比,具有同样重要性	9	表示两个要素相比,前者比后者极端重要
3	表示两个要素相比,前者比后者稍重要	2、4、6、8	表示上述相邻判断的中间值
5	表示两个要素相比,前者比后者明显重要	倒数	若要素 i 与要素 j 的重要性之比为 a_{ij},那么要素 i 与要素 j 的重要性之比为 $a_{ij}=1/a_{ij}$
7	表示两个要素相比,前者比后者强烈重要		

表 11-4　　　单位层面评价指标相对重要性及权重计算表

评价指标	组织架构	工作机制	关键岗位	关键岗位人员	会计系统	信息系统	W_i
组织架构							
工作机制							
关键岗位							
关键岗位人员							
会计系统							
信息系统							

表 11-5　　第二层次指标对组织架构的相对重要性判断及权重计算表

评价指标	内部控制机构设置	相关部门沟通协调	单位负责人任职情况	内部监督部门设置	W_i
内部控制机构设置					
相关部门沟通协调					
单位负责人任职情况					
内部监督部门设置					

3. 通过一致性检验

根据以上过程计算得出的权重,通过一致性检验确保工作小组成员判断的科学合理性。一致性检验一般是通过计算一致性比例值 CR 确定一致性程度。当 CR 值小于 0.1 时,即认为通过检验。

4. 运用模糊综合评价法进行评价

在模糊综合评价法构建中，以单位层面和业务层面评价指标作为因素集，将以上步骤计算的权重作为权重集，由评价小组成员对单位设计有效性和执行有效性进行综合评价打分，设定"优、良、中、较差、差"五级评语隶属等级依次对应分数为 90～100、80～90、70～80、60～70、0～60。

考虑到当单位内部控制体系完全建成以后，内部控制设计有效性和执行有效性同等重要，赋值内部控制设计有效性和执行有效性权重相等，各为50%。

确定设计有效性和执行有效性权重后，评价小组成员分别对两个层次的因素有效性进行评分并按照加权平均法求出各因素的有效性分值，形成评判向量。

最后将权重向量与评判向量相乘即得行政事业单位内部控制有效性分值。

以单位层面指标要素为例，计算方法如表 11-6 所示。

表 11-6　　　　单位层面指标要素综合评价计算表

一级评价要素	二级评价要素	权重 % ①	评价小组评价 建设情况 ②	评价小组评价 执行情况 ③	要素综合评分 建设情况 ④=①×②	要素综合评分 执行情况 ⑤=①×③
组织架构	内部控制机构设置					
	岗位职责权限					
	相关部门沟通协调机制					
	内部监督部门设置					
工作机制	决策、监督、执行分离机制					
	风险评估机制					
	议事决策机制					
	议事决策问责机制					
	内部监督制度建设					
关键岗位	关键岗位轮岗机制					
	关键岗位问责机制					
关键岗位人员	关键岗位人员资格					
	关键岗位人员培训					
	关键岗位人员职业道德					
	关键岗位人员惩戒					

续表

一级评价要素	二级评价要素	权重 % ①	评价小组评价		要素综合评分	
			建设情况 ②	执行情况 ③	建设情况 ④=①×②	执行情况 ⑤=①×③
会计系统	会计机构设置					
	会计人员配备					
	会计政策制定					
	会计业务管理					
信息系统	会计核算系统建设					
	内部控制信息系统					
	信息内部公开机制					
	信息技术安全管理					
综合得分					Σ④	Σ⑤

六、行政事业单位内部控制评价结果的使用

行政事业单位内部控制自我评价机构应当根据内部控制自我评价结果，结合内部控制评价工作底稿和内部控制缺陷汇总表等资料，按照规定的程序和要求，及时编制内部控制自我评价报告。

（一）内部控制自我评价报告的内容和格式

内部控制自我评价报告是内部控制自我评价工作的结论性成果。行政事业单位应当根据《单位内控规范》及单位实际情况，对内部控制自我评价实施的过程及结果进行总结和汇报。具体来说，行政事业单位内部控制自我评价报告一般至少包括下列内容：

1. 明确内部控制评价的目标和主体

单位内部控制评价的目标是合理保证单位经济活动合法合规、资产安全和使用有效、财务信息真实完整、有效防范舞弊和预防腐败、提高公共服务的效率和效果。

内部控制评价的主体是行政事业单位。

2. 管理层声明

声明单位领导对报告内容的真实性、准确性、完整性承担个别及连带责任，保证报告内容不存在任何虚假记载、误导性陈述或重大遗漏。

3. 内部控制评价工作的总体情况

包括单位内部控制评价工作的组织、领导体制、工作总体方案和进度安排、组织协调和汇报途径及评价工作小组的独立性情况等。

4. 内部控制评价的依据

说明单位开展内部控制评价工作所依据的法律、法规和规章制度。如《单位内控规范》和单位相关内部管理制度。

5. 内部控制评价的范围

内部控制评价主要对被评价的单位、重点关注的高风险领域和纳入评价范围的业务事项进行评价，主要分为全面检查评价和就某特定业务内部控制的检查和评价。内部控制评价的范围涵盖本级及所属单位的各种业务和事项，单位应该在全面评价的基础上突出重点，确保不存在重大遗漏。

6. 内部控制评价的程序和方法

内部控制评价工作遵循的基本流程及评价过程中采用的主要方法。

7. 以前期间检查中发现的内部控制缺陷及其整改情况

如果单位以前期间内部控制评价中发现了内部控制存在缺陷，要把缺陷的具体情况、认定标准和现在的整改情况予以说明。

8. 本次检查中发现的内部控制缺陷及其认定

说明本次检查中单位内部控制缺陷的具体认定标准和认定程序，并对与以前标准一样或做出的适当调整及其原因作出声明；根据内部控制缺陷的认定标准，判断本次检查中内部控制存在的重大缺陷、重要缺陷和一般缺陷。

9. 内部控制缺陷的整改情况及拟采取的整改措施

对于评价期间发现的重大缺陷但是在评价期末已完成整改的，说明单位与该重大缺陷相关的内部控制还是有效的。对于评价期末存在的内部控制缺陷，应阐明拟采取的整改措施及对整改后的预期效果进行了解。

10. 内部控制建立和执行有效性的评价、结论及改进意见和建议

对单位内控不存在重大缺陷的情形，可以出具评价期末内部控制有效性结论；对于存在重大缺陷的情形，不能作出内部控制有效的结论，并应该对该重大缺陷的性质，以及其对实现相关控制目标的影响程度、可能给单位经济活动带来的相关风险进行描述。自内部控制评价报告基准日至内部控制评价报告发出日之间发生的重大缺陷，评价工作小组应该对此进行核实，根据核查结果调整内部控制评价报告的结论。

（二）内部控制自我评价报告的编制时间

单位应当根据本单位实际情况确定内部控制自我评价的方法、范围和频率。根据内控评价开展的范围和频率，自我评价报告可分为定期报告和不定期报告。定期报告是指单位按固定周期如每年一次开展内部控制自我评价工作，编制自我评价报告，并由单位领导对外发布或以其他方式合理利用。不定期报告是指单位针对特定事项而临时开展的内部控制自我评价工作并编制形成自我评价报告。不定期报告的编制时间和编制频率由单位根据具体情况确定。

（三）内部控制自我评价报告的报送与使用

行政事业单位内部控制自我评价报告完成后可以征求内部纪检监察部门的意见，然后提交单位负责人审核，由单位负责人对拟采取的整改计划和措施作出决定，以改进单位内部控制体系。

内部控制评价报告必须按规定报送各级财政、审计等监管部门，接受监督检查。国务院财政部门及其派出机构和县级以上地方各级人民政府财政部门应当对单位内部控制的建立和实施情况进行监督检查，根据单位的自评报告，有针对性地提出检查意见和建议，并督促单位进行整改。

国务院审计机关及其派出机构和县级以上地方各级人民政府审计机关对单位进行审计时，应当调查了解单位内部控制建立和实施的有效性，参考单位的自评报告，揭示相关内部控制缺陷，有针对性地提出审计处理意见和建议，并督促单位进行整改。

内部控制自我评价报告应当作为行政事业单位完善内部控制的依据和考核评价相关工作人员的依据。对于执行内部控制成效显著的相关部门及工作人员提出表扬表彰，对违反内部控制的部门和人员提出处理意见；对于认定的内部控制缺陷，内部控制职能部门或牵头部门应当根据单位负责人的要求提出整改建议，要求责任部门或岗位及时整改，并跟踪其整改落实情况；已经造成损失或负面影响的，行政事业单位应当追究相关工作人员的责任。

七、行政事业单位内部控制运行维护

内部控制可以将制度的建设与优化评价工作变为常态，逐步实现制度的稳定性，并不断优化其执行，最终将制度建设工作实现系统化、规范化、流程化，促进行政事业单位的管理从目标管理走向流程管理。内部控制体系的建立只是内部控制工作的起步阶段，内部控制体系的运行与维护才是内部控制发挥作用的核心环节。

内部控制体系的运行与维护涉及单位每年的内部控制检查、评估、整改等事项。单位应通过内部控制自我评价阶段的检查、评估与修订，做到内部控制制度流程化、流程可操作化；通过内部控制的考核、评价与监督，进一步优化内部控制流程、修改制度、控制关键风险点，如此形成常态机制，才能使单位内部控制机制更好地发挥作用。

（一）年度内部控制目标的确定

内部审计部门组织单位各部门开展内部控制工作回顾及检讨会，总结单位层面及各业务流程层面内部控制的缺陷及风险，形成内部控制状况分析报告及下年度改进计划。

内部审计部门根据内部控制分析报告和下年度改进计划及单位整体部署编制年度内部控制工作目标及工作方案，经单位负责人审核后报纪检监察部门备案。

单位每年年底召开审计与内部控制建设会议，会议讨论经审核后的年度内部控制工作目标及工作方案。会议根据单位部署及目前内部控制状况审议并确定下年度内部控制工作目标及工作方案。经与会领导审批的年度工作目标及工作方案须经参会人员签字并以红头文件形式下发给各部门、附属单位执行。

(二) 内部控制工作的执行、监督与考核

1. 内部控制状况自评

根据单位下达的年度内部控制工作目标及工作方案，内部审计部门于每年二月底下发关于各部门、附属单位开展内部控制自评工作的通知，要求各部门按照单位《内部控制手册》及《单位内控规范》对部门工作流程规范性及潜在业务风险等进行自我评价。

内部审计部门根据年度工作目标设计各部门的内部控制自评工作底稿，底稿设计要求能识别出关键业务环节的风险，真实了解部门工作情况。各部门负责协调内部控制人员，根据内部审计部门的内控自评工作底稿，通过了解部门各业务人员的工作情况填写，同时根据单位年度内部控制工作目标及本部门的现状撰写部门内部控制现状评价报告及改进计划，报本部门负责人审核并签字确认。

经审核的自评价工作底稿、内控现状评价报告及改进计划须经单位负责人签字后报内部审计部门汇总。内部审计部门根据各部门提交的自评底稿、内控现状评价报告及改进计划汇总编制详细的年度内部控制工作自评报告及改进计划经单位负责人签字后报上级监管部门备案。

2. 内部控制执行与监控

单位各部门在工作中应按照《内部控制手册》中的流程要求开展经济业务活动。各部门应按照年初提交的内部控制改进计划对业务流程进行优化调整以达到降低经济业务活动风险的目的。

在提交业务流程调整申请时，调整方案须经财务部门审核，审计部门根据流程调整幅度及对单位的影响程度大小决定是否请相关内部控制专家进行评估，审计部门须在申请文件中签署关于流程调整的内控风险评估意见，之后申请部门根据单位相关制度及《内部控制手册》的要求提请相关部门及人员审批。审批后的调整方案须提交财务部门留档并报审计部门、纪检监管部门备案。

审计部应定期或不定期对单位层面和业务流程层面的内部控制执行情况进行突击检查。检查时可以根据《内部控制手册》的要求核查部门提交的相关业务活动执行情况的证明材料，也可以采取现场勘察、不定向访谈等形式了解各部门不

同业务的执行情况，检查中应做好检查记录、访谈记录，形成工作底稿，按类别对检查资料进行存档。

检查完成后应形成检查报告提交审计部门负责人审核后报财会部门、单位负责人、纪检监管部门审阅。

3. 内部控制执行情况年终检查

每年 10 月左右，审计部门根据年度工作计划、《内部控制手册》及《单位内控规范》的要求对各部门、附属单位内部控制执行情况进行年终检查，检查前应拟定检查方案。检查中应抽取重大投资、采购、建设工程项目等业务为样本进行内部控制穿行测试，详细了解经济业务执行流程，发现经济业务活动中的舞弊行为。

内部控制执行情况检查需进行大量访谈，访谈对象应为各部门分管领导及业务执行人员，为保证访谈的真实有效性，访谈前可不征求被访谈部门领导意见，采取随机访谈形式，访谈中应做好访谈记录并存档。内部控制检查过程中所有穿行测试材料应取得复印件，随同该业务的测试底稿、访谈记录一同形成检查文件，分类存档。

检查结束后，审计部门应对每个部门、附属单位出具内部控制执行情况年终检查报告，详细汇报检查中发现的问题，检查报告原则上须经被检查部门领导签字确认，对于检查中发现的重大舞弊、越权操作等问题且须进一步调查的事项可以不经被检查部门领导签字，但应取得充分的书面及访谈证据。

内部控制检查报告须经审计部门负责人签字后报单位负责人及纪检监管部门审核，审核后报内部控制项目小组审阅，讨论决定是否对检查中发现的重大问题组织审计、对相关人员进行进一步审查或采取相关整改措施。

经审阅后的检查报告应经项目小组长签字，并由审计部门存档。审计部门在编制内部控制检查报告的同时应编制内部控制评价报告，内部控制评价报告的编制与审批及披露等按《内部控制手册》执行。

单位应根据内部控制体系建设的情况定期组织修改《内部控制手册》，根据过去内部控制执行中对流程进行的优化及检查发现的问题修改《内部控制手册》，使《内部控制手册》中的流程更加符合单位廉政风险防控的要求。《内部控制手册》的修改由财会部门组织，修改后应按要求报相关领导审核，最后应根据单位制度修改的流程经决策机构审批后下达。

4. 监督与考核

内部控制工作的监督部门为内部审计与纪检监管部门，审计部门牵头负责内部控制工作的自评、执行、年终检查等环节的监督。

审计部门与纪检监管部门应开放多条信息反馈与投诉渠道，设置投诉箱、投诉电话及投诉邮箱等接受各部门和人员的投诉，防止内部控制工作人员在执行内部控制检查工作中徇私舞弊。内部控制工作的监督检查结果与各部门的业绩考核挂钩，在内部控制检查中发现的重大问题应追究相应业务人员及部门领导的责任。

各部门负责人在内部控制部门自评时负责本部门风险及内部控制缺陷的识别、配合审计部门的内部控制评价、检查等工作。对单位确定的内部控制整改方案积极配合落实整改。

对于要求整改的内容没有整改或整改不到位，被审计部门或者纪检监管部门发现，将纳入部门负责人绩效考核。

以上方案通过落实内部控制的基本要求，运用内部控制建设阶段的成果，构建内部控制"目标确定→执行→监督→检查与总结→确定下年度目标"的管理闭环，为单位内部控制工作落到实处提供了一定的指导。

（三）内部控制的日常维护和持续优化

行政事业单位内部控制日常维护是指通过日常的教育培训、建立激励约束机制、培养单位内部控制文化等方式，确保单位内部控制的有效运行。单位推行内部控制应强化培训、强化责任追究、强化激励奖惩机制、强化内外监督，为内部控制运行提供坚实保障。

内部控制作为一项专业管理活动，在运行过程中需持续不断的辅以教育培训，使单位全体人员掌握内部控制的理念、方法，并将其运用到日常工作中。单位应在每年的内部控制工作计划中列入内控教育培训安排、内控工作研讨会议等，同时设计各类不同的主题，针对各层级管理人员和执行人员开展多种形式的培训，包括购买并组织学习内控书籍、组织召开内控专题交流会议、聘请外部专家授课、组织内控发布成果培训、保证单位各层级人员一定课时的内控学习时间，使内部控制运行工作常用常新。

单位应运用多种形式，将风险管理文化和内部控制理念引入单位的现有文化中，不断强化和提升各级管理人员和执行人员的自觉执行意识，如在单位 OA 专栏宣传内控知识、发布项目信息，在单位内刊发布内控专题、新闻稿，举行在线辩论、考试等多种形式的内控知识竞赛，开展内控专题有奖征文等活动。

需要强调的是，单位内部控制的持续运行不是终点，还应当对内部控制运行过程进行持续优化。不论单位原有的内控体系多么完美，随着时间的推移、内外部环境的变化都可能出现某些问题，包括具体实施部门、内部审计及纪检监管等部门发现的问题，这些问题应当及时反馈到内控牵头部门，定期加以优化。

第十二章

行政事业单位内部控制的审计监督

  行政事业单位内部控制作用的发挥，依赖于一个健全有效的内部控制系统和一个使其得到良好运行的机制，这就需要对内部控制建立和实施进行恰当的监督，以确认行政事业单位内部控制是否有效，是否实现了其目标，是否最大限度地降低了各种可能的风险给国家、单位和社会公众的损害。审计监督站在独立、客观和公正的角度，是内部控制监督的核心内容，它和内部控制二者相互依赖、相互促进。内部控制的发展能够推动审计的发展，审计工作反过来也能促进内部控制的健全，审计工作是对内部控制的有力监督，内部控制的完善推动审计工作范围、重点的变化。

  目前，内部控制的审计监督可分为基于会计报表审计的内部控制审计和基于规范业务管理的内部控制审计两种类型。其中，基于会计报表审计的内部审计是指在进行会计报表审计时，审计人员首先要审查和评价被审计单位的内部控制，对拟信赖的内部控制进行控制测试，并据以确定实质性测试的性质、时间和范围，从而确保审计质量、效率、效果的有效实现。在这个过程中，审计人员仅仅关注与财务报告可靠性相关的内部控制，并非整个内部控制系统。基于规范业务管理的内部控制审计，主要是为了规范业务管理、防范业务风险、帮助组织目标实现，其范围应包括与被审计单位资源管理活动相关的所有内部控制，而不仅仅局限于与财务报告可靠性相关的内部控制。[①]

按照实施审计监督的主体不同,内部控制的审计监督可分为内部审计监督和外部审计监督。其中,内部审计监督主要局限在单位内部进行,而外部审计监督主要是指国家审计监督,即由单位外部的国家相关进行审计监督。内部审计监督和外部审计监督共同构成了行政事业单位内部控制的审计监督体系,共同对行政事业单位内部控制的建立有效性和执行有效性的状况进行监督。

在本章中,我们将从内部审计监督和国家审计监督的角度介绍行政事业单位内部控制审计监督(见图12-1)。

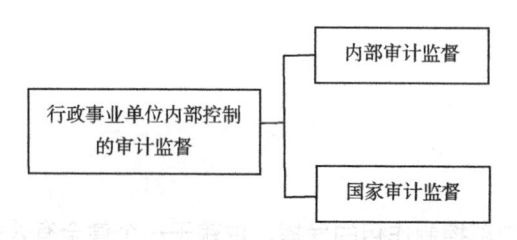

图12-1 行政事业单位内部控制的审计监督

一、内部审计监督

根据《内部审计基本准则》(中内协发〔2003〕20号)的规定,内部审计是指组织内部的一种独立客观的监督和评价活动,它通过审查和评价经营活动及内部控制的适当性、合法性和有效性来促进组织目标的实现。内部审计能间接或直接纠正内部控制的偏差,促进内部控制的完善。

从五要素的角度来说,内部审计监督是行政事业单位内部控制中控制环境要素的范围,是行政事业单位内部控制自我独立评价的一种活动。从某种程度上来说,内部审计本身就是一种控制,它按照内部控制要求,通过内部控制制度为其制定的审计程序和方法及要完成的任务、达到的目标,协助组织最高管理者监督内部控制政策和程序的有效性,为改进内部控制提供建设性意见。由此可见,内

---

① 雷阳昆. 面向业务、风险的行政事业单位内部控制审计探析——基于内部审计视角[J]. 审计与理财, 2015(1).

部审计监督是提高行政事业单位管理效率和效果的重要途径，也是改进行政事业部门内部控制的重要手段，更是实现行政事业单位自我约束的重要方式，是行政事业单位的免疫系统或防火墙。因此，行政事业单位应在单位内部对内部控制进行审计监督。如《单位内控规范》第六十条的规定："单位应当建立健全内部监督制度，明确各相关部门或岗位在监督中的职责权限，规定内部监督的程序和要求，对内部控制建立与实施情况进行内部监督检查和自我评价。"

行政事业单位在进行内部控制的内部审计监督时，应该注意明确以下几点。

（一）内部审计监督的实施主体

1. 内部审计部门

内部审计部门在行政事业单位内部处于相对独立的地位，加上其工作内容和业务专长与内部控制的监督检查工作密切相关，因此内部审计监督的实施主体一般应为内部审计部门，如果没有内部审计部门或岗位的单位，或者内部审计部门因人手不足、力量薄弱等原因无法有效履行内部控制监督检查职能，单位可以成立内部监督联合工作小组来履行相应职能。

2. 纪检监察部门

作为单位内部控制的内部审计监督的实施主体，内部审计部门侧重于从"管事"的角度进行监督，但是在行政事业单位中，任何内部控制的建立和实施都要由人做出，因此需要将纪检监察部门也作为内部审计监督的实施主体之一。

纪检监察部门是负责单位党风廉政建设和行使行政监察权利的职能部门，它能够从"管人"的角度对参与到经济活动各项业务的内部控制和内部控制的各个环节之中的相关工作人员进行监督。从某种意义上来说，这种监督对内部控制的建立和实施更重要、更有效。

3. 单位领导层

除了内部审计部门和纪检监察部门之外，行政事业单位内部控制的内部审计监督实施主体还应包括单位领导层。

单位领导层是内部审计监督工作的领导部门，负责行政事业单位内部审计监督工作的总体规划和指导工作，对内部审计监督承担最终的责任，而内部审计部门和纪检监察部门是内部审计监督的具体实施部门，负责内部审计监督的具体组织实施工作，该部门对领导层负责。

此外，财务部门和内部各相关部门也要积极配合审计监督部门开展审计监督工作，包括按照要求提交财务报告、内部控制自我评价报告，协助审计监督人员开展必要的测试活动。

（二）内部审计监督的实施方式

根据监督实施对象的不同，行政事业单位内部控制的内部监督可分为例行监督和专项监督。其中，例行监督是指对建立和实施内部控制的情况进行常规的监督检查；专项监督是指在单位组织结构、经济活动、业务流程、关键岗位员工发生较大调整或变化的情况下，对单位内部控制的某一方面或某些方面进行的有针对性的监督检查。由于行政事业单位内部控制体系是一个整体，且内部控制体系的各组成部分要相互配合才能发挥作用，行政事业单位必须结合例行监督和专项监督，有效监督行政事业单位内部控制的有效性。

按照监督实施时间的不同，内部审计监督可分为事前监督、事中监督和事后监督。其中，事前监督是指为了防范风险事件的发生而对单位将要发生的经济活动进行的监督检查；事中监督是指为了将风险事件控制在萌芽状态而对单位正在发生的经济活动进行监督检查；事后监督则是为了纠正错误和危机处理对单位已经发生的经济活动进行的监督检查。从监督检查的效果来看，事后监督不如事中监督，事中监督不如事前监督。三种监督方法互相补充、相互配合，行政事业单位在实务操作中，应结合具体情况，综合运用这三种方法。

此外，按照监督检查实施期限的不同，内部监督还可以分为定期监督和不定期监督；按照审计监督检查价值取向的不同，内部审计监督可以分为合规性监督和合理性监督，等等。这些不同的监督方式，共同构成了一个有效的内部监督方式体系，满足了不同层次和不同种类的监督活动的需要，为实现行政事业单位内部监督目的提供了有力保障，行政事业单位在实践中要根据自身实际情况，灵活运用不同监督实施方式。

（三）内部审计监督的内容

内部审计监督的内容是建立和实施内部审计监督机制的前提和基础。根据我国行政事业单位的特点，单位内部审计的内容一般包括行政事业单位内部控制、行政事业单位财务信息及行政事业单位的运行管理等。其中，内部控制部分地包含财务信息和运行管理的内容，因此在讲到行政事业单位内部控制的内部审计监督时，我们也将财务信息和运行管理包含在内部控制的内部审计内容中。

行政事业单位内部控制的内部审计监督重点是内部控制的有效性，即行政事业单位建立与实施内部控制对实现控制目标提供合理保证的程度。该有效性包括内部控制建立的有效性和内部控制执行的有效性。其中，内部控制建立的有效性是指为实现控制目标所必需的内部控制要素都存在并且得到恰当的体现；内部控制执行的有效性是指现有内部控制按照规定程序和标准得到了正确执行。内部控制设计的有效性是内部控制运行的有效性的前提和基础，内部控制运行有效性是内部设计的有效性的体现和反映。此外，财务信息的审计重点是财务信息的真实性和完整性，运行管理的审计重点是运行管理的效率和效果。

按照行政事业单位内部控制的要素分类，我们将单位内部控制的内部审计监督也划分为单位层面和业务层面，各层面的内部审计监督具体内容，如表12-1所示。

表 12-1　　　　　　　　　内部审计监督的具体内容

内部审计监督层面	具体内容
单位层面	1．单位经济活动的决策、执行和监督是否实现有效分离；权责是否对等；议事决策机制是否建立；重大经济事项的认定标准是否确定并一贯地执行。 2．内部管理制度是否符合国家有关规定尤其是国家明确的标准、范围和程序；内部管理制度是否符合本单位实际情况。 3．授权审批的权限范围、审批程序和相关责任是否明确；授权审批手续是否健全；是否存在未经授权审批就办理业务的情形；是否存在越权审批、随意审批的情况。 4．岗位责任制是否建立并得到落实；关键岗位轮岗制度是否建立或采取了替代措施，是否存在不相容岗位混岗的现象。 5．内部控制关键岗位工作人员是否具备与其工作岗位相适应的资格和能力。 6．现代科学技术手段的运用和管理情况等
业务层面	1．预算业务方面：预算编制、预算执行、资产管理、基建管理、人事管理等部门之间的沟通协调机制是否建立并得到有效执行；预算执行分析机制是否建立并得到有效执行；预算与决算相互反映、相互促进的机制是否建立并得到有效执行；

续表

内部审计监督层面	具体内容
业务层面	全过程的预算绩效管理机制是否建立并得到有效执行。 2．收支业务方面：收支是否实施归口管理并得到有效执行；印章和票据的使用、保管是否存在漏洞；相关凭证的审核是否符合要求；定期检查的机制是否建立并得到有效执行等。 3．政府采购业务方面：政府采购活动是否实施归口管理并得到有效执行；政府采购部门与财会、资产管理等部门之间是否建立沟通协调机制并得到有效执行；政府采购申请的审核是否严格；验收制度是否建立并得到有效执行；是否妥善保管政府采购业务相关资料等。 4．资产管理方面：各类资产是否实施归口管理并得到有效执行；是否按规定建立资产记录、实物保管、定期盘点和账实核对等财产保护控制措施并得到有效执行等。 5．建设项目管理方面：与建设项目相关的议事决策机制和审核机制是否建立并得到有效执行；是否对项目投资实施有效控制；项目设计变更是否履行相应的审批程序；工程款项的支付是否符合有关要求；是否按规定办理竣工决算、组织竣工决算审计；相关资产是否及时入账等。 6．合同管理方面：是否对合同实施归口管理并得到有效执行；合同订立的范围和条件是否明确；对合同履行情况是否实施有效监控；合同登记制度是否建立并得到有效执行；合同纠纷协调机制是否建立并得到有效执行等

（四）内部审计监督的方法

一般来说，内部审计监督的方法主要包括个别访谈法、实地观察法、证据检查法、重新执行法、穿行测试法等。虽然部分方法已在第十一章行政事业单位内部控制评价与运行维护部分章节中做过介绍，但在此我们主要从内部审计监督的角度来具体介绍这些方法。

1. 个别访谈法

个别访谈法主要用于了解行政事业单位内部控制的现状。检查人员可以向行政事业单位的相关工作人员询问，并对答复进行评价，以便获取与内部控制建立和执行相关的信息。例如，向负责复核银行存款余额调节表的会计人员询问如何进行复核，向负责政府采购申请内部审核的人员询问如何进行申请的审核等。除了询问以外，检查人员还需要将获取的答复与相关文件、凭据两相印证，也要注意对于同一问题不同人员的答复是否相同。

2. 实地观察法

实地观察法是指检查人员查看相关工作人员正在从事的活动或实施的程序，适合检查不留下书面记录的控制措施的有效性。该方法的一大缺点是其提供的证据仅限于观察发生的时点，如果相关工作人员事先得到通知，极有可能在只在检查人员在场的情况下采取控制措施，导致检查人员做出错误结论。因此，检查人员在使用实地观察法时，应该尽可能不通知相关工作人员，采取突击检查，确保检查的效果。

3. 证据检查法

证据检查法是指检查人员对行政事业单位内部或外部生成的，以纸质、电子或其他介质形式存在的记录和文件进行审查。该方法通常用于审查那些内部控制执行留有书面记录的检查，例如，单位为开展经济活动提交的请示报告，审核、复核、审批时留下的记号，等等。检查人员可以通过抽取一定数量的书面证据来验证单位的内部控制是否在实际工作中得到有效执行。

4. 重新执行法

重新执行法又称重复执行法，是指检查人员通过独立执行作为行政事业单位内部控制组成部分的控制措施，来判断内部控制建立和执行的有效性。例如，在检查支出报销审核人员是否认真执行审核时，检查人员不仅要检查审核人员是否在相关文件或凭据上签字，还要抽取一部分支出凭证，重新执行审核控制，审核单据来源是否合法，内容是否真实、完整，使用是否准确，等等。

5. 穿行测试法

穿行测试法是指在内部控制流程中任意选取一笔具体业务事项作为样本，追踪该业务事项从最初起源直到最终在财务报告或内部管理报告中反映出来的过程，即该流程从起点到终点的全过程，以此来了解内部控制建立和执行的有效性。

此外，单位还可以利用信息系统开发检查方法或利用实际工作检查测试经验等方法进行内部控制审计监督。

（五）内部审计监督的程序

通常来说，行政事业单位内部控制的内部审计监督应该经过制定监督检查工作方案、实施监督检查、报告与整改等步骤。

1. 制定监督检查工作方案

监督检查工作方案应当明确检查的依据、范围、内容、方式、实施计划、人员构成等相关内容，该方案应当经过单位负责人的批准。

2. 实施监督检查

首先，应当获取与内部控制建立相关的文件和资料，通过查阅相关文件和资料，了解内部控制在建立上是否覆盖了单位的全面经济活动，是否符合单位的实际情况，是否对风险点选择了恰当的控制措施，以及以前期间发生的问题是否及时采取措施整改等。

其次，根据了解的经济活动业务流程，确定监督检查的范围和重点，开展现场检查测试。根据单位实际情况，综合运用包括个别访谈法、实地观察法、证据检查法、重新执行法、穿行测试法等在内的各种检查方法，对内部控制建立和执行的有效性进行测试，记录测试结果，分析查找内部控制缺陷。

3. 报告与整改

对于在监督检查过程中发现的内部控制缺陷，内部审计部门的工作人员要遵循客观、公平、公正的原则，如实反映检查测试中发现的问题，并及时与相关业务部门沟通，分析缺陷的性质和产生的原因，提出整改方案。监督检查的结果和改进建议应当经过相关工作人员的复核和验证，并采取适当的形式及时向单位领导报告。此外，单位也要积极跟踪内部控制缺陷的整改情况，并就内部监督中发现的重大缺陷，追究相关责任单位或者责任人的责任。

在实践中，行政事业单位负责人通常应当指定内部审计部门在执行监督检查的基础上，负责对单位内部控制的有效性进行评价并出具单位内部控制自我评价报告。内部审计部门在实施监督检查、分析查找内部控制缺陷后，应当对内部控制的有效性进行评价，提出内部控制改进意见和建议，并出具单位内部控制自我评价报告。关于行政事业单位内部控制评价具体可参见第十一章行政事业单位内部控制评价与运行维护相关章节，在此不再赘述。

（六）内部审计监督的相关要求

1. 内部审计监督的范围

根据内部控制的全面性原则的要求，内部审计监督检查的范围不仅要涵盖单位经济活动所有业务和业务的所有环节，还应当包括单位内部管理制度和机制的建立与执行情况、内部控制关键岗位及人员的位置情况等。

根据内部控制的重要性原则和适应性原则的要求，内部审计监督还应该根据本单位外部环境的变化、单位经济活动的调整、管理要求的提高、经济活动的重要性和经济活动的重大风险等因素来确定内部审计监督的方法、范围和频率。如《单位内控规范》第六十二条的规定："单位应该根据本单位实际情况确定内部监督检查的方法、范围和频率。"

2. 内部审计监督的频率

负责内部审计监督的部门或者岗位应当定期或者不定期检查，及时发现内部控制存在的问题并提出改进建议。

内部审计的时间没有硬性要求，为了促进行政事业单位内部控制建立和实施的改进和完善，单位可以根据其内部控制建立和实施的阶段和实际情况，建立定期监督检查制度。例如，在内部控制初建阶段，单位可以每三到六个月进行一次全面性监督检查和自我评价，待内部控制体系建立和执行情况逐渐稳定后，检查频率可以降至一年一次全面性监督检查和自我评价。此外，单位还应该根据单位的具体情况不定期地对内部控制开展各项专项检查、抽查等监督检查工作，及时发现内控建设和实施过程中的问题。

3. 内部审计监督的原则

内部审计监督的原则是内部审计必须遵循的基本准则，包括独立性、客观性、效益性和谨慎性。这里需要说明的是，内部审计的独立性是指内部审计部门对内部各部门及下属单位独立，而对领导层是不独立的，这是单位内部审计监督和国家审计监督的重要区别之一。

4. 内部审计监督的依据

内部审计的依据主要是中国内部审计准则、政府部门内部控制准则、行政单位会计制度等。

5. 内部审计监督的权限

内部审计的权限包括审查权和建议处理权。审查权是按照要求开展审计工作的权力，建议处理权是指对审计发现的问题可以提出解决建议的权力。但是，最终能否按照解决建议执行还要经过领导层的决策批准。

目前，我国行政事业单位内部审计监督体系尚不完备，一方面，内部监督机构设置不合理。行政事业单位普遍采用的内部监督机制仍然停留在控制主体内部，虽然该监督机制是建立在同一体系的不同部门之间，但其本质上还是一种"自己监督自己"的模式，而且行政事业单位的管理层普遍对内部审计的认识不足，在这种情况下，内审审计机构的设置就不是很理想。另一方面，内部审计缺乏独立性、权威性，检查监督流于形式。我国行政事业单位实行"双领导"的审计体制，内审机构在财务部门或者人力资源部门等其他同级部门的领导下运行，缺乏独立地位，在内部审计过程中还要时刻考虑本部门高层领导的利益，不能贯彻执行内审业务，最后的审计结果难以服众，缺乏权威性。此外，内部审计人员的素质有待提高，多数行政事业单位的财务人员兼任内部审计，而财务本身由办公室负责，导致审计本身受制于办公室；有些单位内部审计人员主要由纪检部门的人员兼职，他们往往有较强的监督控制能力，但是缺乏一定的审计专业知识和技巧，不能完全胜任内审工作；内部审计人员的知识结构陈旧，仍然沿用传统的经验审计，没有加强内部审计技术和方法的学习，不注重审计技术创新。以上这些问题都严重制约了行政事业单位内部审计工作的效率和效果，不能对行政事业单位内部控制起到较好的监督和约束作用。

随着改革的进一步深化，政府对行政事业单位的管理水平提出了更高的要求，作为行政事业单位内部控制的重要组成部分和内部控制有效性的确认者，行政事业单位要在今后的内控建设方面针对这些方面，结合各单位的实际情况，进一步建立健全内部审计监督机制[①]。

---

① 高玉荣. 借鉴 COSO 监督指南完善行政事业单位的内部监督［J］. 中国商贸，2014（2）.

二、国家审计监督

行政事业单位内部控制的有效运行除了自身的内部审计监督之外，还需要将国家审计监督作为一种外部监督，形成一个审计监督链条，对行政事业单位内部控制的建立有效性和执行有效性的状况进行监督和评价。

国家审计监督对行政事业单位内部控制有重要意义。从理论上讲，源于公共受托责任的国家审计监督有义务按照国家的法律法规和政府审计准则，对行政事业单位履行公共责任，配置、管理和利用公共资源的有效性、合理性、科学性进行的审查、分析、考量和评价，以便促进经济社会全面协调、持续高效目标的实现。从审计监督实践来看，国家审计机关对行政事业单位内部控制的关注，有利于节约审计资源，提高审计效率，将有限的审计资源集中于内部控制薄弱的环节。从国际上的习惯来看，国家审计机关是行政事业单位内部控制完善的重要推动力量，内部控制的完善也逐渐成为国家审计机关的重要责任。1992年，最高审计机关国际组织就曾首次颁布《内部控制准则指南》，认为政府部门内部控制的责任主体是政府部门管理层和最高审计机关。2004年，最高审计机关在总结各个成员国经验的基础上修改了政府部门内部控制责任范围，明确了各主体的内部控制责任。指出，"最高审计机关在财务审计、合法性审计和绩效审计中，通过测评内部控制，证实内部控制执行效果，向政府部门利害关系人沟通内部控制评价发现的问题及其改进建议，促进政府部门执行内部控制"。在我国，审计署5号令曾颁布了《审计机关内部控制评价准则》，由此对政府审计工作中对内部控制的测评工作进行了规范，并通过这一准则积极推动政府部门内部控制的建立和有效执行。

因此，国家审计监督是行政事业单位内部控制外部监督的重要一环，单位应当加强对国家审计监督的了解，自觉依法接受来自外部的监督检查。

（一）国家审计监督的实施主体

目前，对行政事业单位实施外部审计监督的主体主要包括财政部门、审计机关、纪检监察部门和主管部门。

1. 财政部门

财政部门包括国务院财政部门及其派出机构和县级以上地方各级人民政府财政部门。根据国家相关法律法规，各级财政部门应当对行政事业单位内部控制的建立和实施情况进行监督检查。例如，《单位内控规范》第六十四条第一款规定："国务院财政部门及其派出机构和县级以上地方各级人民政府财政部门应当对单位内部控制的建立和实施情况进行监督检查，有针对性地提出检查意见和建议，并督促单位进行整改。"《财政部门监督办法》（财政部令第69号）规定，"县级以上人民财政部门依法对单位和个人涉及财政、财务、会计等事项实施监督"。

一般而言，财政部门实施监督的方式可分为专项监督和日常监督两种方式。其中，专项监督是由财政部门专职监督机构实施的监督，例如，财政部驻各地监察专员办事处对行政事业单位开展的内部控制监督检查工作；日常监督是指由财政部门业务管理机构在履行财政、财务、会计等管理职责过程中实施的监督，如会计管理机构对行政事业单位开展的内部控制监督检查工作。在实践中，财政部门可以将专项检查和日常管理工作相结合，例如，财政部驻各地监察专员办事处对行政事业单位实施综合财政监管，但在开展经费支出业务专项检查时，对被检查单位内部控制情况进行检查。

财政部门应当对监督检查中发现的问题提出有针对性的意见和建议，并督促被检查单位根据检查意见和建议进行整改，以便进一步健全被检查单位的内部控制体系。

2. 审计机关

审计机关包括国务院审计机关及其派出机构和县级以上地方各级人民政府审计机关。作为法定的审计机构，审计机关应当依法对行政事业单位内部控制实施审计监督。如《单位内控规范》第六十四条第二款的规定："国务院审计机关及其派出机构和县级以上地方各级人民政府审计机关对单位进行审计时，应当调查了解单位内部控制建立和实施的有效性，揭示相关内部控制的缺陷，有针对性地提出审计处理意见和建议，并督促单位进行整改。"

3. 纪检监察部门

行政事业单位内部控制的一个重要目标是有效防范舞弊和预防腐败，建立健全内部控制是行政事业单位防范舞弊和预防腐败的有效手段。作为负责单位党风廉政建设和行使行政监察权利的部门，纪检监察部门应该在对行政事业单位开展纪检监察的过程中，对其内部控制的建立和实施情况进行监督检查，并将单位内部控制的建立和实施情况作为对单位领导干部考核的内容之一，以便进一步提升行政事业单位开展内部控制建设的积极性和主动性，同时通过加强内部控制扎实推进惩治和预防腐败体系建设。

4. 主管单位

在我国，行政事业单位既是公共服务的提供者和社会事务的管理者，也是政府职能的承担者。根据我国相关法律法规，行政事业单位应该依法履行职能、行使权力、开展业务活动，并依据职能分工实行按照系统指导和监督的管理体制。《行政单位财务规则》（财政部令第71号）第五十八条规定："行政单位应当依法接受主管预算单位和财政、审计部门的监督。"《事业单位财政规则》（财政部令第68号）规定："事业单位应当依法接受主管部门和财政、审计部门的监督。"

通常来说，主管部门在履行其业务管理职责过程中对所属行政事业单位实施日常监督，对那些在行政事业单位监督管理过程中发现的内部控制问题应有针对性地提出管理意见和建议，并督促单位及时进行整改，以进一步健全单位的内部控制体系。

下面我们以审计机关为例，详细介绍国家审计监督。

（二）以审计机关为审计主体的国家审计监督

1. 审计机关组织形式

审计署在国务院总理领导下，主管全国的审计工作，履行审计法和国务院规定的职责。地方各级审计机关在本级人民政府行政首长和上一级审计机关的领导下，负责本行政区域的审计工作，履行法律、法规和本级人民政府规定的职责。省、自治区人民政府设有派出机关的，派出机关的审计机关对派出机关和省、自治区人民政府审计机关负责并报告工作，审计业务以省、自治区人民政府审计机关领导为主。

2. 审计机关权限

根据《中华人民共和国审计法》的第四章规定，审计机关具有以下权限：

（1）有权要求被审计单位按照审计机关的规定提供预算或者财务收支计划、预算执行情况、决算、财务会计报告，运用电子计算机储存、处理的财政收支、财务收支电子数据和必要的电子计算机技术文档，在金融机构开立账户的情况，社会审计机构出具的审计报告，以及其他与财政收支或者财务收支有关的资料，被审计单位不得拒绝、拖延、谎报。

（2）有权检查被审计单位的会计凭证、会计账簿、财务会计报告和运用电子计算机管理财政收支、财务收支电子数据的系统，以及其他与财政收支、财务收支有关的资料和资产，被审计单位不得拒绝。

（3）有权就审计事项的有关问题向有关单位和个人进行调查，并取得有关证明材料。有关单位和个人应当支持、协助审计机关工作，如实向审计机关反映情况，提供有关证明材料。审计机关经县级以上人民政府审计机关负责人批准，持县级以上人民政府审计机关负责人签发的协助查询单位账户通知书，有权查询被审计单位在金融机构的账户。审计机关有证据证明被审计单位以个人名义存储公款的，经县级以上人民政府审计机关主要负责人批准，持县级以上人民政府审计机关主要负责人签发的协助查询个人存款通知书，有权查询被审计单位以个人名义在金融机构的存款。

（4）审计机关对被审计单位违反前款规定的行为，有权予以制止；必要时，经县级以上人民政府审计机关负责人批准，持县级以上人民政府审计机关负责人签发的封存通知书，有权封存有关资料和违反国家规定取得的资产，在依法收集与审计事项相关的证明材料或者采取其他措施后解除封存。封存的期限为7日以内；有特殊情况需要延长的，经县级以上人民政府审计机关负责人批准，可以适当延长，但延长的期限不得超过7日。对封存的资料、资产，审计机关可以指定被审计单位负责保管，被审计单位不得损毁或者擅自转移。

对其中在金融机构的有关存款需要予以冻结的，应当向人民法院提出申请。审计机关对被审计单位正在进行的违反国家规定的财政收支、财务收支行为，有权予以制止；制止无效的，经县级以上人民政府审计机关负责人批准，通知财政部门和有关主管部门暂停拨付与违反国家规定的财政收支、财务收支行为直接有关的款项，已经拨付的，暂停使用。

（5）审计机关认为被审计单位所执行的上级主管部门有关财政收支、财务收支的规定与法律、行政法规相抵触的，应当建议有关主管部门纠正；有关主管部门不予纠正的，审计机关应当提请有权处理的机关依法处理。

（6）审计机关履行审计监督职责，可以提请公安、监察、财政、税务、海关、价格、工商行政管理等机关予以协助。

3. 审计监督程序

（1）编制计划阶段。审计机关应当根据法律、法规和国家其他有关规定，按照本级人民政府和上级审计机关的要求，确定年度审计工作重点，编制年度审计项目计划。审计机关在年度审计项目计划中确定对国有资本占控股地位或者主导地位的企业、金融机构进行审计的，应当自确定之日起7日内告知列入年度审计项目计划的企业、金融机构。

审计机关编制年度审计项目计划的步骤包括：调查审计需求，初步选择审计项目；对初选审计项目进行可行性研究，确定备选审计项目及其优先顺序；评估审计机关可用审计资源，确定审计项目，编制年度审计项目计划。

（2）审计实施阶段。

① 成立审计小组。审计机关应该在实施项目审计前根据年度审计项目计划，组成审计组。审计组由审计组组长和其他成员组成。审计组实行审计组组长负责制，审计组组长由审计机关确定，审计组组长可以根据需要在审计组成员中确定主审，主审应当履行其规定职责和审计组组长委托履行的其他职责。

② 送达审计通知书。审计机关应该在实施审计3日前，向被审计单位送达审计通知书。审计通知书的内容主要包括被审计单位名称、审计依据、审计范围、审计起始时间、审计组组长及其他成员名单和被审计单位配合审计工作的要求。同时，还应当向被审计单位告知审计组的审计纪律要求。

采取跟踪审计方式实施审计的，审计通知书应当列明跟踪审计的具体方式和要求。专项审计调查项目的审计通知书应当列明专项审计调查的要求。

③ 编制审计实施方案，实施审计。审计组应当调查了解被审计单位及其相关情况，评估被审计单位存在重要问题的可能性，确定审计应对措施，编制审计实施方案。对于审计机关已经下达审计工作方案的，审计组应当按照审计工作方案的要求编制审计实施方案。

审计实施方案的内容主要包括审计目标，审计范围，审计内容、重点及审计措施，审计工作要求等。采取跟踪审计方式实施审计的，审计实施方案应当对整个跟踪审计工作作出统筹安排。专项审计调查项目的审计实施方案应当列明专项审计调查的要求。

审计人员会从下面几个方面调查了解被审计单位及其相关情况：单位性质、组织结构；职责范围或者经营范围、业务活动及其目标；相关法律法规、政策及其执行情况；财政财务管理体制和业务管理体制；适用的业绩指标体系及业绩评价情况；相关内部控制及其执行情况；相关信息系统及其电子数据情况；经济环境、行业状况及其他外部因素；以往接受审计和监管及其整改情况；需要了解的其他情况。

审计人员要调查的情况不同，应该调查的方面也各不相同，如表12-1所示。

表12-1　　　　　　　　审计人员需要调查的情况及其方面

需要调查了解的情况	调查的方面
内部控制及其执行情况	1．控制环境，即管理模式、组织结构、责权配置、人力资源制度等。 2．风险评估，即被审计单位确定、分析与实现内部控制目标相关的风险，以及采取的应对措施。 3．控制活动，即根据风险评估结果采取的控制措施，包括不相容职务分离控制、授权审批控制、资产保护控制、预算控制、业绩分析和绩效考评控制等。 4．信息与沟通，即收集、处理、传递与内部控制相关的信息，并能有效沟通的情况。 5．对控制的监督，即对各项内部控制设计、职责及其履行情况的监督检查
信息系统控制情况	1．一般控制，即保障信息系统正常运行的稳定性、有效性、安全性等方面的控制。 2．应用控制，即保障信息系统产生的数据的真实性、完整性、可靠性等方面的控制
被审计单位及其相关情况	1．书面或者口头询问被审计单位内部和外部相关人员。 2．检查有关文件、报告、内部管理手册、信息系统的技术文档和操作手册。 3．观察有关业务活动及其场所、设施和有关内部控制的执行情况。 4．追踪有关业务的处理过程。 5．分析相关数据

如果某项内部控制设计合理且预期运行有效，能够防止重要问题的发生；或

者仅实施实质性审查不足以为发现重要问题提供适当、充分的审计证据，审计人员应当测试相关内部控制的有效性。

如果仅审计电子数据不足以为发现重要问题提供适当、充分的审计证据，或者电子数据中频繁出现某类差异，审计人员应当检查相关信息系统的有效性、安全性。

（3）审计报告阶段。

① 编制审计报告。审计组应直接向审计机关提出审计报告，包括审计机关进行审计后出具的审计报告，以及专项审计调查后出具的专项审计调查报告。在提交报告之前，还应当征求被审计单位意见，被审计单位应当自接到审计组的审计报告之日起10日内，提出书面意见，审计组对被审计单位提出的书面意见，进一步核实，对审计组的审计报告作出必要修改，然后同审计单位的书面意见一同报送审计机关；如果10日内未提出书面意见的，则视同无异议。审计组应当针对被审计单位提出的书面意见，进一步核实情况，对审计组的审计报告作必要修改，连同被审计单位的书面意见一并报送审计机关。遇有特殊情况，审计机关可以不向被调查单位出具专项审计调查报告。

对审计或者专项审计调查中发现被审计单位违反国家规定的财政收支、财务收支行为，依法应当由审计机关在法定职权范围内作出处理处罚决定的，审计机关应当出具审计决定书。审计或者专项审计调查发现的依法需要移送其他有关主管机关或者单位纠正、处理处罚或者追究有关人员责任的事项，审计机关应当出具审计移送处理书。

② 编制专题报告和综合报告。如果在审计中发现：涉嫌重大违法犯罪的问题；与国家财政收支、财务收支有关政策及其执行中存在的重大问题；关系国家经济安全的重大问题；关系国家信息安全的重大问题；影响人民群众经济利益的重大问题；其他重大事项等，审计机关可以采用专题报告、审计信息等方式向本级政府、上一级审计机关报告。

审计机关统一组织审计项目的，可以根据需要汇总审计情况和结果，编制审计综合报告。必要时，审计综合报告应当征求有关主管机关的意见。审计综合报告按照审计机关规定的程序审定后，向本级政府和上一级审计机关报送，或者向有关部门通报。

③ 审计结果公布阶段。除了审计国家或商业秘密的信息、正在调查或处理中的事项、法律法规规定不得公开的其他信息外，审计机关应指定专门机构统一对审计和审计结果进行公布。审计机关统一组织不同级次审计机关参加的审计项目，其审计和审计调查结果原则上由负责该项目组织工作的审计机关统一对外公布。

④ 审计整改检查。审计机关在出具审计报告、作出审计决定后，应当在规定的时间内检查或者了解被审计单位和其他有关单位的整改情况，然后汇总审计整改情况，向本级政府报送关于审计工作报告中指出问题的整改情况的报告。

审计机关指定的部门负责检查或者了解被审计单位和其他有关单位整改情况，并向审计机关提出检查报告，检查报告主要包括检查工作开展情况、被审计单位和其他有关单位的整改情况、没有整改或者没有完全整改事项的原因和建议。

审计机关对被审计单位没有整改或者没有完全整改的事项，依法采取必要措施，对于在审计决定书中存在的重要错误事项，审计机关要予以纠正。

行政事业单位不仅要充分利用自有资源进行内部审计监督和以审计部门为审计主体的国家审计监督，还要重视财政部门的专项监察和日常监督，对于纪检监察部的监督检查给予全面的配合，对外部监督部门所出具的审计报告中涉及的内部控制缺陷进行及时整改，对出现问题的部门和个人按照岗位职责制规定进行处理。同时，还要对自身的年度审计报告进行详细的分析学习，对内部控制缺陷及整改意见进行讨论，对可能存在的风险进行积极地处理和内控整改。

此外，行政事业单位还应该重视公众监督的作用。通过设置专人负责调查处理和本单位相关的投诉内容，严格落实相关责任人的责任，对公众的投诉及时进行处理回复，尤其是对于相关人员的渎职行为进行严厉的整顿，并通过网络、电话、问卷调查、监督座谈会等形式，对本单位的业务活动进行全面了解，从而本单位的工作进行有效的外部监督，不断提高单位服务质量和水平。

附录 A

行政事业单位内部控制规范（试行）

财会〔2012〕21 号

第一章 总则

第一条 为了进一步提高行政事业单位内部管理水平，规范内部控制，加强廉政风险防控机制建设，根据《中华人民共和国会计法》、《中华人民共和国预算法》等法律法规和相关规定，制定本规范。

第二条 本规范适用于各级党的机关、人大机关、行政机关、政协机关、审判机关、检察机关、各民主党派机关、人民团体和事业单位（以下统称单位）经济活动的内部控制。

第三条 本规范所称内部控制，是指单位为实现控制目标，通过制定制度、实施措施和执行程序，对经济活动的风险进行防范和管控。

第四条 单位内部控制的目标主要包括：合理保证单位经济活动合法合规、资产安全和使用有效、财务信息真实完整，有效防范舞弊和预防腐败，提高公共服务的效率和效果。

第五条 单位建立与实施内部控制，应当遵循下列原则：

（一）全面性原则。内部控制应当贯穿单位经济活动的决策、执行和监督全过程，实现对经济活动的全面控制。

（二）重要性原则。在全面控制的基础上，内部控制应当关注单位重要经济活动和经济活动的重大风险。

（三）制衡性原则。内部控制应当在单位内部的部门管理、职责分工、业务流程等方面形成相互制约和相互监督。

（四）适应性原则。内部控制应当符合国家有关规定和单位的实际情况，并随着外部环境的变化、单位经济活动的调整和管理要求的提高，不断修订和完善。

第六条 单位负责人对本单位内部控制的建立健全和有效实施负责。

第七条 单位应当根据本规范建立适合本单位实际情况的内部控制体系，并组织实施。具体工作包括梳理单位各类经济活动的业务流程，明确业务环节，系统分析经济活动风险，确定风险点，选择风险应对策略，在此基础上根据国家有关规定建立健全单位各项内部管理制度并督促相关工作人员认真执行。

第二章 风险评估和控制方法

第八条 单位应当建立经济活动风险定期评估机制，对经济活动存在的风险进行全面、系统和客观评估。

经济活动风险评估至少每年进行一次；外部环境、经济活动或管理要求等发生重大变化的，应及时对经济活动风险进行重估。

第九条 单位开展经济活动风险评估应当成立风险评估工作小组，单位领导担任组长。经济活动风险评估结果应当形成书面报告并及时提交单位领导班子，作为完善内部控制的依据。

第十条 单位进行单位层面的风险评估时，应当重点关注以下方面：

（一）内部控制工作的组织情况。包括是否确定内部控制职能部门或牵头部门；是否建立单位各部门在内部控制中的沟通协调和联动机制。

（二）内部控制机制的建设情况。包括经济活动的决策、执行、监督是否实现有效分离；权责是否对等；是否建立健全议事决策机制、岗位责任制、内部监督等机制。

（三）内部管理制度的完善情况。包括内部管理制度是否健全；执行是否有效。

（四）内部控制关键岗位工作人员的管理情况。包括是否建立工作人员的培训、评价、轮岗等机制；工作人员是否具备相应的资格和能力。

（五）财务信息的编报情况。包括是否按照国家统一的会计制度对经济业务事项进行账务处理；是否按照国家统一的会计制度编制财务会计报告。

（六）其他情况。

第十一条 单位进行经济活动业务层面的风险评估时，应当重点关注以下方面：

（一）预算管理情况。包括在预算编制过程中单位内部各部门间沟通协调是否充分，预算编制与资产配置是否相结合、与具体工作是否相对应；是否按照批复的额度和开支范围执行预算，进度是否合理，是否存在无预算、超预算支出等问题；决算编报是否真实、完整、准确、及时。

（二）收支管理情况。包括收入是否实现归口管理，是否按照规定及时向财会部门提供收入的有关凭据，是否按照规定保管和使用印章和票据等；发生支出事项时是否按照规定审核各类凭据的真实性、合法性，是否存在使用虚假票据套取资金的情形。

（三）政府采购管理情况。包括是否按照预算和计划组织政府采购业务；是否按照规定组织政府采购活动和执行验收程序；是否按照规定保存政府采购业务相关档案。

（四）资产管理情况。包括是否实现资产归口管理并明确使用责任；是否定期对资产进行清查盘点，对账实不符的情况及时进行处理；是否按照规定处置资产。

（五）建设项目管理情况。包括是否按照概算投资；是否严格履行审核审批程序；是否建立有效的招投标控制机制；是否存在截留、挤占、挪用、套取建设项目资金的情形；是否按照规定保存建设项目相关档案并及时办理移交手续。

（六）合同管理情况。包括是否实现合同归口管理；是否明确应签订合同的经济活动范围和条件；是否有效监控合同履行情况，是否建立合同纠纷协调机制。

（七）其他情况。

第十二条 单位内部控制的控制方法一般包括：

（一）不相容岗位相互分离。合理设置内部控制关键岗位，明确划分职责权限，实施相应的分离措施，形成相互制约、相互监督的工作机制。

（二）内部授权审批控制。明确各岗位办理业务和事项的权限范围、审批程序和相关责任，建立重大事项集体决策和会签制度。相关工作人员应当在授权范围内行使职权、办理业务。

（三）归口管理。根据本单位实际情况，按照权责对等的原则，采取成立联合工作小组并确定牵头部门或牵头人员等方式，对有关经济活动实行统一管理。

（四）预算控制。强化对经济活动的预算约束，使预算管理贯穿于单位经济活动的全过程。

（五）财产保护控制。建立资产日常管理制度和定期清查机制，采取资产记录、实物保管、定期盘点、账实核对等措施，确保资产安全完整。

（六）会计控制。建立健全本单位财会管理制度，加强会计机构建设，提高会计人员业务水平，强化会计人员岗位责任制，规范会计基础工作，加强会计档案管理，明确会计凭证、会计账簿和财务会计报告处理程序。

（七）单据控制。要求单位根据国家有关规定和单位的经济活动业务流程，在内部管理制度中明确界定各项经济活动所涉及的表单和票据，要求相关工作人员按照规定填制、审核、归档、保管单据。

（八）信息内部公开。建立健全经济活动相关信息内部公开制度，根据国家有关规定和单位的实际情况，确定信息内部公开的内容、范围、方式和程序。

第三章　单位层面内部控制

第十三条　单位应当单独设置内部控制职能部门或者确定内部控制牵头部门，负责组织协调内部控制工作。同时，应当充分发挥财会、内部审计、纪检监察、政府采购、基建、资产管理等部门或岗位在内部控制中的作用。

第十四条　单位经济活动的决策、执行和监督应当相互分离。单位应当建立健全集体研究、专家论证和技术咨询相结合的议事决策机制。重大经济事项的内部决策，应当由单位领导班子集体研究决定。重大经济事项的认定标准应当根据有关规定和本单位实际情况确定，一经确定，不得随意变更。

第十五条　单位应当建立健全内部控制关键岗位责任制，明确岗位职责及分工，确保不相容岗位相互分离、相互制约和相互监督。单位应当实行内部控制关键岗位工作人员的轮岗制度，明确轮岗周期。不具备轮岗条件的单位应当采取专项审计等控制措施。

内部控制关键岗位主要包括预算业务管理、收支业务管理、政府采购业务管理、资产管理、建设项目管理、合同管理及内部监督等经济活动的关键岗位。

第十六条　内部控制关键岗位工作人员应当具备与其工作岗位相适应的资格

和能力。

单位应当加强内部控制关键岗位工作人员业务培训和职业道德教育，不断提升其业务水平和综合素质。

第十七条 单位应当根据《中华人民共和国会计法》的规定建立会计机构，配备具有相应资格和能力的会计人员。单位应当根据实际发生的经济业务事项按照国家统一的会计制度及时进行账务处理、编制财务会计报告，确保财务信息真实、完整。

第十八条 单位应当充分运用现代科学技术手段加强内部控制。对信息系统建设实施归口管理，将经济活动及其内部控制流程嵌入单位信息系统中，减少或消除人为操纵因素，保护信息安全。

第四章 业务层面内部控制

第一节 预算业务控制

第十九条 单位应当建立健全预算编制、审批、执行、决算与评价等预算内部管理制度。单位应当合理设置岗位，明确相关岗位的职责权限，确保预算编制、审批、执行、评价等不相容岗位相互分离。

第二十条 单位的预算编制应当做到程序规范、方法科学、编制及时、内容完整、项目细化、数据准确。

（一）单位应当正确把握预算编制有关政策，确保预算编制相关人员及时全面掌握相关规定。

（二）单位应当建立内部预算编制、预算执行、资产管理、基建管理、人事管理等部门或岗位的沟通协调机制，按照规定进行项目评审，确保预算编制部门及时取得和有效运用与预算编制相关的信息，根据工作计划细化预算编制，提高预算编制的科学性。

第二十一条 单位应当根据内设部门的职责和分工，对按照法定程序批复的预算在单位内部进行指标分解、审批下达，规范内部预算追加调整程序，发挥预算对经济活动的管控作用。

第二十二条 单位应当根据批复的预算安排各项收支，确保预算严格有效执行。

单位应当建立预算执行分析机制。定期通报各部门预算执行情况，召开预算执行分析会议，研究解决预算执行中存在的问题，提出改进措施，提高预算执行的有效性。

第二十三条 单位应当加强决算管理，确保决算真实、完整、准确、及时，加强决算分析工作，强化决算分析结果运用，建立健全单位预算与决算相互反映、相互促进的机制。

第二十四条 单位应当加强预算绩效管理，建立"预算编制有目标、预算执行有监控、预算完成有评价、评价结果有反馈、反馈结果有应用"的全过程预算绩效管理机制。

第二节 收支业务控制

第二十五条 单位应当建立健全收入内部管理制度。单位应当合理设置岗位，明确相关岗位的职责权限，确保收款、会计核算等不相容岗位相互分离。

第二十六条 单位的各项收入应当由财会部门归口管理并进行会计核算，严禁设立账外账。

业务部门应当在涉及收入的合同协议签订后及时将合同等有关材料提交财会部门作为账务处理依据，确保各项收入应收尽收，及时入账。财会部门应当定期检查收入金额是否与合同约定相符；对应收未收项目应当查明情况，明确责任主体，落实催收责任。

第二十七条 有政府非税收入收缴职能的单位，应当按照规定项目和标准征收政府非税收入，按照规定开具财政票据，做到收缴分离、票款一致，并及时、足额上缴国库或财政专户，不得以任何形式截留、挪用或者私分。

第二十八条 单位应当建立健全票据管理制度。财政票据、发票等各类票据的申领、启用、核销、销毁均应履行规定手续。单位应当按照规定设置票据专管员，建立票据台账，做好票据的保管和序时登记工作。票据应当按照顺序号使用，不得拆本使用，做好废旧票据管理。负责保管票据的人员要配置单独的保险柜等保管设备，并做到人走柜锁。

单位不得违反规定转让、出借、代开、买卖财政票据、发票等票据，不得擅自扩大票据适用范围。

第二十九条 单位应当建立健全支出内部管理制度，确定单位经济活动的各项支出标准，明确支出报销流程，按照规定办理支出事项。

单位应当合理设置岗位，明确相关岗位的职责权限，确保支出申请和内部审批、付款审批和付款执行、业务经办和会计核算等不相容岗位相互分离。

第三十条　单位应当按照支出业务的类型，明确内部审批、审核、支付、核算和归档等支出各关键岗位的职责权限。实行国库集中支付的，应当严格按照财政国库管理制度有关规定执行。

（一）加强支出审批控制。明确支出的内部审批权限、程序、责任和相关控制措施。审批人应当在授权范围内审批，不得越权审批。

（二）加强支出审核控制。全面审核各类单据。重点审核单据来源是否合法，内容是否真实、完整，使用是否准确，是否符合预算，审批手续是否齐全。

支出凭证应当附反映支出明细内容的原始单据，并由经办人员签字或盖章，超出规定标准的支出事项应由经办人员说明原因并附审批依据，确保与经济业务事项相符。

（三）加强支付控制。明确报销业务流程，按照规定办理资金支付手续。签发的支付凭证应当进行登记。使用公务卡结算的，应当按照公务卡使用和管理有关规定办理业务。

（四）加强支出的核算和归档控制。由财会部门根据支出凭证及时准确登记账簿；与支出业务相关的合同等材料应当提交财会部门作为账务处理的依据。

第三十一条　根据国家规定可以举借债务的单位应当建立健全债务内部管理制度，明确债务管理岗位的职责权限，不得由一人办理债务业务的全过程。大额债务的举借和偿还属于重大经济事项，应当进行充分论证，并由单位领导班子集体研究决定。

单位应当做好债务的会计核算和档案保管工作。加强债务的对账和检查控制，定期与债权人核对债务余额，进行债务清理，防范和控制财务风险。

第三节　政府采购业务控制

第三十二条　单位应当建立健全政府采购预算与计划管理、政府采购活动管理、验收管理等政府采购内部管理制度。

第三十三条　单位应当明确相关岗位的职责权限，确保政府采购需求制定与内部审批、招标文件准备与复核、合同签订与验收、验收与保管等不相容岗位相互分离。

第三十四条 单位应当加强对政府采购业务预算与计划的管理。建立预算编制、政府采购和资产管理等部门或岗位之间的沟通协调机制。根据本单位实际需求和相关标准编制政府采购预算，按照已批复的预算安排政府采购计划。

第三十五条 单位应当加强对政府采购活动的管理。对政府采购活动实施归口管理，在政府采购活动中建立政府采购、资产管理、财会、内部审计、纪检监察等部门或岗位相互协调、相互制约的机制。

单位应当加强对政府采购申请的内部审核，按照规定选择政府采购方式、发布政府采购信息。对政府采购进口产品、变更政府采购方式等事项应当加强内部审核，严格履行审批手续。

第三十六条 单位应当加强对政府采购项目验收的管理。根据规定的验收制度和政府采购文件，由指定部门或专人对所购物品的品种、规格、数量、质量和其他相关内容进行验收，并出具验收证明。

第三十七条 单位应当加强对政府采购业务质疑投诉答复的管理。指定牵头部门负责、相关部门参加，按照国家有关规定做好政府采购业务质疑投诉答复工作。

第三十八条 单位应当加强对政府采购业务的记录控制。妥善保管政府采购预算与计划、各类批复文件、招标文件、投标文件、评标文件、合同文本、验收证明等政府采购业务相关资料。定期对政府采购业务信息进行分类统计，并在内部进行通报。

第三十九条 单位应当加强对涉密政府采购项目安全保密的管理。对于涉密政府采购项目，单位应当与相关供应商或采购中介机构签订保密协议或者在合同中设定保密条款。

第四节 资产控制

第四十条 单位应当对资产实行分类管理，建立健全资产内部管理制度。

单位应当合理设置岗位，明确相关岗位的职责权限，确保资产安全和有效使用。

第四十一条 单位应当建立健全货币资金管理岗位责任制，合理设置岗位，不得由一人办理货币资金业务的全过程，确保不相容岗位相互分离。

（一）出纳不得兼管稽核、会计档案保管和收入、支出、债权、债务账目的登记工作。

（二）严禁一人保管收付款项所需的全部印章。财务专用章应当由专人保管，个人名章应当由本人或其授权人员保管。负责保管印章的人员要配置单独的保管设备，并做到人走柜锁。

（三）按照规定应当由有关负责人签字或盖章的，应当严格履行签字或盖章手续。

第四十二条 单位应当加强对银行账户的管理，严格按照规定的审批权限和程序开立、变更和撤销银行账户。

第四十三条 单位应当加强货币资金的核查控制。指定不办理货币资金业务的会计人员定期和不定期抽查盘点库存现金，核对银行存款余额，抽查银行对账单、银行日记账及银行存款余额调节表，核对是否账实相符、账账相符。对调节不符、可能存在重大问题的未达账项应当及时查明原因，并按照相关规定处理。

第四十四条 单位应当加强对实物资产和无形资产的管理，明确相关部门和岗位的职责权限，强化对配置、使用和处置等关键环节的管控。

（一）对资产实施归口管理。明确资产使用和保管责任人，落实资产使用人在资产管理中的责任。贵重资产、危险资产、有保密等特殊要求的资产，应当指定专人保管、专人使用，并规定严格的接触限制条件和审批程序。

（二）按照国有资产管理相关规定，明确资产的调剂、租借、对外投资、处置的程序、审批权限和责任。

（三）建立资产台账，加强资产的实物管理。单位应当定期清查盘点资产，确保账实相符。财会、资产管理、资产使用等部门或岗位应当定期对账，发现不符的，应当及时查明原因，并按照相关规定处理。

（四）建立资产信息管理系统，做好资产的统计、报告、分析工作，实现对资产的动态管理。

第四十五条 单位应当根据国家有关规定加强对对外投资的管理。

（一）合理设置岗位，明确相关岗位的职责权限，确保对外投资的可行性研究与评估、对外投资决策与执行、对外投资处置的审批与执行等不相容岗位相互分离。

（二）单位对外投资，应当由单位领导班子集体研究决定。

（三）加强对投资项目的追踪管理，及时、全面、准确地记录对外投资的价值变动和投资收益情况。

（四）建立责任追究制度。对在对外投资中出现重大决策失误、未履行集体决策程序和不按规定执行对外投资业务的部门及人员，应当追究相应的责任。

第五节 建设项目控制

第四十六条 单位应当建立健全建设项目内部管理制度。

单位应当合理设置岗位，明确内部相关部门和岗位的职责权限，确保项目建议和可行性研究与项目决策、概预算编制与审核、项目实施与价款支付、竣工决算与竣工审计等不相容岗位相互分离。

第四十七条 单位应当建立与建设项目相关的议事决策机制，严禁任何个人单独决策或者擅自改变集体决策意见。决策过程及各方面意见应当形成书面文件，与相关资料一同妥善归档保管。

第四十八条 单位应当建立与建设项目相关的审核机制。项目建议书、可行性研究报告、概预算、竣工决算报告等应当由单位内部的规划、技术、财会、法律等相关工作人员或者根据国家有关规定委托具有相应资质的中介机构进行审核，出具评审意见。

第四十九条 单位应当依据国家有关规定组织建设项目招标工作，并接受有关部门的监督。

单位应当采取签订保密协议、限制接触等必要措施，确保标底编制、评标等工作在严格保密的情况下进行。

第五十条 单位应当按照审批单位下达的投资计划和预算对建设项目资金实行专款专用，严禁截留、挪用和超批复内容使用资金。

财会部门应当加强与建设项目承建单位的沟通，准确掌握建设进度，加强价款支付审核，按照规定办理价款结算。实行国库集中支付的建设项目，单位应当按照财政国库管理制度相关规定支付资金。

第五十一条 单位应当加强对建设项目档案的管理。做好相关文件、材料的收集、整理、归档和保管工作。

第五十二条 经批准的投资概算是工程投资的最高限额，如有调整，应当按照国家有关规定报经批准。

单位建设项目工程洽商和设计变更应当按照有关规定履行相应的审批程序。

第五十三条 建设项目竣工后，单位应当按照规定的时限及时办理竣工决算，组织竣工决算审计，并根据批复的竣工决算和有关规定办理建设项目档案和资产移交等工作。

建设项目已实际投入使用但超时限未办理竣工决算的，单位应当根据对建设项目的实际投资暂估入账，转作相关资产管理。

第六节 合同控制

第五十四条 单位应当建立健全合同内部管理制度。单位应当合理设置岗位，明确合同的授权审批和签署权限，妥善保管和使用合同专用章，严禁未经授权擅自以单位名义对外签订合同，严禁违规签订担保、投资和借贷合同。单位应当对合同实施归口管理，建立财会部门与合同归口管理部门的沟通协调机制，实现合同管理与预算管理、收支管理相结合。

第五十五条 单位应当加强对合同订立的管理，明确合同订立的范围和条件。对于影响重大、涉及较高专业技术或法律关系复杂的合同，应当组织法律、技术、财会等工作人员参与谈判，必要时可聘请外部专家参与相关工作。谈判过程中的重要事项和参与谈判人员的主要意见，应当予以记录并妥善保管。

第五十六条 单位应当对合同履行情况实施有效监控。合同履行过程中，因对方或单位自身原因导致可能无法按时履行的，应当及时采取应对措施。

单位应当建立合同履行监督审查制度。对合同履行中签订补充合同，或变更、解除合同等应当按照国家有关规定进行审查。

第五十七条 财会部门应当根据合同履行情况办理价款结算和进行账务处理。未按照合同条款履约的，财会部门应当在付款之前向单位有关负责人报告。

第五十八条 合同归口管理部门应当加强对合同登记的管理，定期对合同进行统计、分类和归档，详细登记合同的订立、履行和变更情况，实行对合同的全过程管理。与单位经济活动相关的合同应当同时提交财会部门作为账务处理的依据。

单位应当加强合同信息安全保密工作，未经批准，不得以任何形式泄露合同订立与履行过程中涉及的国家秘密、工作秘密或商业秘密。

第五十九条 单位应当加强对合同纠纷的管理。合同发生纠纷的，单位应当在规定时效内与对方协商谈判。合同纠纷协商一致的，双方应当签订书面协议；合同纠纷经协商无法解决的，经办人员应向单位有关负责人报告，并根据合同约定选择仲裁或诉讼方式解决。

第五章 评价与监督

第六十条 单位应当建立健全内部监督制度,明确各相关部门或岗位在内部监督中的职责权限,规定内部监督的程序和要求,对内部控制建立与实施情况进行内部监督检查和自我评价。内部监督应当与内部控制的建立和实施保持相对独立。

第六十一条 内部审计部门或岗位应当定期或不定期检查单位内部管理制度和机制的建立与执行情况,以及内部控制关键岗位及人员的设置情况等,及时发现内部控制存在的问题并提出改进建议。

第六十二条 单位应当根据本单位实际情况确定内部监督检查的方法、范围和频率。

第六十三条 单位负责人应当指定专门部门或专人负责对单位内部控制的有效性进行评价并出具单位内部控制自我评价报告。

第六十四条 国务院财政部门及其派出机构和县级以上地方各级人民政府财政部门应当对单位内部控制的建立和实施情况进行监督检查,有针对性地提出检查意见和建议,并督促单位进行整改。

国务院审计机关及其派出机构和县级以上地方各级人民政府审计机关对单位进行审计时,应当调查了解单位内部控制建立和实施的有效性,揭示相关内部控制的缺陷,有针对性地提出审计处理意见和建议,并督促单位进行整改。

第六章 附则

第六十五条 本规范自 2014 年 1 月 1 日起施行。

附录 B

关于全面推进行政事业单位内部控制建设的指导意见

财会〔2015〕24号

党中央有关部门，国务院各部委、各直属机构，全国人大常委会办公厅，全国政协办公厅，高法院，高检院，各民主党派中央，有关人民团体，各省、自治区、直辖市、计划单列市财政厅（局），新疆生产建设兵团财务局：

内部控制是保障组织权力规范有序、科学高效运行的有效手段，也是组织目标实现的长效保障机制。自《行政事业单位内部控制规范（试行）》（财会〔2012〕21号，以下简称《单位内控规范》）发布实施以来，各行政事业单位积极推进内部控制建设，取得了初步成效。但也存在部分单位重视不够、制度建设不健全、发展水平不平衡等问题。党的十八届四中全会通过的《中共中央关于全面推进依法治国若干重大问题的决定》明确提出："对财政资金分配使用、国有资产监管、政府投资、政府采购、公共资源转让、公共工程建设等权力集中的部门和岗位实行分事行权、分岗设权、分级授权，定期轮岗，强化内部流程控制，防止权力滥用"，为行政事业单位加强内部控制建设指明了方向。为认真贯彻落实党的十八届四中全会精神，现对全面推进行政事业单位内部控制建设提出以下指导意见。

一、总体要求

（一）指导思想。高举中国特色社会主义伟大旗帜，认真贯彻落实党的十八大和十八届三中、四中、五中全会精神，深入贯彻习近平总书记系列重要讲话精神，全面推进行政事业单位内部控制建设，规范行政事业单位内部经济和业务活动，强化对内部权力运行的制约，防止内部权力滥用，建立健全科学高效的制约和监督体系，促进单位公共服务效能和内部治理水平不断提高，为实现国家治理体系和治理能力现代化奠定坚实基础、提供有力支撑。

（二）基本原则

1．坚持全面推进。行政事业单位（以下简称单位）应当按照党的十八届四中全会决定关于强化内部控制的精神和《单位内控规范》的具体要求，全面建立、有效实施内部控制，确保内部控制覆盖单位经济和业务活动的全范围，贯穿内部权力运行的决策、执行和监督全过程，规范单位内部各层级的全体人员。

2．坚持科学规划。单位应当科学运用内部控制机制原理，结合自身的业务性质、业务范围、管理架构，合理界定岗位职责、业务流程和内部权力运行结构，依托制度规范和信息系统，将制约内部权力运行嵌入内部控制的各个层级、各个方面、各个环节。

3．坚持问题导向。单位应当针对内部管理薄弱环节和风险隐患，特别是涉及内部权力集中的财政资金分配使用、国有资产监管、政府投资、政府采购、公共资源转让、公共工程建设等重点领域和关键岗位，合理配置权责，细化权力运行流程，明确关键控制节点和风险评估要求，提高内部控制的针对性和有效性。

4．坚持共同治理。充分发挥内部控制与其他内部监督机制的相互促进作用，形成监管合力，优化监督效果；充分发挥政府、单位、社会和市场的各自作用，各级财政部门要加强统筹规划、督促指导，主动争取审计、监察等部门的支持，共同推动内部控制建设和有效实施；单位要切实履行内部控制建设的主体责任；要建立公平、公开、公正的市场竞争和激励机制，鼓励社会第三方参与单位内部控制建设和发挥外部监督作用，形成单位内部控制建设的合力。

（三）总体目标。以单位全面执行《单位内控规范》为抓手，以规范单位经济和业务活动有序运行为主线，以内部控制量化评价为导向，以信息系统为支撑，突出规范重点领域、关键岗位的经济和业务活动运行流程、制约措施，逐步将控制对象从经济活动层面拓展到全部业务活动和内部权力运行，到2020年，基本建成与国家治理体系和治理能力现代化相适应的，权责一致、制衡有效、运行顺畅、执行有力、管理科学的内部控制体系，更好地发挥内部控制在提升内部治理水平、规范内部权力运行、促进依法行政、推进廉政建设中的重要作用。

二、主要任务

（一）健全内部控制体系，强化内部流程控制。单位应当按照内部控制要求，在单位主要负责人直接领导下，建立适合本单位实际情况的内部控制体系，全面梳理业务流程，明确业务环节，分析风险隐患，完善风险评估机制，制定风险应对策略；有效运用不相容岗位相互分离、内部授权审批控制、归口管理、预算控制、财产保护控制、会计控制、单据控制、信息内部公开等内部控制基本方法，加强对单位层面和业务层面的内部控制，实现内部控制体系全面、有效实施。

已经建立并实施内部控制的单位，应当按照本指导意见和《单位内控规范》要求，对本单位内部控制制度的全面性、重要性、制衡性、适应性和有效性进行自我评价、对照检查，并针对存在的问题，抓好整改落实，进一步健全制度，提高执行力，完善监督措施，确保内部控制有效实施。内部控制尚未建立或内部控制制度不健全的单位，必须于2016年年底前完成内部控制的建立和实施工作。

（二）加强内部权力制衡，规范内部权力运行。分事行权、分岗设权、分级授权和定期轮岗，是制约权力运行、加强内部控制的基本要求和有效措施。单位应当根据自身的业务性质、业务范围、管理架构，按照决策、执行、监督相互分离、相互制衡的要求，科学设置内设机构、管理层级、岗位职责权限、权力运行规程，切实做到分事行权、分岗设权、分级授权，并定期轮岗。分事行权，就是对经济和业务活动的决策、执行、监督，必须明确分工、相互分离、分别行权，防止职责混淆、权限交叉；分岗设权，就是对涉及经济和业务活动的相关岗位，必须依职定岗、分岗定权、权责明确，防止岗位职责不清、设权界限混乱；分级授权，就是对各管理层级和各工作岗位，必须依法依规分别授权，明确授权范围、授权对象、授权期限、授权与行权责任、一般授权与特殊授权界限，防止授权不当、越权办事。同时，对重点领域的关键岗位，在健全岗位设置、规范岗位管理、加强岗位胜任能力评估的基础上，通过明确轮岗范围、轮岗条件、轮岗周期、交接流程、责任追溯等要求，建立干部交流和定期轮岗制度，不具备轮岗条件的单位应当采用专项审计等控制措施。对轮岗后发现原工作岗位存在失职或违法违纪行为的，应当按国家有关规定追责。

（三）建立内控报告制度，促进内控信息公开。针对内部控制建立和实施的实际情况，单位应当按照《单位内控规范》的要求积极开展内部控制自我评价工作。单位内部控制自我评价情况应当作为部门决算报告和财务报告的重要组成内容进行报告。积极推进内部控制信息公开，通过面向单位内部和外部定期公开内部控制相关信息，逐步建立规范有序、及时可靠的内部控制信息公开机制，更好地发挥信息公开对内部控制建设的促进和监督作用。

（四）加强监督检查工作，加大考评问责力度。监督检查和自我评价，是内部控制得以有效实施的重要保障。单位应当建立健全内部控制的监督检查和自我评价制度，通过日常监督和专项监督，检查内部控制实施过程中存在的突出问题、管理漏洞和薄弱环节，进一步改进和加强内部控制；通过自我评价，评估内部控制的全面性、重要性、制衡性、适应性和有效性，进一步改进和完善内部控制。同时，单位要将内部监督、自我评价与干部考核、追责问责结合起来，并将内部监督、自我评价结果采取适当的方式予以内部公开，强化自我监督、自我约束的自觉性，促进自我监督、自我约束机制的不断完善。

三、保障措施

（一）加强组织领导。各地区、各部门要充分认识全面推进行政事业单位内部控制建设的重要意义，把制约内部权力运行、强化内部控制，作为当前和今后一个时期的重要工作来抓，切实加强对单位内部控制建设的组织领导，建立健全由财政、审计、监察等部门参与的协调机制，协同推进内部控制建设和监督检查工作。同时，积极探索建立单位财务报告内部控制实施情况注册会计师审计制度，将单位内部控制建设纳入制度化、规范化轨道。

（二）抓好贯彻落实。单位要按照本指导意见确定的总体要求、主要任务和时间表，认真抓好内部控制建设，确保制度健全、执行有力、监督到位。单位主要负责人应当主持制订工作方案，明确工作分工，配备工作人员，健全工作机制，充分利用信息化手段，组织、推动本单位内部控制建设，并对建立与实施内部控制的有效性承担领导责任。

（三）强化督导检查。各级财政部门要加强对单位内部控制建立与实施情况的监督检查，公开监督检查结果，并将监督检查结果、内部控制自我评价情况和注册会计师审计情况作为安排财政预算、实施预算绩效评价与中期财政规划的参考依据。同时,加强与审计、监察等部门的沟通协调和信息共享,形成监督合力,避免重复检查。

(四)深入宣传教育。各地区、各部门、各单位要加大宣传教育力度,广泛宣传制约内部权力运行、强化内部控制的必要性和紧迫性,广泛宣传相关先进经验和典型做法,引导单位广大干部职工自觉提高风险防范和抵制权力滥用意识,确保权力规范有序运行。同时,要加强对单位领导干部和工作人员有关制约内部权力运行、强化内部控制方面的教育培训,为全面推进行政事业单位内部控制建设营造良好的环境和氛围。

财政部

2015 年 12 月 21 日

附录 C

关于开展行政事业单位内部控制基础性评价工作的通知

财会［2016］11 号

党中央有关部门，国务院各部委、各直属机构，全国人大常委会办公厅，全国政协办公厅，高法院，高检院，各民主党派中央，有关人民团体，各省、自治区、直辖市、计划单列市财政厅（局），新疆生产建设兵团财务局：

按照《财政部关于全面推进行政事业单位内部控制建设的指导意见》（财会［2015］24 号，以下简称《指导意见》）要求，行政事业单位（以下简称单位）应于 2016 年底前完成内部控制的建立与实施工作。在行政事业单位范围内全面开展内部控制建设工作，是贯彻落实党的十八届四中全会通过的《中共中央关于全面推进依法治国若干重大问题的决定》的一项重要改革举措。按照中央提出的以钉钉子精神抓好改革落实的要求，为进一步指导和促进各单位有效开展内部控制建立与实施工作，切实落实好《指导意见》，财政部决定以量化评价为导向，开展单位内部控制基础性评价工作。现将有关事项通知如下：

一、工作目标

内部控制基础性评价，是指单位在开展内部控制建设之前，或在内部控制建设的初期阶段，对单位内部控制基础情况进行的"摸底"评价。通过开展内部控制基础性评价工作，一方面，明确单位内部控制的基本要求和重点内容，使各单位在内部控制建设过程中能够做到有的放矢、心中有数，围绕重点工作开展内部控制体系建设；另一方面，旨在发现单位现有内部控制基础的不足之处和薄弱环节，有针对性地建立健全内部控制体系，通过"以评促建"的方式，推动各单位于2016年年底前如期完成内部控制建立与实施工作。

二、基本原则

（一）坚持全面性原则。内部控制基础性评价应当贯穿于单位的各个层级，确保对单位层面和业务层面各类经济业务活动的全面覆盖，综合反映单位的内部控制基础水平。

（二）坚持重要性原则。内部控制基础性评价应当在全面评价的基础上，重点关注重要业务事项和高风险领域，特别是涉及内部权力集中的重点领域和关键岗位，着力防范可能产生的重大风险。各单位在选取评价样本时，应根据本单位实际情况，优先选取涉及金额较大、发生频次较高的业务。

（三）坚持问题导向原则。内部控制基础性评价应当针对单位内部管理薄弱环节和风险隐患，特别是已经发生的风险事件及其处理整改情况，明确单位内部控制建立与实施工作的方向和重点。

（四）坚持适应性原则。内部控制基础性评价应立足于单位的实际情况，与单位的业务性质、业务范围、管理架构、经济活动、风险水平及其所处的内外部环境相适应，并采用以单位的基本事实作为主要依据的客观性指标进行评价。

三、工作安排

（一）组织动员。各地区、各部门应当于2016年7月中旬，全面启动本地区（部门）单位内部控制基础性评价工作，研究制订实施方案，广泛动员、精心组织所辖各单位积极开展内部控制基础性评价工作。

（二）开展评价。各单位应当于2016年9月底前，按照《指导意见》的要求，以《行政事业单位内部控制规范（试行）》（财会[2012]21号）为依据，在单位主要负责人的直接领导下，按照《行政事业单位内部控制基础性评价指标评分表》及其填表说明（见附件1和附件2），组织开展内部控制基础性评价工作。

除行政事业单位内部控制基础性评价指标体系外，各地区、各部门、各单位也可根据自身性质及业务特点，在评价过程中增加其他与单位内部控制目标相关的评价指标，作为补充评价指标纳入评价范围。补充指标的所属类别、名称、评价要点及评价结果等内容作为特别说明项在《行政事业单位内部控制基础性评价报告》(参考格式见附件3)中单独说明。

（三）评价报告及其使用。各单位应将包括评价得分、扣分情况、特别说明项及下一步工作安排等内容在内的内部控制基础性评价报告向单位主要负责人汇报，以明确下一步单位内部控制建设的重点和改进方向，确保在2016年年底前顺利完成内部控制建立与实施工作。各单位可以将本单位内部控制基础性评价得分与同类型其他单位进行横向对比，通过对比发现本单位内部控制建设的不足和差距，并有针对性地加以改进，进一步提高内部控制水平和效果。

各级财政部门要加强对单位内部控制基础性评价工作的统筹规划和督促指导。各地区、各部门可以对所辖单位内部控制基础性评价得分进行比较，全面推进所辖单位开展内部控制建立与实施工作。

各中央部门应当在部门本级及各所属单位内部控制基础性评价工作的基础上，对本部门的内部控制基础情况进行综合性评价，形成本部门的内部控制基础性评价报告（参考格式见附件3），作为2016年决算报告的重要组成部分向财政部报告。

（四）总结经验。各地区、各部门应当于2016年12月31日前，向财政部（会计司）报送单位内部控制基础性评价工作总结报告。总结报告内容包括本地区（部门）开展单位内部控制基础性评价工作的经验做法、取得的成效、存在的问题、工作建议及可复制、可推广的典型案例等。

对于具有较高推广价值和借鉴意义的典型案例，财政部将组织有关媒体进行宣传报道，并将其纳入行政事业单位内部控制建设案例库，供各地区、各部门、各单位学习交流。

四、有关要求

（一）强化组织领导。各地区、各部门要切实加强对本地区（部门）单位内部控制基础性评价工作的组织领导，成立领导小组，制订实施方案，做好前期部署、部门协调、进度跟踪、指导督促、宣传报道、信息报送等工作，确保所辖单位全面完成内部控制基础性评价工作，通过"以评促建"的方式推动本地区（部门）单位内部控制水平的整体提升。

（二）加强监督检查。各单位应当按照本通知规定的格式和要求，开展内部控制基础性评价工作,确保评价结果真实有效。各地区、各部门应加强对本地区(部门)单位内部控制基础性评价工作进展情况和评价结果的监督检查,对工作进度迟缓、改进措施不到位的单位,应督促其调整改进;对在评价过程中弄虚作假、评价结果不真实的单位,一经查实,应严肃追究相关单位和人员的责任;对评价工作中遇到的问题和困难,应及时协调解决。

(三)加强宣传推广和经验交流。各地区、各部门要加大对单位内部控制基础性评价工作及其成果的宣传推广力度,充分利用报刊、电视、广播、网络、微信等媒体资源,进行多层次、全方位的持续宣传报道。同时,组织选取具有代表性的先进单位,通过召开经验交流会、现场工作会等形式,推广先进经验与做法,发挥先进单位的示范带头作用。

附件1 行政事业单位内部控制基础性评价指标评分表

类别	评价指标	评价要点(分值)	评价得分
单位层面(60分)	1.内部控制建设启动情况(本指标14分)	1.1 成立内部控制领导小组,制定、启动相关的工作机制(4分)	
		1.2 开展内部控制专题培训(3分)	
		1.3 开展内部控制风险评估(3分)	
		1.4 开展组织及业务流程再造(4分)	
	2.单位主要负责人承担内部控制建立与实施责任情况(本指标6分)	2.1 单位主要负责人主持召开会议讨论内部控制建立与实施相关的议题(2分)	
		2.2 单位主要负责人主持制定内部控制工作方案,健全工作机制(2分)	
		2.3 单位主要负责人主持开展内部控制工作分工及人员配备等工作(2分)	
	3.对权力运行的制约情况(本指标8分)	3.1 权力运行机制的构建(4分)	
		3.2 对权力运行的监督(4分)	
	4.内部控制制度完备情况(本指标16分)	4.1 建立预算管理制度(2分)	
		4.2 建立收入管理制度(2分)	
		4.3 建立支出管理制度(2分)	

续表

类别	评价指标	评价要点（分值）	评价得分
单位层面（60分）	4.内部控制制度完备情况（本指标16分）	4.4 建立政府采购管理制度（2分）	
		4.5 建立资产管理制度（2分）	
		4.6 建立建设项目管理制度（2分）	
		4.7 建立合同管理制度（2分）	
		4.8 建立决策机制制度（2分）	
	5.不相容岗位与职责分离控制情况（本指标6分）	5.1 对不相容岗位与职责进行了有效设计（3分）	
		5.2 不相容岗位与职责得到有效的分离和实施（3分）	
	6.内部控制管理信息系统功能覆盖情况（本指标10分）	6.1 建立内部控制管理信息系统，功能覆盖主要业务控制及流程（6分）	
		6.2 系统设置不相容岗位账户并体现其职权（4分）	
业务层面（40分）	7.预算业务管理控制情况（本指标7分）	7.1 对预算进行内部分解并审批下达（3分）	
		7.2 预算执行差异率（4分）	
	8.收支业务管理控制情况（本指标6分）	8.1 收入实行归口管理和票据控制，做到应收尽收（2分）	
		8.2 支出事项实行归口管理和分类控制（2分）	
		8.3 举债事项实行集体决策，定期对账（2分）	
	9.政府采购业务管理控制情况（本指标7分）	9.1 政府采购合规（4分）	
		9.2 落实政府采购政策（2分）	
		9.3 政府采购方式变更和采购进口产品报批（1分）	
	10.资产管理控制情况（本指标6分）	10.1 对资产定期核查盘点、跟踪管理（4分）	
		10.2 严格按照法定程序和权限配置、使用和处置资产（2分）	
	11.建设项目管理控制情况（本指标8分）	11.1 履行建设项目内容变更审批程序（2分）	
		11.2 及时编制竣工决算和交付使用资产（2分）	
		11.3 建设项目超概算率（4分）	

续表

类别	评价指标	评价要点（分值）	评价得分
业务层面（40分）	12. 合同管理控制情况（本指标6分）	12.1 加强合同订立及归口管理（3分）	
		12.2 加强对合同履行的控制（3分）	
合计（100分）	评价总分		

附件2 《行政事业单位内部控制基础性评价指标评分表》填表说明

为指导行政事业单位顺利开展内部控制基础性评价工作，现将《行政事业单位内部控制基础性评价指标评分表》中的各指标和评价要点的操作细则，以及评价计分方法说明如下，供各单位在开展内部控制基础性评价工作中参考使用。

一、评价指标设置及分值分配

行政事业单位内部控制基础性评价采用量化评价的方式，分别设置了单位层面评价指标和业务层面评价指标，分别为60分和40分，合计100分。单位层面评价指标分为6类21项指标，业务层面评价指标分为6类15项指标。

二、评价操作细则

（一）单位层面指标（本指标共60分）

1．内部控制建设启动情况指标（本指标共14分）

1.1 成立内部控制领导小组，制定、启动相关的工作机制。（分值4分）

评价操作细则：本单位应启动内部控制建设，成立内部控制领导小组（1分），由单位主要负责人担任组长（1分），建立内部控制联席工作机制并开展工作（1分），明确内部控制牵头部门（或岗位）（1分）。

通过查看会议纪要或部署文件确认。

1.2 开展内部控制专题培训。（分值3分）

评价操作细则：本单位应针对国家相关政策、单位内部控制制度，以及本单位内部控制拟实现的目标和采取的措施、各部门及其人员在内部控制实施过程中的责任等内容进行专题培训。仅针对国家政策进行培训的，本项只得1分；仅针对国家政策和单位制定制度进行培训的，本项只得2分。

通过查看培训通知、培训材料等确认。

1.3 开展内部控制风险评估。（分值3分）

评价操作细则：应基于本单位的内部控制目标并结合本单位的业务特点开展内部控制风险评估，建立定期进行风险评估的机制。

通过查看风险评估报告确认。

1.4 开展组织及业务流程再造。（分值4分）

评价操作细则：应根据本单位"三定"方案，进行组织及业务流程梳理、再造，编制流程图。

通过对职能部门或岗位的增减或调整、相关制度修订的前后比较确认。

2．单位主要负责人承担内部控制建立与实施责任情况指标（本指标共6分）

2.1 单位主要负责人主持召开会议讨论内部控制建立与实施相关的议题。（分值2分）

评价操作细则：单位主要负责人应主持召开会议讨论内部控制建立与实施的议题。单位主要负责人主持会议，但仅将内部控制列入会议议题之一进行讨论的，本项只得1分。单位主要负责人主持内部控制工作专题会议对内部控制建立与实施进行讨论的，本项得2分。

通过查看会议纪要或部署文件确认。

2.2 单位主要负责人主持制定内部控制工作方案，健全工作机制。（分值2分）

评价操作细则：单位主要负责人应主持本单位内部控制工作方案的制订、修改、审批工作（1分），负责建立健全内部控制工作机制（1分）。

通过查看会议纪要或内部控制工作方案的相关文件确认。

2.3 单位主要负责人主持开展内部控制工作分工及人员配备等工作。（分值2分）

评价操作细则：单位主要负责人应对内部控制建立与实施过程中涉及的相关部门和人员进行统一领导和统一协调，主持开展工作分工及人员配备工作，发挥领导作用、承担领导责任。

通过查看会议纪要或内部控制工作方案的相关文件确认。

3．对权力运行的制约情况指标（本指标共 8 分）

3.1 权力运行机制的构建。（分值 4 分）

评价操作细则：应完成对本单位权力结构的梳理，并构建决策科学、执行坚决、监督有力的权力运行机制，确保决策权、执行权、监督权既相互制约又相互协调。

通过查看会议纪要或相关文件确认。

3.2 对权力运行的监督。（分值 4 分）

评价操作细则：本单位应建立与审计、纪检监察等职能部门或岗位联动的权力运行监督及考评机制，以定期督查决策权、执行权等权力行使的情况，及时发现权力运行过程中的问题，予以校正和改进。

通过查看会议纪要、权力清单及相关制度确认。

4．内部控制制度完备情况指标（本指标共 16 分）

4.1 建立预算管理制度。（分值 2 分）

评价操作细则：本单位预算管理制度应涵盖预算编制与内部审批、分解下达、预算执行、年度决算与绩效评价四个方面。每涵盖一个方面得 0.5 分。对于一个方面中包含两点的，如只涵盖其中一点，仍视为这个方面未涵盖，下同。

通过查看本单位已印发并执行的预算管理制度、有关报告及财政部门批复文件确认。

4.2 建立收入管理制度。（分值 2 分）

评价操作细则：本单位收入（包括非税收入）管理制度应涵盖价格确定、票据管理、收入收缴、收入核算四个方面。每涵盖 1 个方面得 0.5 分。

通过查看本单位已印发并执行的收入管理制度确认。

4.3 建立支出管理制度。（分值 2 分）

评价操作细则：本单位支出管理制度应涵盖预算与计划、支出范围与标准确定、审批权限与审批流程、支出核算四个方面。每涵盖 1 个方面得 0.5 分。

通过查看本单位已印发并执行的支出管理制度确认。

4.4 建立政府采购管理制度。（分值 2 分）

评价操作细则：本单位政府采购管理制度应涵盖预算与计划、需求申请与审批、过程管理、验收入库四个方面。每涵盖 1 个方面得 0.5 分。

通过查看本单位已印发并执行的政府采购管理制度确认。

4.5 建立资产管理制度。（分值 2 分）

评价操作细则：本单位资产管理制度应涵盖资产购置、资产保管、资产使用、资产核算与处置四个方面。每涵盖 1 个方面得 0.5 分。

通过查看本单位已印发并执行的资产管理制度确认。

4.6 建立建设项目管理制度。（分值 2 分）

评价操作细则：本单位建设项目管理制度应涵盖项目立项与审核、概算预算、招标投标、工程变更、资金控制、验收与决算等方面。满分 2 分，每有 1 个方面未涵盖扣 0.5 分，直至扣完。

通过查看本单位已印发并执行的建设项目管理制度确认。

4.7 建立合同管理制度。（分值 2 分）

评价操作细则：本单位合同管理制度应涵盖合同订立、合同履行、合同归档、合同纠纷处理四个方面。每涵盖 1 个方面得 0.5 分。

通过查看本单位已印发并执行的合同管理制度确认。

4.8 建立决策机制制度。（分值 2 分）

评价操作细则：本单位决策机制制度至少应涵盖"三重一大"集体决策、分级授权两个方面。每涵盖 1 个方面得 1 分。

通过查看本单位已印发并执行的决策机制制度确认。

5．不相容岗位与职责分离控制情况指标（本指标共 6 分）

5.1 对不相容岗位与职责进行了有效设计。（分值 3 分）

评价操作细则：本单位不相容岗位与职责包括但不限于申请与审核审批、审核审批与执行、执行与信息记录、审核审批与监督、执行与监督等。满分 3 分，每有 1 对不相容岗位未进行有效设计扣 1 分，直至扣完。

通过查看本单位已印发的岗位规章制度及岗位职责手册确认。

5.2 不相容岗位与职责得到有效的分离和实施。（分值 3 分）

评价操作细则：针对本单位的各项经济活动，应落实所设计的各类不相容岗位与职责，形成相互制约、相互监督的工作机制。

通过按类别随机抽查相关单据确认。所有抽查的相关单据签字均符合要求的，该项得分，否则不得分。查看单位接受内外部检查反映的问题情况，如果有相关问题，该项不得分。

6．内部控制管理信息系统功能覆盖情况指标（本指标共 10 分）

6.1 建立内部控制管理信息系统，功能覆盖主要业务控制及流程。（分值 6 分）

评价操作细则：内部控制管理信息系统功能（简称系统功能）应完整反映本单位制度规定的各项经济业务控制流程，至少应包括预算管理、收支管理、政府采购管理、资产管理、建设项目管理、合同管理等方面业务事项。六个方面业务中每存在一个方面未覆盖到的，扣 1 分。因本单位本身不存在该项业务而未覆盖到的，该业务不扣分。本单位未建立内部控制管理信息系统的，6.1、6.2 两个要点均直接得 0 分。

通过查看系统功能说明书，实际操作系统，将系统功能与内部控制制度要求对比确认。

6.2 系统设置不相容岗位账户并体现其职权。（分值 4 分）

评价操作细则：应针对所覆盖的业务流程内部控制的不相容岗位与职责在系统中分别设立独立的账户名称和密码、明确的操作权限等级。每存在 1 对不相容岗位未分别设置独立账户或权限的，扣 1 分，直至扣完。

通过查看系统功能说明书，实际操作系统，将系统用户账户设置情况与内部控制制度要求对比确认。

（二）业务层面指标（本指标共 40 分）

7．预算业务管理控制情况指标（本指标共 7 分）

7.1 对预算进行内部分解并审批下达。（分值 3 分）

评价操作细则：本单位财会部门应根据同级财政部门批复的预算和单位内部各业务部门提出的支出需求，将预算指标按照部门进行分解，并经预算管理委员会审批后下达至各业务部门。

通过查看预算批复文件、部门职责、工作计划和预算批复内部下达文件确认。

7.2 预算执行差异率。（分值 4 分）

评价操作细则：计算本单位近 3 年年度预算执行差异率的平均值，如差异率绝对值高于 5%，应对产生差异率的原因进行追查。如经查证产生差异率的原因与内部控制有关，则根据差异率结果进行评分：差异率绝对值在 5%～10%（含）的，得 2 分；10%～15%（含）的，得 1 分；超过 15%的，得 0 分。如差异率绝对值在 5%以内（含）或产生差异率的原因与内部控制无关，则得 4 分。

计算公式：

$$年度预算执行差异率 = \frac{年度决算支出额 - 年初预算支出额}{年初预算支出额} \times 100\%$$

通过查看经同级财政部门批复的单位预算额度及单位决算报表等确认。

8．收支业务管理控制情况指标（本指标共 6 分）

8.1 收入实行归口管理和票据控制，做到应收尽收。（分值 2 分）

评价操作细则：本单位各项收入（包括非税收入）应由财会部门归口管理并进行会计核算；涉及收入的合同，财会部门应定期检查收入金额与合同约定是否相符；按照规定设置票据专管员，建立票据台账；对各类票据的申领、启用、核销、销毁进行序时登记。上述四个方面每存在一个方面没有做到的，扣 0.5 分。

通过查看本单位相关制度，查看财会部门核对合同的记录、票据台账确认。

8.2 支出事项实行归口管理和分类控制。（分值 2 分）

评价操作细则：本单位应明确各类支出业务事项的归口管理部门及职责，并对支出业务事项进行归口管理；支出事项应实行分类管理，应制定相应的制度，不同类别事项实行不同的审批程序和审批权限；明确各类支出业务事项需要提交的外部原始票据要求，明确内部审批表单要求及单据审核重点；通过对各类支出业务事项的分析控制，发现支出异常情况及其原因，并采取有效措施予以解决。上述四个方面每存在一个方面没有做到的，扣 0.5 分。

通过查看支出管理制度、内部审批单、相关支出凭证确认。

8.3 举债事项实行集体决策，定期对账。（分值 2 分）

评价操作细则：按规定可以举借债务的单位，应建立债务管理制度；实行事前论证和集体决策；定期与债权人核对债务余额；债务规模应控制在规定范围以内。上述四个方面每存在一个方面没有做到的，扣 0.5 分。按规定禁止举借债务的单位，如存在举债行为，此项得 0 分。

通过查看制度文件、会议纪要、对账单、债务合同等确定。

9．政府采购业务管理控制情况指标（本指标共 7 分）

9.1 政府采购合规。（分值 4 分）

评价操作细则：本单位采购货物、服务和工程应当严格按照年度政府集中采购目录及标准的规定执行。每存在一项应采未采或违反年度政府集中采购目录及标准规定的事项，扣1分，直至扣完。

通过查看一定期间的单位政府采购事项确认。

9.2 落实政府采购政策。（分值2分）

评价操作细则：政府采购货物、服务和工程应当严格落实节能环保、促进中小企业发展等政策。每存在一项未按规定执行政府采购政策的事项，扣1分，直至扣完。

通过查看一定期间的单位政府采购事项确认。

9.3 政府采购方式变更和采购进口产品报批。（分值1分）

评价操作细则：采用非公开招标方式采购公开招标数额标准以上的货物或服务，以及政府采购进口产品，应当按照规定报批。每存在一项未按规定报批的事项，扣1分，直至扣完。

通过查看一定期间的单位政府采购事项确认。

10．资产管理控制情况指标（本指标共6分）

10.1 对资产定期核查盘点、跟踪管理。（分值4分）

评价操作细则：应定期对本单位的货币资金、存货、固定资产、无形资产、债权和对外投资等资产进行定期核查盘点，做到账实相符；对债权和对外投资项目实行跟踪管理。每存在一类资产未定期核查盘点或跟踪管理的扣1分，直至扣完。

通过查看近1年内本单位的各类资产台账、会计账簿、盘点记录、各类投资决策审批文件、会议纪要等确认。

10.2 严格按照法定程序和权限配置、使用和处置资产。（分值2分）

评价操作细则：本单位配置、使用和处置国有资产，应严格按照审批权限履行审批程序，未经批准不得自行配置资产、利用资产对外投资、出租出借，也不得自行处置资产。

通过查看资产的配置批复情况、对外投资、出租出借、无偿调拨（划转）、对外捐赠、出售、出让、转让、置换、报废报损、货币性资产损失核销等文件确认。

11．建设项目管理控制情况指标（本指标共8分）

11.1 履行建设项目内容变更审批程序。（分值2分）

评价操作细则：本单位应按照批复的初步设计方案组织实施建设项目，确需进行工程洽商和设计变更的，建设项目归口管理部门、项目监理机构应当进行严格审核，并且按照有关规定及制度要求履行相应的审批程序。重大项目变更还应参照项目决策和概预算控制的有关程序和要求重新履行审批手续。每存在1个建设项目不合规定变更的，扣1分，直至扣完。

通过查看近5年内本单位已完工的建设项目在建设期间发生的各项变更确认。

11.2 及时编制竣工决算和交付使用资产。（分值2分）

评价操作细则：本单位应在建设项目竣工后及时编制项目竣工财务决算，并在项目竣工验收合格后及时办理资产交付使用手续。每存在1个建设项目未及时编制竣工验收决算的，扣1分；每存在1个建设项目未及时办理资产交付使用手续的，扣1分，直至扣完。

通过查看近5年内本单位已完工建设项目的竣工验收资料和决算编制审计资料确认。

11.3 建设项目超概算率。（分值4分）

评价操作细则：计算近5年内本单位已完工的建设项目超概算率，如超概算率高于5%，应对产生超概算率的原因进行追查。如经查证产生超概算率的原因与内部控制有关，则根据产生超概算率的情况进行评分：每存在1个建设项目超概算率高于5%的，扣2分，直至扣完。如与内部控制无关，则得4分。

计算公式：建设项目超概算率=（建设项目决算投资额-批准的概算投资额）/批准的概算投资额×100%（建设项目决算投资额以经批复的项目竣工财务决算为准；在建设期间，调整初步设计概算的，以最后一次的批准调整概算计算）。

通过查看建设项目投资概算、经批复的竣工决算报告等确认。

12．合同管理控制情况指标（本指标共6分）

12.1 加强合同订立及归口管理。（分值3分）

评价操作细则：本单位应对合同文本进行严格审核，并由合同归口管理部门进行统一分类和连续编号。对影响重大或法律关系复杂的合同文本，应组织业务部门、法律部门、财会部门等相关部门进行联合审核。每存在1个合同不合规定的，扣1分，直至扣完。

通过查看相关制度、随机抽查合同审批记录、会议纪要等确认。

12.2 加强对合同履行的控制。（分值3分）

评价操作细则：本单位应当对合同履行情况进行有效监控，明确合同执行相关责任人，及时对合同履行情况进行检查、分析和验收，如发现无法按时履约的情况，应及时采取应对措施；对于需要补充、变更或解除合同的情况，应按照国家有关规定进行严格的监督审查。每存在1个合同未对合同履行情况进行有效监控或未对合同补充、变更、解除进行监督审查的，扣1分，直至扣完。

通过查看合同履行情况检查记录、合同验收文件、合同补充、变更或解除的监督审查记录等确认。

三、评价计分方法

（1）所有评价指标均适用的参评单位，汇总各参评指标得分，即为参评单位的评价得分，满分为100分。

（2）因参评单位不涉及某类业务，导致某项指标不适用的，其评价得分需要换算，换算公式如下：

$$评价得分 = \frac{参评指标得分}{100 - 不适用指标分值} \times 100分$$

附件3 行政事业单位内部控制基础性评价报告

（参考格式）

内部控制基础性评价报告

为贯彻落实《财政部关于全面推进行政事业单位内部控制建设的指导意见》的有关精神，按照《财政部关于开展行政事业单位内部控制基础性评价工作的通知》要求，依据《行政事业单位内部控制规范（试行）》的有关规定，我们对本单位（部门）的内部控制基础情况进行了评价。

一、内部控制基础性评价结果

根据《行政事业单位内部控制基础性评价指标评分表》中列明的评价指标和评价要点，本单位（部门）单位层面内部控制基础性评价得分为＿＿＿分，业务层面内部控制基础性评价得分为＿＿＿分，共计＿＿＿分。因存在不适用指标，换算后的得分为＿＿＿分。

本部门在部门本级及所属单位各评价指标得分的基础上，计算各评价指标的平均分，加总得出以上综合性评价得分。本部门纳入本次内部控制基础性评价工作范围的单位共计＿＿＿家。（本段仅适用于各中央部门）

本单位（部门）各指标具体得分情况如下表所示：

类别	评价指标	评价得分
单位层面（60分）	1．内部控制建设启动情况（14分）	
	2．单位主要负责人承担内部控制建立与实施责任情况（6分）	
	3．对权力运行的制约情况（8分）	
	4．内部控制制度完备情况（16分）	
	5．不相容岗位与职责分离控制情况（6分）	
	6．内部控制管理信息系统功能覆盖情况（10分）	
业务层面（40分）	7．预算业务管理控制情况（7分）	
	8．收支业务管理控制情况（6分）	
	9．政府采购业务管理控制情况（7分）	
	10．资产管理控制情况（6分）	
	11．建设项目管理控制情况（8分）	
	12．合同管理控制情况（6分）	
（100分）	评价总分	

在本单位（部门）内部控制基础性评价过程中，存在扣分情况的指标汇总如下：

［逐项列示存在扣分情况的评价指标、评价要点、扣分分值及扣分原因］

二、特别说明项

（一）特别说明情况

本单位（部门/部门所属单位）内部控制出现问题，导致单位在经济活动中（发生重大经济损失/引起社会重大反响/出现经济犯罪），特将相关情况说明如下：

（具体描述发生的相关事件、影响及处理结果）

[如本单位（部门）未发生相关事件，填写"未发生相关情况"]

（二）补充评价指标及其评价结果

本单位（部门/部门所属单位）根据自身评价需求，自愿将[填写补充评价指标名称]等补充评价指标纳入本次内部控制基础性评价范围。现将补充评价指标及评价结果说明如下：

[具体描述各个补充评价指标的所属类别、名称、评价要点及评价结果等内容]

三、内部控制基础性评价下一步工作

基于以上评价结果，本单位（部门）将[描述与存在扣分情况的评价指标及评价要点相关的管理领域]等管理领域作为2016年内部控制建立与实施的重点工作和改进方向，并采取以下措施进一步提高内部控制水平和效果：

[逐项描述拟采取的进一步建立健全内部控制体系的工作内容、具体措施、工作责任人、牵头部门、预计完成时间等]

单位主要负责人：[签名]

[单位签章]

××单位

2016年××月××日

参考文献

［1］财政部会计司. 行政事业单位内部控制规范讲座［M］. 北京：经济科学出版社，2013.

［2］陈艳，于洪鉴，衣晓青. 行政事业单位内部控制有效性评价框架研究——基于AHP与FCE的视角［J］. 财经问题研究，2015（9）.

［3］戴安荣，徐啸川. 基于内部控制下的事业单位合同管理实务操作设计探讨［J］. 商业会计，2014（11）.

［4］戴德明. 财务会计学（第五版）［M］. 北京：中国人民大学出版社，2009.

［5］方周文，张庆龙，聂兴凯. 行政事业单位内部控制规范实施指南［M］. 上海：立信会计出版社，2013.

［6］冯斌，杨玉芳. 事业单位合同业务内部控制研究［J］. 会计师，2016（6）.

［7］冯迎冬. 刍议行政事业单位建设项目的财务管理和控制［J］. 商，2015（50）.

［8］高玉荣. 借鉴COSO监督指南完善行政事业单位的内部监督［J］. 中国商贸，2014（2）.

［9］郝建国，陈胜华，王秋红. 行政事业单位内部控制规范实际操作范本［M］. 北京：中国市场出版社，2015.

［10］贺敬燕. 行政事业单位内部控制风险评估——基于模糊综合评价法［J］. 全国商情，2015（21）.

［11］侯静. 改革开放以来中国行政体制改革目标研究［D］. 东北师范大学，2014.

［12］胡家宾. 浅议行政事业单位事务资产的管理对策［J］. 管理视野，2014（8）.

［13］黄国成，张玲. 行政事业单位内部控制［M］. 北京：新华出版社，2010.

［14］黄艳霞. 行政事业大拿为无形资产管理探析［J］. 广西财经学院学报，2013（2）.

［15］贾民强. 对电力建设项目后评价工作的认识［J］. 企业改革与管理，2016（7）.

［16］杰罗尔德·L·齐默尔曼. 决策与控制会计（第5版）［M］. 北京：北京大学出版社，2007.

［17］雷阳昆. 面向业务、风险的行政事业单位内部控制审计探析——基于内部审计视角［J］. 审计与理财，2015（1）.

［18］李琼. 试论我国政府预算管理制度改革的路径取向［J］. 技术经济与管理研究，2008（4）.

［19］李雪芬. 政府收支科目与行政事业单位会计科目关系探讨［J］. 财政监督，2014（9）.

［20］刘怒. 事业单位内控机制研究［D］. 厦门大学，2013.

［21］刘秋明. 基于公共受托责任理论的政府绩效审计研究［D］. 厦门大学，2006.

［22］刘永泽，唐大鹏. 关于行政事业单位内部控制的几个问题［J］. 会计研究，2013（1）.

［23］刘玉廷，王宏. 美国政府部门内部控制建设的情况和启示［J］. 会计研究，2008（3）.

［24］刘正君，张良秋. 我国预算资金管理存在的问题及对策［J］. 财经界，2010（8）.

［25］陆建岐. 浅析行政事业单位债权债务管理的优化［J］. 会计师，2015（9）.

［26］聂少林. 地方政府非税收入管理创新研究［D］. 东北财经大学，2011.

［27］秦荣生. 深化政府审计监督完善政府治理机制［J］. 审计研究，2007（1）.

［28］丘晓文. 行政事业单位收支业务核算若干问题研究［J］. 行政事业资产与财务，2014（8）.

［29］全国人大常委会预算工作委员会调研组. 关于规范地方政府债务管理工作情况的调研报告［J］. 中国人大杂志，2016（5）.

［30］孙玉梅. 新形势下加强行政事业单位预算管理工作的对策［J］. 当代经济，

2016（1）.

[31] 唐大鹏，李鑫瑶，王晨阳. 行政事业单位内部控制要素创新分类方式应用实践［J］. 财务与会计，2016（1）.

[32] 唐大鹏，李怡，周智朗. 政府审计与行政事业单位内部控制共建国家治理体系［J］. 管理现代化，2015（3）.

[33] 唐大鹏. 我国新政事业单位内部控制要素分类的创新［N］. 中国会计报，2013（3）.

[34] 唐麦. 事业单位资产管理信息化中的内部控制问题研究［J］. 中国内部审计，2015（5）.

[35] 唐晓玉. 我国行政事业单位内部控制制度研究［D］. 财政部财政科学研究所，2013.

[36] 田祥宇，王鹏，唐大鹏. 我国行政事业单位内部控制制度特征研究［J］. 会计研究，2013（9）.

[37] 田志刚，郑斌. 基于内部控制视角下的地方财政管理［J］. 财政研究，2009（1）.

[38] 王斌，张庆龙. 行政事业单位内部控制实务操作指南/迪博内部控制与风险管理系列丛书［M］. 北京：中国电力出版社，2014.

[39] 王德敏. 行政事业单位内部控制精细化管理全案［M］. 北京：中国劳动社会保障出版社，2010.

[40] 魏凯. 行政事业单位政府采购管理机制探析［J］. 中国集体经济，2014（24）.

[41] 徐鹤田. 行政事业单位政府采购常见问题及审计对策［J］. 中国内部审计，2016（5）.

[42] 徐晓婷. 行政事业单位内部控制评价指标体系构建与实施——以某交通部门为案例［D］. 东北财经大学，2015.

[43] 徐耀星. 新会计制度下行政事业单位固定资产和无形资产的核算及管理［J］. 财政监督，2015（3）.

[44] 颜复勇. 行政事业单位货币资金的内部控制［J］. 现代经济信息，2009（14）.

[45] 杨柳青. 行政事业单位政府采购管理机制研究［D］. 武汉理工大学，2012.

[46] 姚燚雯. 行政事业单位内部控制信息化建设探讨［J］. 财会学习，2016（8）.

[47] 张超. 行政单位内部控制应用研究 [D]. 首都经济贸易大学, 2014 (3).

[48] 张春延. 行政事业单位合同管理内部控制探讨 [J]. 交通财会, 2014 (11).

[49] 张珂. 强化事业单位对外投资的监管 [J]. 现代企业, 2016 (2).

[50] 张庆龙, 聂兴凯. 政府部门内部控制研究述评与改革建议 [J]. 会计研究, 2011 (6).

[51] 张庆龙. 审计监督与政府部门内部控制的有效运行 [J]. 中国内部审计, 2012 (8).

[52] 张水波, 吕思佳. 工程合同对承包商索赔成功的影响研究 [J]. 工程管理学报, 2016 (3).

[53] 支博. 行政事业单位内部控制评价研究 [D]. 东北财经大学, 2012.

[54] 中国内部审计协会准则与学术部. COSO 启动修订内部控制整合框架项目 [J]. 中国内部审计, 2011 (1).

[55] 周峰. 新预算法视角下行政事业单位财务管理问题的研究 [D]. 首都经济贸易大学, 2015.

[56] 周颖. 行政事业单位内部控制若干问题研究 [D]. 厦门大学, 2014.

[57] 紫藤. 如何编制内部控制手册 [N]. 财会信报, 2016-01-11 (第C04版).

反侵权盗版声明

电子工业出版社依法对本作品享有专有出版权。任何未经权利人书面许可，复制、销售或通过信息网络传播本作品的行为；歪曲、篡改、剽窃本作品的行为，均违反《中华人民共和国著作权法》，其行为人应承担相应的民事责任和行政责任，构成犯罪的，将被依法追究刑事责任。

为了维护市场秩序，保护权利人的合法权益，我社将依法查处和打击侵权盗版的单位和个人。欢迎社会各界人士积极举报侵权盗版行为，本社将奖励举报有功人员，并保证举报人的信息不被泄露。

举报电话：（010）88254396；（010）88258888
传　　真：（010）88254397
E-mail：dbqq@phei.com.cn
通信地址：北京市万寿路 173 信箱
　　　　　电子工业出版社总编办公室
邮　　编：100036